I GRANDI LIBRI

W0313210

Commedie di Carlo Goldoni nei «grandi libri»
a cura di Guido Davico Bonino

Il servitore di due padroni
La famiglia dell'antiquario
La bottega del caffè

* * *

I pettegolezzi delle donne
La locandiera
Il campiello

* * *

Gli innamorati
I rusteghi
La casa nova
Le smanie per la villeggiatura

* * *

Sior Todero brontolon
Le baruffe chiozzotte
Una delle ultime sere di carnevale

* * *

La locandiera

CARLO GOLDONI

GLI INNAMORATI
I RUSTEGHI
LA CASA NOVA
LE SMANIE PER LA VILLEGGIATURA

A cura di
GUIDO DAVICO BONINO

Garzanti

I edizione: febbraio 2002
X edizione: marzo 2024

Per essere informato sulle novità del Gruppo editoriale Mauri Spagnol visita:
www.illibraio.it

Note di Sergio Bullegas e Guido Davico Bonino

ISBN 978-88-11-36859-5

© 2001, Garzanti s.r.l., Milano
Gruppo editoriale Mauri Spagnol

Printed in Italy

www.garzanti.it

Carlo Goldoni

la vita

profilo storico-critico
dell'autore e dell'opera

cronologia delle prime
rappresentazioni teatrali

guida bibliografica

nota sui teatri veneziani
e sui comici goldoniani

Carlo Goldoni in un'incisione di Boscolo da un ritratto di A. Longhi.

Goldoni tra critica e palcoscenico

I due volti del Goldoni

La fortuna di Carlo Goldoni (1707-1793) è viva e costante da oltre due secoli sia tra gli studiosi di lett ratura che tra gli uomini di teatro. La sua fama letteraria è coeva dei primi grandi successi sui palcoscenici di Venezia: da allora attenzione critica e sperimentazione drammaturgica nel vivo dei testi sono andate di pari passo.
Aspra fu la polemica tra i contemporanei, divisi tra detrattori e sostenitori: ma molto significativa dello scandalo che suscitò la rivoluzione del Goldoni rispetto al modo dei predecessori di concepire, scrivere e realizzare il teatro. Gli avversari gli rimproveravano – come ebbe a scrivere paradossalmente un suo protettore, l'Albergati Capacelli – «d'esser entrato troppo liberamente nel santuario della galanteria e d'averne svelati i misteri agli occhi profani del volgo»: o, come osservò stizzito il Baretti, d'essere andato «a pescare nella livrea e nelle botteghe un prototipo de' galantuomini». I suoi partigiani, capovolgendo in pratica questo giudizio, vedevano nell'acutezza del realismo goldoniano una buona dose di rigore morale: secondo Pietro Verri «nelle commedie del signor Goldoni primieramente è posto per base un fondo di virtù vera, d'umanità, di benevolenza, di amor del dovere». Anche quando giudicano dell'aspetto formale dell'opera goldoniana, le due opposte fazioni non trovano modo di conciliarsi: secondo l'avviso di Carlo Gozzi, Goldoni è degno d'essere ascritto «nel catalogo dei più goffi, bassi e scorretti scrittori del nostro idioma»; mentre suo fratello Gasparo (autore di alcune intelligenti recensioni teatrali, comparse sulla «Gazzetta Veneta» nel '60-61) ne loda lo stile «colto e senza espressioni plebee e idiotismi». Più pacatamente, il Cesarotti del *Saggio sulla filosofia delle lingue* distingue tra un Goldoni «naturalmente» dotato d'acutezza di sguardo e di tempra di moralista e un Goldoni scrittore scarsamente colto, dallo stile non sempre corretto, dall'ispirazione a volte frettolosa.

I «due» volti del Goldoni, nettamente distinti dal Cesarotti come due profili di un'erma bifronte, ritorneranno spesso nelle pagine di scrittori e critici in età successive.

Il giudizio di De Sanctis

Dopo la lunga parentesi della cultura romantica, che segna la fase del maggiore discredito di Goldoni (uno scrittore incapace di profonde idealità e di sofferte passioni, disdegnato perciò dalle forti tempre degli intellettuali dell'epoca), col De Sanctis della *Storia della letteratura italiana* (1870) la fisionomia duplice e contraddittoria del Goldoni emerge in pagine dense tuttavia di intelligenza critica. C'è in Goldoni una innegabile «indifferenza religiosa, filosofica, politica, morale, sociale»; c'è indubbiamente «poca coltura»; gli manca «un mondo interiore della coscienza, operoso, espansivo, appassionato, animato dalla fede e dal sentimento».

Eppure è nella commedia di Goldoni che «la nuova letteratura fa la sua prima apparizione»: quella letteratura che «cerca nel reale la sua base e studia dal vero la natura e l'uomo». Con la sua riforma teatrale, realizzata in anni di intensa applicazione, Goldoni compie «la restituzione della letteratura nel suo posto e nella sua importanza»: centro della riforma è la creazione del «carattere», «colto nella pienezza della vita reale, con tutti gli accessori», in un'area storica e sociale ben circoscritta, quale «la società veneziana nella sua mezzanità, più vicina al popolo che alle classi elevate».

Dopo De Sanctis, la critica del periodo positivista si muove intorno a Goldoni secondo le due direttrici del metodo storico: da un lato, la restituzione filologica dei testi (è del 1907 l'avvio dell'edizione completa delle opere, a cura del Maddalena, del Musatti, dell'Ortolani); dall'altro, l'esplorazione erudita della sua biografia (von Loehner, Mazzoni), la ricostruzione dei rapporti tra Goldoni e la Commedia dell'Arte (Ortiz, Marchini-Capasso), con un moto di preferenza e di accentuazione in senso «democratico» del messaggio sociale incluso nel suo teatro (Falchi).

Un ritorno al testo del Goldoni, nel tentativo di stabilirne la poeticità, è promosso (più o meno consapevolmente) dal Croce o si attua comunque nell'ambito dell'estetica e della critica crociana. A quest'area di esperienze vanno riportati gli studi di un trentennio di Attilio Momigliano, che, se propongono analisi di indubbia finezza, tendono tuttavia a contenere Goldoni nelle misure riduttive di un commediografo «dalle mezze tinte, dalla comicità non profonda ma agile, dai sentimenti non vigorosi ma gentili...». Riduttive si rivelano anche monografie come quelle dell'Apollonio e del Rho, che negli stessi anni e nello stesso ambito metodologico tendono ad una lettura della drammaturgia goldoniana in termini di «orchestrazione», «terzetto», «contrappunto» e «concertato», sulla base cioè di un metaforismo musicale che estenua, invece che concretizzarla, la sapiente struttura scenica delle commedie.

L'ottica «sociologica»

In polemica con la debordante *sensiblerie* del crocianesimo e delle sue raffinate distinzioni di poesia-non poesia, si snoda, a partire dal secondo dopoguerra, una serie di interpretazioni improntate allo storicismo marxista. Del 1953 è la traduzione italiana di due saggi del russo Givelegov, che con indubbia sopravalutazione della personalità del Goldoni ne fanno «il portavoce della borghesia italiana più progredita in lotta contro il feudalesimo»: anche se poi l'autore ammette che quest'opposizione si realizzava nelle figure del suo teatro «senza che egli stesso ne avesse coscienza, talvolta contro la sua volontà...». Una lettura più accorta e articolata del rapporto teatro-società è in un saggio dello storicista Franco Fido (1957): il teatro di Goldoni è esaminato nelle sue varie fasi: quella delle commedie sul mercante come prototipo di una borghesia illuminata, pur nella moderazione; quella delle commedie «brutte» del periodo del teatro San Luca, come momento di una crisi di valori cui corrisponde una affannosa ricerca laboratoriale; quella infine delle commedie (nella maturità) del congedo da Venezia, intorno alla decadenza della borghesia e alla scoperta del popolo. La monografia del Dazzi (1957) rappresenta invece un ritorno piuttosto rigido all'ortodossia dello storicismo marxista: Goldoni è – un poco astrattamente e passionalmente – proposto come un «polemista sociale», anche se non aveva i propositi né la tempra dello scrittore impegnato. Certi testi vengono indebitamente caricati di segno (ad esempio, quelli che hanno per protagonisti degli aristocratici): ciò che a Dazzi preme è affermare l'immagine di un Goldoni demistificatore delle contraddizioni etiche e politiche del suo tempo. Assai più agile e duttile nelle interne motivazioni è il bel saggio di Mario Baratto (1957), che coglie acutamente l'attenzione del Goldoni al mosso panorama sociale contemporaneo, ma avverte anche che tale attenzione è continuamente atteggiata e filtrata dalle convenzioni della scena e dalle necessità del mestiere di drammaturgo. Mondo e Teatro (come Goldoni li chiamava) sono i poli della sua attività: e dal loro reciproco rapporto (che può essere di collaborazione oppure di contrasto) nascono le alterne, non sempre felici vicende dell'operosità goldoniana. Baratto è dunque marxisticamente aperto ad una lettura sociologica di Goldoni, ma non solo in base al nesso (rigido e meccanicistico) scrittore-società; il binomio va allargato ad una triade, in cui hanno libero gioco come terzo elemento le norme della vecchia tradizione scenica e le esigenze della «nuova» professione di scrittore teatrale.

Le pagine del Baratto, scritte alle soglie degli anni '60, sono significative, nella loro eleganza e – vorremmo dire – nella loro irrequietezza intellettuale, del nuovo, più problematico, non definitorio approccio a Goldoni. Il lavoro critico degli ultimi quindici anni spazia nelle direzioni più diverse, testimoniando da un lato della varietà di ipotesi e prospettive degli studiosi contemporanei, dall'altro della poliedricità del messaggio goldoniano.

Gli studi più recenti

C'è chi, come Gianfranco Folena, in due saggi fondamentali ('57 e '60), accentra l'attenzione sulla «analisi concreta della lingua individuale di Goldoni», sottolineando la spinta innovativa che lo scrittore imprime, con salda concertazione, alla lingua «improvvisa» della Commedia dell'Arte; e al tempo stesso misura lo scarto di Goldoni rispetto alla lingua illustre in quell'impasto sapiente di italiano e dialetto (reso più aggressivo il primo, nobilitato il secondo) e nella difesa del linguaggio parlato rispetto al linguaggio scritto. C'è chi, come lo svizzero Kurt Ringger (1972), punta sulla ricostruzione dei meccanismi teatrali nelle commedie goldoniane piuttosto che sulla loro veste letteraria, insistendo a ragione su certe peculiarità compositive (il gesto scenico, l'attenzione agli effetti acustici); e c'è chi, come Ludovico Zorzi (1971), cala il lavoro goldoniano nel caleidoscopio di occasioni teatrali offerto da Venezia, capitale europea dello spettacolo a mezzo Settecento; e l'uno e le altre correla, con erudizione sorprendente, in un fitto gioco di rapporti. A parte poi si situano alcune sintesi, come quella offerta dal Binni per la storia letteraria edita da Garzanti (1965-69): un contributo davvero notevole per lo sforzo di fondere le ragioni di una esistenza, non sempre coerente con se stessa, con gli stimoli, spesso dispersi, di una cultura non di prima mano; di esplicitare lo svolgersi – secondo una certa discontinuità – di una poetica teatrale assai cauta ed empirica; di connotare infine certi caratteri originali della personalità goldoniana, come quella (ed è notazione calzante) «poetica simpatia per la vita nella sua concretezza associata (mai dell'uomo solo o dei suoi problemi astratti e metafisici)». E ancora si dovrebbe dire di certe ampie introduzioni a scelte goldoniane, come quella del Petronio (1958), che sottolinea il respiro europeo della ricerca goldoniana, in parallelo e spesso in anticipo rispetto a quella del francese Diderot o del tedesco Lessing.

Quanto della vivacità di queste ricerche e contributi (che, ovviamente, sono lontani dal potersi considerare esaustivi e conclusi) è stato recepito, negli ultimi anni, dal cosiddetto lettore medio? Direi ben poco. Mentre per altri scrittori del nostro passato anche il pubblico non addetto ai lavori sembra avere captato l'evolversi degli studi in direzioni nuove, meno pigramente canoniche, l'immagine di Goldoni che tenacemente resiste è quella divulgata da manuali e antologie d'ispirazione idealistica, edite all'incirca nel primo trentennio del Novecento. È il profilo di un individuo che ha fatto dell'*aurea mediocritas* la sigla del proprio lavoro, ma innanzitutto della propria esistenza; una personalità non profonda, ma sincera e delicata; un carattere per istinto bonario, disposto ad aggirare gli ostacoli piuttosto che affrontarli di petto, assumendosene la responsabilità. All'uomo corrisponde, senz'ombra di dialettica, lo scrittore: un commediografo alieno da grandi contrasti, abile semmai a delineare, con tratto lieve ed amabile, dissidi di superficie; propenso comunque a risolverli in caricatura, per una naturale disposizione a considerare le vicissitudini dell'esistenza attraverso il velo dell'ironia. Questo ritratto «addomesticato» di un intellettuale sostanzialmente moderato, per carattere e concezione del mondo, è lo stesso che Goldoni aveva cercato di accreditare, quando, ormai vecchio e deluso, si era preoccupato, nel volontario esilio parigino, di proporre nei suoi *Mémoires* (1783-1787) un'autobiografia almeno in parte edulcorata e idealizzante.

Le interpretazioni teatrali recenti

Dinnanzi a questo stereotipo di un Goldoni mite, privo di reali inquietudini, o disposto comunque a conciliare in formule di sorridente buonsenso, gli uomini di teatro del dopoguerra hanno reagito con schietta indipendenza di giudizio: e con alcune messinscene particolarmente «audaci» hanno contribuito ad avvicinarci ad un universo teatrale altrimenti sofferto e problematico. Penso (per non ricordare alcune, raffinate «incursioni» goldoniane di un Visconti, come la celebrata *Locandiera* del 1952) alle varie interpretazioni offerte da Giorgio Strehler e dal Piccolo Teatro di Milano, dal 1947 a oggi: dal *Servitore di due padroni*, delizioso *divertissement* di grezzo impianto burattinesco, allo straziato e trepido *Campiello* ('75), attraverso la *Trilogia della villeggiatura* (1954), imponente affresco di una borghesia al tramonto, e *Le ba-*

ruffe chiozzotte (1964), un «viaggio» tra realtà e finzione alla riscoperta della pristina sanità popolare. E accanto a Strehler è giusto ricordare il lavoro di scavo compiuto da Luigi Squarzina, con risultati sempre più lucidi e persuasivi, tra il '68 e oggi, nell'area delle grandi commedie della maturità, che segnano o preludono al distacco di Goldoni da Venezia: da *Una delle ultime sere di Carnovale* (1968) ai *Rusteghi* (1969) alla *Casa nova* (1973). Mentre, in direzione di una consapevole «forzatura» della scrittura goldoniana, si è mosso un regista dell'ultima generazione, Mario Missiroli, degradando con acre ma partecipe irriverenza i testi canonici di certo aggraziato (e ormai intollerabile) goldonismo, come *La locandiera* (1972) o la già citata trilogia della villeggiatura, per il piccolo schermo televisivo (1974): un esempio questo di come si possa aggredire uno scrittore di teatro senza sostanzialmente tradirlo, ma spremendone semmai certi umori malcelati o repressi.

Una giovinezza irrequieta

Se quindi vogliamo trarre partito dall'esperienza di questi (e altri) animatori teatrali, dobbiamo porci dinnanzi a Goldoni con una più libera disposizione d'animo, pronti a rifiutare, anche a livello della ricostruzione biografica, il luogo comune depositato, la convenzione accomodante.

La formazione culturale

Per cominciare, dobbiamo riabituarci all'idea (proprio quella sostenuta dal Cesarotti) di uno scrittore di modesta cultura: idea che ripugna ad un certo modello di intellettuale cui sembra debbano obbligatoriamente adeguarsi, dalle origini al Novecento, i «maggiori nostri».
Guardiamo alla giovinezza di Goldoni, alla cosiddetta sua formazione culturale. È un ventennio o poco più di esistenza generica e abbastanza svogliata. Nato a Venezia il 25 febbraio 1707, Goldoni vive diviso tra una madre amorosa e un padre che una vaga inquietudine muove di continuo da questo a quel centro della penisola. Il giovane Carlo segue, con evidente indifferenza, il *curriculum* degli studi: prima presso i gesuiti a Perugia (1719-20), poi (1720) presso i domenicani di Rimini, infine al collegio Ghislieri di Pavia (1723-25), volto con scarso impegno e profitto agli studi di giurisprudenza.

Il problema delle fonti goldoniane

Scrive, è vero, qualche verso: ma si tratta di poesia d'occasione, nata per desiderio di esibizione mondana: e risente degli echi più disparati, non può neppure offrirsi come documento di un preciso orientamento culturale. Alle esercitazioni in versi si accompagnano, a detta del

Goldoni stesso, copiose letture di teatro: gli antichi (Plauto, Terenzio, Aristofane; ma in quali traduzioni è difficile appurare, se si tiene conto delle date e della situazione editoriale di questi testi); la *Mandragola* del Machiavelli (e l'aneddoto è troppo facile per non avere dell'improbabile); Molière e i francesi tra Sei e Settecento; il Fagiuoli, il de Lemene, il Gigli e il Maggi, cioè gli scrittori che la manualistica catalogherà frettolosamente sotto l'etichetta dei suoi «precursori» sulla via della riforma. Anche a non voler ad ogni costo inficiare il valore delle testimonianze goldoniane, si resta comunque perplessi quando si constata che indagatori pazienti ed eruditi (Caccia) hanno sì portato alla luce tutta la messe dei riferimenti a testi della tradizione teatrale (italiana ed europea) reperibili nelle prefazioni alle commedie scritte dal Goldoni della maturità, ma non sono poi riusciti a connetterli in una trama di precisi riscontri con i modelli citati. È l'effetto della straordinaria autonomia di esecuzione di uno scrittore capace di smaltire e «tradurre» originalmente prestiti altrui? O quegli elenchi (si pensi alla prefazione ai *Due gemelli veneziani*) non sono piuttosto delle *tabulae praesentiae*, l'esibizione calcolata di patenti culturali concretamente non acquisite?

Una giovinezza inquieta

Lasciando la questione aperta, occorre semmai aggiungere che nella giovinezza del Goldoni conta molto l'attrazione irresistibile verso il *teatro rappresentato*, nei panni di attore (come nelle recite giovanili di collegio) o di autore (com'è nel caso dei due intermezzi, *Il buon padre* e *La cantatrice*, affidati allo zelo di compagnie dilettanti); e, sul piano più strettamente comportamentale, una irrequietezza notevole, che non è solo ardore giovanile (come di fronte a certe avventure erotiche), ma la trepidazione di chi si va cercando, incerto e curioso al tempo stesso del proprio destino: un tratto di carattere che il Goldoni maturo fece di tutto per attenuare, atteggiandosi a sereno ed equilibrato contemplatore della propria esistenza, anche nell'ora del disagio, ma che invece non riuscì mai a cancellare del tutto dal proprio io più riposto.

Dal melodramma al teatro di prosa

La morte del padre (1731) e il conseguimento della laurea (nell'ottobre dello stesso anno) mettono Goldoni dinnanzi alle esigenze della vita pratica. Si apre in lui un divario che lo travaglierà per oltre quindici anni (per l'esattezza, sino al 1748) tra il desiderio, sempre più urgente, di dedicarsi *in toto* al teatro e la necessità della sopravvivenza economica, che solo una professione «onorata» come l'avvocatura sembra, per lungo volgere d'anni, poter garantire. Avvocato del foro veneto (dal maggio '32), gentiluomo di camera e poi segretario di Orazio Bartolini, ministro di Venezia a Milano (1733-34), Goldoni non solo non perde d'occhio il teatro, ma fa di tutto per inserirsi nelle sue strutture organizzative.

Venezia capitale del melodramma

Capitale dello spettacolo per l'Italia e l'Europa, Venezia vive in quel periodo annate teatrali di tumultuosa ricchezza, scandite nelle celebri tre «stagioni» (dall'1 settembre al 30 novembre; dal 28 dicembre al 30 marzo; dall'Ascensione al 15 giugno): ma il genere che domina incontrastato è l'opera in musica, che miete devoti non solo tra la nobiltà, ma anche tra la media e piccola borghesia. Nei grandi teatri della Serenissima (San Cassian, San Salvador detto poi San Luca, San Samuele e Sant'Angelo), la prosa viene ammessa di rado (in genere, soltanto a carnevale). È una situazione con cui l'aspirante commediografo Goldoni deve fare subito i conti. Dopo aver letto a Milano, tra l'ironia di esecutori rotti a tutte le astuzie del mestiere, un melodramma, l'*Amalasunta* (1733), Goldoni capisce che è col teatro lirico che dovrà misurarsi, se vuole farsi le ossa e conquistarsi un qualche prestigio; e intende bene che gli toccherà tenere nel massimo conto le esigenze del pubblico e quelle degli interpreti: avido il primo di intrecci romanzeschi, di contrasti mirabolanti, di peripezie e disavventure al confine del lacrimevole; gelosi i secondi dei propri privilegi, sino ad imporsi tirannicamente su musico e librettista, come aveva con risentita ironia denunciato Benedetto Marcello nel suo *pamphlet, Il teatro alla moda* (1720).

Le «riduzioni» e gli intermezzi

Dal 1734 – anno del suo incontro col capocomico Giuseppe Imer e del contratto col nobiluomo Michele Grimani, proprietario del teatro San Samuele, per cui si impegnerà a scrivere «in esclusiva» – al 1738, quando gli accadrà finalmente di stendere, almeno in parte, una commedia vera e propria, Goldoni si impegna senza risparmio sul fronte delle tragicommedie, dei drammi per musica, degli intermezzi. Poco portato all'invenzione di un soggetto «grave», Goldoni manipola spesso (seguendo per altro il costume dell'epoca) lavori altrui: riduce, arrangia e ridispone quanto altri melodrammisti hanno già approntato. Nonostante ciò, non riesce a dare una struttura e uno stile autonomi ai propri libretti: attenua la sublimità ampollosa delle fonti, ma la sua scrittura «prosaica» è sciatta e inelegante, incapace di rendere plausibili anche le passioni umili, i sentimenti domestici.

Tuttavia tutto quel grande adoprarsi a scrivere e riscrivere, a sfrondare e ricomporre vicende in nessi a sufficienza plausibili equivale per Goldoni ad una prima, grossolana presa di coscienza dei problemi della strutturazione scenica: e molto comincia a contare per lui quel dialogo (a volte tempestoso) con gli interpreti, che diverrà un elemento non accidentale, ma costitutivo del suo processo espressivo. Intanto, in un genere in apparenza dimesso e bassamente funzionale come l'intermezzo giocoso per musica – una farsetta a due, tre, quattro voci da eseguirsi tra un atto e l'altro del melodramma – Goldoni comincia a trasferire sul palcoscenico, magari in forme lievemente bozzettistiche, squarci della vita del popolo minuto, schizza qualche macchietta, tenta le sue caricature, dipana un esile filo di vicenda: e talvolta, come nel *Gondoliere veneziano* (1732) o nella *Birba* (1734), il risultato è di una rustica grazia e lascia presentire un approccio più immediato al reale.

A tu per tu con la Commedia dell'Arte

È dopo questo apprendistato nel mondo della lirica che Goldoni decide di provarsi cautamente nel teatro di prosa. L'esordio non è immediato né senza ripensamenti: intanto Goldoni (che dal '37 al '41 ha accettato l'incarico di direttore del teatro lirico di San Giovanni Crisostomo) continua a scrivere cantate, oratori, drammi seri e giocosi per musica, ed anche scenari (ne produrrà sino al '46); e poi non s'avventura a mettere giù per intero una commedia, ma sperimenta con circospezione la propria capacità: *Momolo cortesan* e *Momolo sulla Brenta*, messi in scena nelle stagioni teatrali '38-39 e '39-40, sono canovacci in cui solo la parte del protagonista è scritta per intero.

L'Arcadia e i cosiddetti «precursori»

Questa prudenza nel debuttare nel teatro di libera invenzione non è un mero dato biografico, ma la spia di una situazione culturale, che Goldoni visse in quei frangenti con indubbia partecipazione. Non possiamo dire che fosse il solo in quegli anni a vagheggiare propositi di riforma del teatro all'improvviso, della Commedia dell'Arte vecchia ormai di due secoli. Nella pacata e severa visione di una cultura modernamente ricostruita, gli intellettuali d'Arcadia – Crescimbeni, Gravina, Muratori, Maffei, Martello – avevano distillato note di riprovazione per le sregolatezze di parola e gesto dei comici, per l'improbabilità degli intrecci, ed avevano invocato un teatro all'insegna della razionalità e della verisimiglianza. Ma la loro era una lucida e nobile utopia, che non trovò mai possibilità di concrete verifiche sulle assi del palcoscenico, neppure nell'ambito (prediletto) della tragedia. D'altro canto, gli esperimenti regolarizzanti di commedia letteraria tentati dal Gigli e dal Fagiuoli in Toscana o dal de Lemene e dal Maggi in area lombarda non erano usciti da un ambito locale, né in quell'ambito avevano suscitato una diversa consuetudine di teatro «regolare».

Attrazione e fastidio per la Commedia dell'Arte

Se per le idee ispirate dai circoli d'Arcadia Goldoni doveva dunque provare adesione, se ostentava ossequio per quegli scrittori che avevano «richiamato l'antica semplicità dello stile e la naturalezza del dire», quella simpatia e quel rispetto non potevano poi essergli concretamente di grande aiuto. D'altronde, il suo personale rapporto con la Commedia dell'Arte non era univoco né senza contraddizioni. Da un lato, lo infastidiva la monotonia esasperante dei tipi, codificati in ruoli con relativa maschera, incapace non solo di esprimere la costante mutevolezza degli stati d'animo, ma di suggerire, sia pure timidamente, una plausibile caratterizzazione dell'individuo, collegandolo ad un qualche *status* sociale, ad un ambiente, ad un'epoca. D'altro lato, si sentiva affascinato dalla meccanica perfetta dell'ingranaggio teatrale, che, per quanto povero nel disegno, si rilevava poi mirabilmente congegnato, per rapidità di trapassi, per il gioco delle interiori rispondenze.

Tra pubblico e attori

Infine, a dissuaderlo da un esordio troppo audace, interveniva l'innata premura a non deludere il pubblico, quello scrupolo continuo di «servire alle leggi del popolo, in uno spettacolo destinato all'istruzione sua per mezzo del suo divertimento»: ed il pubblico, strati colti compresi, non dimostrava d'essere affatto disgustato dai lazzi dei comici, soprattutto quando ad esibirli erano professionisti di consumata perizia, come un d'Arbes, un Golinetti, un Sacchi. I quali, proprio perché consapevoli d'essere assai valenti, non erano del tutto disposti ad accettare passivamente troppo radicali metamorfosi della loro professione: non sarebbero stati entusiasti, insomma, di barattare con eccessiva rapidità l'estro dell'improvvisatore («l'ammirabile prerogativa di parlare ‹a soggetto›, con non minore eleganza di quello che potesse fare un poeta scrivendo», come osserverà lo stesso Goldoni) con l'impegno dell'interprete solo dinnanzi ad un copione da imparare a memoria, alle prese con l'onerosa «necessità de studiar e de dover dir il premeditá».

Da questo insieme di componenti e dalla necessità di mediarli in un progetto teatrale autonomo, nuovo ma al riparo dalle secche perigliose dell'inusitato, dello straordinario, dell'originale ad ogni costo, trae occasione l'esordio teatrale di Goldoni: ed è facile intuire come e perché si svolga all'insegna del compromesso: perché sia un lento e laborioso «assedio», non un «violento assalto» (l'espressione è goldoniana) a «gli abusi e le corruttele dell'infelice teatro».

I primi copioni

Le due commedie appena ricordate (che si intitoleranno poi *L'uomo di mondo* e *Il prodigo*) e quella che farà loro da seguito, nel '40-41, col titolo *Il mercante fallito* (*La bancarotta*), non ci permettono di giudicare rettamente dei limiti di questo esordio. *L'uomo di mondo* viene scritta per intero solo nel '55-56 e Goldoni ammette di averla «moltissimo» mutata; nello stesso periodo completa *Il prodigo*, confessando che nel copione d'avvio il simpatico Momolo «avea delle mire inoneste» e diceva «delle cose lubriche»; in pari data viene ripensata (ma, a giudicare dal risultato, con molto minore applicazione) *La bancarotta*. Interprete nella sua stesura definitiva questa «trilogia» (che non fu, per altro, ipotizzata dall'autore come tale), come se Goldoni così l'avesse concepita quindici anni prima, è un errore di prospettiva: equivale a cedere alla calcolata strategia editoriale di uno scrittore che si «purgava» e si affinava, via via che affidava alle stampe la propria opera, fingendo d'essere stato in giovinezza più maturo ed originale di quanto in realtà non gli fosse accaduto.

Piuttosto è a *La donna di garbo*, la *primogenita* goldoniana, scritta interamente nell'inverno '42-43 e letta dal Goldoni agli attori del San Samuele nel carnevale di quell'anno, che dobbiamo guardare: e l'analisi del testo non lascia dubbi sull'impaccio del Goldoni a districarsi dalla tipologia a stampo fisso del canovaccio. Quel Lelio vanerello, quella Diana così ostinatamente candida, l'Ottavio maniacale, lo stolido Dottore, anche se privati della maschera, non giungono ad assumere tratti umani e tantomeno una accettabile connotazione sociale. Analogamente, la colta, avveduta, lucida Rosaura, che fa sfoggio di citazioni erudite e trionfa degli infortuni della propria virtù, è un manichino d'Arcadia, il gelido profilo d'una amazzone della cultura, buona a risvegliare i sopiti ardori d'un qualche custode d'accademia: né la sua vittoria su «tutto l'orgoglioso sesso virile» può, neppure alla lontana, appartenersi all'emancipazione e ai successi della donna goldoniana degli anni maturi.

Un quadriennio di crisi

Dal giugno '43 all'estate inoltrata del '47 Goldoni attraversa un periodo difficile, di grave incertezza sul proprio domani. Proprio quando la sua carriera di commediografo sembrava incanalarsi nei binari di una laboriosa *routine*, sono sopravvenuti degli imprevisti: una situazione di disagio economico lo ha obbligato ad allontanarsi da Venezia, in compagnia della moglie (la genovese Nicoletta Connio, sposata nell'agosto '36), a girovagare per la Toscana, sostando a Firenze, Siena, Volterra, sino ad approdare, sul finire del '44 a Pisa.

Tra avvocatura e teatro

Nella appartata, quieta cittadina Goldoni è costretto a riprendere, suo malgrado, la professione dell'avvocato. È una «distrazione» certo non desiderata, anzi traumatizzante. Anche tra il '41-43 Goldoni ha dovuto dedicarsi ad un lavoro non legato al teatro: è stato console della repubblica di Genova. Ma era un impegno che non lo teneva lontano da Venezia e dai suoi attori e che, indirettamente, arricchiva la sua esperienza di uomo e scrittore: i cento e più dispacci che finì per redigere (ne spediva uno alla settimana) lo obbligavano a farsi una conoscenza diretta dei traffici mercantili e degli intrighi diplomatici di un ambiente di cui terrà conto nella propria ricerca drammaturgica. A Pisa, invece, i soli svaghi sono quelli poetici, nella colonia arcadica dell'Alfea, in cui viene con rispetto introdotto, sotto le idilliche spoglie del pastore Polisseno Fegejo. Alieno dai poetici furori, Goldoni vive dilacerato tra gli obblighi forensi e la nostalgia struggente del San Samuele, del San Cristostomo. Ci pensano ad attizzarla missive o visite di attori: una lettera del Sacchi lo induce a buttare giù nottetempo, nell'autunno '45, *Il servitore di due padroni*; nello stesso anno il d'Arbes gli ha chiesto una commedia, *Tonin Bellagrazia* (si chiamerà poi *Il frappatore*), alla quale farà seguito, sempre per il d'Arbes, nel '47, *I due gemelli veneziani.*

La «trilogia» pisana

È ancora una «trilogia» involontaria, che anche questa volta dobbiamo giudicare con estrema cautela, giacché la leggiamo in una stesura posteriore rispetto al periodo che ci interessa (*Il servitore* fu completato nel '53; *Il frappatore* addirittura nel '57; forse solo *I gemelli* ci sono giunti nella redazione originaria). Volendo azzardare un giudizio, si sarebbe tentati di dire che Goldoni, non percorso da quegli stimoli che solo la permanenza e il contatto con la sua città potevano suscitare, ripiega sulla manipolazione degli ingredienti della Commedia dell'Arte; e rendendosi conto che ciò significa un regresso rispetto a certe speranze d'affrancamento degli anni veneziani, insiste semmai sull'interazione frenetica, a tratti convulsa, di certi effetti, di certe trovate. Ne è schietto esempio *Il servitore*, un ingranaggio a suo modo perfetto, ma tut-

to di riporto, tutto repertoriale: un lavoro di committenza accettato con rigorosa consapevolezza delle intenzioni dell'interprete, assecondato in tutte le difficili astuzie della professione, grazie ad una «intesa a distanza» che lascia stupefatti per la finezza di molte intuizioni. *Il servitore* è insomma un brano d'altissimo virtuosismo, *à la manière* d'un teatro che sta per scomparire: un omaggio prezioso (e, almeno in parte, disincantato) ad una tradizione scenica che aveva conosciuto momenti splendidi.
Quando non è la commedia all'improvviso ad agire su Goldoni, si fa sentire in lui (e la notazione vale soprattutto per *Il frappatore* e, in parte, per *I due gemelli*) l'eco di una diversa, quasi antitetica tradizione drammaturgica: quella della commedia romanzesca o d'intrigo, folta di agguati, duelli, tentati omicidi, veleni, processi. E la commedia «nera», introdotta nel Seicento in Italia da quell'inesausto manipolatore del teatro spagnolo che fu il fiorentino Giacinto Cicognini (1606-1660), un autore tutt'altro che a caso ricordato con ammirazione dal nostro.

Goldoni e il suo «doppio»

Il Goldoni pisano è dunque uno scrittore dimidiato tra due consuetudini teatrali che ritiene sorpassate e che gli sono comunque estranee; e tra avvocatura e teatro, tra gli obblighi del vivere civile e le lusinghe dell'ispirazione. Sarà quest'ultima a prevalere, ancora attraverso un incontro inatteso: con il capocomico Gerolamo Medebach, responsabile di una delle più agguerrite *troupes* del momento, insediata nel veneziano teatro Sant'Angelo. Medebach propone a Goldoni un contratto quadriennale, con l'obbligo di scrivere otto commedie e due melodrammi per ogni annata teatrale. È un impegno oneroso, ma che include, tra i suoi vantaggi, una relativa stabilità economica: ed offre soprattutto a Goldoni l'occasione di provarsi non più episodicamente, ma in base ad una più larga programmazione: sperimentando, dunque, ma senza l'affanno di doversi interrompere per riprendere la ricerca tutta da capo.
Goldoni non può, a questo punto, non accettare. Firmato il contratto, nell'autunno '47 si dispone a rientrare a Venezia. Non è solo un ritorno a casa: è la scelta, davvero definitiva, della professione di scrittore di teatro.

Verso la riforma: la riscoperta di Pantalone

È a questo punto, al suo secondo «esordio», sulla quarantina, che Goldoni si avvia realmente sulla strada di un teatro diverso. È da allora che concretamente si impegna lungo la via della riforma. Anticipare questo momento alle prime prove oppure considerare l'itinerario goldoniano dal '48 in poi come una continua ascesa, senza «crisi» né ripensamenti, sono due errori diversi, ma altrettanto fuorvianti. Goldoni maturò tardi, e codesta maturazione non fu affatto rettilinea: al contrario, discontinua, costellata di commedie mediocri, di cadute di gusto, a fianco, s'intende, di splendide riuscite.

Mondo e Teatro nella poetica goldoniana

È sul finire del '48, dicevo, che Goldoni si impone di aprire gradualmente le porte del Teatro al Mondo, per servirci di due termini d'una sua affermazione di poetica: «... i due libri, sui quali ho più meditato, e di cui non mi pentirò mai d'essermi servito, furono il Mondo e il Teatro» (così leggiamo nella prefazione [1750]) alla prima raccolta delle commedie, cioè all'edizione Bettinelli. Ben consapevole (dopo quindici anni di più o meno continua e fortunata pratica dell'ambiente) che pubblico e attori, spettatori e interpreti hanno loro precise esigenze e che queste esigenze non possono essere disattese (che il teatro, insomma, impone il rispetto di regole ferree), Goldoni è poi istintivamente proteso a captare quanti più possibili frammenti dello spettacolo del mondo e a trasferirli, atteggiati secondo i canoni della finzione scenica, sulle assi del palcoscenico: «Che bel quadro per me bizzarro e nuovo – di caratteri veri e originali. – Li studio attento e di raccor mi provo – all'usato esercizio i materiali...» (leggiamo in una sua mediocre poesia).

Venezia e le prime avvisaglie della crisi

Oltre che da una prepotente curiosità verso tutto ciò che sa di umano, Goldoni è favorito in questo «esercizio» dal multiforme paesaggio sociale, culturale, etico della sua Venezia, che proprio in questo periodo, a metà secolo, sta giungendo (secondo un paradosso storico non infrequente) al pieno della maturità ed alle avvisaglie d'una crisi inarrestabile. Percorsa da un'aura di ottimismo (che, all'indomani di Aquisgrana [1748], si stenderà benefica sull'intera Europa), aperta – più per «simpatia» che per intima affinità o per un sofferto travaglio ideologico – alle novità importate dal razionalismo illuministico, Venezia sembra attraversare anni di prospero equilibrio. In realtà, la prosperità è solo apparente, ed è privilegio esclusivo di una ristretta *élite* aristocratica: la nobiltà senatoriale, salda al governo e forte di patrimoni, soprattutto fondiari, molto consistenti. E l'equilibrio è assai malcerto, per le fratture sempre più profonde, che s'aprono tra classe e classe, come tra i nobili e il popolo borghese (che comprendeva la media e piccola borghesia d'oggi) dedito ai commerci e all'industria, o all'interno d'una stessa classe, come l'aristocrazia, tra senatori, pa-

trizi di Quarantia (una nobiltà voltasi alla carriera burocratica, perché poco solida economicamente) e barnaboti (i nobili decaduti, avventurieri e corrotti).
Di queste tensioni il Goldoni del '48 principia a farsi attento testimone: non direi interprete, perché per tutta la sua carriera – anche quando gli accadde di vivere un certo rapporto con la propria classe in maniera critica, come (e lo vedremo) negli anni '60 – fu sempre restio ad atteggiarsi a giudice, o anche soltanto a finalizzare il proprio discorso drammaturgico ad un più largo, corale discorso «politico». E poi perché le commedie di quegli anni son propriamente «descrittive», delineano un carattere o un orizzonte sociale, ma non ne sanzionano la va idità etica e tantomeno politica.

«Carattere» e «ambiente»

Qualche critico ha osservato che la distinzione tra «commedie di carattere» e «commedie di ambiente», nell'ambito della produzione goldoniana, è impropria, giacché categorizza troppo rigidamente una ricerca che, per essere incerta, era anche assai duttile. La notazione è probabilmente corretta: ma viene spontaneo notare che, dal '48 al '50, Goldoni, nel suo procedere a tentoni, come chi non veda chiaramente innanzi a sé, ha di mira tuttavia un duplice obiettivo: da un lato, «individuare» la personalità dei propri personaggi, strappandoli alla maschera precostituita del «tipo», svuotato d'ogni significato persino generalizzante; dall'altro, calare i caratteri così individuati in un concreto panorama civile e morale. Le commedie di questo biennio si possono leggere alla luce dell'una o dell'altra direttiva di ricerca, o – in qualche caso – alla luce d'ambedue le prospettive ad un tempo.
La vedova scaltra (rappresentata per trenta sere consecutive, a partire dal 26 dicembre 1748) è il tentativo, ad esempio, di riprendere in forme meno paludate e di rivitalizzare lo schema della donna-*leader*, già affrontato nella *Donna di garbo*. Risoluta e consapevole delle proprie attrattive, Rosaura attrae volta a volta lo spasimante inglese, francese, spagnolo, italiano. Se gli adoratori risentono ancora di un procedimento «tipologizzante» (sono, in fondo, i modelli di una certa antropologia comportamentale, per aree nazionali), Rosaura comincia ad acquistare una sua fisionomia rilevante e persuade, rifratta com'è negli elogi appassionati dei pretendenti. Nella *Putta onorata* e nella *Buona moglie* (un dittico messo in scena tra il carnevale e l'autunno del '49 – la prima delle due commedie viene recitata per ventitré sere di seguito) Goldoni lavora sul doppio binario: rende sempre più accattivante e verosimile il «carattere» della donna virtuo-

sa (sfiorando senza esitazioni le secche del patetismo); e al tempo stesso immerge lo spettatore in una Venezia che lascia sbalorditi per la varietà e la misura delle coordinate paesistiche e sociali. Tra saloni fatiscenti, decorosi interni piccolo-borghesi, stinte camere di locanda, calli e canali, Goldoni (pur scompensando sul piano strutturale l'azione, per la verità assai disordinata e frammentaria) ci immerge nella sua città con piglio deciso, a tratti baldanzoso. Il fondamento e il metro di questa sorprendente sicurezza di sé è la scoperta di una *figura-ruolo* (non saprei trovare altra formula, là dove per *ruolo* intendo *ruolo sociale*, quasi *public place*, secondo l'odierna sociologia anglosassone): quella di Pantalone. Ripescato dai canovacci della commedia all'improvviso, dove s'ostinava a giocare la parte del vecchio avaro e libidinoso, rustico e volgare sino al turpiloquio, Pantalone si è trasformato, nella riflessione del Goldoni, in un eroe positivo. Incarnerà d'ora innanzi il mercante laborioso e onesto, equilibrato e generoso, provvido e amorevole: sarà insomma il portacolori di quel popolo borghese, nella cui condotta, moralmente ineccepibile, e nel cui benessere economico Goldoni tende a identificare il meglio di quanto abbia prodotto, nella stratificazione delle sue classi, la Serenissima.

Pantalone prototipo del borghese onesto

Non a caso la proposta a tutto tondo di Pantalone coincide con l'assunzione del dialetto come di uno strumento vivo, «parlato», recuperato dall'esperienza quotidiana in tutta la pregnanza dei suoi significati e in tutta la ricchezza delle sue allusioni. Sin dalle prime commedie Goldoni aveva fatto uso del dialetto, ma più per ossequio alla consueta dialettalità della Commedia dell'Arte che per una esigenza di reinvenzione di un linguaggio realmente significante. Alla fine del triennio pisano, e segnatamente ne *I due gemelli veneziani*, Goldoni dimostra d'avere compreso (penso all'eloquio vivacissimo, gonfio di umori e fitto di invenzioni lessicali, del gemello furbo Tonino) che esiste un concreto potenziale espressivo del dialetto e che questa espressività è di per se stessa *teatrale*, disegna subito intorno a sé uno spazio scenico.

Ne *Il cavaliere e la dama* (allestita a Verona nell'estate '49) Goldoni punta piuttosto sulla radiografia di una classe, l'aristocrazia squassata da profondi contrasti nel modo di concepire l'esistenza. Ecco una commedia «brutta», sgraziata come organismo compositivo, impacciata nell'azione, pretestuosa nella vicenda, ma di una lucidità impietosa nel disegnare un ambiente sociale in preda alla disgregazione (significativamente, il «carattere» non ha qui rilievo: e i due amanti «positivi» del titolo riescono scialbi e patetici). Dovremo per altro abituarci, nel leggere Goldoni, ad imbatterci in commedie mediocri, scritte all'indomani di testi mirabili per invenzione e composizione. Secondo certa convenzione critica la carriera di Goldoni è come un'ascesa costante verso opere sempre più mature: la lettura attenta testimonia invece che queste commedie si alternarono, anche negli anni di più libera e felice inventività, a copioni largamente discutibili. È questo il segno della particolare condizione «professionale» dello scrittore, del suo essere «uno dei primi intellettuali di estrazione borghese che vivono della propria libera professione» (Zorzi): con tutti i ricatti e i rischi che tale condizione comporta.

La famiglia come microcosmo sociale

Nel *Padre di famiglia* (rappresentata a Venezia nel carnevale del '50) Goldoni alterna costruzione del carattere e analisi dell'ambiente, restringendo il campo dell'indagine al microcosmo famigliare, che per lui è e resterà la struttura primaria e fondamentale, lo specchio di un più vasto ordine (o disordine) sociale. Pantalone qui si chiama Pancrazio e si distingue ancora una volta «per la sua condotta, per la sua giustizia e per la sua prudenza»: si districa con ammirevole sagacia «nelle circostanze più difficili», frena le intemperanze d'una seconda moglie e dei figli, smaschera l'ipocrisia di un precettore corrotto. Soggetta a quattro stesure successive (1750, '51, '54 e '64), la commedia era evidentemente molto cara a Goldoni per il suo carattere parenetico: ed il tono di persuasività vagamente oratoria ne costituisce proprio il limite più evidente: «Oh che zente! Oh che fioi! Chi l'avesse mai dito che Florindo fusse così baron, fusse così desgrazià? Poveri pari de famegia, tante fadighe, tante struscie, tante atenzion per arlevar bei i fioi, e po no basta; e po i buta pezo che mai!...». Più pacato e al tempo stesso più commosso, quasi più convinto della propria funzione di «moderatore», è il Pantalone della *Famiglia dell'antiquario*, allestita nel carnevale del '50, col sottotitolo *La suocera e la nuora*. La commedia, ci dicono le cronache, ebbe un esito poco fortunato: e ci sembra di poter intuire che ciò accadesse per l'audacia della situazione rappresentata. Siamo ancora in una famiglia, ma in cui si scontrano le due classi in polemica nel più vasto alveo della Repubblica, aristocrazia e borghesia: la prima gelosa della propria schiatta, la seconda orgogliosa del proprio potere economico. L'avere trasposto questo conflitto in quello, risaputo e generico, tra suocera e nuora, non attenua, anzi sottolinea l'asprezza della situazione: sono proprio due modi antitetici di concepire il mondo che si fronteggiano e i nodi della tensione, che coinvolge tutti o quasi i personaggi, sono molteplici (cultura ed economia, passionalità e ragione, vecchi e giovani). In questo contrasto corale Pantalone porta ancora una volta la voce del buonsenso, bada a placare gli animi, dirotta ora uno ora l'altro dei congiunti sulla via della moderazione: ma si intende bene da questa commedia – commedia inquietante su una condizione radicata di crisi – che il suo patrocinio non potrà spingersi al di là di un cauteloso invito al rispetto reciproco: «Il moraleggiare di Pantalone (e del Goldoni) si arresta dunque a un limite preciso: il personaggio borghese può salvare ciò che è opera e possibilità dell'individuo, ma non può mutare le caratteristiche essenziali degli altri personaggi, quando esse sono il risultato di più vasti conflitti sociali» (Baratto).

Un manifesto di poetica
Il forte sapore innovativo delle ricerche di Goldoni tra il '48 e il '50, sulla via di un teatro «diverso» sconcerta e affascina il pubblico, mette all'erta letterati e drammaturghi rivali. Tra questi il più infaticabile e pugnace si rivela certo l'abate bresciano Pietro Chiari (1711-1785), una versatile figura di scrittore che ancora attende d'essere correttamente interpretato, nella relativa dispersività e discontinuità della propria produzione. Costui, sul palcoscenico del San Samuele, allestì una *Scuola delle vedove* (di cui non ci è pervenuto che l'*Argomento*), che suonava come un chiassoso attacco ai principi della sperimentazione goldoniana. Per Goldoni era una buona occasione non tanto per accettare la schermaglia, quanto per esplicitare (nei limiti di un breve scritto d'autodifesa) i canoni del proprio lavoro. Il *Prologo apologetico alla «Vedova scaltra»*, diffuso in fogli volanti nell'ottobre 1749, enuclea alcuni di questi canoni: la difesa del «carattere» e la subordinazione ad esso della lingua, di cui si rifiuta l'uso meramente evocativo o pittoresco: «Eh, signor Prudenzio, la lingua non fa la comedia, ma il carattere...».

Le sedici commedie nuove

Al termine di una stagione che ha conosciuto anche momenti difficili (successi stentati, come *L'avvocato veneziano*, e vere e proprie cadute, come *L'erede fortunata*) Goldoni incarica la Medebach di annunciare al pubblico che nella nuova stagione il suo autore prediletto lo omaggerà di ben sedici nuove commedie. È una scelta promozionale meditata: l'occasione di un grosso rilancio, capace di acquisire nuovo pubblico e placare un capocomico e degli attori sempre sul piede di tradire, al minimo cenno di insuccesso. Ma è anche un modo di impegnarsi a fondo, in una sorta di laboratorio coatto, in gara col tempo: e di affermare, una volta per tutte, l'acquisito dominio del mezzo scenico. La *performance* goldoniana (che, ripensata oggi, al di fuori di ogni alone di leggenda, conserva comunque qualcosa di grandioso) è preceduta da un manifesto in atto, una commedia sull'arte della commedia (secondo precedenti illustri, come *L'impromptu de Versailles* di Molière) che s'intitola *Il teatro comico* e va in scena, ad apertura dell'anno teatrale, nell'ottobre '50, con la compagnia Medebach al completo (manca solo il d'Arbes, partito per Dresda e sostituito dal Collalto, un professionista eccellente). Presentata alle stampe come «prefazione di commedie, più che commedia», il *Teatro comico* è scarsamente godibile come autonomo organismo teatrale: mentre prendono rilievo i numerosi pretesti polemici ch'essa via via suggerisce e le varie proposte di poetica che offre all'attenzione dello spettatore. A voler sottilizzare, si potrebbe addirittura sostenere che questa commedia è più riuscita per quanto distrugge che per ciò che costruisce: nella sua *pars destruens* insomma, piuttosto che per «tutte le massime e le direzioni» dal Goldoni ancora troppo cautamente «proposte per far rivivere... la commedia in Italia». L'obiettivo della polemica goldoniana sono naturalmente le «commedie antiche» o «commedie dell'arte». Prevedibili nella ripetitività delle maschere e dei ruoli, tediano il pubblico, costretto a «veder sempre le cose istesse», a «sentir sempre le parole medesime». I loro autori badano allora a moltiplicare i casi, a infoltire l'intreccio («Meglio è abbondare che mancare», sentenzia Lelio, che nel *Teatro comico* è il portacolori della vecchia tradizione scenica): e per lasciare l'uditorio stupefatto, se non divertito, si abbandonano alle antitesi, ai traslati, alle figure, alle iperboli d'una scrittura ampollosa sino al ridicolo. Ciò che rende improponibile, agli occhi del Goldoni, il vecchio teatro è proprio questa duplice mancanza di misura: sul piano strutturale, dove la carenza di salda coscienza compositiva si traduce in un caotico succedersi di «scene insieme accozzate senz'ordine e regola»; sul piano stilistico, dove una scrittura incontrollata affastella «comparazioni», «allegorie», «paralleli»: tutta una serie di «freddure», di cui «la gente dotta non s'appaga più».

Dalla Commedia all'improvviso alla commedia «riformata»

Eppure, al tempo del *Teatro comico*, Goldoni non è ancora deciso a sostituire radicalmente e d'un solo colpo il vecchio teatro col nuovo: opta piuttosto per una cauta transizione. Gli attori potranno, ad esempio, improvvisare a tratti, se sapranno farlo con eleganza; né le maschere andranno del tutto abolite: il punto sarà «sostenerle con merito nel loro carattere ridicolo, anche a fronte del serio più lepido e più grazioso». Con la cautela dell'uomo che è fatto «come gli altri e può facilmente ingannarsi», il Goldoni del '50-51 ancora «non si lusinga d'arrivare a conoscere quanto basta la perfezione della commedia». Si è impossessato tuttavia – «dopo un lungo studio, una lunga pratica ed una continua instancabile osservazione del teatro» – di alcune idee-chiave e vuole cominciare pacatamente a chiarirle ai suoi fedeli. La prima (e fondamentale) è che il teatro deve riattingere la propria tematica «nel *mare magnum* della natura»; la seconda è che deve tendere a correggere i vizi e mettere in ridicolo i cattivi costumi. Queste due direttrici dell'ispirazione goldoniana trovano il loro punto d'incontro nella commedia di carattere, che è ad un tempo specchio di quanto già la società esprime e veicolo di nuovi codici di comportamento sociale. La commedia di carattere è creazione tipicamente italiana: giacché gli spettatori italiani, particolarmente esigenti, la vengono affinando con le loro stesso pretese: sono essi stessi coautori con il commediografo, che vengono implicitamente e tacitamente stimolando col loro misurato consenso.

Il nuovo teatro, destinato a nascere dunque «coll'uso, colla pratica e col tempo», dovrà essere il risultato d'una concreta collaborazione tra autore e pubblico. Ma anche l'attore giocherà un ruolo determinante nella sua costruzione: giacché, se è vero che la commedia «premeditata» sconvolge le consuetudini professionali dell'attore all'improvviso, è vero altresì che (grazie all'intuito, alla sensibilità, allo spirito dell'interprete) il testo scritto della commedia nuova potrà arricchirsi di suggestioni e risonanze. Ancora una volta – in questo caso, per positivo – Goldoni mette a profitto il legame tra scrittore-attore-pubblico, che ha visto articolarsi (con una varietà sconcertante di risultati) negli anni tumultuosi dell'apprendistato. Del resto, tutto il *Teatro comico* respira la pratica diretta del palcoscenico: al di là del suo carattere programmatico, è gustoso per certi tocchi al confine con l'autobiografismo: sulla povertà cronica dei comici (che fa da *pendant* alla miserabile allegria del drammaturgo); sui disagi della loro vita errabonda; sui loro traffici e disordini sentimentali; sui tumultuosi rapporti con l'altezzoso ambiente del melodramma; sul malcostume sfrenato degli spettatori «tradizionali».

Un anno alla ricerca di se stesso

Al di là delle dichiarazioni di poetica contenute nel *Teatro comico*, a cosa conduce l'*exploit* della stagione '50-51? Direi che non conviene valutarlo sul piano dei meri risultati espressivi: giacché se ci limitassimo a questo, dovremmo ammettere che la febbrile attività compositiva del Goldoni ha prodotto frutti relativamente modesti.

Primi risultati espressivi

Proviamo a tentare un bilancio. Su sedici commedie, quattro resistono oggi alla riprova del palcoscenico: una vigorosa *tranche de vie* sul dissidio tra nobiltà decaduta e popolo borghese (*Le femmine puntigliose*), una commedia di costume fin troppo variopinta (*La bottega del caffè*), una divertita pittura di carattere (*Il bugiardo*), ed un primo timido tentativo di commedia sul popolo (*I pettegolezzi delle donne*).

Le femmine puntigliose (messa in scena nell'ottobre '50, subito dopo il *Teatro comico*) si riallaccia tematicamente alla *Famiglia dell'antiquario*. Ma con questo espediente, assai significativo: che la tensione tra classi opposte e invise non si dichiara nel chiuso dell'ambiente domestico, con gli inevitabili ostacoli che conseguivano (come nella *Famiglia*) dal presentare subito nettamente delimitato il campo di indagine. Qui la tensione è «mediata» invece da più personaggi femminili, che appartengono a classi diverse, mercantesse o aristocratiche per censo e per sangue. Lo «smoderato amor proprio», l'«invidia», l'«ambizione», impulsi riprovevoli dell'eterno femminino, fan qui da pretesto (e da schermo) ad un conflitto che trova lo stesso Goldoni «confuso nell'abbondanza» di pretesti polemici. La posizione del Pantalone-Goldoni, coreuta ancora una volta della vicenda, è di cauto equilibrio: se sbaglia una mercantessa a volere ad ogni costo «comparir fra le Dame», altrettanto riprovevole è la nobile che mette a repentaglio la dignità del proprio rango, «un fregio grande, desiderabile da chicchessia».

Se nelle *Femmine* Goldoni pare preoccupato quasi esclusivamente del tema e degli spunti di critica che offre, nella *Bottega del caffè* il suo sforzo è quello di tradurre scenicamente motivazioni di tipo moralistico (la polemica sulla generale corruzione dei costumi) in un colorito affresco di vita vissuta. Recuperando in piccola parte l'esperienza giovanile degli intermezzi (*La Bottega da caffè* si intitolava un intermezzo del '36), Goldoni intreccia in un campiello veneziano un viluppo di esistenze. La commedia che ne nasce è contradditoria, incerta tra moralismo didascalico, evasioni nel romanzesco, suggestioni di «carattere» (come nel troppo celebrato don Marzio), insistito macchiettismo, flebili eco del «gioco teatrale» all'improvviso. Ma rappresenta il più grosso sforzo di Goldoni, sino a questa data, di scrivere una commedia corale e, a suo modo, «totale», in cui si tenta di trasferire sul palcoscenico una intera porzione di Mondo nella sua concretezza e quotidianità.

Svagato e vaporoso è il clima del *Bugiardo* (autunno '50), che si muove (ma quanto?) dietro le orme di un predecessore illustre, come il Corneille del *Menteur* (e, a ritroso, l'Alarçon della *Verdad sospechosa*): e trae forse dalla presenza (molto alla lontana) di così autorevoli modelli quel tono di leggiadro divertimento che ne è ad un tempo il pregio e il difetto più evidente. Mossosi con l'intenzione di delineare un «carattere», Goldoni resta per via attratto dalla carica di simpatia che sprigiona dalle «spiritose invenzioni» del suo Lelio e bada a sfruttare l'efficacia in ordine alla vicenda, all'intreccio (che proprio per questo risulta piacevolmente improbabile) piuttosto che sul piano dell'analisi psicologica.

Altrimenti interessante l'esperimento tentato con *I pettegolezzi delle donne* (allestito sul finire dell'annata '51, l'ultima sera di carnevale): quello di puntare decisamente l'obiettivo sul popolo minuto e di farne il protagonista di un'intera commedia. Già nella *Putta onorata* il popolo basso faceva la sua comparsa, ma era *una* delle classi, non la sola, ad essere implicata nella vicenda: qui invece siamo immessi *in pieno* tra artigiani, gondolieri, venditori ambulanti. Goldoni coglie e traduce di questa gente il ritmo di una vitalità tutta esteriore, quella irresistibile smania di presentarsi, contraddistinguersi grazie alla parola. Al di là di questa vigoria e sanità «orale» Goldoni ancora non si spinge né scava nell'ombra delle parole di questi innamorati delusi o delle comari scatenate nella maldicenza. Ma intanto il suo primo approccio ad un mondo deliberatamente ignorato da due secoli e più di teatro (bisogna risalire a Ruzante per ritrovare, in termini certo più polemici, la plebe cittadina e contadina immessa nello spazio scenico) è di una accattivante freschezza, il gioco teatrale subito spigliato, il concertato delle voci ben orchestrato e sostenuto. In una parola, Goldoni si è felicemente avviato lungo l'itinerario delle commedie popolari, tra le quali si annoverano alcuni capolavori.

E la restante dozzina di commedie? Sono tutte davvero da dimenticare? Non direi: e non tanto (come osservavo) per quanto valgono, ma per quanto significano per Goldoni, nella presa di coscienza della propria personalità e della missione di drammaturgo. La parola «missione» può sembrare retorica: ma così non suonava per Goldoni, che proprio in quell'anno di ricerca decideva della propria funzione sociale. Sotto questo profilo le commedie poco riuscite parlano molto chiaro: sono tutte improntate ad un forte impegno didattico. Una sola forse, *L'incognita* (1751) rappresenta una deliberata evasione nel «romanzesco», *à la manière* dell'avversario Chiari, quasi a dimostrargli d'essere capace di batterlo sul suo terreno. Ma le rimanenti vogliono realmente proporsi come «la scuola degli uomini» (come si legge nella prefazione al *Giuocatore*): giacché, «sendo la Commedia un'immagine della vita comune, il fine suo dev'essere di far vedere sul Teatro i difetti de' particolari per guarire i difetti del pubblico, e di correggere le persone col timore di esser poste in ridicolo» (prefazione alla *Dama prudente*).

Goldoni e l'illuminismo

È in quest'ambito che mi sembra s'iscriva l'adesione del Goldoni all'illuminismo: a quell'«illuminismo popolare, legittimo e importante anch'esso a fianco dell'alta filosofia» (Valeri), che – aggiungerei – trovava sfogo nell'ambito dell'etica comportamentale piuttosto che sul piano della riflessione ideologica. Con l'illuminismo Goldoni simpatizzò certo da orecchiante: non era ovviamente un pubblicista politico né un riformatore, chiamato ad occuparsi di concrete questioni di governo. Ma il fatto che non possedesse il talento dell'utopista né la cultura dell'ideologo non deve farci credere che, nella propria professione, settoriale e specialistica fin che si vuole, non «sentisse» la nuova morale con rigore ed entusiasmo.

La «misura» come norma etica e sociale

Se volessimo fare un passo in là, potremmo azzardare che il punto di contatto, del tutto inconsapevole probabilmente, tra Goldoni e l'ethos illuministico consista in quella norma di «misura» che è autocontrollo di sé, rispetto della libera espansione della personalità altrui, accettazione della complessa trama dei rapporti interpersonali, alla luce di un sereno e pacato esercizio della ragione; e all'opposto, nell'avversione istintiva per ogni sregolatezza, per quel rifiuto della norma, appunto, che può andare sotto il nome di passione, mania, delirio, fanatismo.
Significativamente, le commedie «brutte» di cui si discorre trattano, per positivo o per negativo, di personaggi virtuosi o viziosi a seconda che accolgano o respingano questo codice di «misura» nella prassi della vita quotidiana. Nel *Vero amico* (dicembre '50) l'amicizia si dimostra «superiore all'interesse e alla passione» perché frena i propri impulsi e, abdicando al personale tornaconto,

trionfa così sull'amore. Nella *Dama prudente* (carnevale '51) il dominio di sé di una nobildonna «angustiata da un marito geloso» prevale, con sublime pacatezza, sull'«amore violentato, sospettoso, inquieto». Nell'*Avventuriere onorato* (carnevale '51) l'onestà riesce a non degradarsi, benché assediata dalle «macchine della persecuzione». Ma è soprattutto nei profili per negativo che risalta il fervore del Goldoni nel professarsi seguace della «medietà» come regola ideale della civile convivenza. *L'adulatore* (primavera '50) è in preda ad una passione «inumana» perché «colorisce i vizi talmente che non più si ravvisano da chi li coltiva» (infrange cioè la regola che vuole virtù e vizio razionalmente delimitati). *Il giuocatore* (carnevale '51) è doppiamente sragionevole perché in lui «il desiderio di vincere ha il suo principio o dall'avarizia o dalla scostumatezza»: e l'una e l'altra origine sono fuori regola, perché «nel primo caso cerca il giuocatore di vincere per accumulare, nel secondo per appagare le sue voglie, *non misurate* dalla sua condizione» (il corsivo è nostro).

Proteso a offrire concrete motivazioni alla propria tensione morale di commediografo riformatore, Goldoni ipotizza addirittura nel *Cavaliere di buon gusto* (autunno '50) un modello di individuo capace di conciliare in sé l'opposizione aristocrazia-borghesia; è il «Nobile Mercatante», che, «senza un minimo pregiudizio della venerabile Nobiltà», non esita a «tener banchi aperti, negozi vivi, ragioni ne' suoi nomi, firmar lettere, agire, negoziare in fine...». La commedia poco persuade per la stereotipa perfezione del protagonista: ma molto ci dice, indirettamente, dell'insoddisfazione che si fa strada in Goldoni non solo nei confronti di una aristocrazia sempre più avulsa dalla pubblica salute, ma anche nei riguardi della borghesia mercantile, che – se è ancora operosa e, almeno in quest'ambito, moralmente ineccepibile – sembra preoccuparsi solo del proprio privato interesse, è incapace di «fare il salto», di abbracciare sotto il proprio sguardo un orizzonte più vasto di problemi, legati al progresso civile della collettività. Pantalone, proprio nel proporsi come maestro di vita a chi pretende di sconfinare dalla propria classe, rischia di chiudersi nel cerchio angusto ed egoistico dell'«interesse, (*de*)gl'impegni, (*del*)le convenienze e (*del*)l'onore».

La donna come personalità emergente

Questo moto di sfiducia verso una creatura della propria fantasia nasce in Goldoni da una concreta situazione storica: la sua crisi echeggia una più vasta crisi che investe realmente la borghesia mercantile di Venezia. La grande spinta espansionistica del commercio veneto, che in anni fulgidi aveva visto navigli della Serenissima spingersi sin nel mare delle Antille, si è gradatamente smorzata. Ridotti ad un ambito «locale» (che include nel migliore dei casi l'Adriatico e il Mediterraneo), i traffici si vanno atrofizzando. Ma è soprattutto la mancanza di audacia nel progettare un futuro diverso (mettendo a frutto i contatti pluridecennali con le moderne culture d'Europa) che preclude alla borghesia nuovi sbocchi (come poteva essere, ad esempio, la modernizzazione dell'agricoltura, da sottrarsi con adeguate operazioni finanziarie all'oppressivo latifondismo degli aristocratici). Il borghese veneziano degli anni '50 vive sì in prosperità, ma è pago di un benessere immediato, preoccupato in forme lievemente maniacali del decoro famigliare, distratto o indifferente agli obblighi della convivenza civile.

Pantalone o il borghese in crisi

Questo provincialismo d'orizzonti è il limite che Goldoni con più nettezza rimprovera al «suo» Pantalone, nel biennio '52-53, ultimo della fortunata collaborazione col Medebach. Il buon vecchio è ancora maestro di probità, equilibrio, altruismo: ma secondo canoni di così astratta perfezione (come nel *Tutore*, che nel carnevale '52 presenta per poche sere al tiepido pubblico veneziano un Pantalone irreprensibilmente «attento, puntuale, fedele») da riuscire poco credibile e perciò scarsamente convincente. Quando Goldoni decide di ridargli una misura umana, ce lo dipinge, con sempre maggior frequenza, affaticato dalle incombenze del ruolo di riappacificatore («Ma, caro sior conte, per carità, no la me daga in ste debolezze. No la destruza el merito delle mie fadighe. Ho fatto tanto, grazie al ciel ghe ne son riuscio...»: così nei *Puntigli domestici*, dell'autunno '52) o addirittura querulo sul proprio malcapitato destino, come nella *Figlia obbediente*, sempre dell'autunno '52: «Ah maledetto interesse! Ecco el bel frutto che son per cavar dalle to lusinghe! Povera putta sagrificada! Povera reputazion in pericolo! Povero Pantalon travaggià!...». Un Pantalone che depreca il profitto e dubita della sua dignità è a un passo dall'abdicare al proprio ruolo: non a caso, nei *Mercatanti* (messa in scena nel carnevale '53 col titolo originario *I due Pantaloni*) un Pantalone vecchio, condotto al dissesto dagli sperperi del figlio omonimo, è salvato *in extremis* dall'intervento di un mercante olandese, il signor Rainmere: «Che sia benedetto! Uomo veramente d'onore. Buon amico, vero amico. Cauto sì, ma sincero. Vero mercante, specchio de' galantuomini. Buoni per se stessi, buoni pe' loro amici, che uniscono perfettamente all'onesto interesse la giustizia, la moderazione e la carità». L'elogio che Pantalone rilascia al suo benefattore è come un'implicita ammissione di inadeguatezza: e che il *deus ex machina* venga dall'Olanda equivale a suggerire che la borghesia ha saputo realizzarsi altrove, non certo a Venezia.

La donna come eroe positivo

Al declino di Pantalone Goldoni trova compenso nel creare un nuovo «eroe positivo». È questa volta una donna, un particolare tipo di creatura femminile che potremmo definire «ascendente» o «emergente»: nel senso che realizza appieno la propria personalità nell'emergere rispetto ai componenti del proprio gruppo sociale o, ancora più audacemente, nell'ascendere dalla propria classe ad una superiore. L'assunzione del personaggio femminile ad una funzione di vero e proprio *leader* sociale – funzione in cui sostituisce Pantalone, dimostratosi incapace di imporre il proprio modello di comportamento agli altri – è dettata ancora una volta (oltre che dalla particolare «simpatia» del Goldoni per la finezza d'intuito e la duttilità dell'altro sesso) da un'adesione «di gusto» (Berengo) alla «rivalutazione» della donna svolta in quegli anni dalla pubblicistica veneziana di tendenza illuministica. Proprio a Venezia i periodici non lesinano articoli di pronunciata adesione al nuovo ruolo della donna nella moderna società civile: e Goldoni sa trarne giusto profitto.

Questa «rivalutazione» della donna e altri nodi del dibattito diventa nel Goldoni tra il '51 e il '53 occasione di teatro: e in commedie di pregevole fattura, a conferma che il tema non è passivamente recepito, ma vissuto con impegno fervido e sincero. Penso soprattutto alla *Castalda* (autunno '51), ambientata tra l'altro in quella campagna per vacanze, sul cui sfondo Goldoni verrà poi impostando tutta la serie delle commedie sulla villeggiatura.

Dalla «Castalda» alla «Locandiera»

La castalda non è più la serva padrona dei troppi seguaci di un Pergolesi (un figurino divenuto presto di maniera, buono per le maliziose cadenze di voce e gesto delle soprano amorose), ma una avveduta fattoressa che alle moine della seduttrice accoppia un pacato calcolo di potere: è insomma una «donna, che conoscendo il suo punto, sa stabilire la sua fortuna». E penso ancora alla *Serva amorosa* (ottobre '52), una Corallina capace «de' più difficili, de' più delicati maneggi»: in cui il rapporto di devozione per il padroncino «timido, irresoluto, disfatto prima di combattere» (Apollonio) si colora ambiguamente di un'ombra di plagio. Nel graduale processo di costruzione di questo tipo di donna – che Goldoni (sempre moderato nel definire i propri personaggi) si limita a battezzare semplicemente «la donna di spirito» – il vertice è dato, com'è noto, dalla *Locandiera* (gennaio '52). È questa una commedia che forse bisognerebbe avere il coraggio di leggere non più nei termini di un «elogio di Mirandolina» (e, per lei, dell'eterno femminino), ma come un apologo sull'uso lucido, a sufficienza spietato, dell'intelligenza come strumento di affermazione sociale. Giacché, se i due poli della vicenda sono quelli della «passione», e della «finzione» (Ringger), è vero d'altronde che la finzione in Mirandolina non è lo strumento per apparire diversi e migliori di quel che si è (come nel caso dei pretendenti e delle due attrici), ma il solo codice di vita possibile, perché l'unico che le permetta di ribadire la propria primazia su individui altrimenti qualificati a collocarsi gerarchicamente sopra di lei. Ad ogni buon conto, qualunque sia il tipo di lettura di questa commedia (che non cessa di avvincere, nonostante la fama piuttosto ingombrante), è indubbio che, sul piano compositivo, essa costituisce una delle più salde e coerenti strutture drammaturgiche ideate dal Goldoni. Qui Goldoni è riuscito davvero a realizzare la commedia come un organismo policentrico: in cui il risalto della protagonista non deprime, ma potenzia, in un fitto rapporto di reciprocità, il gioco dei comprimari (era questo il problema contro cui si era invece scontrato nel comporre *La donna di garbo* e poi *La vedova scaltra*). Qui davvero coesistono più caratteri, ognuno dei quali «prende aria diversa dalla varietà delle circostanze», senza che sul piano del gioco teatrale ciò ingeneri conflittualità o scompensi.

Altri temi: un timido approccio al popolo

Il tema dell'affermazione della donna è il più maturo tra quelli espressi da Goldoni in questo torno di tempo: e quello che più concretamente sembra legato ad un rapporto necessitante con la società all'intorno. Più distratti e periferici sembrano, negli stessi anni, gli interventi di Goldoni su vari problemi d'occasione: come la satira dei bellici ardori, che fa da puro pretesto all'*Amante militare* (autunno '51) e sfuma poi in uno spettacolo di vita animata e giovanilmente irrequieta; o l'ironia sul sapore di scandalo sollevato da sette e società segrete, che è alla base de *Le donne curiose* (carnevale '53); o la stessa denuncia dei soprusi della nobiltà terriera sul ceto contadino, ne *Il Feudatario* (carnevale '52): una commedia che converrebbe rileggere con più meditato distacco, così da coglierVi, invece che precorrimenti giacobini, il sorriso

del borghese moderato che non esita a mettere in scena, a fianco del villico angariato, «il Contadino ridicolo, che è quando vuole egli uscire del suo carattere, e farsi onore complimentando, o ragionando di cose gravi, politiche e giudiziose».
Una zona di sperimentazione a parte, quasi in sordina (ma che conviene tenere sotto attenzione, perché si rivelerà determinante nel Goldoni maturo) è quella delle commedie sul popolo. Dopo *I pettegolezzi delle donne*, è ora la volta de *Le donne gelose* (carnevale '52): ancora una «commedia veneziana, venezianissima», per l'appropriata ambientazione, per la flessibilità di un dialetto che acquista sempre più in valori timbrici e ritmici, e – ciò che più conta – per il diverso approccio al microcosmo plebeo, che non si realizza più sotto il segno di un candido e vitalistico ottimismo, ma già si vela di un'ombra di amarezza. C'è in questa commedia il senso di una penuria che è ristrettezza economica, ma anche angustia morale; il presagio quasi di una esistenza che conosce sì sprazzi di straordinaria purezza e intensità, ma nel fondo è votata ad un destino soffocante.

Il difficile esordio al San Luca

È al termine del quadriennio '50-53 – un periodo di grande e fecondo travaglio compositivo – che Goldoni rompe col Medebach. All'origine del dissidio stanno anche contestazioni di carattere giuridico. Nel '50 Goldoni ha avviato a Venezia presso il Bettinelli l'edizione, già ricordata, delle sue commedie. L'impresa si concluderà solo nel '55, ma tra il '50 e il '53 si renderanno necessarie quattro ristampe. La quarta verrà impugnata dal Medebach e da lui stesso curata, perché l'impresario ritiene gli siano riservati anche i diritti di utilizzazione «secondaria» dei copioni scritti per la sua compagnia.
Ma è chiaro che la frattura è di carattere artistico. Nell'ultimo periodo non sono mancate le commedie che Goldoni, con un simpatico eufemismo, chiama «sgraziate nell'esilio»; e per il resto gli attori sentono a tratti come un'oppressione gli obblighi connessi al teatro «riformato». Goldoni stesso è, probabilmente, stanco e giudica il proprio mestiere come «il più laborioso, il più difficile, il più tormentoso» tra quanti si possano praticare.
In questo clima difficile matura nel '53 il passaggio al teatro San Luca, con un contratto decennale siglato sin dal '52. Gli impresari sono i nobili Vendramin, la compagnia vanta purtroppo nomi meno illustri della precedente, anche se Goldoni può contare sull'appoggio di qualche at-

tore del Sant'Angelo (come i coniugi Falchi). Ma i guai più grossi vengono proprio dai vecchi compagni di lavoro: piccato dall'abbandono, il Medebach ripesca come commediografo fisso il Chiari, che dal '51 aveva lavorato con la compagnia Imer-Sacchi al teatro San Giovanni Crisostomo. Duttile sino alla spregiudicatezza, Chiari non aspetta altro che l'occasione propizia per riprendere la polemica diretta col più illustre avversario: e tra il '53 e il '57 la battaglia a distanza non conosce soste.

Goldoni e la sua crisi professionale

È evidente che le forze dei due contendenti sono impari. Il Goldoni del Sant'Angelo si è affermato come uno scrittore diverso, sensibile e moderno, misurato e toccante. Ma intanto lo disturba sentirsi tallonato, spesso plagiato dal funambolico rivale, vero scrittore dell'industria teatrale, per cui ogni pretesto di commedia è buono, a dispetto della menoma coerenza: scampoli di storia romana e greca, adattamenti da romanzi francesi e inglesi, aneddoti di giornale (con grande trasporto per la cronaca nera), e soprattutto avventure esotiche in imprecisati paesi d'Oriente (uno dei testi più istruttivi di questa maniera, con punte gustose di involontario *bric-à-brac*, è *Le sorelle cinesi*).

E poi è Goldoni stesso a sentirsi in crisi, una crisi di crescenza, ma profonda e travagliata (a dispetto della pretesa atarassia, di cui vorrà persuaderci, nei panni dell'autobiografo, trent'anni dopo). Le prefazioni all'edizione Paperini (realizzata a Firenze, in dieci volumi, a partire proprio dal '53) esibiscono molto chiari sintomi di disagio. La prima impressione è che Goldoni sia a secco, o almeno a corto di invenzione: «Goldoni ha terminato di far commedie (disse uno di questi tali una sera); finora ha rimuginato un magazzino di commedie vecchie: queste sono finite, ed egli è in secco...» (prefazione a *Il contrattempo*). Ma è un'impressione sbagliata. Certo inanellare otto commedie per stagione, per non parlare dei melodrammi e delle tragicommedie, è un impegno intellettuale che può lasciare stremati: «Chi fa il poeta comico per professione, di tutto dovrebbe essere infarinato. Arti, scienze, costumi, leggi, nazioni: tutto può essere soggetto di commedia...» (prefazione a *L'amante militare*).

In rotta con attori e pubblico

Ma il punto cruciale per Goldoni è un altro. Da un lato, sente d'avere perso fiducia nel rapporto di collaborazione con gli attori. Non sono tanto il disordine morale, le loro rivalità continue (si leggano, a ritroso, le pagine di premessa alla *Castalda*) a sgomentarlo, quanto la loro mancanza di retto senso critico, di una finezza di giudizio: «Compresi per altro in tale occasione, che mal mi fidava di cotai giudici, e non esser vero che la commedia, per piacere al popolo, abbia sempre da piacere a' comici, li quali non fondando il loro criterio che sulla pratica, non giungono a ravvisare perfettamente la delicatezza de' caratteri e della condotta, le quali cose si rilevano dagli uditori» (prefazione a *La serva amorosa*).

D'altro lato sono proprio gli uditori, è proprio il pubblico che non sembra più disposto a dialogare col commediografo prediletto. Lasciamo stare i cosiddetti critici o specialisti, i quali meglio farebbero «ad animare, anzi che a deprimere, gli scrittori, i quali sudano pel proprio onore e per l'altrui onesto divertimento» (prefazione a *La donna vendicativa*). Anche il pubblico minuto, sulla cui sensibilità istintiva Goldoni aveva fondato le sue scelte, come sull'ago di una bussola sensibilissima, pare non più trasmettergli corrette indicazioni. Goldoni lo ha educato al ragionevole e al verisimile ed ora questo stesso pubblico devia, ritorna sui suoi passi, riprende a dilettarsi dell'irrazionale e dello spropositato: «Signori miei, come la volete? Calda o fredda? Voi mi fareste impazzire, se vi dessi retta» (prefazione a *I puntigli domestici*).

La crescente sfiducia negli attori, una malcelata delusione verso il pubblico che credeva d'avere «riformato» almeno quanto i propri copioni, sono l'amaro bilancio del Goldoni alla vigilia del suo esordio al San Luca: un teatro, tra l'altro, di vaste proporzioni, che (quand'anche non avesse dovuto tener testa alle strampalate macchinerie del Chiari) gli sembrava di per se stesso di «disavvantaggio». Da quest'avvio malcerto (reso ancora più insicuro, ovviamente, dalla perdita di contatto, a livello ideale, con la classe-guida, con quella borghesia mercantile alcuni anni prima elevata a modello) è condizionato, in maniera negativa, il lavoro di Goldoni durante il primo quadriennio. È un lavoro che, per quanto riguarda le commedie, si muove in due direzioni antitetiche: un ripensamento delle conquiste già raggiunte negli anni '50 (una specie di ripresa per variazioni continue su un canone già modulato, pressappoco come accade nelle partiture musicali a contrappunto); e la ricerca, non sempre tempestiva o motivata, di nuovi temi, di nuovi orizzonti culturali.

Ritorno alla tragicommedia esotica

Questo secondo atteggiamento è più vistoso nella produzione di tragicommedie, cioè nell'area in cui la rivalità col Chiari si faceva sentire più netta, colorandosi delle tinte romanzesche di uno scontro con un avversario deciso a tutto. Goldoni, come s'è detto, aveva cominciato a produrre per il teatro tragicomico assai prima del Chiari (esordiente solo nel '49). Costretto dalla fervida produttività del concorrente ad una ripresa intensiva della tragicommedia (abbandonata nel '38 col *Giustino*, l'ultimo dei copioni del quadriennio di apprendistato), Goldoni dimostra ora una più spregiudicata disponibilità ai pretesti d'attualità d'una cultura *à la page*: mentre negli anni giovanili (se si esclude una frettolosa e sfortunata sortita dietro le orme perigliose di Don Giovanni col *Don Giovanni Tenorio o sia il Dissoluto* nel '35) i contenuti dei vari *Belisario*, *Rosmonda*, *Griselda* erano poco o nulla programmati in funzione della grama curiosità intellettuale degli spettatori. Tallonato dal Chiari, Goldoni si fa insomma audace e molto versatile, lui di norma così cauto e poco dispersivo.

La «trilogia persiana»

Il primo successo lo coglie con una *pièce exotique*, un esempio di divulgazione scenica della polemica sul primato della cultura orientale sulla occidentale (cioè, dell'universo selvaggio sul civilizzato, dopo *Les lettres persanes* di Montesquieu, per citare il titolo più celebre e più frainteso dell'intero filone). La tragicommedia si intitola *La sposa persiana* (autunno '53): replicata per trentaquattro sere consecutive, costituisce per Goldoni un vero e proprio trionfo. Meno felice l'esito della successiva *Ircana in Julfa* (dicembre '55); ma la terza parte della trilogia, *Ircana in Ispaan* (novembre '56), «ebbe tale incontro che superò le altre due di molto» (e a Venezia commuoveva i giovani ancora a metà Ottocento). La trilogia persiana, se consolida la fama del Goldoni come scrittore di «fantasia» (come gli chiedevano d'essere l'impresario Vendramin e spesso le primattrici, smaniose di ruoli provocanti), lo obbliga a perseverare in un ambito che gli è estraneo e lo distrae pericolosamente dalla riflessione e dalla produzione intorno alla commedia riformata. Succede così che per un quadriennio Goldoni raccolga affermazioni in un genere che non gli è per nulla congeniale, mentre stenta a ritrovarsi sul terreno di cui lui stesso ha compiuto la prima ricognizione e delineato con mano ferma i confini. La lettura della *Peruviana* (autunno '54), della rousseaiana *Bella selvaggia* (autunno '57), della *Dalmatina* (autunno '58) ci permette di costatare l'estraneità di un professionista che non lesina effetti, trovate, colpi di scena per vivificare un tipo di teatro cui è non solo indifferente, ma vigorosamente ostile.

Quando scrive per il teatro di prosa, Goldoni non tenta di emulare Chiari sul versante del «comico elevato e nobile», che è come dire sul piano del *pastiche* romanzesco. Solo una commedia per il periodo che ci interessa, *Il pa-*

dre per amore (1757), è così irragionevolmente gremita di scambi di persona, agguati e ricatti, agnizioni da sembrare scritta davvero dall'abate bresciano. Ma è un'eccezione, meritatamente sfortunata: di norma, Goldoni bada a non scostarsi da quello «stile famigliare e comune» che è la sua più limpida conquista sino al '53. Ma ripercorrere sentieri già battuti non è così agevole: e tantomeno garantisce il successo. Certe figure-ruolo, come l'amabile, sensato Pantalone (sebbene Goldoni finga di prestargli fiducia), non persuadono più nessuno. *Il vecchio bizzarro* (carnevale '54), cioè l'anacronistico tentativo di ridare vigore e colore al vecchio mercante, nei panni di un innamorato tardivo, sfocia in un fiasco solenne (è insomma un recupero che «no l'ha valso un figo», come osserva un cronista malizioso). Quel ch'è più grave, gli spettatori recalcitrano a vedersi proposti quei «caratteri naturali» che proprio per la loro persuasività non forzosa erano stati il vanto di Goldoni. Il commediografo può ostentare la propria sicurezza dinnanzi allo spettacolo, così variegato, così sfumato, dell'umana esistenza: «Il carattere istesso, posto in altro prospetto di quello in cui mi valsi una volta, mi serve tante altre volte quante a cambiarlo mi accingo. L'avaro è un carattere, ma dieci avari si possono rappresentare con altra condotta e in altre circostanze costituiti; così il superbo, così il prodigo, così la donna fantastica, la spiritosa o la sciocca» (prefazione a *Il cavalier giocondo*). All'atto pratico, non è su caratteri «universali», magari diversamente atteggiati, che Goldoni viene lavorando in questi anni, ma su caratteri d'eccezione; non su individui normali (della «normalità» che accomuna sotto lo stesso vizio o sotto la stessa virtù tante persone), ma su personalità lievemente devianti. La caratterizzazione degli anni difficili del San Luca è lo sforzo (quasi sempre falito) di rendere plausibili dei profili psicologici poco accettabili perché assolutamente innaturali (e, spesso, incongrui nel loro stesso disegno). Sono, talvolta, dei caratteri deformati, come *Il geloso avaro* (ottobre '53), che dovrebbe riuscire comico perché in preda «a due difetti notabili» ed in contrasto tra loro; o traditi nelle loro motivazioni, come un altro *Avaro* (1756), che, invece d'essere cupido dei propri beni, brama di ammassare ciò che non possiede ancora. Più spesso, però, si tratta di caratteri che sarebbe possibile accomunare sotto il segno di una caparbia asocialità: e già questa sigla marca la distanza tra il Goldoni del San Luca e quello del Sant'Angelo, intento a creare invece individualità immesse nel vivo della comunicazione sociale.

Il «carattere» come trasgressione dalla norma

I «caratteri» del San Luca sembrano invece rifiutare il commercio con il prossimo. Sono gentildonne «fier(*e*), intollerant(*i*), da mille smanie oppress(*e*)» (come Livia, protagonista de *La donna stravagante*, carnevale '56); aristocratici «non trasportat(*i*) da veruna passione», paghi solo di «appagare se stess(*i*)» (come il Ferdinando de *L'amante di se medesimo*, estate '56); gentildonne che prediligono la solitudine, non per presunzione o misantropia, ma per paura di confrontarsi con le proprie simili (come Donna Berenice, nella *Donna sola*, carnevale '57); dame in preda ad una impressionante incertezza e labilità di comportamento (come donna Florida, in *La donna di testa debole*, estate '57) o ad un'ostinata smania di negazione (come Dorotea, ne *Lo spirito di contraddizione*, carnevale '58); cavalieri immersi nella più grigia «indifferenza del bene e del male» (*L'apatista*, estate '58); ricche vedove d'umore instabile per pura bizzosità (come Ermelinda, ne *La donna bizzarra*, estate '58).

Pretesti tematici e commedie mediocri

La connotazione sociale di codesti personaggi (che abbiamo a bella posta ostentato) potrebbe far pensare ad un Goldoni polemicamente rivolto a sottolineare l'esibito colpevole astensionismo delle classi alte dalla vita sociale: il loro cocciuto estraniarsi dal vivo del dialogo collettivo per mero dispetto, o forse per qualche tara più profonda. Ma l'illazione sarebbe errata, perché buona parte delle commedie elencate sono scritte da Goldoni «al bisogno della nobile società», cioè su commissione e per l'interpretazione di un ceto privilegiato (come i nobili bolognesi del «circolo» filodrammatico promosso da un patrizio, l'Albergati Capacelli) fuori dal cartellone stesso del San Luca. Semmai, un poco più ragionevole sarebbe indurre che tutto quell'affannarsi a scrivere su casi di astenia, misantropia e ipocondria risenta della instabilità nervosa di cui Goldoni fu afflitto in quegli anni (e di cui ci darà, a malincuore, notizia nei *Mémoires*). Ma, così supponendo, resteremmo ancora all'esterno dell'analisi di questi testi, che sono invece lo stento risultato di una radicale crisi creativa: l'incapacità a ridare pregnanza (morale e civile) ad un solo carattere, caricandolo del «codice» di una intera collettività: e la fuga nella tipizzazione di individualità isolate e minori, avulse in ogni caso da un panorama sociale vivo e operante (e perciò rifiutate persino dall'istinto grossolano degli attori, che «si vergognano di tali caratteri, e recitando languidamente la loro parte, fanno talvolta precipitar la commedia...»).

Quando non punta sul «carattere», Goldoni non ha altra

alternativa che affidarsi a pretesti esterni: la critica del costume contemporaneo gli offre numerosi spunti, cui tuttavia resta fondamentalmente estraneo: ne *Il festino* (allestito per il carnevale del '54) è la satira del cicisbeismo ad animare di una pallida vita teatrale una sciatta partitura in versi; ne *Il cavalier giocondo* (messo in scena nel carnevale '55) Goldoni si sfoga contro il cosmopolitismo fasullo di chi tutto presume di conoscere per avere visitato qualche paese straniero; ne *Il ricco insidiato* (autunno '58) l'ironia goldoniana si appunta sui nuovi ricchi; mentre *I Malcontenti* e *La villeggiatura* (carnevale '56) segnano la ripresa, variamente modulata, del tema della smania delle vacanze in villa (al centro di violente polemiche, nella pubblicistica veneziana di quegli anni, per il notevole squilibrio finanziario che provocava nel già malcerto bilancio economico della Repubblica), che tuttavia riuscirà a condurre a piena maturazione espressiva solo nella nota trilogia. Commedie mediocri, queste citate, non tanto e non solo per gli evidenti scompensi della strutturazione, quanto perché tradiscono un Goldoni distratto, che non «vive» interiormente la polemica cui si affida. Del resto, la stessa svagatezza, la stessa mancanza di un concreto polo di attrazione è nella quasi totalità della produzione goldoniana di questo sfortunato periodo: e peggio vanno le cose quando Goldoni, non sapendo a quale pretesto affidarsi, si basa su esili e del tutto privati spunti autobiografici, come ne *L'impostore* (primavera '54); o addirittura si dà ad esercizi di pura «archeologia teatrale», scrivendo commedie su scrittori di commedie, come nel *Terenzio* (autunno '54), o su maestri di letteratura, come nel *Torquato Tasso* (carnevale '55).

La riscoperta del popolo

Si salva dalla mediocrità, e non è poco, un mannello di commedie sul popolo. Dopo i delicati pastelli rappresentati dai giovanili intermezzi, dopo i mossi squarci d'ambiente popolare della *Putta onorata* e dei *Pettegolezzi delle donne*, Goldoni sente di poter riaffrontare la vita del popolo con maggiore consapevolezza, cui porta senza dubbio un contributo l'osservazione diretta protratta per anni con sollecitudine e simpatia crescenti. Goldoni, in sostanza, ritorna in questi anni al popolo sia perché ha di molto approfondito la difficile conoscenza di un ceto così schivo, sia perché avverte che quel ceto è l'unico che potrebbe garantire a Venezia, in un momento di profondo travaglio, una sufficiente carica di vitalità, quella stessa che egli tenta di trasferire in parole e gesti sulle assi del palcoscenico. Nascono così *Le massère* (carnevale '55), *Le donne de casa soa* (autunno '55), *Il campiello* (carnevale '56), *Le morbinose* (carnevale '58) e *I morbinosi* (febbraio '59). Più che una rigorosa costruzione scenica, Goldoni tenta in queste commedie di offrirci uno spaccato «in orizzontale» del mondo popolare. Non a caso ritorna in alcune di queste opere la stagione del carnevale come quella prediletta per inscenare l'azione. Vacanza temporanea e di breve respiro nella stentata e spesso monotona vita quotidiana, il carnevale concede a Goldoni di cogliere i personaggi in una condizione di privilegio: di estrapolarli insomma dalla loro normale esistenza, ben altrimenti grigia e sconfortante. Questa condizione di eccezionalità da un lato concede a Goldoni di affidarsi ad una orchestrazione singolarmente libera e mossa (queste commedie offrono alla lettura l'impressione di un racconto «aperto» e, in certa misura, sregolato), d'altro lato gli permette una relativa misura di distacco: il popolo, che Goldoni mette in scena, non è impegnato a far fronte ai duri problemi di una incerta sopravvivenza, è tratteggiato anzi in una sosta di «divertimento». Nelle due migliori commedie del gruppo, *Le massère* e l'animatissimo *Campiello*, ciò si traduce in un vero e proprio divertimento teatrale: esili pretesti di incontro e scontro (equivoci, pettegolezzi, baruffe) bastano ad accendere ed animare una colorita partitura, in cui è sempre la coralità a prevalere sulle voci soliste. Le commedie popolari di questo periodo costituiscono perciò un indubbio passo avanti nella ricerca espressiva di Goldoni: che ora sa padroneggiare in scena anche una folta messe di interpreti, tanto più difficili da guidare perché nei panni di un ceto «inferiore», poco presentabile, secondo gli schizzinosi canoni del tempo, al normale pubblico pagante.

Verso la coralità

Dalla borghesia al popolo: le grandi commedie della maturità

Goldoni in ripresa

L'insoddisfazione che pervade Goldoni negli anni '53-57 trova sfogo in un viaggio a Roma, dell'aprile del '57, di cui non converrebbe parlare se non fosse per il peso che dovette avere sulla «carriera» goldoniana, come Goldoni stesso testimonierà a ritroso nei *Mémoires*. Invitato nella città pontificia, dove venivano rappresentate da tempo sue commedie, Goldoni vi soggiorna sette mesi, dapprima con l'illusione di essere in qualche modo gratificato e compensato delle frustrazioni della difficile stagione veneziana, poi sempre più convinto che la città non offre altro che un teatro «regredito», proprio quello che Goldoni aveva creduto di debellare una volta per tutte, e non solo a Venezia. Da questa cocente disillusione, da questo ennesimo scacco si sviluppa probabilmente in lui una reazione salutare – quasi un soprassalto di vitalità – che lo indurrà a scrollarsi di dosso le ubbie, i malumori, le incertezze che lo avevano travagliato nei primi anni del San Luca per riaccingersi con rinnovato entusiasmo alla produzione teatrale. In tre stagioni, dal '59 al '62, Goldoni scrive alcuni dei suoi capolavori: mentre intorno a lui infuria la polemica, non soltanto animata dal Chiari e dai suoi fedeli, ma riaccesa ora dalle puntate satiriche di Carlo Gozzi, che in almanacchi e poemetti (dai *Sudori d'Imeneo* del '59 alla più tarda *Marfisa bizzarra*) non cesserà di fustigare, con pari astio, sia il Goldoni che il Chiari. Gozzi è, in sostanza, su posizioni conservatrici: si sente il grande restauratore della tradizione e la tradizione passa secondo lui attraverso la ripresa e il rinvigorimento della Commedia dell'Arte. Appoggiato da una parte del pubblico aristocratico, Gozzi recupera del teatro all'improvviso le componenti più irregolari – l'evasione nel fantastico, il rifiuto programmatico di ogni verisimiglianza – e progetta testi che si presentano come fastosi e mirabolanti canovacci scritti per esteso, che egli battezza «fiabe». Le due prime messe in scena nel '61, *L'amore delle tre melarance* e *Il corvo*, otterranno un vistoso successo e saranno determinanti, per Goldoni, nel persuaderlo ad accettare l'invito a trasferirsi all'estero. Ma all'indomani del rientro da Roma, Gozzi è per Goldoni un polemista che può sì disturbarlo, ma non distrarlo dal rinnovato impegno di creazione teatrale.

Gozzi e l'evasione delle «Fiabe»

Alle soglie della ripresa autunnale del '59 Goldoni ha dunque riacquistato fiducia ed energia. Lo attende un triennio di affermazioni, costellate – come sempre gli accade – da battute di arresto. Questa incostanza di risultati nella produzione goldoniana è la conseguenza del professionismo di Goldoni, che – non va mai dimenticato – è mentalmente scrittore di committenza, anche se si sente libero di scegliere i propri temi. Succede così che accanto alle sue commedie più felici, in senso assoluto (una decina, di cui parleremo tra breve), Goldoni scriva testi di sconcertante mediocrità. In genere, ciò gli accade quando si affida ad un registro stilistico che non gli è consono, come ne *La scuola di ballo*, cinque atti in versi lardellati di errori di prosodia e lingua, che riscossero «poco meno che le fischiate» (ottobre '59); o là dove s'affida a frettolosi recuperi di proprie partiture, come nella *Pamela maritata* (carnevale '60), artificiosa prosecuzione della gradevole *Pamela fanciulla*; o nel caso si ostini a riprendere temi già svolti, come ne *La guerra* (carnevale '60), forse

I rischi della professionalità

sull'onda del successo dell'*Amante militare*, ma senza la spensierata freschezza del primo tentativo.
Perché qualcosa di schietto circoli nelle sue pagine bisogna che Goldoni non si sottragga al proprio orizzonte tematico, resti fedele a se stesso. Allora la commedia potrà riuscire d'infelice costruzione, soffrire di scompensi: ma si avverte che Goldoni vi si è impegnato al di là della mera professionalità. Così è, ad esempio, nell'*Impresario delle Smirne*, dove la perfetta conoscenza dell'ambiente teatrale frutta variopinte sequenze sulla spericolata, balorda avventura terrena di cantanti e guitti (carnevale '60); o quando Goldoni si rituffi nell'universo domestico e ne trae effetti di sorprendente naturalezza, come in molte scene di *La buona madre* (gennaio '61); o nel caso in cui si appassioni al puro congegno teatrale, non chiedendo al teatro che d'essere un perfetto meccanismo, buono solo a divertire per la mirabile precisione dei propri aggeggi, come in *Un curioso accidente* (ottobre '60), deliziosa microcommedia degli equivoci, e ne *L'osteria della posta* ('62), una «commediola» offerta all'Albergati che sembra a tratti apparentarsi (senza la superiore ambiguità intellettuale) a certo Marivaux.
Accanto a queste commedie, che, nella loro dispersività tematica e strutturale, obbediscono alle occasioni di una creatività condizionata da rigide regole professionistiche, vanno in compenso annoverati i capolavori della maturità.
Il termine «maturità» non è, nel caso di Goldoni, pretestuoso. In effetti Goldoni è scrittore di lenta e graduale maturazione: e giunge tardivamente ad una piena autocoscienza. In che cosa consiste questa maturazione? A voler essere ad ogni costo sintetici (come il carattere introduttivo di queste pagine, per altro, esige) si potrebbe dire che quello di Goldoni è un passaggio dall'individuale al collettivo, sia sul piano della coscienza sociale e «politica», sia su quello della strutturazione scenica. Il Goldoni degli anni '60 si è reso conto ormai che la storia cui gli è dato partecipare e assistere – la storia della crisi di una capitale economica, morale e culturale come Venezia – è storia non di individui, ma di classi; e che in questa storia alle classi tradizionalmente protagoniste – l'aristocrazia, un tempo, e, più di recente, la borghesia – una classe emergente si va affiancando, e (forse, un giorno) sostituendo: il popolo. Parallelamente, sul piano espressivo, Goldoni si pone ora il problema di far rivivere sulla scena non più solo individui o gruppi di individui, ma interi gruppi sociali, elevati, nella loro coralità, a protago-

nisti, proprio in quanto rappresentativi di un atteggiamento largamente condiviso: prototipi anch'essi, ma non più di una virtù o di un vizio individuale, quanto di un insieme di atteggiamenti, scelte, modi comportamentali.

È con *Gli innamorati*, scritto durante una sosta a Bologna sulla via del ritorno da Roma, che si apre l'ultima grande stagione goldoniana. Questa commedia, messa in scena con strepitoso successo tra novembre e dicembre del '59 (e subito catalogata dal gusto corrente come «una delle migliori opere che Goldoni abbia scritte»), è solo in parte un raffinatissimo, quasi diabolico studio di carattere. Certo la gelosia furiosa che per alterne fasi separa ed avvince i due giovani amanti, Fulgenzio ed Eugenia, induce Goldoni a delineare con superiore finezza due complessi e contraddittori profili psicologici. Ma converrebbe guardare anche alla condizione sociale dei personaggi per ridare a quest'opera tutta la sua profondità. Questi due giovani si struggono e incrudeliscono l'uno contro l'altro perché spinti dall'irritazione, dal puntiglio, dall'orgoglio: ma c'è in loro anche una forte (si vorrebbe dire, biologica) attrazione ad abbandonarsi ad una pura vita sentimentale che non sa nutrirsi di altro che di se stessa. Fulgenzio ed Eugenia sono dei «borghesi» e dei «cittadini» che si rimirano, si sdoppiano, si fingono quelli che non sono, in un disperato e a tratti crudele delirio trasformistico, senza recepire, della vita intorno, altro che la propria immagine. In questo senso (e forse converrebbe rileggere attentamente la commedia sotto quest'ottica) *Gli innamorati* è commedia niente affatto slegata da quelle che seguiranno, polarizzate, conviene subito dirlo, sul doppio tema della decadenza della borghesia e delle timide speranze di una «diversa» socialità affidate alle virtù native del ceto popolare.

Ritratto di una borghesia reazionaria

Nella critica del costume borghese Goldoni scrive in questi anni le sue commedie più mature ed audaci. *I rusteghi* (carnevale '60) aprono la serie: Goldoni entra in netta polemica con il conservatorismo ormai rozzo della classe cui appartiene e in cui ha per molto tempo ciecamente creduto. Il mercante lucido ed avveduto, che per lunghi anni, nei panni di Pantalone, aveva impersonato il prototipo di un individuo socialmente responsabile, consapevole dell'interesse proprio ed altrui, aperto e illuminato, si è ormai svilito ad una caricatura di se stesso. Chiuso nella propria casa, gelosamente attaccato al proprio meschino tornaconto, si rifiuta di concedere ai propri sottomessi (le donne e i figli) qualunque autonomia di comportamento. Canciano, Lunardo, Simon e Maurizio, il quartetto dei

reazionari-misantropi, accaniti lodatori del tempo trascorso (che agli occhi del Goldoni non ha più nessuna ragion d'essere rivissuto) cedono, in fine di commedia, sotto le pressioni delle mogli e dei giovani, ad un nuovo modo di concepire la vita: ma è chiaro che il loro consenso è un puro esito teatrale, non convince neppure Goldoni.
Il contrasto di donne e giovani contro i vecchi è anche alla base di *Sior Todero brontolon* (gennaio '62): un rustego di grado secondo, anch'egli catafratto nell'avarizia e nell'egoismo, cui si oppongono la battagliera Marcolina e due giovani innamorati, Meneghetto e Zanetta. È ancora una sfida su due modi di intendere la vita: quello di Todero, ligio ai dettami del proprio, privatissimo interesse, involgarito da una miope logica del profitto; quello della donna e dei due giovani più aperto, diversamente coraggioso e sereno, nutrito di maggior buon senso. Anche Todero (una figura che Goldoni schizza, a tratti con accenti risentiti) esce sconfitto e placato dalla tenzone domestica: ma il personaggio palpita di una sua prepotente vita teatrale proprio nei momenti di più cupa negatività. È, insomma, anche questa una commedia che ci persuade per la diagnosi pessimistica che Goldoni rilascia: non perché la vicenda si concluda all'insegna del ritrovato equilibrio.

Gli eccessi del lusso borghese

La polemica dell'ultimo Goldoni contro la borghesia non si appunta soltanto sulle angustie di una visione forzosamente retriva dell'esistenza. Goldoni dimostra sfiducia verso il borghese anche per gli eccessi che commette, non solo per le ristrettezze, materiali e morali, che tradisce. La *Casa nova* (dicembre '60), e l'ampia trilogia della villeggiatura (*Le smanie per la villeggiatura*, *Le avventure della villeggiatura*, *Il ritorno dalla villeggiatura*, allestite nell'autunno '61) sono appunto commedie su una classe che vuol fare molto, troppo di più di quanto una equilibrata collocazione, nel contesto della vita sociale, le possa consentire. Nella *Casa nova* il giovane Anzoletto, maritato a Cecilia, una donna incline al lusso sfrenato, sarebbe condotto alla rovina dalle sregolatezze economiche della consorte. L'equilibrio è restaurato questa volta da un conservatore, il servo zio Cristofolo. C'è senza dubbio contraddizione tra questo Goldoni «innovatore delle vecchie famiglie, conservatore nelle nuove» (Baratto): ma la contraddizione goldoniana è segno di una crisi profonda della classe di cui fa parte: la borghesia veneziana ha in effetti perso il senso di un corretto rapporto col reale, oscilla pericolosamente tra la grettezza di una vita misurata col contagocce e gli sperperi di un'esistenza pretestuosamente sfarzosa. Gli eccessi dell'ostentazione sociale, la boria di un lusso fine a se stesso sono anche al centro della trilogia della villeggiatura. Da anni Goldoni si era provato nell'affresco di un microcosmo borghese che nella «vita in villa» trovava modo di esprimersi libero di freni inibitori. È soprattutto nelle *Smanie*, la prima delle tre commedie (che significativamente lasciò sconcertati e probabilmente irritati gli spettatori) che Goldoni preme il pedale sui temi della stolta dissipazione, dell'orgoglio fatuo, delle vacue apparenze. Ma la radiografia più lucida e impietosa di una classe che ha perso ormai ogni autocontrollo è nelle *Avventure*. Qui Goldoni non risparmia i toni del grottesco più acre per parodiare la stupidità di un ceto che si crede destinato ad una vacanza perenne, che è in fondo la vacanza dalla vita, il rifiuto esplicito di assumere nel contesto sociale le proprie responsabilità. E se nel *Ritorno* l'ordine viene ricomposto, le passioni rientrano nel loro alveo e i borghesi anche più scapestrati decidono di vivere sobriamente, è chiaro si tratta di un lieto fine «didattico», che Goldoni sente di dover proporre, cosciente com'è della moralità del proprio discorso teatrale, ma della cui realizzabilità, spente le luci in proscenio, non è persuaso.

La trilogia della villeggiatura

Esemplare per la profondità e la larghezza del campo visuale affrontato e trasposto sulla scena con una straordinaria varietà di trattamenti stilistici – dai profili a tutto tondo dei protagonisti (un'altra coppia di innamorati smodati, Giacinta e Guglielmo) alle caricature dei cicisbei, alle macchiette di borghesi frolli –, la trilogia della villeggiatura costituisce senza dubbio il più grosso sforzo di costruzione teatrale compiuto da Goldoni nella sua carriera. L'altro capolavoro, opposto e speculare alla trilogia per tematica e intendimenti polemici, sono *Le baruffe chiozzotte* (allestite nel 1761). *Le baruffe chiozzotte* segnano il rientro del popolo in scena, dopo le molte comparse cui siamo venuti via via accennando: ed è un rientro definitivo, perché il popolo può rientrare ormai per Goldoni a pieno diritto nella società. Teatro e mondo nella coscienza di Goldoni ora coincidono al millimetro: il popolo ha diritto di parola sulle assi della scena perché, proprio nella società è in condizioni di supplire, proprio nella sua radicale diversità, ai limiti ormai vistosi dell'*altra* classe, la borghesia (l'aristocrazia è da tempo fuori gioco e quindi fuori scena). Il popolo è, nelle *Baruffe*, protagonista di teatro, perché agli occhi del Goldoni è il solo che sembra avere delle risorse vitali, il solo a poter giocare un ruolo nuovo nel futuro della vita socia-

L'epos della vitalità popolare

le. In questi termini la lettura delle *Baruffe* può sembrare apodittica e certo poco consona al dettato goldoniano. Goldoni è scrittore incline alle sfumature, che ama parlare per allusioni più che per vistosi pronunciamenti. Nulla, infatti, nelle *Baruffe* rinvia ad una problematica sociale o politica. Ma è proprio questa, in fondo, la prima, forse la sola commedia «politica» di Goldoni, perché è la sola che ci proponga, sia pure implicitamente, un modello di vita positivo: improntato alla libertà, alla freschezza dei sentimenti (che tra i pescatori di Goldoni hanno riacquistato tutta la loro carica emotiva), alla spontaneità e naturalezza del comportamento. Purtroppo la riscoperta del popolo è punto d'arrivo e non di partenza del discorso teatrale goldoniano. Dopo le *Baruffe* Goldoni sospende, in pratica, la sua ricerca drammaturgica.

Goldoni in Francia: tra Commedia dell'Arte e teatro «teatrale»

La maturità di Goldoni, la ricchezza della sua scrittura teatrale e la pienezza del controllo scenico coincidono, infatti, con la sua partenza da Venezia. Nell'ottica distorta di noi contemporanei riesce difficile comprendere come un commediografo possa lasciare la sua città e il suo pubblico (cioè, la fonte totale della propria disperazione e il suo esclusivo destinatario) nell'atto stesso di avere scritto le sue opere più complesse e riuscite. Ma dobbiamo riportarci all'atmosfera culturale della Venezia di metà secolo. A partire dagli anni Cinquanta Venezia si adagia nella propria crisi: dinnanzi agli evidenti sintomi di disagio sociale, governanti e intellettuali sembrano ostinatamente rinchiudersi in un cupo conservatorismo, quasi volessero celebrare con disilluso cinismo la propria incipiente decadenza. Questa atmosfera opprimente (di cui è traccia molto vistosa negli appelli drammatici lanciati da alcuni illuminati veneziani) cominciava a pervadere tutte le manifestazioni della socialità, compresa la vita teatrale. Lo stesso successo pertinace di Gozzi, cui abbiamo già accennato (lo scrittore prenderà possesso del teatro Sant'Angelo e sfornerà, una dopo l'altra, con prodigiosa vitalità, le sue macchinose fiabe: *Il Re Cervo*, *Turandot* nel '62, *L'augellin belverde* nel '65), era per Goldoni la spia di una incipiente regressione culturale, oltre che un'offesa al proprio puntiglio di professionista. Ecco perché il commediografo accetta l'invito, giuntogli nell'agosto del '61, di trasferirsi a Parigi, con l'impegno di scrivere per un biennio per il «Théâtre Italien», dietro

Verso Parigi: illusioni e speranze

generoso compenso. È una decisione sofferta e maturata dopo molte incertezze. Goldoni è in parte attratto dai fasti della capitale francese, ma soprattutto è persuaso che in Francia potrà approfondire il proprio discorso teatrale, arricchendolo dei succhi di una cultura che è maestra da secoli all'Europa e mettendolo a proficuo confronto indiretto con i grandi modelli del teatro francese del Gran Secolo, Molière in testa. Ai veneziani lascia come congedo una delle sue commedie più tenere, *Una delle ultime sere di carnovale*: la commedia della partenza di Anzoletto, disegnatore di ricami, per la Russia, sotto le cui spoglie traspare sin troppo chiaramente Goldoni: un'ultima occasione, ad ogni buon conto, per tirare le somme, per rifare il punto (mentre si dice addio a chi si è amato) sul sogno di una borghesia serena, equilibrata e felice, che Venezia non ha saputo partorire. Un congedo, quindi, con melanconia e non senza risentimento, che traspaiono l'una e l'altro nelle eleganti movenze di quest'ultimo capolavoro goldoniano.

A Parigi, dove giunge con la moglie e col nipote Antonio nell'agosto '62, Goldoni incontra le prime delusioni. La vita teatrale della città non è quella che egli si attendeva. Il gusto tutto particolare dello spettacolo della Parigi settecentesca, che aveva come suo centro ispiratore la corte, si esplicitava in altre forme (feste pubbliche, fastose cerimonie, balletti allegorici, figurazioni mitologiche) da quelle del teatro tradizionale, relegato a genere di mero consumo. Oltra a ciò il «Théâtre Italien», da cui Goldoni era stato assunto, era, fin dal secolo precedente, destinato – in base ad una rigida divisione di compiti tra i teatri della capitale – alla Commedia dell'Arte, che ora veniva offerta agli spettatori arricchita di una costumistica particolarmente fastosa e infarcita di continui inserti musicali, quasi a compensare con l'occhio e con l'orecchio ciò che la parola nella sua nudità non poteva certo suggerire. A dispetto di alcune ostentazioni, affidate per lo più alle dediche e alle prefazioni editoriali («Mi trovo in una grande città, in mezzo ad un gran mondo...»), Goldoni è in realtà estremamente deluso. «Fa pietà il teatro moderno francese», confida al protettore Albergati: e la scontentezza non dipende soltanto dalla distrazione con cui è ripagato dagli spettatori francesi, ma anche dal disimpegno, dalla programmatica sfiducia con cui lo ricambiano i poco volonterosi attori: «non imparano le commedie scritte, quelle a soggetto non le sanno fare...». Cattivo esito hanno infatti sia i canovacci, appena abbozzati, secondo le più logore consuetudini, sia le commedie per

Un'esperienza deludente

maschere, come *L'amour paternel*, che il Grimm, uno spettatore mal disposto, giudicò, all'indomani della prima, «un melange monstrueux de pathetique et de bouffonerie». Con la trilogia di Arlequin e di Camille, scritta e rappresentata nella stagione teatrale '73-74, e poi affidata al pubblico italiano (dopo aver mutato i nomi dei protagonisti in quelli di Zelinda e di Lindoro) Goldoni sembra ritornare ad un modo di scrittura più regolato: in realtà, la mancanza di ogni verisimiglianza nel profilo dei personaggi va di pari passo con la sproporzione dell'intreccio: solo la scrittura nella versione italiana si è fatta più linda. Resosi conto che il forzato recupero della Commedia dell'Arte non approda a risultati persuasivi, al di là di una dignità letteraria appena di superficie, Goldoni, memore di certe prove felici del recente passato (da *Un curioso accidente* a *L'osteria della posta*), si getta dunque di nuovo su un teatro di puro meccanismo teatrale. Dimostra di possedere, in quest'ambito specifico, una estrema padronanza dei mezzi scenici, sa regolare alla perfezione la progressione della vicenda, dosa con estrema accortezza il contributo dei singoli personaggi all'azione. Dopo una agevole riuscita come quella de *Gli amanti timidi* (così si intitola la stesura definitiva in italiano di un iniziale canovaccio francese, *Le portrait d'Arlequin*, recitata al San Luca nel gennaio '65), è la volta de *Il ventaglio*, anch'esso l'ampliamento e la rielaborazione di un iniziale scenario in francese. Recitata ai primi di febbraio del '65 dagli attori del San Luca, *Il ventaglio* riscuote ottimo successo. Goldoni supera se stesso nell'articolare e disarticolare «l'imbroglio» in una serie fittissima di equivoci, sottoequivoci, scambi di persona, fraintendimenti di ogni genere. «Il legamento dei personaggi, che da un atto all'altro sono sempre concatenati», come Goldoni stesso osserva, è mirabile: e «il gioco perpetuo di tutte le parti della scena», cioè l'armonico equilibrio di tutte le componenti dello spettacolo, è certo perfetto. Ma si potrebbe ribattere al Goldoni con la pungente osservazione del Grimm: «... ce n'est pas là la bonne commedie: elle n'a ni caractères ni moeurs».
Consapevole dei propri limiti, Goldoni sospende per alcuni anni l'attività di commediografo. Nel '75 è nominato maestro di italiano della primogenita di Luigi XV: lavora a Versailles con modeste soddisfazioni e con un altrettanto modesto stipendio. Dopo un triennio, non ha nulla di meglio da fare che rientrare a Parigi, avendo a disposizione una pensione annua assai misera. Per sua fortuna, è ancora l'ambiente di corte a stimolare in lui le tenaci, non

sopite ambizioni di drammaturgo. Il Delfino di Francia sta per sposare Maria Antonietta. Per le nozze regali viene commissionata a Goldoni una commedia, rappresentata con successo trionfale alla Comédie Française nel novembre del '71 e replicata davanti a Luigi XV ammirato. La commedia si intitola *Le bourru bienfaisant*. Basta il titolo per richiamarci alla memoria il *brontolon* Todero, e i quattro rusteghi dell'omonima commedia. Ma qui il protagonista è puro carattere: il nesso tra il suo comportamento e la collettività che lo circonda è praticamente inesistente. Se la struttura della commedia è armonica, la parola scenica misurata, il profilo del protagonista delineato con finezza, è altrettanto vero che questo misantropo non attinge alla malinconia delle superiori creazioni di un Molière, né assume la significanza «sociologica» dei suoi astiosi predecessori lagunari. Lo stesso distacco del personaggio dallo sfondo sociale infirma la più debole partitura de *L'avare fasteux*. È ancora una commedia di carattere, ma senza che il dato psicologico o etico si carichi della minima allusività sociale. Goldoni scrive la commedia nel '72, ma la vedrà messa in scena solo nel '76, a Fontainebleau, in un teatro semivuoto, tra l'indifferenza di uno scarso pubblico.

L'estremo recupero del «carattere»

Con *Il burbero di buon cuore* e *L'avaro fastoso* (così si intitolano le due traduzioni italiane, pubblicate rispettivamente nell'89 e nel '72) si conclude praticamente la lunga carriera drammaturgica di Goldoni. Dal '75 è di nuovo maestro di italiano, questa volta delle sorelle di Luigi XVI. Ma dal '90 attraversa un periodo di ristrettezze economiche che lo costringono a varie imprese editoriali e pubblicistiche (corrispondenze dall'estero in Italia, lavori di traduzione). L'unico sollievo della vecchiaia incalzante è la stesura dei *Mémoires* che lo occupa per un quadriennio (1783-1787). Autobiografia singolarmente efficace, questo libro recupera in freschezza e vivacità ciò che non sempre può offrire al lettore sul piano della verisimiglianza. Goldoni rievoca con arguzia gli irrequieti anni giovanili, accortamente dosando la propria immagine di «commediografo per vocazione»; analizza poi con puntigliosità le varie fasi del proprio lavoro, sottacendo invece le aspre contese con Chiari e Gozzi; ed infine raduna nella terza parte numerosi appunti di costume e cultura sulla animata vita della capitale francese. A tratti si abbandona al gusto irresistibile di abbozzare vere e proprie scene di teatro, che hanno per protagonisti, in alcuni casi, personaggi reali e di primo piano, come il *prete rosso* Vivaldi e il rustico Rousseau. Questa teatra-

Una autobiografia teatrale

lizzazione della prosa narrativa è come l'ultimo sfogo, il tentativo di recuperare *in extremis* quel teatro con cui da venti anni circa (in pratica, dalla partenza da Venezia) non aveva più intrattenuto lo stesso rapporto di dedizione totale, quasi d'amore.

Né vale a ripagarlo il destino, che anzi sembra accanirsi: nel '92 l'Assemblea Legislativa della Rivoluzione lo priva della modesta pensione di corte. Ammalato, da anni semicieco, Goldoni muore a 86 anni, il 6 febbraio 1793. Il 18 giugno di quell'anno *Le bourru bienfaisant* viene rappresentato, in sua memoria e quale tardivo tributo, dai prestigiosi interpreti del Théâtre National. Un anno dopo Giovanni Gherardo De' Rossi pubblica la prima monografia su di lui, *Del moderno teatro comico e del suo restauratore*.

GUIDO DAVICO BONINO

Cronologia della vita di Goldoni

1701 (25 febbraio). Carlo Goldoni nasce a Venezia, in ca' Centanni a San Tomà, da Giulio (di famiglia modenese) e da Margherita Savioni, veneziana.

1712. Partenza per Roma di Giulio, per concludere i propri studi di medicina.

1712-16. Fanciullezza di Carlo a Venezia, presso la madre e la zia materna Marietta.

1715-16. Fra gli otto e i nove anni scrive una commediola.

1719-20. Viene mandato a Perugia, dove il padre esercita la medicina. Segue i corsi di grammatica e rettorica nel Collegio dei Gesuiti.

1720-21. Segue di malavoglia il corso di Filosofia a Rimini, presso i Padri Domenicani. Si ammala di vaiuolo. Legge varie raccolte di teatro.

1721 (primi di giugno?). Fugge da Rimini a Chioggia nella barca dei comici. È costretto a seguire a Chioggia il padre nelle visite mediche.

1721-22. È spedito a Venezia, a far pratica nello studio legale dello zio Indric, e abbozza scene di commedie.

1722 (autunno). Segue il padre a Milano, presso il marchese Goldoni, e di là trascorre a Pavia.

1723 (5 gennaio). Viene accolto, su raccomandazione di un amico senatore, nel collegio Ghislieri.

1723-25. Per tre anni frequenta i corsi di legge presso l'università di Pavia: trascorre le vacanze a Chioggia. Legge di teatro e scrive rime giovanili.

1725 (maggio?). Viene espulso dal collegio Ghisleri per una satira (*Il Colosso*) contro le fanciulle di Pavia, e rientra a Chioggia.

1725-26. Soggiorna col padre a Udine; scrive in versi il *Quaresimale in epilogo*; passa a Gorizia e a Vipacco.

1727. Riprende a Modena lo studio del diritto. Vagheggia di farsi frate. Il padre lo richiama a Chioggia.

1728 (gennaio) - 1729 (aprile). Entra nella cancellaria

criminale del Bonfadini, podestà di Chioggia, come aggiunto al coadiutore.
1729 (maggio) - 1730 (settembre). È a Feltre, nella cancelleria del podestà Spinelli. Scrive e recita due intermezzi: *Il buon padre* e *La cantatrice*.
1730 (autunno) - 1731 (primavera). Risiede con la famiglia a Bagnocavallo (Ravenna), dove Giulio è medico aggiunto. Morte del padre (9 gennaio), a quarantasette anni.
1731. Rientrato a Venezia, abita con la madre e la zia: ha ripreso gli studi giuridici sotto la guida di Francesco Radi.
1731 (22 ottobre). A Padova si laurea in legge.
1732 (20 maggio). Viene nominato avvocato veneto.
(estate). Scrive per la compagnia dell'*Anonimo* (Buonafede Vitali) un intermezzo, *Gli sdegni amorosi* (poi *Il Gondoliere veneziano*).
1733 (principio gennaio). Per sottrarsi ad una promessa di matrimonio e a qualche debito, fugge da Venezia, portando con sé un dramma per musica, l'*Amalasunta*.
(fine carnevale). Dà alle fiamme a Milano l'*Amalasunta*. Diventa gentiluomo di camera presso Orazio Bartolini, residente della Serenissima a Milano.
(novembre). Per la guerra tra i Gallo-Sardi e gli Austriaci ripara a Cremona col Residente, di cui è segretario.
1734 (giugno). Si licenzia dal Bartolini. Assiste sulle mura di Parma alla battaglia detta di San Pietro.
(agosto-settembre). Per Casalpusterlengo, dove i disertori lo depredano, passa a Verona. Qui incontra il capocomico del teatro San Samuele, Giuseppe Imer, e ritorna a Venezia.
(ottobre). Si impegna con Michele Grimani a scrivere per il teatro San Samuele.
(25 novembre). Recita del *Belisario*, tragicommedia in versi.
1735 (primavera-estate). Segue a Padova e a Udine la compagnia Imer.
1736 (primavera). È con la compagnie Imer a Genova.
(23 agosto). Sposa a Genova la diciannovenne Nicoletta Connio.
1737-41. Dirige il teatro d'opera San Giovanni Crisostomo.
1739 (carnevale). Recita del *Momolo cortesan*, prima commedia del Goldoni, in parte a soggetto.
1741-43. È console a Venezia per la Repubblica di Genova.
1739-40 (carnevale). Recita del *Momolo sulla Brenta* (poi *Il Prodigo*).

1741-43. Per due anni è console della Repubblica genovese.
1741 (carnevale). Recita del *Mercante due volte fallito* (poi *La bancarotta*).
1743 (carnevale). Scrive e legge agli attori la *Donna di garbo*, prima commedia scritta per intero.
(giugno). Grazie ai debiti del fratello Giampaolo, lascia Venezia per Bologna, donde trascorre a Rimini.
1744 (carnevale). Cura gli spettacoli del teatro di Rimini, occupata dagli austriaci. Attraversa la Toscana (Firenze, Siena, Volterra) e si arresta a Pisa.
1745. È avvocato professionista, con studio in Pisa.
(agosto). Il *Pantalone* d'Arbes gli fa visita: a Livorno si incontra col capocomico Girolamo Medebach.
1747 (settembre). Stringe un impegno come commediografo «in esclusiva» col capocomico Medebach. Lo romperà solo nel '53.
1748 (aprile). Lascia Pisa e decide di abbandonare in pari data l'avvocatura.
(settembre). Rientra a Venezia dopo cinque anni di assenza.
(ottobre). Comincia a scrivere per il capocomico Medebach e la sua compagnia che agisce al teatro Sant'Angelo.
1749 (10 marzo). L'accordo col Medebach è più rigidamente definito: durerà quattro anni, Goldoni dovrà scrivere otto commedie e due opere sceniche all'anno, contro la somma di quattrocentocinquanta ducati.
(ottobre). Prime avvisaglie, dopo la recita della *Buona moglie*, della rivalità con l'abate Pietro Chiari, commediografo del teatro San Samuele.
1750 (carnevale). Al finire del carnevale, promette al pubblico sedici commedie nuove per l'imminente stagione teatrale.
(settembre). Viene pubblicato a Venezia il primo tomo della prima raccolta delle commedie del Goldoni, presso l'editore Bettinelli.
1752 (15 febbraio). Stringe un nuovo contratto, con il nobiluomo Antonio Vendramin, proprietario del teatro San Luca. Sarà valido a partire dalla prossima stagione. Dovrà scrivere, per i primi tre anni, otto commedie all'anno, e riceverà cinquanta ducati al mese.
1753 (estate). Viene edita a Firenze una nuova raccolta di commedie: la stampa il Paperini.
1753. Pietro Chiari è assunto dal Medebach come commediografo del teatro Sant'Angelo. L'antica rivalità si riaccende.

(inverno). Vede la luce, in quattro tomi, presso il Tevernin a Venezia la raccolta delle opere drammatiche giocose del Goldoni.
1754 (primavera-estate). Soffre, tra Modena e Milano, di una strana forma di esaurimento nervoso.
(6 novembre). Muore, a settantotto anni, la madre Margherita Goldoni.
1755 (luglio). È ospite a Bagnoli (Padova) di Sua Eccellenza Lodovico Widmann.
1756 (maggio-luglio). Si reca a Parma e a Colorno, presso la corte dei Borbone.
(ottobre). Il duca di Parma lo gratifica di una pensione annua di tremila lire.
(16 ottobre). Alla scadenza triennale, il contratto con Francesco Vendramin viene rinnovato: sei commedie all'anno, per il teatro San Luca, contro cento ducati per commedia.
(novembre). Nuovo viaggio a Parma, dove risiede sino a fine febbraio del '57.
1757 (aprile). È avviata l'edizione delle commedie recitate al San Luca, stampata a Venezia dal Pitteri.
(luglio). È di nuovo ospite del Widmann a Bagnoli.
1758 (23 novembre). Parte da Venezia per Roma. Qui sosta per sette mesi, rendendosi conto della modesta vita teatrale della capitale.
1759 (luglio). Riparte da Roma, ma sosta due mesi a Bologna.
1760 (luglio). Il Voltaire gli indirizza i celebri versi di lode.
1761 (25 gennaio). Carlo Gozzi, ne *L'amore delle tre melarance*, allestito al teatro San Samuele, attacca Goldoni e Chiari.
(1° aprile). Esce il manifesto per l'edizione delle opere complete, che dovranno essere pubblicate a Venezia dal Pasquali.
(agosto). È invitato dal *Théâtre Italien* a recarsi a Parigi. Esce intanto il primo tomo dell'edizione Pasquali.
1762 (aprile). Parte da Venezia, diretto a Parigi, con la moglie Nicoletta e il nipote Antonio.
(22 agosto). Giunge a Parigi (ha sostato due mesi a Bologna e uno a Parma). Stringe un impegno con il *Théâtre Italien*, per la stesura di commedie, che si riveleranno semplici scenari.
1765 (febbraio). È nominato dalla Delfina maestro d'italiano della principessa Adelaide, figlia di Luigi XV.
(aprile). È colpito da mal d'occhi: resterà cieco all'occhio sinistro.

1765-69. Vive con i propri familiari a Versailles, nell'ambito della corte.
1769. Rientra a Parigi, munito dal re di una pensione annua di tremilaseicento lire francesi.
1775-80. È di nuovo residente a Versailles: ora è insegnante d'italiano a Clotilde ed Elisabetta, sorelle di Luigi XVI.
1778. L'edizione Pasquali resta interrotta al diciassettesimo tomo.
1780 (maggio). Vende al Gradenigo, segretario dell'ambasciatore veneto, la sua biblioteca di teatro: e col ricavato si installa a Parigi.
1784 (primavera). È visitato dall'Alfieri.
1787 (agosto). Viene pubblicata, in tre tomi, la prima edizione dei *Mémoires*.
1788. Viene edito il primo tomo delle edizioni delle opere teatrali intrapresa da Antonio Zatta.
1792 (giugno). È povero e malato, proprio mentre l'Assemblea Legislativa sopprime le pensioni di corte.
1793 (6 o 7 febbraio). Muore, assistito da moglie e nipote.
1795. Lo Zatta completa, con il quarantaquattresimo tomo, l'edizione delle opere teatrali.

Cronologia della prima rappresentazione delle commedie goldoniane

1738 *L'uomo di mondo* (col titolo *Momolo cortesan*, Venezia, Teatro San Samuele).
1739-40 *Il prodigo* (col titolo *Momolo sulla Brenta*, Venezia, Teatro San Samuele).
1741 *La bancarotta* (col titolo *Il mercante fallito*, Venezia, Teatro San Samuele).
1743 *La donna di garbo* (Venezia, Teatro San Samuele).
1745 *Il servitore di due padroni* (Milano).
1747 *Il frappatore* (col titolo *Tonin Bellagrazia*, Livorno); *I due gemelli veneziani* (Venezia, Teatro San Samuele).
1748-49 *L'uomo prudente* (Mantova); *L'erede fortunata* (Venezia, Teatro Sant'Angelo); *La vedova scaltra* (Modena [?]); *La putta onorata* (Venezia, Teatro Sant'Angelo).
1749-50 *Il cavaliere e la dama* (Verona); *Il padre di famiglia* (Venezia, Teatro Sant'Angelo); *La buona moglie* (Venezia, Teatro Sant'Angelo); *L'avvocato veneziano* (col titolo *L'avvocato*, Venezia, Teatro Sant'Angelo [?]); *La famiglia dell'antiquario* (Venezia, Teatro Sant'Angelo).
1750-51 *Il teatro comico* (Milano); *Le femmine puntiglio-*

se (Mantova); *La bottega del caffè* (Mantova); *Il bugiardo* (Mantova); *L'adulatore* (Mantova); *Il poeta fanatico* (col titolo *I Poeti*, Milano); *La Pamela* (col titolo *La Pamela, o sia la virtù premiata* [?], Milano [?]); *Il cavaliere di buon gusto* (Venezia, Teatro Sant'Angelo); *Il giuocatore* (Venezia, Teatro Sant'Angelo); *Il vero amico* (Venezia, Teatro Sant'Angelo); *La finta ammalata* (col titolo *Lo speziale o sia la finta ammalata*, Venezia, Teatro Sant'Angelo); *La dama prudente* (Venezia, Teatro Sant'Angelo); *L'incognita* (Venezia, Teatro Sant'Angelo); *L'avventuriere onorato* (Venezia, Teatro Sant'Angelo); *La dama volubile* (Venezia, Teatro Sant'Angelo); *I pettegolezzi delle donne* (Venezia, Teatro Sant'Angelo); *Il Molière* (Torino).

1751-52 *La castalda* (Venezia, Teatro Sant'Angelo); *L'amante militare* (Venezia, Teatro Sant'Angelo); *Il tutore* (Venezia, Teatro Sant'Angelo); *La moglie saggia* (Venezia, Teatro Sant'Angelo); *Il feudatario* (Venezia, Teatro Sant'Angelo); *Le donne gelose* (Venezia, Teatro Sant'Angelo).

1752-53 *La serva amorosa* (Bologna); *I puntigli domestici* (Milano); *La figlia obbediente* (Venezia, Teatro Sant'Angelo); *I mercatanti* (col titolo *I due Pantaloni*, Venezia, Teatro Sant'Angelo); *La locandiera* (Venezia, Teatro Sant'Angelo); *Le donne curiose* (Venezia, Teatro Sant'Angelo); *Il contrattempo* (Venezia, Teatro Sant'Angelo); *La donna vendicativa* (Venezia, Teatro Sant'Angelo).

1753-54 *La donna di testa debole* (col titolo *L'uomo sincero* [Livorno]); *Il geloso avaro* (Livorno); *La cameriera brillante* (Venezia, Teatro San Luca); *Il filosofo inglese* (Venezia, Teatro San Luca); *Il vecchio bizzarro* (col titolo *El vecchio cortesan*, Venezia, Teatro San Luca); *La madre amorosa* (Venezia, Teatro San Luca); *Il festino* (Venezia, Teatro San Luca); *L'impostore* (Modena).

1754-55 *Terenzio* (Venezia, Teatro San Luca); *Torquato Tasso* (Venezia, Teatro San Luca); *Il cavalier giocondo* (col titolo *I viaggiatori*, Venezia, Teatro San Luca); *Le massère* (col titolo *Le quattro massère*, Venezia, Teatro San Luca); *I Malcontenti* (Verona).

1755-56 *La buona famiglia* (Venezia, Teatro San Luca); *Le donne de casa soa* (Venezia, Teatro San Luca); *La villeggiatura* (Venezia, Teatro San Luca); *Il raggiratore* (Venezia, Teatro San Luca); *La donna stravagante* (Venezia, Teatro San Luca); *Il campiello* (Venezia, Teatro San Luca); *L'avaro* (Bologna).

1756-57 *L'amante di se medesimo* (Milano); *Il medico olandese* (Milano); *La donna sola* (Venezia, Teatro San Luca); *Il cavaliere di spirito* (Venezia, Teatro San Luca).
1757-58 *La vedova spiritosa* (Venezia, Teatro San Luca); *Il padre per amore* (Venezia, Teatro San Luca); *Lo spirito di contraddizione* (Venezia, Teatro San Luca); *Il ricco insidiato* (Venezia, Teatro San Luca); *L'apatista o sia l'indifferente* (Zola); *La donna bizzarra* (Zola).
1758-59 *Le morbinose* (Venezia, Teatro San Luca); *La sposa sagace* (Venezia, Teatro San Luca); *La donna di governo* (Venezia, Teatro San Luca); *La donna forte* (col titolo *La sposa fedele*, Venezia, Teatro San Luca); *I morbinosi* (Venezia, Teatro San Luca); *La scuola di ballo* (Venezia, Teatro San Luca); *Gli innamorati* (Venezia, Teatro San Luca); *Pamela maritata* (Roma); *L'impresario delle Smirne* (Venezia, Teatro San Luca); *La guerra* (Venezia, Teatro San Luca); *I rusteghi* (Venezia, Teatro San Luca).
1760-61 *Un curioso accidente* (Venezia, Teatro San Luca); *La donna di maneggio* (Venezia, Teatro San Luca); *La casa nova* (Venezia, Teatro San Luca); *La buona madre* (Venezia, Teatro San Luca).
1761-62 *Le smanie per la villeggiatura*, *Le avventure della villeggiatura*, *Il ritorno dalla villeggiatura* (Venezia, Teatro San Luca); *La scozzese* (Venezia, Teatro San Luca); *Il buon compatriotto* (Venezia, Teatro San Luca); *Le baruffe chiozzotte* (Venezia, Teatro San Luca); *Una delle ultime sere di Carnovale* (Venezia, Teatro San Luca); *L'osteria della posta* (Zola).
1762-63 *L'amore paterno* (Parigi).
1763-64 *Il matrimonio per concorso; Gli amori di Zelinda e Lindoro* (col titolo *Gli amori di Arlecchino e di Camilla*, Parigi); *La gelosia di Lindoro* (col titolo *La gelosia di Arlecchino*, Parigi); *Le inquietudini di Zelinda* (col titolo *Le inquietudini di Camilla*, Parigi).
1764-65 *La burla retrocessa nel contraccambio* (Villa Predosa?); *Gli amanti timidi* (Venezia, Teatro San Luca); *Il ventaglio* (Venezia, Teatro San Luca); *Chi la fa l'aspetta o sia i chiassetti del carneval* (Venezia, Teatro San Luca).
1767 *Il genio buono e il genio cattivo* (Venezia, Teatro San Giovanni Crisostomo).
1771 *Le bourru bienfaisant* (Parigi).
1772 *L'avare fastueux* (messa in scena nel 1786, Fontainebleau); *L'avaro fastoso* (traduzione del prec., messa in scena tra il 1776-78, Venezia).
1789 *Il burbero di buon cuore* (traduzione de *Le bourru bienfaisant*).

Guida bibliografica

EDIZIONI MODERNE DI OPERE DEL GOLDONI

Commedie scelte di Carlo Goldoni, a cura di G. Ortolani, 2 voll., Torino 1948-49. *Commedie di Carlo Goldoni*, a cura di E. Vittorini, 4 voll., Torino 1952 (1966^2). *Opere di Carlo Goldoni con appendice del teatro comico nel Settecento*, a cura di F. Zampieri, Milano-Napoli 1954. *Commedie*, a cura di G. Petronio, 2 voll., Milano 1958. *Il meglio di Carlo Goldoni*, a cura di E. Levi, Milano 1958. *Commedie di Carlo Goldoni*, a cura di M. Dazzi, Bari 1961. *Teatro di Carlo Goldoni*, a cura di E.F. Palmieri, Torino 1961. *Memorie*, a cura di P. Bianconi, 2 voll., Milano 1961. *Memorie italiane*, a cura di F. Del Beccaro, Milano 1965. *Memorie*, a cura di E. Levi, Torino 1967. *Opere*, a cura di G. Folena e N. Mangini, Milano 1969. *Commedie di Carlo Goldoni*, a cura di N. Mangini, 3 voll., Torino 1971. *Commedie*, a cura di K. Ringger, 4 voll., Torino 1972.

GUIDE BIBLIOGRAFICHE

A.G. Spinelli, *Bibliografia goldoniana. Saggio riflettente le cose edite o in corso di stampa dal 1726 al 1793*, Milano 1884. C. Levi, *Contributo alla bibliografia della critica goldoniana*, Firenze 1907. A. Della Torre, *Saggio di una bibliografia delle opere intorno a C. Goldoni (1793-1907)*, Firenze 1908. N. Mangini, *Bibliografia goldoniana 1908-57*, Venezia-Roma 1961. Per il periodo successivo cfr. *Studi goldoniani*, a cura di N. Mangini, I, Venezia 1968; II, Venezia 1970; III, Venezia 1974.

STUDI BIOGRAFICI E CRITICI

P. Molmenti, *Carlo Goldoni. Studio critico biografico*, Venezia 1880^2. F. Galanti, *Carlo Goldoni e Venezia nel secolo XVIII*, Padova 1882. V. Malamani, *Il Settecento a Venezia*, Torino 1890-92. E. Masi, *Studi sulla storia del teatro italiano nel secolo XVIII*, Firenze 1891. Ch. Rabany, *Carlo Goldoni - Le théâtre et la vie en Italie au XVIIIe siècle*, Paris-Nancy 1896. M. Ortiz, *Il canone principale della poetica goldoniana*, Napoli 1905; *La cultura del Goldoni*, «Giornale Storico della Letteratura italiana», XLVIII, 1906. G. Brognoligo, *Nel teatro di Carlo Goldoni*, Napoli 1907. G. Bertoni, *Carlo Goldoni e il teatro francese del suo tempo*, in AA.VV. *Modena a Carlo Goldoni*, Modena 1907. G. Caprin, *Carlo Goldoni. La sua vita. Le sue opere*, Milano 1907. Ph. Monnier, *Venise au XVIIIe siècle*, Paris 1907. G. Ortolani, *Della vita e dell'ar-*

te di Carlo Goldoni, Venezia 1907. L. Falchi, *Intendimenti sociali di Carlo Goldoni*, Roma, 1907. G.G. Bernardi, *La musica a Venezia nell'età di Goldoni*, «Ateneo Veneto», XXXI, 1908. F. Piovano, *Baldassare Galuppi. Note bibliografiche*, Torino 1908. F. Martini, *Simpatie. Studi e ricordi*, Firenze 1909. P. Toldo, *L'oeuvre de Molière et sa fortune en Italie*, Torino 1910. A. De Gubernatis, *Carlo Goldoni*, Firenze 1911. A. Graf, *L'anglomania e l'influsso inglese in Italia nel secolo XVIII*, Torino 1911. D. Oliva, *Note di uno spettatore*, Bologna 1911. E. Re, *La commedia veneziana e Goldoni*, «Giornale Storico della Letteratura italiana», XXIX, 1911. I. Del Lungo, *Lingua e dialetto nelle commedie del Goldoni*, «Atti dell'Accademia della Crusca 1910-1911», Firenze 1912 (raccolto poi in *Per la lingua d'Italia un vecchio Accademico della Crusca*, Bologna 1925). O. Marchini-Capasso, *Goldoni e la commedia dell'arte*, Napoli 1912^{2}. H.C. Chatfield-Taylor, *Goldoni. A Biography*, New York 1913; in edizione ridotta e in traduzione italiana, con prefazione di E. Maddalena, Bari 1927. C. Musatti, *Carlo Goldoni e il vocabolario veneziano*, «Ateneo veneto», XXXVI, 1913. E. Del Cerro, *Nel regno delle maschere. Dalla commedia dell'Arte a Carlo Goldoni*, con prefazione di B. Croce, Napoli 1914. N. Vaccalluzzo, *Carlo Goldoni*, Messina 1914. G. Natali, *Idee costumi uomini del Settecento*, Torino 1916 (2^{a} ed. con arricchimenti, Torino 1926). B. Croce, *La commedia dell'arte*, in *Conversazioni critiche*, Serie II, Bari 1918. J.S. Kennard, *Goldoni and the Venice of his Time*, New York 1920 (1967^{2}). E. Maddalena, *Il viaggio del Goldoni in Francia*, «Nuova antologia», LVI, 1921. A. Momigliano, *Primi studi goldoniani*, Firenze 1922. A. Della Corte, *L'opera comica italiana nel '700. Studi e appunti*, 2 voll., Bari 1923. M.S. Busnelli, *Diderot et l'Italie. Réflets de la vie et de la culture italiennes dans la pensée de Diderot*, Paris 1925. G. Bustico, *Drammi cantate intermezzi musicali di Carlo Goldoni*, «Rivista delle Biblioteche e degli Archivi», III, 1925. P. Nardi, *L'arte di Carlo Goldoni*, «Rivista d'Italia», XXVIII, 1925. A. Zardo, *Teatro Veneziano del Settecento*, Bologna 1926. G. Ortolani, *Voci e visioni del Settecento veneziano*, Bologna 1927. P. Molmenti, *Storia di Venezia nella vita privata dalle origini alla caduta della Repubblica*, Bergamo 1929^{7}. S.S. Mokulski, *Carlo Goldoni e le sue Memorie*, Mosca 1930. N. Valeri, *Intorno a Goldoni*, «Civiltà moderna», III, 1931 (poi, col titolo *L'illuminismo popolano del Goldoni*, nel volume di AA.VV., *La cultura illuministica in Italia*, a cura di M. Fubini, Torino 1964^{2}). G. Ziccardi, *Forme di vita e d'arte nel '700*, Firenze 1931. M. Apollonio, *L'opera di Carlo Goldoni*, Milano 1932. R. Bacchelli, *Confessioni letterarie*, Milano 1932. V. Lee, *Il settecento in Italia*, trad. dall'ultima ed. inglese di M. Farina Cini, Milano-Napoli 1932. E.F. Palmieri, *Bene gli altri. Cronache drammatiche (1930-33)*, Bologna 1933. G. Ortolani, *Appunti sui melodrammi giocosi del Goldoni*, in *Mélanges Hauvette*, Paris 1934. B. Croce, *Postilla*, in *Poesia*, Bari 1936. G. Natali, *Carlo Goldoni e la commedia in Italia*, Roma 1936. C. Padovani, *La commedia di Carlo Goldoni* in AA.VV., *Storia del teatro italiano*, a cura di S. D'amico, Milano 1936. E. Rho, *La missione teatrale di Carlo Goldoni*, Bari 1936. G. Carducci, *Vita e opere del Goldoni fino al 1753*, in *Opere*, Ed. Naz., vol. XXIII, Bologna 1937. N. Valeri, *Pietro Verri*, Milano 1937. B. Croce, *Goldoni musicale o musicato*, in *Conversazioni critiche*, Serie V, Bari 1939. E. Gimmelli, *La poesia di Goldoni*, Pisa-Roma 1941. G.B. De Sanctis, Carlo Goldoni, Padova 1948. M. Fubini, *Arcadia e Illuminismo*, in AA.VV., *Questioni e correnti di storia letteraria*, Milano 1949 (rist. nel vol. *Dal Muratori al Baretti*, Bari 1968^{3}). A.K. Givelegov, *Carlo Goldoni e le sue commedie*, Mosca 1949 (trad. it. in «Rassegna sovietica», IV, 9, 1953). A. Cajumi, *Pensieri di un libertino*, Torino 1950 (1970^{2}). A. Gramsci, *Letteratura e vita nazionale*, Torino 1950 (1966^{6}). M. Petrocchi, *Il tramonto della Repubblica di Venezia e l'assolutismo illuminato*, Venezia 1950. A. Gentile, *Carlo Goldoni e gli attori*, Trieste 1951. R. Simoni, *Trent'anni di cronaca drammatica*, 5 voll., Torino 1951-1960. G. Di Pino, *Il linguaggio della tragedia alfieriana e altri scritti*, Firenze 1952. E. Merian-Genast, *Die Technik der komischen Charakteristik bei Molière und Goldoni*, «Romanische Forshungen», LXIV, 1952. R. Bacchelli e R. Longhi, *Teatro e immagini del Settecento italiano*, Torino 1953^{2}. S. D'Amico, *Palcoscenico del dopoguerra (1945-1952)*, 2 voll., 1953. A. Schiaffini, *La crisi linguistica del Settecento*, in *Momenti di storia della lingua italiana*, Roma 1953^{2}. C. Varese, *Appunti sul linguaggio teatrale del Settecento*, «La Rassegna della letteratura italiana», nn. 1-2, 1953. F. Zampieri, *Profilo storico della critica goldoniana*, «La Rassegna della letteratura italiana», 1953, W. Binni, *Il Teatro comico del Settecento* (corso universitario), Genova 1953-54. F. Angelini, *Per una storia del teatro goldoniano: le commedie giovanili*, «Arena», luglio-dicembre 1955. F. Zampieri, *Carlo Goldoni*, in AA.VV., *I classici italiani nella storia della critica*, a cura di W. Binni, vol. II, Firenze 1955 (2ª ed., con arricchimenti, 1961). M.

Berengo, *La società Veneta alla fine del Settecento*, Firenze 1956. F. Fido, *Per una lettura storica delle commedie goldoniane*, «Belfagor», XII, 1957. F. Flora, *«Il feudatario» e gli ordini sociali nel teatro del Goldoni*, «Letterature moderne», VII, 1957 e VIII, 1958. M. Dazzi, *Carlo Goldoni e la sua poetica sociale*, Torino 1957. N. Mangini, *Interpretazione dei «Mémoires» di Carlo Goldoni*, «Ateneo Veneto», CXLVIII, 1957. «Paragone», VIII, 1957, 94 (numero speciale dedicato a C.G. Contiene: G. Ortolani, *Perennità del Goldoni*, G. Folena, *Il linguaggio del Goldoni: dall'improvviso al concertato*; M. Dazzi, *Goldoni o dell'ingenuità*; A. Banti, *Goldoni e la commedia «borghese»*; S. Surchi, *La trilogia persiana*). V. Pandolfi, *La commedia dell'arte, Storia e testi*, Firenze 1958. N. Vianello, *Prospettive di ricerca nella lingua del Goldoni (appunti di un congresso)*, «Humanitas», 5, 1958. G. Petronio, *Goldoni. Storia della critica*, Palermo 1958. G. Folena, *L'esperienza linguistica del Goldoni*, «Lettere italiane», I, 1958. G. Pullini, *Teatro italiano tra due secoli (1850-1950)*, Firenze 1958. E. Caccia *Carattere e caratteri nella commedia del Goldoni*, Venezia-Roma 1959. L. Ferrante, *La questione goldoniana*, «Società», 6, 1959. G. Folena, *Per un vocabolario del veneziano di Goldoni*, «Atti dell'Istituto Veneto di Sc., Lettere e Arti», CXVII (1958-59). E. Levi, *Il comico di carattere da Teofrasto a Pirandello*, Torino 1959. G. Natali, *Il Settecento*, Milano 1959^{4}. R. Lelievre, *Le Théâtre dramatique italien en France (1855-1940)*, Paris 1959. A. Momigliano, *Saggi goldoniani*, a cura di Vittore Branca, Venezia-Roma 1959. AA.VV., *Studi goldoniani*, Atti del convegno internazionale di studi goldoniani 1957, a cura di V. Branca e N. Mangini, 2 voll., Venezia-Roma 1960. L. Russo, *Il teatro di Carlo Goldoni*, «Belfagor», XV, 1960, ora in *Ritratti e disegni storici*, II, Firenze 1961^{3}. H. Dieckmann, *Diderot und Goldoni*, Krefeld 1961. C. Cristofanini, *Vita e giuoco. Studio strutturale delle commedie goldoniane*, tesi di Zurigo, Varese 1960. L. Ferrante, *I comici goldoniani (1721-1960)*, Bologna 1961. M. Berengo, *Introduzione a Giornali veneziani del Settecento*, Milano 1962. N. Jourdan, *La fortune de Goldoni en France au XVIIIe siècle*, «Revue de littérature comparée», 1962, 2. G. Ortolani, *La riforma del teatro italiano del Settecento e altri scritti*, a cura di G. Damerini e con bibliografia di N. Mangini, Venezia-Roma 1962. G. Petronio, *Introduzione a Goldoni*, in *Dall'illuminismo al Verismo. Saggi e proposte*, Palermo 1962. W. Binni, *La misura umana di Goldoni*, in *Classicismo e neoclassicismo nella letteratura del Sette-*

cento, Firenze 1963. A. Nicoll, *The World of Harlequin. A Critical Story of the Commedia dell'Arte*, Cambridge 1963 (trad. it.: Milano 1965). M. Baratto, *Tre studi sul teatro*, Venezia 1964. C. Liver, *Theater auf dem Theater in der italienischen Literatur besonders bei Goldoni und Pirandello*, tesi di Berna, Napoli 1964 (ed anche «Annali dell'Istituto Universitario Orientale di Napoli», VI, 1964, 2). AA.VV., *Problemi di lingua e letteratura italiana del Settecento*, Wiesbaden 1965. N. Jonard, *La via quotidienne à Venise au XVIIIe siècle*, Paris 1965 (trad. it 1967). K. Ringger, *Ambienti ed intrecci nelle commedie di Carlo Goldoni*, «Studiorum Romanicorum Collectio Turicensis», vol. XIII, Berna 1965. N. Mangini, *La fortuna di Carlo Goldoni e altri saggi goldoniani*, Firenze 1965. AA.VV. *Sensibilità e razionalità nel Settecento*, a cura di V. Branca, Firenze 1967. H. Riedt, *Carlo Goldoni*, Velber 1967. W. Binni, *Goldoni*, in *Il Settecento*, vol. VI, della *Storia della letteratura italiana*, a cura di E. Cecchi e N. Sapegno, Milano 1968. H. Hatzfeld, *The rococo of Goldoni*, «Italica», XLV, 1968. N. Jonard, *Goldoni européen*, «Revue de littérature comparée», XLIV, 1970, pp. 30-55. *I teatri pubblici a Venezia* (secoli XVII-XVIII), Catalogo della Mostra di Venezia, a cura di L. Zorzi, M.T. Muraro, G. Prato, E. Zorzi (contiene un ampio saggio dello Zorzi), Venezia 1971. L. Ferrante, *Goldoni*, Milano 1971. I. Mattazzi, *C. Goldoni e la professione di scrittore*, in «Studi e problemi di critica testuale», 4 (1972). G. Nicastro, *Modernità di Goldoni*, in «Siculorum Gymnasium», XXV (1972), 2. AA.VV., *Atti del colloquio sul tema: Goldoni in Francia*, Accademia nazionale dei Lincei, CCCLXIX (1972), quad. 166. G. Geron, *C. Goldoni cronista mondano*, Venezia 1973. G. Nicastro, *Goldoni e il teatro del secondo Settecento*, in *Storia letteraria*, Laterza, Bari 1974. N. Mangini, *I teatri di Venezia*, Milano 1974 (è un ampio e dettagliato inquadramento della situazione teatrale nella città lagunare). S. Ferrone, *Goldoni*, Firenze 1975. M. Petrini, *Le commedie popolari del Goldoni*, Padova 1976. K. Ringger, *La fonction des commédiennes dans la «Locandiera»*, in «Forum italicum», 1976, 1-2. F. Fido, *Guida a Goldoni*, Torino 1977. N. Jonard, *Goldoni et le drame bourgeois*, in «Revue de littérature comparée», 1977, 4. M. Francalanza, *Gli scenari francesi di Carlo Goldoni*, in «Le ragioni critiche», 1977, 24. W. Binni, *Settecento maggiore. Goldoni-Parini-Alfieri*, Milano 1978 (riproduce, con aggiunte e modifiche, il cap. cit. della *Storia della letteratura italiana*, diretta da E. Cecchi e N. Sapegno). Jacques Joly, *Le désir et l'utopie; études sur le théâtre d'Alfieri et de Goldoni*, Clermont-Ferrand 1978. N. Jonard, *L'immagine del «filosofo» nel teatro di Goldoni*, in «Problemi», settembre-dicembre 1978. B. Anglani, *Per una storia della polemica goldoniana*, ivi. Id., *Il gioco, la scena, il mercato. Lettura della «Locandiera»*, in «Lavoro critico», 1980, 17-18. P. Bosisio, *Carlo Gozzi e Goldoni. Una polemica letteraria con versi inediti e rari*, Firenze 1979. C. De Michelis, *Letterati e lettori nel Settecento veneziano*, Firenze 1979. G. Nicastro, *Comicità della seduzione nella «Locandiera»*, in «Le forme e la storia», 1981, 3. G. Muresu, *Goldoni e il melodramma: il rifacimento della «Griselda» di Apostolo Zeno*, in «La Rassegna della letteratura italiana», 1981, 3. AA.VV., *L'interpretazione goldoniana. Critica e messinscena*, a cura di N. Borsellino, Roma 1982 (raccoglie gli Atti del Convegno organizzato dal Teatro di Roma e dalla Facoltà di lettere dell'Università di Roma 28-30 aprile 1980; contributi di F. Angelini, B. Anglani, M. Baratto, F. Fido, M. Mangini, M. Missiroli, R. Morabito, A. Savioli, L. Squarzina, K. Zaboklicki). G. Nicastro, *Dalla commedia dell'arte alla commedia di «carattere»: l'itinerario di Carlo Goldoni dall'«Uomo di mondo» all'«Uomo prudente»*, in «Studi goldoniani», 1982, n. 6. R. Scrivano, *Finzioni teatrali. Da Ariosto a Pirandello*, Messina-Firenze 1982. G. Folena, *L'italiano in Europa. Esperienze linguistiche del Settecento*, Torino 1983 (contiene saggi fondamentali sulla lingua di Goldoni, già apparsi in altre sedi). B. Anglani, *Goldoni, Il mercato, la scena, l'utopia*, Napoli 1983. G. Nicastro, *Goldoni riformatore*, Catania 1983. M. Baratto, *Goldoni vent'anni dopo*. F. De Bernardinis, *Esempi di trattamento del carattere nelle commedie goldoniane*. T.A. Emery, *Dalla «Bottega del caffè» alla «Bottega del Caffè». Le contraddizioni del mercato e la riforma goldoniana*. F. Fido, *Riforma e «Controriforma» del teatro. I libretti per musica di Goldoni tra il 1748 e il 1753*. G. Guntert, *Mirandolina o l'arte di persuadere*. G. Pizzamiglio, *Lettura di «Le donne curiose»*. M. Infurna, *«Il conte Chiacchera» di Carlo Goldoni*. J. Joly, *Goldoni a Parigi; regressione artistica o esperienze nuove?*. A. Turolo, *I melodrammi goldoniani del periodo francese e «La cameriera spiritosa»*, in «Studi goldoniani», Venezia 1985, n. 7. G. Geron, *Carlo Goldoni. La trilogia della villeggiatura*, Milano 1985. M. Baratto, *La letteratura teatrale del Settecento in Italia*, Vicenza 1985. G. Petronio, *Il punto su Goldoni*, Roma-Bari 1986. G. Cavallini, *La dimensione civile e sociale del quotidiano nel teatro comico di Carlo Goldoni*, Roma 1986. G. Herry, *Tartuffe e Molière. La difficoltà di essere autore di commedie*, in «Biblioteca teatrale» n. 2, 1986, pp. 45-68. M.A. Cattaneo, *Carlo Goldoni e Alessandro Manzoni. Illuminismo e diritto penale*, Milano 1987. P. Stewart, *Goldoni fra letteratura e teatro*, Firenze 1989. J. Joly, *L'altro Goldoni*, Pisa 1989. N. Jonard, *Introduzione a Goldoni*, Roma 1990. L. Zorzi, *L'attore, la commedia, il drammaturgo*, Torino 1990. P. Bosisio, *Il teatro di Goldoni sulle scene italiane del Novecento*, Milano 1993. O. Bertani, *Goldoni: una drammaturgia della vita*, Milano 1993. AA.VV., *La maschera e il volto: due secoli di iconografia goldoniana*, a cura di Gian Antonio Cibotto, Filippo Pedrocco e Danilo Reato, Vicenza 1993. AA.VV., *Lo spazio della musica nelle «memorie» di Carlo Goldoni*, Milano 1993. Carlo Goldoni, *Il teatro illustrato nelle edizioni del Settecento*, Venezia 1993. Carlo Goldoni, *Memorie*, a cura di Paolo Bosisio, Milano 1993. AA.VV., *Il teatro di Goldoni*, a cura di Marzia Pieri, Bologna 1993. AA.VV., *Problemi di critica goldoniana*, a cura di Giorgio Padoan, Ravenna 1995. AA.VV., *Carlo Goldoni 1793-1993: atti del convegno del bicentenario*, Venezia, 11-13 aprile 1994, a cura di Carmelo Alberti e Gilberto Pizzamiglio, Venezia 1995. AA.VV., *Carlo Goldoni: tra libro e scena*, a cura di Carmelo Alberti e Henry Ginette, Venezia 1996. F. Fido, *Nuova guida a Goldoni: teatro e società nel Settecento*, Torino 2000.

Nota sui teatri veneziani e sui comici goldoniani

Il debutto di Goldoni quale poeta di compagnia è legato al teatro di San Samuele e al capocomico Giuseppe Imer, negli anni 1734-1743. Il teatro era stato fatto costruire nel 1656 da Giovanni Grimani, che era già proprietario del teatro dei SS. Giovanni e Paolo. All'origine ospitò spettacoli di prosa: dal 1710 in poi anche melodrammi, con crescente successo (Albinoni, Porpora, Hasse, Vivaldi). Importante anche la produzione coreografica, grazie all'apporto (attivo e costante, dal 1725 al '42) del Grossatesta. Distrutto da un incendio nel 1747, fu riedificato subito da Romualdo Mauro e nuovamente inaugurato (1748): adibito al melodramma e all'opera buffa, ospitò anche gli avversari di Goldoni sul terreno della produzione drammatica: Pietro Chiari, che vi lavorò al soldo dell'Imer dal '49 al '53; e Carlo Gozzi, di cui il *Truffaldino* Antonio Sacchi (per lui Goldoni aveva scritto *Il servitore di due padroni*) rappresentò le prime fiabe teatrali (1761-62): *L'amore delle tre melarance, Il Re Cervo, Turandot.*

La compagnia dell'Imer era formata nel 1734 da Giuseppe Imer, uomo colto e di buone maniere, grassottello e di bassa statura, adatto perciò a parti di «buffo»; dal *primo amoroso* (*Ottavio*) Antonio Vitalba, padovano, brillante e vivace; dal *secondo amoroso* (*Silvio*) Gaetano Casali, lucchese, intelligente e capace professionalmente, ma forse poco adatto al ruolo; dal *terzo amoroso* Tommaso Monti. Il *cast* femminile comprendeva due *prime donne* a turno, la veneziana Adriana Bastona, vecchia ma ancor piena di brio, e la romana Cecilia Rutti, che eccelleva nei ruoli sospirosi delle tragicommedie; Giovanna Casanova, detta Zanetta, madre di Giacomo, cantava e recitava negli intermezzi; *terza donna* era Paolina Imer; *servetta* la Pontremoli. I ruoli comici erano così distribuiti: *Pantalone* era l'ottimo Andrea Cortini; il *Dottore* Giuseppe Monti, padre di Tommaso, che gli succedette più tardi; *Brighella* il veronese Pietro Gandini; *Arlecchino* Antonio Costantini, buon saltatore di corda. Gli succedette nel '38 Antonio Sacchi, già *Truffaldino*, nato a Vienna nel 1708 da famiglia di comici: costui, geniale improvvisatore, diede rinnovato lustro alla formazione dell'Imer.
Una seconda tappa dell'attività teatrale di Goldoni è rappresentata dalla direzione tra il 1737 e il 1741 del teatro di San Giovanni Crisostomo.
Edificato nel 1678 su progetto dell'architetto veneziano Tomaso Bezzi detto lo Stucchino, era di proprietà dei fratelli Giovanni Carlo e Vincenzo Grimani (nipoti di Giovanni Grimani, proprietario del San Samuele). Lungo ventisette metri, largo venti, con cinque ordini di trenta palchi ciascuno, si impose subito come il teatro più bello e più sfarzoso della città.
Inaugurato nel 1678, fu per tutta la prima metà del Settecento il più importante teatro d'opera della città. La lista delle messinscene aduna i più prestigiosi compositori italiani e stranieri del momento: Pallavicino, Legrenzi, Tosi, Pollaroli, Scarlatti, Caldara, Haendel, Lotti, Albinoni, Vinci, Porpora, Hasse, Jommelli.
Nel 1747 il teatro si aprì anche alla prosa (nel '55 vi fu allestito il *Marco Polo* di G. Gozzi).
Il terzo teatro veneziano legato all'attività teatrale di Goldoni è il teatro di Sant'Angelo, presso il quale fu poeta della compagnia Medebach nel glorioso quinquennio 1748-53.
Costruito dall'architetto e scenografo Francesco Santurini, impresario presso un altro teatro, il San Moisé, il teatro di Sant'Angelo venne inaugurato nel 1676. Da questa data fin verso la metà del Settecento, fu adibito a rap-

presentazioni di melodrammi (vi si davano una o due «prime» all'anno): autori il Freschi, lo Ziani, il Pollaroli, l'Albinoni, il Caldara, il Bononcini, il Vivaldi. Dal '48 al '60 ospitò in pianta stabile la compagnia Medebach: con Goldoni, appunto, quale scrittore in esclusiva; e dopo il passaggio di questi al San Luca, con il Chiari, tra il '49 e il '60, sempre in aspra polemica col suo rivale in scena.
Dal '62 al '65 (Goldoni era ormai a Parigi) il *Truffaldino* Antonio Sacchi vi si trasferì, dal San Samuele, e mise in scena commedie spagnoleggianti e altre fiabe teatrali del prediletto Gozzi (tra cui nel '65, *L'augellin belverde*).
Girolamo Medebach era nato a Roma nel 1706. Dal '34 era capocomico: buon amministratore, non era immune da una certa avarizia (traccia di lui è nel goldoniano Ottavio, nel *Teatro comico*). *Prima donna* era Teodora Raffi (*Rosaura*), lucchese, moglie del Medebach, danzatrice di grazia e attrice sensibile, ma spesso insidiata da instabilità nervosa e da una buona dose di puntiglio. *Pantalone* fu sino al '50 il d'Arbes, veneziano, abile a recitare senza maschera. Gli succedette Antonio Matteuzzi Collalto, vicentino, attore assai fine e duttile, che lavorò molto a diretto contatto con Goldoni. Alla Teodora Raffi, morta a trentott'anni, succedette nel '51 Maddalena Raffi Marliani, sin'allora una spiritosa e indiavolata *servetta* (*Corallina*). I due *giovani amorosi* erano Francesco Falchi (*Florindo*) e Luzio Landi (*Lelio*); le due *giovani amorose* erano impersonate dalle rispettive consorti: Vittoria Falchi (*Eleonora*) e Caterina Landi (*Beatrice*). Giuseppe Marliani, cioè il marito di *Corallina* (che lo aveva abbandonato per un paio d'anni per capricci d'amore), impersonava il ruolo di *Brighella*. Non conosciamo i nomi degli attori che impersonavano i ruoli del *Dottore*, dell'*Arlecchino*, di *Colombina*.
Il quarto e ultimo teatro veneziano implicato nel lavoro di Goldoni è il teatro di San Luca o di San Salvador. Goldoni vi prese a lavorare nel '53, stipulando un contratto con Francesco Vendramin, che ebbe in pratica durata decennale. Per questo teatro Goldoni scrisse sessanta commedie, sette delle quali spedite da Parigi.
Fatta costruire nel 1622 dai nobili Vendramin (un lato dell'edificio dava sul Canal Grande), venne inaugurato dall'allora celebre compagnia dei comici Accessi, guidati da Pier Maria Cecchini. Chiuso per la peste (1630-31), incendiatosi (1652), fu ricostruito in legno dagli impresari Boldù e Zane, dotato dei dispositivi scenotecnici necessari ad allestire melodrammi (1661). Vi si diedero opere di Cavalli, Sartorio, Pallavicino, Legrenzi: ma sempre al-

ternate, soprattutto nel periodo di carnevale, alle messinscene comiche.
Restaurato nel 1684, ebbe una ripresa «folgorante» ai primi del Settecento con soggiorno della compagnia di Luigi Riccobini ed Elena Balletti, negli allestimenti della *Sofonisba* del Trissino, del *Torrismondo* del Tasso, e della *Merope* del Maffei (1714). Capo della compagnia del San Luca era nel 1753 il bolognese Giuseppe Lapy: recitò sino al '55 nel ruolo del *Dottore*, poi fece parti di vecchie. *Primi amorosi* erano il bolognese Francesco Grandi (*Ottavio*) e il veronese Pietro Gandini (*Leandro*); *secondo amoroso* Francesco Falchi (*Florindo*) e il terzo Giuseppe Maiani (*Lelio*). *Prima donna* fino al 1775 fu Teresa Gandini (*Flaminia*), cui succedette Caterina Bresciani (*Clarice*). *Servette* erano Giustina Campioni (*Argentina*) e la padovana Elisabetta Catroli-Zanussi. Nelle maschere, oltre al Lapy, recitavano il *Pantalone* Francesco Rubini; il *Brighella* Giuseppe Angeleri, milanese; come *Arlecchino*, Francesco Cattoli e poi Antonio Rubini.

G.D.B.

Nota al testo

Il testo adottato per la presente edizione è quello curato a suo tempo da G. Ortolani per l'editore Mondadori: *Tutte le opere di Carlo Goldoni*, a cura di G. Ortolani, Milano 1959[4].
Tenuto conto della particolare destinazione della nostra raccolta, abbiamo ritenuto giusto abbondare nelle note a piè di pagina: il lessico goldoniano, anche per le commedie in lingua, è spesso più complesso di quanto una prima affrettata lettura non sembri dimostrare.
Naturalmente, in questo lavoro di commento, abbiamo tenuto nel debito conto il lavoro degli studiosi che ci hanno preceduto nel curare altre scelte dell'opera goldoniana, e più precisamente: G. Petronio, Milano, Rizzoli, 1958; M. Dazzi, Bari, Laterza, 1951; F. Zampieri, Milano-Napoli, Ricciardi, 1964[2], G. Ortolani, Torino, UTET, 1958; G. Folena, Milano, Mursia, 1969; K. Ringger, Torino, Einaudi, 1972.
Ampio uso abbiamo fatto anche di alcuni dizionari della lingua italiana, come quello diretto da S. Battaglia (lettere A-BALB = INI-LIBB, Torino, UTET, 1961-1973) e quello del dialetto veneziano a cura di G. Boerio (nella ristampa anastatica, Milano, A. Martello, 1971).

S.B.

GL'INNAMORATI

Questa commedia, che come abbiamo cercato di spiegare nella introduzione, segna un vero e proprio giro di boa nella produzione teatrale goldoniana, venne scritta dal Goldoni a Bologna, nel settembre del 1759, in una sosta compiuta lungo il viaggio di ritorno che da Venezia doveva ricondurlo a Bologna. In un primo tempo Goldoni aveva vagheggiato di stendere la commedia in versi sdruccioli, sull'esempio dell'Ariosto. Ma il proprietario del teatro San Luca, il nobiluomo Vendramin, lo distolse da questo proposito. Mentre i due protagonisti sono parto felicissimo della fantasia del Goldoni, si è voluto che nella caricatura dello zio Fabrizio Goldoni si sia ricordato dell'abate Pietro Poloni, che nella sua dimora di via Condotti a Roma aveva ospitato per diversi mesi Goldoni e la moglie.

Rappresentati nel teatro San Luca, tra il novembre e il dicembre 1759, *Gl'Innamorati* ebbero accoglienze così calorose da essere replicati per otto sere di seguito, il che per quei tempi costituiva un vero e proprio record. Nel gennaio del '66, mentre Goldoni era ormai a Parigi, la commedia venne replicata a Venezia, sempre al San Luca e sempre con ottimo esito, tanto che i cronisti decisero di qualificarla stabilmente come « una delle migliori opere che abbia scritto il celebre autore ». Ancora nell'autunno del '68 la commedia riscuoteva entusiasmo, sempre a Venezia. A Lipsia, intanto, l'anno precedente, il giovane Goethe l'aveva ammirata. Nel corso dell'Ottocento le prime donne sembrarono prediligerla per le possibilità di primeggiare che offre la parte di Eugenia: tra queste ricordiamo Carlotta Marchionni, Adelaide Ristori, Eleonora Duse, che siglò un celebre spettacolo, al teatro Valle di Roma nel marzo 1885, insieme a Flavio Andò e Cesare Rossi.

Delle diverse regie italiane del Novecento, ricordiamo quella di Mario Missiroli, per l'interpretazione di Anna Maria Guarnieri e Paolo Graziosi.

L'AUTORE A CHI LEGGE

Poche sono quelle Commedie, nelle quali non entrino[1] innamorati, e in quasi tutte l'onesto amore è il principale movente della Comica azione. Questa Commedia adunque, che ha per titolo gl'*Innamorati*, dee rappresentar un amore più violento di tutti gli altri. Due persone che si amano fedelmente, perfettamente, dovrebbero esser felici, tanto più ch'io non figuro[2] ostacoli che attraversino le loro brame, ma la pazza gelosia, che nella nostra Italia principalmente è il flagello de' cuori amanti, intorbida il bel sereno e fa nascere le tempeste anche in mezzo alla calma. Per maggiormente spiegare il carattere de' veri amanti, affascinati dalla passione, convien che sieno leggieri, fantastici e quasi irragionevoli i motivi de' gelosi sospetti, e ciò per rendere vieppiù ridicola una debolezza che inquieta il Mondo, e arriva a far impazzire chi a tempo non sa guardarsene, o moderarla. Darsi de' pugni pel capo, stracciarsi le vesti, minacciare la propria vita[3] sono galanterie di questo gentile amore. Non è da romanzo il coltello, con cui si vuol ferire l'amante invasato da quest'amore. Ne ho veduti degli esempi cogli occhi miei, e se non mi vergognassi, direi da chi li ho veduti. Povera gioventù sconsigliata! Volersi tormentar per amore! Voler che il balsamo si converta in veleno! Pazzie, pazzie. Specchiatevi, o giovani, in questi Innamorati ch'io vi presento; ridete di loro, e non fate che si abbia a rider di voi.

1 *non entrino*: non compaiano.
2 *non figuro*: non metto in scena.
3 *minacciare la propria vita*: attraverso il suicidio.

PERSONAGGI

FABRIZIO *vecchio, cittadino*
EUGENIA *nipote di Fabrizio*
FLAMMINIA *nipote di Fabrizio, vedova*
FULGENZIO *cittadino, amante di Eugenia*
CLORINDA *cognata di Fulgenzio*
ROBERTO *gentiluomo*
RIDOLFO *amico di Fabrizio*
LISETTA *cameriera in casa di Fabrizio*
SUCCIANESPOLE *vecchio servitore di Fabrizio*
TOGNINO *servitore di Fulgenzio*

La scena si rappresenta in una stanza comune, in casa di Fabrizio, in Milano.

Scena prima *Eugenia e Flamminia.*

EUGENIA Che cosa avete, signora sorella, che mi guardate così di mal occhio?

FLAMMINIA Eugenia mia, compatitemi; mi fate tanto venir la bile, che oramai non vi posso più guardar con amore.

EUGENIA Bella davvero! che cosa vi ho fatto, che non mi potete vedere?

FLAMMINIA Non posso soffrire quella maniera aspra, litigiosa, indiscreta, con cui solete trattare il signor Fulgenzio. Egli è innamorato di voi perdutamente; si vede, si conosce che spasima, che vi adora, e voi non cercate che d'inquietarlo, e corrispondergli con mala grazia.

EUGENIA In verità mi fareste ridere. Avete tanta compassione per il signor Fulgenzio?

FLAMMINIA Ho per lui quella carità[1] ch'egli merita, e che voi dovreste usargli per giustizia e per gratitudine. È un uomo civile, è un uomo ricco, è di buonissimo core. Considerate che voi avete pochissima dote; che nostro zio a forza di spendere in corbellerie ha precipitata[2] la casa; che io mi sono maritata come il cielo ha voluto, e ho penato tre anni in povertà col marito, e quand'è morto, ho avuto scarsa occasione di piangere. Così, e peggio, potrebbe accadere di voi, che non siete in migliore stato del mio. Il signor Fulgenzio che vi ama tanto, e che ha detto di volervi sposare, è l'unico forse che possa fare la vostra fortuna. Ma voi, sorella cara, lo perderete; lo perderete senz'altro; e ci scommetto che ieri sera si è più del solito disgustato, e starete un pezzo a vederlo.

EUGENIA Ed io scommetto che non passano due ore, che Ful-

1 *carità*: simpatia.
2 *precipitata*: rovinata.

genzio è qui, e mi prega; e se voglio, mi domanda ancora [1] perdono.

FLAMMINIA Voi l'avete ingiuriato, ed egli vi chiederà il perdono?

EUGENIA Eh! non sarebbe la prima volta.

FLAMMINIA Vi fidate troppo della sua bontà.

EUGENIA E anch'egli si può compromettere [2] dell'amor mio.

FLAMMINIA L'amate dunque, e lo trattate sì male?

EUGENIA E che cosa finalmente gli ho fatto?

FLAMMINIA Niente! In tutto il tempo che viene qui, è mai passato un giorno o una sera senza che voi lo abbiate fatto inquietare?

EUGENIA Sono sempre io quella che lo fa inquietare? Parmi ch'egli sia sofistico [3] e puntiglioso assai più di me.

FLAMMINIA Non è vero.

EUGENIA Oh, voi sapete assai quello che vi dite.

FLAMMINIA Specialmente poi lo tormentate sempre sul proposito di sua cognata.

EUGENIA Sua cognata io non la posso vedere.

FLAMMINIA E che cosa vi ha fatto quella povera donna?

EUGENIA Non mi ha fatto niente, ma non la posso vedere.

FLAMMINIA Quest'odio è cattivo sorella cara. Il cielo vi castigherà.

EUGENIA Io non le porto odio ma non la posso vedere.

FLAMMINIA Eppure ella vi ha fatto delle finezze.

EUGENIA Si tenga le sue finezze; meno che io la vedo, sto meglio.

FLAMMINIA Che cosa vi siete cacciata in testa? Che Fulgenzio sia impazzito per la cognata? Sapete pure ch'egli la serve [4] e l'assiste, perché gli fu raccomandata da suo fratello.

EUGENIA Sì, va bene, ma che bisogno c'è ch'egli vada a spasso con lei, e pianti me qui sola, come una bestia?

FLAMMINIA Orsù, signora sorella, io vi consiglio, per vostro meglio, abbandonare ogni cattivo pensiere, e di questa donna

1 *ancora*: anche, perfino.
2 *compromettere*: fidare.
3 *sofistico*: cavilloso.
4 *la serve*: secondo il codice settecentesco, il cavaliere aveva degli obblighi di « servitù », cioè di affettuosa sottomissione verso la dama.

vi prego a non ne parlare.

EUGENIA Oh sì, vi prometto di non parlarne mai più.

FLAMMINIA Se lo farete, farete bene. Ma torno a dire, io dubito che[1] il signor Fulgenzio per oggi almeno non si lasci vedere.

EUGENIA Possibile? non è mai stato un giorno senza venire.

FLAMMINIA Se non fosse in collera, a quest'ora forse sarebbe venuto.

EUGENIA Anzi l'aveva detto di venire questa mattina.

FLAMMINIA Oh, non viene assolutamente.

EUGENIA Quasi, quasi, gli manderei a dir qualche cosa.

FLAMMINIA Vi dispiace, eh, che non venga?

EUGENIA Sicuro che me ne dispiace. Gli voglio bene davvero.

FLAMMINIA E sempre lo disgustate.

EUGENIA Ho questo temperamento. Per altro lo sa che gli voglio bene.

FLAMMINIA Un poco più d'umiltà, sorella.

EUGENIA E voi tenete sempre da lui.[2]

FLAMMINIA Io tengo dalla ragione. (Guai se non facessi così; è una vipera.) (*da sé*)

EUGENIA Chi viene?

FLAMMINIA È il servitore del signor Fulgenzio.

EUGENIA Non ve l'ho detto? Quanto credete che sia lontano il padrone?

FLAMMINIA Aspettate prima. Chi sa che non mandi qualche ambasciata[3] che vi dispiaccia!

EUGENIA Ha della roba il servitore.

FLAMMINIA Povero galantuomo! è di buonissimo core.

Scena seconda *Tognino e dette.*

TOGNINO Servo di lor signore.

EUGENIA Addio, Tognino. Che fa il padrone?

TOGNINO Sta bene. La riverisce, e le manda questo biglietto.

FLAMMINIA E qui, che ci avete?

TOGNINO Un po' di frutta.

1 *dubito che*: con sfumatura negativa, vale il nostro « temo ».
2 *tenete... lui*: tenete sempre per lui, siete sempre dalla sua parte.
3 *ambasciata*: notizia.

FLAMMINIA Poverino! [1]

EUGENIA Sentite, come mi scrive. (*a Flamminia*)

FLAMMINIA È sdegnato?

EUGENIA Vorrebbe far lo sdegnato, ma non lo sa fare. Sentite, come principia: *Crudelaccia!*

FLAMMINIA Via, via, è parola d'amore.

EUGENIA *Mi prendo la libertà di mandarvi due frutta, perché possiate raddolcirvi la bocca, che avete per solito amareggiata di fele.*[2]

FLAMMINIA È amore, è amore.

EUGENIA *Sarei venuto in persona, se non avessi temuto di accrescere i vostri sdegni.*

FLAMMINIA Sentite? (*ad Eugenia*)

EUGENIA Ma ci verrà. (*a Flamminia*) *Vi amo teneramente, e appunto per questo, stando da voi lontano, intendo unicamente di compiacervi.*

FLAMMINIA Sentite? (*con più forza*)

EUGENIA Ma ci verrà. *Bramerei due righe di vostra mano, per assicurarmi se vi è rimasta nel cuore qualche scintilla d'amore per me.*

FLAMMINIA Via, rispondetegli, e usategli un poco di carità.[3]

EUGENIA Siete molto compassionevole.

FLAMMINIA Oh, io non posso vedere a penar nessuno.

EUGENIA Con questi uomini non bisogna poi essere tanto corrive; [4] e non è sempre ben fatto far loro conoscere che si amano tanto.

FLAMMINIA Io non l'ho mai usata questa politica, e non la saprei usare.

EUGENIA Scrivetegli voi per me.

FLAMMINIA Volete che lo faccia davvero?

EUGENIA Sì, fatelo, che mi farete piacere. Io ci metto assai tempo a scrivere; voi scrivete meglio, e più presto.

FLAMMINIA Avvertite,[5] ch'io voglio scrivere a modo mio.

EUGENIA Sì, scrivete come vi pare.

1 *Poverino*: in tono affettuoso.
2 *fele*: fiele.
3 *carità*: amorevolezza compassionevole.
4 *corrive*: accondiscendenti.
5 *Avvertite*: badate.

FLAMMINIA Voglio scrivere per placarlo, e non per irritarlo di più.

EUGENIA Credete ch'io abbia piacere di disgustarlo? Signora no. Fate anzi una bella lettera che lo consoli, il mio caro coruccio bello.

FLAMMINIA In nome vostro.

EUGENIA In nome mio: ci s'intende.

FLAMMINIA Aspettate, quel giovane, che or ora vengo colla risposta. (*a Tognino*)

TOGNINO Dove vuole ch'io posi questo canestro?

FLAMMINIA Date qui, date qui. Guardate, Eugenia, che belle frutta! Sa che vi piacciono, e ve le manda. Invece di star sulle sue, vi manda le frutta. Un uomo, come questo, non lo trovate più. Io so, che se avessi un amante simile, lo vorrei propriamente adorare. (*parte coi frutti*)

Scena terza *Eugenia e Tognino.*

EUGENIA A che ora è venuto a casa ieri sera il vostro padrone?

TOGNINO È venuto prima del solito. Non erano ancor sonate le due.[1]

EUGENIA Che ha detto sua cognata, quando l'ha veduto venir così presto?

TOGNINO Ha mostrato d'aver piacere.

EUGENIA Aveva compagnia la signora Clorinda?

TOGNINO Oh, da lei non ci vien mai nessuno. Ella è di natural[2] melanconico. Suo marito è anche qualche poco geloso; è andato a Genova per affari, l'ha raccomandata al fratello, ed ella non tratta con nessun altro.

EUGENIA Le fa buona compagnia il signor Fulgenzio?

TOGNINO Quando è in casa, procura[3] di divertirla.

EUGENIA La diverte bene? (*con un poco di sdegno*)

TOGNINO (Se parlo, non vorrei far male.) (*da sé*) La diverte, m'intendo così, mangiano insieme.

EUGENIA Ridono a tavola? (*placidamente*)

1 *le due*: due ore dopo il tramonto.
2 *natural*: temperamento.
3 *procura*: fa in modo.

TOGNINO Qualche volta.

EUGENIA È grazioso veramente il vostro padrone. Mi ha detto che gioca qualche volta [1] con sua cognata: è egli vero?

TOGNINO Sì, signora, giocano qualche volta.

EUGENIA E vanno a spasso la sera.

TOGNINO Io non lo so veramente.

EUGENIA Perché me lo volete negare? Persone mi hanno detto per certo, che li hanno veduti a spasso anche ieri sera.

TOGNINO Può essere.

EUGENIA Mi fareste venir la rabbia. Può essere? dite che è di sicuro.[2]

TOGNINO Lo sa di certo?

EUGENIA Fate conto ch'io l'abbia veduto.

TOGNINO Bene; quando lo sa, perché me lo domanda?

EUGENIA (Come ci casca bene il baggiano.[3]) (*da sé*) E a che ora sono tornati a casa?

TOGNINO A tre ore in circa.

EUGENIA Hanno cenato subito?

TOGNINO Subito.

EUGENIA E poi avranno giocato una partitina.

TOGNINO Hanno giocato una partitina.

EUGENIA (Venga da me, che sta fresco.) (*da sé*)

Scena quarta *Flamminia e detti.*

FLAMMINIA Ecco qui la lettera bell'e fatta. La volete sentire?

EUGENIA Date qui, non preme.[4]

FLAMMINIA Signora no, ve la voglio far sentire. *Mio bene...*

EUGENIA Ma bene bene... (*con caricatura*)

FLAMMINIA Cosa vorreste significare?

EUGENIA Niente; dico che dite bene.

FLAMMINIA Sentite. *Mi hanno tanto consolato le vostre righe, che non ho termini sufficienti per ispiegarvi il giubbilo del mio cuore.*

EUGENIA E che gubbilo! (*con ironia*)

1 *gioca qualche volta*: a carte, e in pubblico.
2 *dite... sicuro*: dite pure che è cosa certa.
3 *baggiano*: sciocco, scimunito. È un lombardismo.
4 *non preme*: non importa.

FLAMMINIA No forse?

EUGENIA Sì. (*con ironia caricata*)

FLAMMINIA Siete pure sguaiata. *Mi pare un secolo, ch'io non vi vedo. Caro il mio bene...*

EUGENIA Ma bene.

FLAMMINIA Io non vi capisco.

EUGENIA Mi capisco da me.

FLAMMINIA (Pazza.) *Venite a consolare la vostra cara gioietta.*

EUGENIA Con quella bella grazietta! (*con ironia*)

FLAMMINIA Che modo è questo?

EUGENIA Ci fo la rima.

FLAMMINIA Mi fareste dir delle brutte rime. Finiamola. *Vedrete ch'io non sono la crudelaccia; ma la vostra fedele, sincera amante. Eugenia Pandolfi.* Vi pare che non abbia scritto a dovere?

EUGENIA Ottimamente. Date qui, che la voglio sigillar [1] io.

FLAMMINIA Eh, la so sigillare da me.

EUGENIA La voglio consegnar io a Tognino, acciò [2] possa dire che l'ha ricevuta da me.

FLAMMINIA Fin qui non avete il torto. Eccola. (*dà la lettera ad Eugenia*)

EUGENIA Venite qui, Tognino.

TOGNINO Eccomi.

EUGENIA Dite al vostro padrone, che mia sorella Flamminia in nome mio gli ha scritto una bella lettera, e che io medesima colle mie mani l'ho lacerata. (*straccia la lettera*)

FLAMMINIA Che! siete impazzita davvero? Mi fate di queste scene?

EUGENIA E ditegli che venga da me, che gli darò la risposta in voce. (*a Tognino*)

TOGNINO Come comanda.

FLAMMINIA Non glielo dite che ha stracciata la lettera.

EUGENIA Anzi, glielo deve dire. Tognino, se glielo dite, vi do un testone [3] di mancia.

TOGNINO Sarà per sua grazia. Non mancherò di servirla.

FLAMMINIA Dico, che non gli dite niente. (*a Tognino*)

1 *sigillar*: chiudere con un sigillo, in genere di ceralacca.
2 *acciò*: perché.
3 *testone*: moneta d'argento, milanese, romana e toscana, del valore di 1 lira e 68 soldi.

TOGNINO Perdoni. La sua signora sorella ha delle maniere obbliganti. Un testone vale a Milano quarantacinque soldi di buona moneta. (*parte*)

Scena quinta *Flamminia ed Eugenia.*

FLAMMINIA E perché avete fatto questa baggianata?[1]

EUGENIA L'avete mai letto il Libro del perché?[2] Leggetelo, e lo saprete.

FLAMMINIA Sguaiaterie,[3] vi dico; e ne sono stucca[4] e ristucca.

EUGENIA Gran premura aveva ieri sera il signor Fulgenzio d'andare a casa!

FLAMMINIA È andato via per la rabbia.

EUGENIA Eh pensate! è andato via, perché aveva un impegno.

FLAMMINIA E con chi?

EUGENIA Col diavolo che se lo porti.

FLAMMINIA Eugenia, voi vi volete precipitare.

EUGENIA Quando si tratta di quelle maledette bugie, non le posso soffrire.

FLAMMINIA Vi ha detto qualche cosa il servitore?

EUGENIA Niente.

FLAMMINIA Non istate a credere[5] sì facilmente...

EUGENIA Oh, io già non credo a nessuno.

FLAMMINIA A Fulgenzio potete credere.

EUGENIA Peggio.

FLAMMINIA E a me?

EUGENIA Peggio.

FLAMMINIA Già chi non dice a vostro modo, ha il torto presso di voi. Ecco qui nostro zio.

EUGENIA Chi diavolo c'è con lui?

FLAMMINIA Un forastiere, mi pare.

EUGENIA Ha sempre seco delle seccature.[6]

1 *baggianata*: sciocchezza.
2 *Libro del perché*: « Così fu detto il *Liber de homine* del medico Girolamo Manfredo, stampato a Bologna nel 1474. Un altro *Libro del perché* uscì nel 1757 a Parigi con scritti lubrici dell'Aretino e del Marino » (Ortolani, VII, note, p. 1307).
3 *Sguaiaterie*: cose indecorose, sgarbate.
4 *stucca*: nauseata.
5 *Non istate a credere*: non credete.
6 *seccature*: persone indesiderate, noiose.

FLAMMINIA Sì, chi sentirà lui, sarà qualche gran personaggio. Sarà di costa di re.[1] Egli magnifica tutte le cose, e si fa burlare da tutti.

Scena sesta *Fabrizio, Roberto e dette.*

FABRIZIO Signore nipoti, ecco qui un cavaliere che vi vuol conoscere e favorire:[2] il conte d'Otricoli; una delle prime famiglie d'Italia, di una ricchezza immensa.

ROBERTO Mi fa troppo onore il signore Fabrizio. Io non merito nessuno di questi elogi.

FABRIZIO E non serve dire, e non dire: quest'è il primo cavaliere del mondo. In materia di cavalleria, non c'è altrettanto in tutta l'Europa. Fate il vostro dovere col signor Conte. (*alle donne, con qualche risetto*[3])

FLAMMINIA Signore, attribuisco a mia singolar fortuna l'onor di conoscere un cavaliere di tanta stima. (*a Roberto*)

ROBERTO Posso io consolarmi...[4]

FABRIZIO Vede, signor Cavaliere? Questa è Flamminia mia nipote. È vedova. Ha avuto per marito il primo mercante di Milano.

FLAMMINIA (È morto miserabile il povero disgraziato.) (*da sé*)

FABRIZIO È una donna, che per una casa non si dà la compagna. Non c'è in tutto Milano, non c'è in tutta l'Italia una donna come Flamminia.

ROBERTO Mi rallegro infinitamente colla signora.

FLAMMINIA Mio zio si diverte; non ho questi meriti.

FABRIZIO Via, signora Eugenia, ditegli qualche cosa; fate conoscere il vostro spirito, la vostra vivacità. Non c'è, veda, non c'è in tutto il mondo una giovane come lei. Balla in una maniera, che i primi ballerini sono rimasti storditi. Canta poi di un gusto[5] che, chi la sente, more. Parla, che non c'è stata mai, da che mondo è mondo, una parlatrice compagna.[6]

1 *costa di re*: detto popolare che significa: figlio di re.
2 *favorire*: ossequiare, onorare.
3 *risetto*: risolino.
4 *consolarmi*: avere il piacere.
5 *di un gusto*: con una grazia.
6 *compagna*: uguale, simile.

ROBERTO È ammirabile la signora per la virtù e per il merito della bellezza.

EUGENIA Vi prego non secondare mio zio nel piacer di mortificarmi.

ROBERTO È ancor zitella la signora Eugenia? (*a Fabrizio*)

FABRIZIO Sì signore. M'è stata richiesta dalla prima nobiltà di Milano; ma io non l'ho voluta dare a nessuno. Ho delle idee grandiose sopra di lei.

ROBERTO In fatti ella merita una fortuna corrispondente alle sue rare prerogative.[1]

FABRIZIO Al giorno d'oggi vi è poco da compromettersi.[2] Ci sono più debiti che ricchezze. Dei conti d'Otricoli non ce n'è che un solo al mondo.

ROBERTO Io vaglio molto meno degli altri. Le mie fortune sono assai limitate. Quelle di che[3] mi pregio, si è[4] la sincerità e l'onore.

FABRIZIO Nipoti mie, quest'è l'esempio dei cavalieri onorati; è il libro aperto, che insegna agli uomini la sincerità.

FLAMMINIA Lo conoscerete ch'è un pezzo questo signore? (*a Fabrizio*)

FABRIZIO Quest'è la prima volta che ho l'onor di vederlo.

FLAMMINIA (E pare che sieno trent'anni che lo conosce.)

FABRIZIO È stato diretto[5] a me da un amico mio di Bologna, ch'è il fiore de' galantuomini, ed il più bravo pittore che sia stato al mondo, dopo Zeusi ed Apelle.[6] Signor Conte, ella si diletterà di pitture.

ROBERTO Certamente, me ne diletto assaissimo.

FABRIZIO Eh, gli uomini grandi, gli uomini di talento sublime, come quello del signor Conte, non possono fare a meno di non intendersi d'ogni cosa. Vedrà nella mia miserabile casa, nel povero mio tugurio, nella mia capannuccia, dei tesori, in materia di quadri, delle cose stupende. Cose che non le ha il Re di Francia. Originali dei primi maestri dell'arte. Signore nipoti, conducete questo cavaliere a vedere

1 *prerogative*: doti, pregi, virtù.
2 *compromettersi*: fidarsi.
3 *di che*: di cui.
4 *si è*: è.
5 *diretto*: indirizzato e raccomandato.
6 *Zeusi ed Apelle*: due pittori leggendari dell'antica Grecia.

la mia miserabile galleria. Fategli vedere quel quadro maraviglioso, quell'opera insigne del pittor de' pittori.[1] Vedrà, signor Cavaliere, un quadro spaventosissimo del Tiziani,[2] di cui mi hanno offerto due mila doppie,[3] ed io l'ho avuto per cento zecchini![4] Che dice eh? per cento zecchini un quadro che vale due mila doppie. Cosa vuol dire intendersi delle cose! Oh, io poi per conoscere non la cedo[5] ai primi conoscitori del mondo.

EUGENIA (Poveri danari gettati! Ha tutte copie, e gliele fanno pagar per originali.)

ROBERTO Si vede che siete assai di buon gusto; avrò occasion d'ammirare.

FABRIZIO Eh, picciole cose. Compatirà la miseria. Ehi, fategli vedere quei quattro pezzi stupendi del Wandich,[6] quelle due cene singolarissime insigni del Veronese,[7] quella meraviglia del Guercino,[8] quell'aurora inimitabile di Michel'Angelo Buonarotti,[9] quella notte inestimabile del Correggio.[10] Tesori, signor Conte, tesori.

ROBERTO Voi, a quel che sento, avete una galleria da monarca.

FABRIZIO Picciole cosarelle da poveruomo. Si serva, favorisca di andare colle mie nipoti.

FLAMMINIA Ma noi non ce n'intendiamo di quadri, e non li sapremo distinguere come voi... (*a Fabrizio*)

FABRIZIO Che serve? Se non ve n'intendete voi, se ne intende il signor Cavaliere. Ho un affare per ora, che mi trattiene. Servitelo intanto, che poi verrò io pure, e gli farò vedere di quelle cose che non avrà mai vedute.

ROBERTO Mi sarà carissima la vostra compagnia (ma più quella delle sue nipoti). (*da sé*)

1 *pittor de' pittori*: Raffaello Sanzio di Urbino (1483-1520).
2 *Tiziani*: Tiziano Vecellio (1477-1576).
3 *doppie*: doppia, moneta d'oro del valore di 37 lire.
4 *zecchini*: zecchino, moneta d'oro del valore di 22 lire venete.
5 *non la cedo*: non sono secondo.
6 *Wandich*: cioè Van Dyck, pittore fiammingo (1599-1641).
7 *Veronese*: Paolo Caliari (1528-1588).
8 *Guercino*: G.B. Barbieri (1590-1666).
9 *Michel'Angelo Buonarotti*: Michelangelo Buonarroti (1476-1563).
10 *Correggio*: Antonio Allegri da Correggio (1494-1554).

FLAMMINIA (Anderò io, sorella, non v'è bisogno che voi venghiate.) (*ad Eugenia*)

EUGENIA (Anzi ci voglio venire.) (*a Flamminia*)

FLAMMINIA (Se arriva il signor Fulgenzio...) (*ad Eugenia*)

EUGENIA (Che importa a me, che mi trovi col forastiere?) (*a Flamminia*) (Oh questa è bella! Va egli a spasso con sua cognata? Voglio ancor io trattare con chi mi aggrada.) (*da sé, e parte*)

FLAMMINIA (Gran testa originale è costei.) (*da sé, e parte*)

FABRIZIO Vada, signor Cavaliere, s'accomodi.

ROBERTO Mi prevalerò[1] delle vostre grazie. (*in atto di partire*)

FABRIZIO Eh favorisca.

ROBERTO Che mi comandate?

FABRIZIO Oggi avrà la bontà di restare a mangiar una cattiva zuppa con noi.

ROBERTO Oh questo poi...

FABRIZIO Oh, non c'è risposta.

ROBERTO No certo.

FABRIZIO Per sicurissimo.

ROBERTO Ne parleremo.

FABRIZIO Mi dà parola?

ROBERTO Contentatevi...[2]

FABRIZIO Mi dà parola?

ROBERTO Non so che dire.

FABRIZIO Compatirà la miseria, ma sentirà[3] un paio di piatti, che i simili non li avrà la tavola dell'Imperadore, e saranno fatti dalle mie mani.

ROBERTO Non posso ricusare le vostre grazie. (Egli ingrandisce tutte le cose, ma credo che non si dia[4] un pazzo più grande di lui.) (*da sé, e parte*)

Scena settima *Fabrizio, poi Succianespole.*

FABRIZIO Sono in impegno di farmi onore. Voglio che tutti possano dir bene di me; se vado anch'io per il mondo, mi

1 *Mi prevalerò*: approfitterò.
2 *Contentatevi*: abbiate la bontà (di dispensarmi).
3 *sentirà*: gusterà.
4 *non si dia*: non ci sia, non si trovi.

verranno incontro colle carrozze, coi tiri a sei, colle trombette. Mi dispiace che non ci ho altri che un servitore solo, vecchio, stordito. Ma farò io. I buoni piatti li farò io. Ehi, Succianespole.

SUCCIANESPOLE Signore.

FABRIZIO Come stiamo in cucina?

SUCCIANESPOLE Bene.

FABRIZIO È acceso il foco?

SUCCIANESPOLE Gnor no.[1]

FABRIZIO Perché non è acceso il foco?

SUCCIANESPOLE Perché non c'è legna.

FABRIZIO Non mi star a fare lo scimunito, che oggi ho da dar da pranzo a un'Eccellenza.[2]

SUCCIANESPOLE Ci ho gusto.

FABRIZIO Succianespole, che cosa daremo da pranzo a Sua Eccellenza? (*ridente con confidenza*)

SUCCIANESPOLE Tutto quello che comanda Vostra Eccellenza.

FABRIZIO Qualche volta mi faresti arrabbiare con questa tua flemmaccia maladetta.

SUCCIANESPOLE Io son lesto.

FABRIZIO Lo sai fare il pasticcio di maccheroni?

SUCCIANESPOLE Gnor sì.

FABRIZIO Un fricandò[3] alla francese?

SUCCIANESPOLE Gnor sì.

FABRIZIO Una zuppa coll'erbuccie?

SUCCIANESPOLE Gnor sì.

FABRIZIO Colle polpettine?

SUCCIANESPOLE Gnor sì.

FABRIZIO E coi fegatelli arrostiti?

SUCCIANESPOLE Gnor sì.

FABRIZIO Hai danari per ispendere?

SUCCIANESPOLE Gnor no.

FABRIZIO Ti ho pur dato un zecchino.

SUCCIANESPOLE Quanti giorni sono?

1 *Gnor no*: « *Gnore*, invece di *signore*, si dice in vari luoghi fra lo Stato Romano ed il Regno di Napoli » (Goldoni).

2 *a un'Eccellenza*: a un nobile.

3 *fricandò*: è il francese *fricandeau*; « taglio di vitello lardato e cotto in umido, che mangiasi per antipasto » (Boerio).

FABRIZIO L'hai speso?

SUCCIANESPOLE Gnor sì.

FABRIZIO E il tuo salario, che ti ho dato, l'hai speso?

SUCCIANESPOLE Gnor sì.

FABRIZIO E non hai più un quattrino?

SUCCIANESPOLE Gnor no.

FABRIZIO Maladetto sia il *gnor sì* e il *gnor no*. Si sente altro da te, che *gnor sì* e *gnor no*?

SUCCIANESPOLE Insegnatemi, che cosa ho da dire.

FABRIZIO Bisogna pensare a trovar danari.

SUCCIANESPOLE Gnor sì.

FABRIZIO Quante posate ci sono?

SUCCIANESPOLE Sei, mi pare.

FABRIZIO Sì, erano dodici. Sei le ho impegnate, restano sei. Siamo in quattro; impegnamone due.

SUCCIANESPOLE Gnor sì.

FABRIZIO Va al monte,[1] e spicciati.

SUCCIANESPOLE Gnor sì.

FABRIZIO E non mi fare aspettare due ore.

SUCCIANESPOLE Gnor no.

FABRIZIO Andremo a spendere,[2] quando torni.

SUCCIANESPOLE Gnor sì.

FABRIZIO C'è vino?

SUCCIANESPOLE Gnor no.

FABRIZIO C'è pane?

SUCCIANESPOLE Gnor no.

FABRIZIO Che tu sia maladetto. Gnor sì, che tu sia bastonato...

SUCCIANESPOLE Gnor no. (*parte con una riverenza, poi torna*)

FABRIZIO Io non so come vada. In casa mia non vi è mai il bisogno,[3] e oramai ho dato fine a tutto. Ma non importa. Io ho da avere delle fortunacce. I gran soggettoni[4] ch'io tratto, i principi, i cavalieri ch'io servo, mi faranno cavalcar colle staffe d'oro.[5] Semino per raccogliere; e il grano della

1 *al monte*: al Monte di Pietà.
2 *a spendere*: a far la spesa.
3 *il bisogno*: il necessario.
4 *gran soggettoni*: alti personaggi, personalità illustri.
5 *colle staffe d'oro*: come nelle favole, nel cui mondo si trasferisce di continuo Fabrizio.

mia testa,[1] mi ha da rendere il cento per uno. Che si impegni, e che si spenda; e poi? in carrozza, in carrozza.

SUCCIANESPOLE In carretta. (*spuntando dalla scena, e subito parte*)

FABRIZIO Il diavolo che ti porti. (*gli corre dietro, e parte*)

Scena ottava *Lisetta e Ridolfo.*

LISETTA Che mi comanda il signor Ridolfo?

RIDOLFO Ho necessità di parlare con una delle vostre padrone.

LISETTA Dica pure a quale di esse ho da far l'ambasciata.

RIDOLFO Veramente l'affare appartiene alla signora Eugenia, ma io parlerei più volentieri alla signora Flamminia.

LISETTA Perdoni la curiosità: so che V.S. è amico molto del signor Fulgenzio; ci sarebbe forse qualche novità fra lui e la padroncina?

RIDOLFO Per l'appunto, vi è una novità non indifferente.

LISETTA La prima l'ho indovinata; vo' un po' vedere, se indovino ancor[2] la seconda. Viene forse per trattare il come e il quando per concludere queste nozze?

RIDOLFO Tutto al contrario. Vi dirò quello ch'io son per fare, poiché Fulgenzio m'ha detto di dirlo pubblicamente. L'amico per mezzo mio si licenzia dalla signora Eugenia. Desidera farlo con civiltà, ma qui non lo vedrete mai più. (Se costei glielo dicesse prima di me, mi farebbe piacere.) (*da sé*)

LISETTA Ma perché questa risoluzione così repentina?

RIDOLFO Questo poi non l'abbiamo a cercare né voi, né io. Fulgenzio e la signora Eugenia sapranno eglino la cagione.

LISETTA Oh, è facile indovinare il perché. Avranno gridato[3] insieme.

RIDOLFO Può essere.

LISETTA E se hanno gridato, faranno la pace.

RIDOLFO Mi par difficile.

LISETTA L'hanno fatta tante altre volte.

1 *il grano della mia testa*: il mio ingegno.
2 *ancor*: anche.
3 *gridato*: litigato.

RIDOLFO Questa volta l'amico è risolutissimo. Per quanto gli abbia io suggerito di pensarvi, di star a vedere, di non precipitare [1] una risoluzione di questa natura, ha battuto sodo, mi ha risposto come un cane arrabbiato, e fino colle lagrime agli occhi mi ha pregato per carità, che io venissi a disimpegnarlo.

LISETTA Non ci credo, e non ci crederò mai. Ne ho vedute tante di queste scene, che non ci credo.

RIDOLFO Orsù, in ogni modo io mi vo' disimpegnare dalla mia commissione: parlare con una di esse; spiegar l'intenzione dell'amico Fulgenzio; e nasca quel che sa nascere, io non vo' strolicar [2] d'avvantaggio.

LISETTA Se voi parlate di ciò alla signora Eugenia, la fate cascar morta: almeno usatele carità. Non le date il colpo tutto ad un tratto.

RIDOLFO Credetemi, io lo faccio mal volentieri. Ho pregato l'amico di dispensarmi: gli ho anche detto che mi lagnerei,[3] se dopo di aver fatto io questo passo, lo riconoscessi pentito. Tant'è, è costantissimo, vuol ch'io lo faccia. Chiamatemi la signora Flamminia.

LISETTA È di là ora con un forastiere, che per ordine di suo zio gli fa veder certi quadri.

RIDOLFO E la signora Eugenia dov'è?

LISETTA Ella pure si è messa della partita... Oh, aspettate. Che il signor Fulgenzio abbia saputo del forastiere, e che sia sdegnato per questo?

RIDOLFO Oibò; mi ha detto di certa lettera, ma non l'ho capito. Orsù, fatemi un poco parlare o coll'una o con l'altra.

LISETTA Povera padrona! Andrò, signore... Oh, chi è qui?

RIDOLFO Per bacco! È qui Fulgenzio.

LISETTA Non ve l'ho detto?

RIDOLFO Verrà a cercare di me.

LISETTA Eh sì, verrà a cercare di voi!

1 *precipitare*: affrettare.
2 *strolicar*: far l'astrologo; qui nel senso: perderci la testa.
3 *mi lagnerei*: gli esporrei le mie rimostranze.

Scena nona *Fulgenzio e detti.*

FULGENZIO (Una parola.) (*a Ridolfo, chiamandolo a parte, con ansietà*)

RIDOLFO (Non l'ho ancora potuta vedere.) (*piano a Fulgenzio*)

FULGENZIO (Non le avete parlato?)

RIDOLFO (No, vi dico.)

FULGENZIO (Non sa niente la signora Eugenia di quello che vi avevo raccomandato?)

RIDOLFO (Ma se non ho veduto né lei, né la sorella!)

FULGENZIO (Lisetta è informata di nulla?)

RIDOLFO (Sì, qualche cosa le ho detto.)

FULGENZIO Caro amico, compatitemi per carità. Dopo che da me partiste, mi sono sentito gelare il sangue; sarei caduto per terra, se il servidore non mi sosteneva. Ah, quell'indegno del servidore è stato causa di tutto. La povera Eugenia è gelosa, e l'eccesso della sua gelosia è partorito da un eccesso d'amore. Buon per me, che non avete parlato. Lisetta, per amor del cielo, non dite niente alla vostra padrona. Tenete queste poche monete, godetele per amor mio. E voi, Ridolfo amatissimo, perdonate le mie debolezze, e ricevete le mie scuse in questo tenero sincero abbraccio.

LISETTA (Mi pareva impossibile, che non avesse ad esser così.[1]) (*da sé*)

RIDOLFO Amico, vi compatisco, ma non mi mettete più in tali impegni.

FULGENZIO Avete ragione. Ringraziamo il cielo, che è andata bene.[2] Lisetta, dov'è la signora Eugenia?

LISETTA È di là che si veste. (Non gli dico niente del forastiere.) (*da sé*)

FULGENZIO Se volesse favorir di venire...

LISETTA Glielo dirò, signore. (*in atto di partire*)

FULGENZIO Ehi; è in collera?

LISETTA Non mi pare.

FULGENZIO Via, chiamatela.

LISETTA (Oh, questi si amano daddovero![3]) (*da sé, e parte*)

1 *che... così*: cioè, che Fulgenzio non mutasse i suoi propositi.
2 *che... bene*: che Ridolfo non ha parlato e nulla è compromesso.
3 *daddovero*: davvero.

Scena decima *Fulgenzio e Ridolfo.*

RIDOLFO Amico, a rivederci.

FULGENZIO Andate via?

RIDOLFO Volete ch'io resti?

FULGENZIO No, no, se vi preme,[1] andate pure.

RIDOLFO Sì, vado. Conosco benissimo, che il restar solo non vi dispiace. Vi compatisco, ma permettetemi che qualche cosa vi dica per amicizia. Se conoscete che la persona che amate merti l'amor vostro, disponete l'animo a sofferir[2] qualche cosa. Tutti in questo mondo ci dobbiamo compatire l'un l'altro, e specialmente la donna merita di essere un poco più compatita. Se poi vi sembra aver giusto motivo di dolervi di lei, pensateci prima di risolvere,[3] ma quando avete pensato, ma quando avete risolto, non fate che la ragion vi abbandoni, e che l'affetto vi acciechi, vi trasporti, e vi avvilisca a tal segno. (*parte*)

Scena undicesima *Fulgenzio, poi Eugenia.*

FULGENZIO Dice bene l'amico, dice benissimo. Dalle donne qualche cosa convien soffrire; quando si sa specialmente che una donna vuol bene, non serve il sofisticare, non conviene pesar le parole colla bilancia dell'oro e guardare i moscherini[4] col microscopio per ingrandirli. Son troppo caldo,[5] lo conosco da me; ma in avvenire voglio assolutamente correggermi, vo' moderarmi. Già so che mi vuol bene. Se vuol dire, lasciarla dire. Eccola. Voglia il cielo ch'ella sia di buon umore. Mi pare ilare in volto. Ma qualche volta sa fingere. Non vorrei che dissimulasse. Orsù, non principiamo a sofisticare.

EUGENIA Serva umilissima, signor Fulgenzio. (*affettando allegria*)

FULGENZIO Quest'umilissima si poteva lasciar nella penna.

1 *se vi preme*: se avete premura.
2 *sofferir*: sopportare.
3 *di risolvere*: di prendere una decisione.
4 *moscherini*: moscerini.
5 *caldo*: impulsivo.

EUGENIA Mi scappò, non volendo. La riverisco. Che fa? Sta bene?

FULGENZIO Eh! sto bene io. Ed ella come sta? (*intorbidandosi un poco*)

EUGENIA Benissimo. Ottimamente.

FULGENZIO Me ne consolo. È molto allegra questa mattina.

EUGENIA Quando sono in grazia sua, sono sempre allegrissima.

FULGENZIO (C'è del torbido: non mi vorrei inquietare, ma ho paura non potermi tenere.[1]) (*da sé*)

EUGENIA Che dice ella di queste belle giornate?

FULGENZIO Con questo *ella*, con questo *ella* mi ha un pochino sturbato,[2] signora mia.

EUGENIA Questa mattina sono stata in complimenti, e mi è restato il *lei* fra le labbra.

FULGENZIO In complimenti con chi?

EUGENIA Con certe amiche che sono venute a favorirmi. Anzi mi hanno detto, che vogliono venir questa sera, per condurmi a spasso con loro.

FULGENZIO E che cosa avete risposto?

EUGENIA Che ci anderò volentieri.

FULGENZIO Senza di me?

EUGENIA Sicuro.

FULGENZIO Mi piace. S'accomodi.[3]

EUGENIA Oh bella! mi avete mai condotta voi una sera a spasso?

FULGENZIO Non vi ho condotta, perché non mi avete comandato di farlo.

EUGENIA Eh, dite perché avete degli altri impegni.

FULGENZIO Io? che impegni?

EUGENIA Eh via, che serve? Se avete in casa qualche mazzo di carte chi vi avanzi, favorite portarmelo, che mi divertirò un poco dopo cena a giocare una partita con mia sorella.

FULGENZIO Che novità è questa? che discorso è questo? cosa c'è sotto a questo vostro ragionamento?

1 *tenere*: frenare.
2 *sturbato*: infastidito, irritato.
3 *S'accomodi*: faccia pure come crede.

EUGENIA Niente, signore. Faccio per non andare a letto sì presto. Voi avete fretta di partire[1] la sera, e vi compatisco, perché avete i vostri interessi, avete degli affari importanti, ed io starò a divertirmi con mia sorella, o anderò a spasso colle mie amiche.

FULGENZIO Eh signora Eugenia, ci conosciamo.

EUGENIA Prenderete anche ciò in mala parte?

FULGENZIO Ci conosciamo, vi dico, ci conosciamo.

EUGENIA Sì, ci conosciamo, e ci conosciamo.

FULGENZIO Ma il mio servitore in casa vostra non ci verrà più.

EUGENIA Che importa a me, che ci venga né il servitor, né il padrone?

FULGENZIO Eh già; queste sono le solite sue buone grazie.[2]

EUGENIA Ha tabacco?[3]

FULGENZIO Se sono andato a far quattro passi con mia cognata...

EUGENIA Che cosa c'entra vostra cognata? che importa a me di vostra cognata?

FULGENZIO So quel che dico; e non avrete più il divertimento di tirar giù[4] quel balordo del mio servitore.

EUGENIA Mi maraviglio di voi, che parliate così. Vi torno a dire, non m'importa né di lui, né di voi.

FULGENZIO Né di me? non v'importa di me? né di lui, né di me? non ve n'importa? (*passeggiando in giro con isdegno*)

EUGENIA Fermatevi, che mi fate girar il capo.

FULGENZIO Né di lui, né di me? (*si dà un pugno nella testa*)

EUGENIA Facciamo scene?

FULGENZIO Né di lui, né di me? (*si batte il capo a due mani*)

EUGENIA Animo; finiamo queste sguaiaterie. (*fra lo sdegno e l'amore*)

FULGENZIO Non posso più. (*si abbandona sopra una sedia*)

EUGENIA Avvertite[5] che siete pazzo davvero.

FULGENZIO Son pazzo, son pazzo? (*seguita a battersi*)

1 *di partire*: di andarvene.
2 *buone grazie*: gentili maniere.
3 *Ha tabacco?*: « modo popolare per: le prude, la infastidisce? » (Dazzi).
4 *tirar giù*: è un venezianismo che vale: far parlare.
5 *Avvertite*: vedete, riconoscete.

EUGENIA Non la volete finire? (*con un poco di tenerezza*)

FULGENZIO Cagna! crudele!

EUGENIA Bell'amore! a ogni menoma cosa subito si sdegna, va in bestia, non può soffrir niente il signor delicato. Finalmente[1] chi vuol bene ha da compatire; e ad una donna le si deve donar qualche cosa. Bella maniera da farsi amare!

FULGENZIO Sì, avete ragione. (*placato*)

EUGENIA Ogni giorno siamo alle medesime.

FULGENZIO Compatitemi, non farò più.

EUGENIA Non mi fate di queste ragazzate, che non ne voglio.

FULGENZIO Andrete a spasso questa sera? (*ridente amoroso*)

EUGENIA Se mi parerà.[2] (*scherzando con amore*)

FULGENZIO Con chi anderete?

EUGENIA Eh! (*come sopra*)

FULGENZIO Con me anderete.

EUGENIA Sicuro! (*ironica*)

FULGENZIO Non volete venir con me? (*un poco sdegnato*)

EUGENIA Se ci veniste volentieri.

FULGENZIO Ma cara Eugenia, possibile che ancora non siate certa dell'amor mio? In un anno in circa che ho la consolazione della vostra cara amicizia, vi ho dato scarse prove d'amore? Ancora mi volete fare il torto di dubitarne? So che vi sta sul core quella povera mia cognata. Ma sapete il debito[3] che mi corre. Mio fratello, che l'ama teneramente, me l'ha con calore raccomandata. Sono un galantuomo, sono un uomo d'onore. Non posso abbandonarla, non posso trattarla con inciviltà; se siete una donna ragionevole, appagatevi dell'onesto, compatite le mie circostanze, e per l'amor del cielo, Eugenia mia, non mi tormentate.

EUGENIA Via, avete ragione. Non vi tormenterò più. Compatitemi; conosco[4] che ho fatto male...

FULGENZIO Basta così che mi si spezza il core per la tenerezza.

EUGENIA Mi vorrete sempre bene?

FULGENZIO Credetemi, che domandandomi questa cosa, voi mi offendete.

1 *Finalmente*: insomma, in fin dei conti.
2 *Se mi parerà*: se lo riterrò opportuno.
3 *debito*: dovere.
4 *conosco*: riconosco, ammetto.

EUGENIA Ve la domando, perché vorrei sentirmelo replicare ogn'ora, ogni momento.

FULGENZIO Sì, cara, ve ne vorrò in eterno; e se il cielo vuole, non passerà gran tempo che sarete mia.

EUGENIA E che cosa aspettate?

FULGENZIO Il ritorno di mio fratello.

EUGENIA Non potete maritarvi senza di lui?

FULGENZIO La convenienza vuol ch'io l'aspetti.

EUGENIA Io lo so perché differite.

FULGENZIO E perché?

EUGENIA Perché avete paura di disgustare vostra cognata.

FULGENZIO Maladetta sia mia cognata; maladetto sia quando parlo.

EUGENIA Eccolo qui, non si può parlare.

FULGENZIO Ma se sempre mi provocate.

EUGENIA Mi voglio mettere[1] a non dir più una parola.

FULGENZIO Non potete parlare senza dire delle sciocchezze?

EUGENIA Le sciocchezze le dite voi, signor insolente.

FULGENZIO Or ora vi faccio vedere un qualche spettacolo.[2]

EUGENIA Ehi, chi è di là?

FULGENZIO Non chiamate. (*arrabbiato*)

EUGENIA Pazzo.

FULGENZIO Anderò via.

EUGENIA Andate.

FULGENZIO Non ci tornerò più.

EUGENIA Non m'importa.

FULGENZIO Diavolo, portami. Portami, diavolo. (*parte correndo*)

EUGENIA Che vita è questa? Che amor maladetto! non posso resistere, non posso più. (*parte*)

1 *Mi... mettere*: voglio impegnarmi a qualunque costo.
2 *spettacolo*: sproposito.

Scena prima *Flamminia e Ridolfo.*

FLAMMINIA Scusate, signor Ridolfo, la libertà che mi sono presa. Perdonatemi, se vi ho incomodato.

RIDOLFO Anzi è onor mio il potervi obbedire.

FLAMMINIA Quant'è che non avete veduto il signor Fulgenzio?

RIDOLFO L'ho veduto qui, non sono ancora due ore. Mi figuro [1] che si saranno pacificati colla signora Eugenia.

FLAMMINIA Oh caro signor Ridolfo, sono cose da non credere, e da non dire. Si erano pacificati, e tutto ad un tratto sono andati giù [2] di bel nuovo, e il signor Fulgenzio è partito gridando, chiamando il diavolo, che pareva un'anima disperata.

RIDOLFO Possibile che abbiano sempre a far questa vita? Si amano, o non si amano?

FLAMMINIA Sono innamoratissimi, ma sono tutti e due puntigliosi. Mia sorella è sofistica. Fulgenzio è caldo, intollerante, subitaneo. Insomma si potrebbe fare sopra di loro la più bella commedia di questo mondo.

RIDOLFO E che cosa posso far io per servire la signora Flamminia?

FLAMMINIA Vi dirò, signore. Io sono naturalmente di buon core, portata a far del bene a tutti, se posso. Specialmente per mia sorella che l'amo come mio sangue, e che fuori di certe picciole debolezze prodotte da questo suo amore, è la più buona ragazza di questo mondo. Mi dispiace vederla afflitta. Dopo che è partito il signor Fulgenzio con quella manieraccia, come vi ho detto, è andata nella sua camera, si è messa a piangere dirottamente, e non vi è stato caso di po-

1 *Mi figuro*: immagino.
2 *andati giù*: dal veneziano *andar zoso*, perdere la pazienza.

terla quietare. Supplico pertanto il signor Ridolfo volersi prender l'incomodo di ricercar Fulgenzio, e con bel modo persuaderlo di tornar qui, per consolare questa povera figlia; e gli dica pure che piange, che si dispera, e lo persuada ad essere un poco più umano, un poco più tollerante, e sopra tutto vi supplico, per amor del cielo, insinuargli di ommettere ogni riguardo, di superare ogni difficoltà, e di concludere queste nozze; e vi prego dirgli altresì, che mia sorella ha promesso a me che sarà più cauta per l'avvenire, che non gli darà più disgusti,[1] che non parlerà più di quella tal persona che egli sa: anzi fatemi il piacer di dirgli...

RIDOLFO Adagio, signora mia, che di tante cose non me ne ricorderò più nessuna.

FLAMMINIA Torniamo da capo.

RIDOLFO Non basterebbe ch'io gli dicessi che venga qui?

FLAMMINIA Sì; ma vorrei che fosse da voi prevenuto...[2]

Scena seconda *Fabrizio, Succianespole colla sporta, e detti.*

FABRIZIO Flamminia, preparatemi una camiscia,[3] che son tutto sudato. (*Ridolfo lo saluta*)

FLAMMINIA Ditelo a Lisetta, signore. Ella è appunto nella vostra camera.

FABRIZIO Riverisco il signor Ridolfo.

RIDOLFO Ho fatto già il mio dovere.[4]

FABRIZIO Compatitemi. Ho tanto camminato, ho tanto faticato, che mi gira la testa. Ma ho fatto poi una spesa, che né anche il governatore... Succianespole, è vero?

SUCCIANESPOLE Gnor sì.

FLAMMINIA Andate a mutarvi. (*a Fabrizio*)

SUCCIANESPOLE Ch'io vada? (*a Fabrizio*)

FABRIZIO Aspetta.

SUCCIANESPOLE Con questo peso... (*a Fabrizio*)

FABRIZIO Aspetta. Lasciami veder quel cappone. Osservate. Si

1 *disgusti*: fastidi, dispiaceri.
2 *prevenuto*: avvisato.
3 *camiscia*: camicia.
4 *il mio dovere*: cioè, di salutare; ho già salutato.

è mai veduto da che mondo è mondo un cappone compagno?[1] Lasciami vedere quella vitella. Ah? che dite? È da dipingere? È cosa rara? Eh, la vitella che ho io in questo paese non l'ha nessuno. Signor Ridolfo, questa vitella è un butirro,[2] è un balsamo. Resti a mangiarne un pezzetto con noi.

RIDOLFO Vi ringrazio, signore...

FABRIZIO No, no, assolutamente. Guardate queste animelle: che roba! che piatto! che esquisitezza! Ne avete da mangiar una anche voi.

RIDOLFO Vi supplico dispensarmi...

FABRIZIO Non mi fate andar in collera. Io poi... io poi... Ah? che piccioni! Avete mai veduti piccioni simili? Signor no, e signor no. Questi sono piccioni, che li salvano[3] solamente per me. E sentirete che salsa ch'io ci farò. Io, io, colle mie mani. E il signor Ridolfo resterà a favorire con noi.

RIDOLFO Siete tanto obbligante, che non si può dire di no.

SUCCIANESPOLE Una parola. (*a Fabrizio*)

FABRIZIO Cosa vuoi? (*accostandosi*)

SUCCIANESPOLE (E le posate?) (*piano a Fabrizio*)

FABRIZIO (È vero. Non importa; darai a me una posata di stagno; mettila bene sotto la salvietta, che non si veda.)

SUCCIANESPOLE Gnor sì.

FABRIZIO Presto, va in cucina a lavorare.

SUCCIANESPOLE Gnor sì. (*s'incammina adagio*)

FABRIZIO Fa presto.

SUCCIANESPOLE Gnor sì. (*come sopra*)

FABRIZIO Ma spicciati.

SUCCIANESPOLE Gnor sì. (*come sopra, e parte*)

FLAMMINIA Signor zio, a quel ch'io vedo, vogliamo andar a tavola molto tardi.

FABRIZIO Eh, non dubitate di niente. Se vado io in cucina, in tre quarti d'ora fo da mangiare per cinquecento persone.

FLAMMINIA Ih! che sparata!

FABRIZIO Per modo di dire, per modo di dire.

FLAMMINIA E non andate a mutarvi?

1 *compagno*: uguale, simile.
2 *butirro*: burro.
3 *salvano*: riservano, mettono da parte.

FABRIZIO Sì, c'è tempo. Dov'è Eugenia?

FLAMMINIA Nella sua camera.

FABRIZIO E il signor Conte dov'è?

FLAMMINIA A guardare i quadri.

FABRIZIO Lo compatisco:[1] non si può saziare. Andatelo a chiamare il signor Conte, che favorisca di venir qui.

FLAMMINIA E perché ha da venir qui? Non istà bene dov'egli sta?

FABRIZIO Ditegli che venga qui. Gli voglio far conoscere questo degno galantuomo del signor Ridolfo. Vedrete un gran cavaliere, signor Ridolfo: un pezzo grosso; uno di quelli che fanno tremare. Ma via, chiamatelo. (*a Flamminia*)

FLAMMINIA Senza che m'incomodi, eccolo ch'egli viene da sé.

FABRIZIO È un'arca di scienze, è un mostro[2] di virtù. Resterete maravigliato. (*a Ridolfo*)

Scena terza *Roberto e detti, poi Lisetta.*

ROBERTO Queste signore si sono annoiate di me; le compatisco, hanno pensato meglio lasciarmi solo.

FABRIZIO Dov'è Eugenia? Presto, chiamatela. (*a Flamminia*)

FLAMMINIA Voglio far altro io, che chiamarla.

FABRIZIO Uh! siete pure svenevole.[3] Lisetta. (*chiama*)

LISETTA Che comanda?

FABRIZIO Di' subito ad Eugenia, che venga qui.

LISETTA Se mi domanda il perché?

FABRIZIO Dille che venga qui, che una persona la vuol vedere, e le vuol parlare.

LISETTA (Può essere che il signor Ridolfo le abbia a dir qualche cosa per parte del signor Fulgenzio. Con questa speranza la farò venire.) (*da sé, e parte*)

FLAMMINIA (Andate, signor Ridolfo, a ritrovare il signor Fulgenzio, e fatelo venir qui, e ditegli tutto quello che vi ho detto.) (*piano a Ridolfo*)

1 *Lo compatisco*: lo capisco.
2 *mostro*: dal lat. *monstrum*, meraviglia, miracolo.
3 *svenevole*: sgarbata, scontrosa.

RIDOLFO (Sì, se me ne ricorderò.) (*piano a Flamminia*) Con sua licenza,[1] signor Fabrizio.

FABRIZIO Come? Andate via? Non mi avete dato parola di restar con noi?

RIDOLFO Tornerò verso l'ora del pranzo.

FABRIZIO Vi aspetto. Non si dà[2] in tavola senza di voi. Signor Conte, questi è il primo causidico[3] di Milano, il primo curiale del mondo, il più bravo legale di tutto il regno della Giurisprudenza.

ROBERTO Me ne rallegro infinitamente.

RIDOLFO L'amicizia che ha per me il signor Fabrizio, lo fa trascendere in soverchie lodi.

FABRIZIO Ha qualche causa in Milano il signor Conte?

RIDOLFO Ne avevo una, per dirla, ma siamo per convenire cogli avversari, e terminarla amichevolmente.

FABRIZIO No, non la termini amichevolmente. Si lasci servire dal signor Ridolfo, dal principe dei curiali; gliela farà guadagnare[4] senz'altro.

ROBERTO Ma se già ho i miei legali.

FABRIZIO Che legali? che legali? Sono tutti ignoranti. Questi è il legale, e non ve n'è altri fuori di lui. Faccia a mio modo, si metta nelle di lui mani. Signor Ridolfo, vada a casa del signor Conte, si faccia informare, e si faccia consegnar le scritture.

RIDOLFO Ma se sta per accomodarsi... (*a Fabrizio*)

FABRIZIO Non vi ha da essere accomodamento. Il signor Conte vuole essere servito da lei, e con chi crede vossignoria aver che fare? Col primo cavaliere dello Stato Romano, che ha feudi con padronanza assoluta, ch'è conosciuto da tutta l'Europa, e stimato e venerato da principi e da potentati.

ROBERTO Basta, basta, signor Fabrizio. Non mi mettete in ridicolo.

FABRIZIO Parlo con ogni rispetto. So quel che dico, e la verità s'ha da dire.

FLAMMINIA (Andate, che si fa tardi.) (*a Ridolfo*)

1 *Con sua licenza*: col suo permesso.
2 *Non si dà*: non si mette.
3 *causidico*: avvocato (letteralmente: peroratore di cause).
4 *guadagnare*: vincere.

RIDOLFO Con vostra permissione. Vado per ritornare tra poco. (*a Fabrizio, e parte*)

Scena quarta *Flamminia, Fabrizio e Roberto, poi Succianespole.*

FABRIZIO Grand'uomo! grand'uomo! Si chiamerà[1] contento di lui. (*a Roberto*)

ROBERTO (Dica quello che vuole, io non voglio far una lite per dargli gusto.) (*da sé*)

FLAMMINIA E così, signore zio, non vi siete mutato?[2]

FABRIZIO Mi muterò. Voglio andare in cucina a lavorar per il mio padrone: il signor conte d'Otricoli. Dica: gli piace la salsa verde?

ROBERTO Sì signore, mi piace.

FABRIZIO Bene, si farà la salsa verde per il mio padrone. Dica: gli piace lo stufato?

ROBERTO Anzi moltissimo.

FABRIZIO Si farà lo stufato per il mio padrone. Succianespole.

SUCCIANESPOLE Signore.

FABRIZIO Lo stufato e la salsa verde per il mio padrone.

SUCCIANESPOLE Gnor sì. (*parte*)

FABRIZIO Succianespole poi è un uomo di garbo. Non fo per dire, ma un servitore come lui non si trova. Fidato, attento, sollecito, pontuale,[3] bravo cuoco, buono spenditore: è l'oracolo dei servitori.

Scena quinta *Eugenia e detti.*

EUGENIA Che mi comanda il signore zio? (*melanconica*)

FABRIZIO State qui, state a far compagnia a questo cavaliere.

EUGENIA Non c'è il signor Ridolfo? (Se lo sapeva, non ci veniva.) (*da sé*)

ROBERTO La mia compagnia non piace alla signorina.

1 *Si chiamerà*: si riterrà e si proclamerà pubblicamente
2 *mutato*: cambiato di camicia.
3 *pontuale*: puntuale.

FABRIZIO Eh, cosa dice mai? Lo riceve per grazia,[1] per onore, per gloria. Si accomodino. Una sedia al padrone. (*porta una sedia a Roberto*) Ecco due sedie per le mie signore nipoti. (*porta le sedie*) Stiano in allegria, si divertano, ch'io anderò a lavorare; anderò a far il cuoco. Chi sono io? Sono il cuoco del mio padrone. (*parte*)

Scena sesta *Flamminia, Eugenia, Roberto, tutti a sedere.*

ROBERTO È sempre così gioviale il signor Fabrizio?

FLAMMINIA Lodo la vostra modestia;[2] dovevate dire così caricato.

EUGENIA È di buon core, ma anche il buon core, quando eccede, è soverchio. (*sempre in aria melanconica*)

ROBERTO Che ha la signora Eugenia, che mi par melanconica? (*a Flamminia*)

FLAMMINIA Non saprei, avrà i suoi motivi.

EUGENIA Diteglielo liberamente, se ha piacere di saperlo. Io non mi vergogno di manifestare una verità, che non mi fa disonore. Sono innamorata, signore, di uno che dovrebbe essere mio consorte; so di avergli dato un disgusto, me ne dispiace, e non son contenta se non lo vedo pacificato. (Così non mi seccherà più costui colle sue sguaiataggini.) (*da sé*)

FLAMMINIA Sentite, che bel carattere è quello di mia sorella? La sincerità non vi è oro che la paghi.

ROBERTO Mi piace tanto la verità in bocca di una fanciulla, e sono sì poco avvezzo a sperimentarla,[3] che sempre più la signora Eugenia mi obbliga a riverirla e ad amarla.

EUGENIA Sono tenuta alla[4] vostra bontà, e mi rincresce che inutilmente impiegate il vostro amore e la vostra stima. (*con serietà*)

ROBERTO Non per questo cesserò di sperare.

EUGENIA In che volete sperare?

ROBERTO Nelle vicende della fortuna, nei casi che possono im-

1 *Lo riceve per grazia*: lo ritiene una grazia, un privilegio.
2 *modestia*: bontà, moderazione.
3 *a sperimentarla*: a incontrarla, a vederla.
4 *Sono tenuta alla...*: prendo atto della, sono obbligata per la...

pensatamente accadere; in qualche esempio di mutazioni accadute. Chi sa? anche i grandi amori sono soggetti alle loro peripezie. Anzi, quando le cose sono giunte all'eccesso, per lo più sono forzate a retrocedere, a diminuire. Caso mai che il vostro amante non fosse fido,[1] quanto voi siete, avrò sempre anticipata la mia onesta dichiarazione.

FLAMMINIA Non dice male il signor Conte. Il suo amore non pregiudica né voi, né il signor Fulgenzio, e non si possono prevedere i casi. (Io non vorrei veder nessuno scontento.) (*da sé*)

EUGENIA Per me non vi hanno da essere altri casi.[2] O di Fulgenzio, o di nessun altro.

ROBERTO Così dovete dire, e mi compiaccio che lo diciate; ma dei casi ne potriano[3] succedere.

EUGENIA Non vorrei che foste l'augello del malaugurio.

ROBERTO No, signora, non mi prendete in cattiva parte.

FLAMMINIA È un cavalier di garbo, il signor Conte. (*ad Eugenia*) Convien compartirla. Parla così, perch'è innamorata. (*a Roberto*)

ROBERTO Siatelo, che il cielo vi benedica. Ma state allegra. Io non vi darò molestia su questo punto. Divertiamoci; parliamo di cose liete. (*ad Eugenia*)

EUGENIA È impossibile, signore; ho il core troppo angustiato.

Scena settima *Lisetta e detti.*

LISETTA (Signora, ho veduto venire il signor Fulgenzio.) (*ad Eugenia*)

EUGENIA (Come l'hai veduto?) (*a Lisetta*)

LISETTA (Dalla finestra).

EUGENIA (Era solo?)

LISETTA (Parlava col signor Ridolfo.)

EUGENIA (Parveti[4] che fosse sdegnato?)

1 *fido*: fidato e sicuro.
2 *Per me... casi*: secondo me non si realizzeranno altre eventualità.
3 *potriano*: potrebbero.
4 *Parveti*: ti sembrò.

LISETTA (Anzi mi parve allegro, e l'ho veduto venire saltellando verso la casa.)

EUGENIA (Sia ringraziato il cielo. Ridolfo lo avrà placato. Ha fatto bene mia sorella a servirsi di lui.) (*da sé*)

ROBERTO (Ha degl'interessi[1] la signora Eugenia.) (*piano a Flamminia*)

FLAMMINIA (Credo sia venuto l'amico.) (*piano a Roberto*)

EUGENIA Flamminia. (*con bocca ridente*)

FLAMMINIA È venuto? (*ad Eugenia*)

EUGENIA Sì. (*come sopra*)

ROBERTO Lode al cielo, vi vedo pure colla bocca ridente. (*ad Eugenia*)

FLAMMINIA Chi sa se ha veduto il signor Ridolfo. (*ad Eugenia*)

EUGENIA Sì, l'ha veduto. È allegro. Non è egli vero, Lisetta?

LISETTA Verissimo.

EUGENIA Eccolo, eccolo. (*ridente*)

ROBERTO (Fa invidia un sì bell'amore.) (*da sé*)

Scena ottava *Fulgenzio e detti.*

FULGENZIO (*Entra, e vedendo Roberto resta un poco sospeso*) (Chi è costui?) (*da sé*)

FLAMMINIA Venga, venga, signor Fulgenzio. Questo cavalier forastiere è venuto qui in questo momento. È vero? (*a Roberto*) È un amico di nostro zio, e parte presto di[2] Milano. È vero? (*a Roberto*)

ROBERTO Sì signora, come comanda.

FULGENZIO Son servitor umilissimo a quel signor forastiere, e a lor signore ancora. (*con serietà*)

EUGENIA Si fa sempre desiderare il signor Fulgenzio. (*allegra*)

FULGENZIO Troppe grazie, signora. Io non merito di essere desiderato. (*affettando indifferenza*)

FLAMMINIA Accomodatevi. (*a Fulgenzio*)

FULGENZIO Ben volentieri. (*prende una sedia, e la porta presso a Flamminia*)

EUGENIA Poni qui una sedia, Lisetta. Favorisca presso di me. (*a Fulgenzio*)

1 *interessi*: segreti che la riguardano personalmente.
2 *di*: da.

FULGENZIO Grazie. Sto ben dove sono.

EUGENIA Venite qui, con licenza di questo signore, vi ho da dir una cosa. (*con allegria a Fulgenzio*)

FULGENZIO Non mancherà tempo.[1] (*fingendo allegria*)

EUGENIA Chi ha tempo, non aspetti tempo. (*con allegria*)

FULGENZIO È molto allegra la signora Eugenia. (Questa è la pena che si prende, quando parto da lei sdegnato.) (*da sé*)

ROBERTO La sua allegrezza è frutto della vostra venuta, signore.

FULGENZIO Della mia venuta? (*con serietà*)

ROBERTO Sì, mi consolo con voi, che avete la sorte di possedere il più bel cuore del mondo.

FULGENZIO Il signor forastiere venuto in questo momento, è stato di già informato dalla signora Eugenia?

EUGENIA Vi dispiace che si sappia, che noi ci vogliamo bene?

FULGENZIO Non signora; non mi dispiacerebbe, se si dicesse la verità.

EUGENIA Per parte mia non v'è dubbio; se voi poi non vi sentite in istato[2] di confermarlo...

Scena nona *Fabrizio col grembiule da cucina, e detti.*

FABRIZIO Flamminia.

FLAMMINIA Signore. Bella figura!

FABRIZIO Sapete voi dove sia lo zucchero?

FLAMMINIA Sì signore; è sull'armadio nella mia camera.

FABRIZIO Voglio fare un dolce e brusco[3] per il mio padrone. Oh compatisca, signor Fulgenzio; l'avevo preso per il signor Ridolfo. Bravo; è venuto a favorirci, ho piacere, vuol restare a pranzo con noi?

FULGENZIO Vi ringrazio... signore...

FABRIZIO Signor Conte, si contenta che si inviti a pranzo con noi questo nobile cittadino? È una perla, veda, è oro colato.

ROBERTO Signore, non siete padrone voi in casa vostra?

1 *Non mancherà tempo*: c'è tempo.
2 *non vi sentite in istato*: non siete in condizione.
3 *un dolce e brusco*: una pietanza di gusto agrodolce.

FABRIZIO No, fin tanto che il signor Conte sta in Milano, egli è il padrone di casa mia.

FULGENZIO Ci sta molto il signor Conte in Milano? (*a Fabrizio*)

FABRIZIO Oh, ci starà un pezzo. Ha una lite, e gliela dirige quell'uomo grande, quell'uomo celebre del signor Ridolfo.

FULGENZIO (E queste signore mi hanno dato ad intendere che parte presto. Le bugie non si dicono a caso.) (*da sé*)

FABRIZIO Signor Conte, io ho degli affari;[1] non potrò essere continuamente a servirla. Ecco chi la servirà. Il primo letterato d'Europa. Uno che vanta il sangue puro purissimo della più cospicua cittadinanza sino al tempo dei Longobardi. Intendente[2] di tutto, specialmente di quadri. Ha veduto la mia piccola galleria? (*a Roberto*)

ROBERTO Sì signor, l'ho veduta e ammirata.

FABRIZIO Ma in due ore non si può veder tutto.

FULGENZIO Sono due ore che è qui il signor Conte? (*a Fabrizio*)

FABRIZIO Sì certo, è venuto a favorirmi per tempo.

FULGENZIO (E mi dissero ch'era venuto in quel punto! Questo non si chiama sottilizzare. Sono bugie patenti.[3]) (*da sé*)

FABRIZIO Oggi, signor Fulgenzio, avrete l'onor di pranzare col primo lume della nobiltà, colla prima stella d'Italia, col più ricco cavaliere privato dei nostri giorni.

ROBERTO (E tira innanzi così.) (*da sé*)

FULGENZIO Ma io, signore, non posso profittar delle vostre grazie.

FABRIZIO Che serve?

FULGENZIO No certo.

FABRIZIO Via, dico.

FULGENZIO Non posso.

FABRIZIO Ed io voglio. Comando io in questa casa... No, non comando io, comanda il padrone, e il padrone lo pregherà di restare.

ROBERTO Signore, s'egli non può, o non vuole, perché lo vogliamo obbligare? (*a Fabrizio*)

1 *affari*: faccende da sbrigare.
2 *Intendente*: esperto.
3 *patenti*: chiare, lampanti, sfacciate.

FULGENZIO (Costui non vorrebbe che ci restassi; converrà ch'io ci stia per iscoprire il disegno.[1]) (*da sé*)

EUGENIA (Stupisco che non abbia piacere di restar a pranzo con me. Ci pensa poco, al vedere.[2]) (*da sé*)

FABRIZIO Via, signor Fulgenzio, faccia un'azione eroica.

FULGENZIO (Mi fa specie che Eugenia non mi dice niente ch'io resti. Segno che non le preme.) (*da sé*)

FLAMMINIA Mi maraviglio di voi, signor Fulgenzio, che vi fate tanto pregare.

FULGENZIO Mi farei pregar meno, se non temessi di recar disturbo alla compagnia.

EUGENIA Che ragioni fiacche![3] dite che non volete restare, perché vi preme di andare a casa, per non lasciar sola la signola Clorinda vostra cognata. Ecco il perché. Ha ragione, signor zio. Non l'obbligate a dar un dispiacere a quella povera signorina.[4]

FULGENZIO (Sì: vuol rimproverar me, perch'io non abbia occasione di rimproverar lei.) (*da sé*)

EUGENIA (Ora mangia il veleno. Lo conosco. Ci ho gusto.) (*da sé*)

FLAMMINIA (Se fosse mia figlia, le darei degli schiaffi.) (*da sé*)

FABRIZIO Via, signor Fulgenzio, mi lasci andare in cucina, mi consoli con un bel sì.

FULGENZIO Per far vedere che qualcheduno s'inganna, resterò a godere le vostre grazie.

FABRIZIO Oh bravo!

EUGENIA (Ora sono contenta.) (*da sé*)

FLAMMINIA E viva il signor Fulgenzio.

FABRIZIO Ma facciamo le cose ben fatte. Signor Fulgenzio, Eugenia mia nipote vi supplica di una grazia.[5]

EUGENIA (Che diavolo vorrà dire?) (*da sé*)

FULGENZIO Io non son degno dei comandi della signora Eugenia.

FABRIZIO Via, che occorre? Ci conosciamo. Eugenia mia nipote vi prega, vi supplica, che subito andiate a casa, che

1 *disegno*: piano.
2 *al vedere*: a quanto sembra.
3 *fiacche*: deboli, inconsistenti.
4 *signorina*: qui vale: giovane signora.
5 *grazia*: favore.

prendiate la signora Clorinda vostra cognata, e che la conduciate qui a pranzo con noi.

FULGENZIO La signora Eugenia mi prega di questo?

EUGENIA Io non mi sono mai sognata questa bestialità.

FABRIZIO Bestialità la chiamate?

EUGENIA Sì, vi par cosa propria incomodar[1] una signora a quest'ora?

FABRIZIO È ora incomoda questa? Vi mancano due ore a mezzogiorno. Ha tempo quanto vuole a vestirsi, a conciarsi, e a venire a bell'agio.

FLAMMINIA (Pare che c'entri il diavolo a bella posta.) (*da sé*)

EUGENIA Basta, io lascio fare al signor Fulgenzio.

FABRIZIO Pregatelo. (*ad Eugenia*)

EUGENIA Oh, questo poi no.

FABRIZIO Lo prego io dunque. (*a Fulgenzio*)

FULGENZIO Dispensatemi. Son certo che mia cognata non ci verrà.

EUGENIA (È certo che non verrà; perché sa che colei non mi può vedere.) (*da sé*)

FABRIZIO Proviamo, andate a dirglielo in nome mio.

FULGENZIO No certo, signore. Scusatemi, non ci vado.

FABRIZIO E volete che stia a mangiar sola? Non è dovere.[2]

FULGENZIO Piuttosto non ci resterò né men io.

EUGENIA Sì, piuttosto andrà con lei, a servirla di compagnia; lasciatelo andare.

FULGENZIO (Se non crepo, è un prodigio.) (*da sé*)

FLAMMINIA (Ma giusto cielo! che testa è quella?) (*da sé*)

FABRIZIO Orsù, non occorre altro. (So io quel che farò. Anderò io a invitarla). Succianespole.

Scena decima *Succianespole e detti.*

SUCCIANESPOLE Signore. (*con una stoviglia in mano*)

FABRIZIO (Tieni questo grembiale, che or ora vengo, e senti: cresci[3] qualche cosa per due persone di più.) (*a Succianespole*)

1 *incomodar*: disturbare, importunare.
2 *Non è dovere*: non è una cosa buona.
3 *cresci*: aggiungi, accresci il *menu*.

SUCCIANESPOLE (E le posate?) (*a Fabrizio*)

FABRIZIO (Oh diavolo! come faremo?)

SUCCIANESPOLE (Come faremo?)

FABRIZIO (Ingegnati.[1])

SUCCIANESPOLE (Vi sono quelle di legno.)

FABRIZIO (Sciocco! la riputazione.[2] Zitto, l'ho trovata. Farò così, me ne farò prestar due dalla signora Clorinda. È una donna di garbo, non dirà niente a nessuno. Farò bene?)

SUCCIANESPOLE (Gnor sì.)

FABRIZIO (Va a lavorare.)

SUCCIANESPOLE (Gnor sì.) (*parte*)

FABRIZIO Con licenza di lor signori.

FLAMMINIA Dove va, signor zio?

FABRIZIO Succianespole si è scordato di comprare una cosa. Vado io, e torno subito. (Eh, per ripieghi[3] non c'è un par mio. Starei bene a una Corte, maggiordomo, primo ministro. Non sono morto. Chi sa?) (*da sé, e parte*)

Scena undicesima *Flamminia, Eugenia, Fulgenzio e Roberto.*

ROBERTO (In questa casa vi è il più bel divertimento del mondo.) (*da sé*)

EUGENIA Mi dispiace del sagrifizio che oggi deve fare il signor Fulgenzio.

FULGENZIO E a me dispiace, che ogni sagrifizio è male accettato.

ROBERTO Signori miei, amore non si pasce di sdegno, ma di dolcezze. (*a Fulgenzio e ad Eugenia*)

FLAMMINIA Bravo, dite lor qualche cosa, che non istiano sempre ingrugnati. (*a Roberto*)

FULGENZIO Sarei più fortunato, se avessi il merito del signor Conte.

ROBERTO Io non ho merito alcuno; ma vi accerto[4] bensì, che se avessi un'amante, come questa gentil signora, mi chiamerei fortunato.

1 *Ingegnati*: datti da fare, aguzza l'ingegno.
2 *la riputazione*: la stima altrui, il decoro.
3 *ripieghi*: accomodamenti ingegnosi.
4 *vi accerto*: vi garantisco, vi assicuro.

FULGENZIO E chi v'impedisce una sì gran fortuna?

ROBERTO Io non faccio mal'opera [1] con nessuno...

FULGENZIO Se parlate per me...

EUGENIA Se parlate per lui, mi rinunzia solennemente. (*a Roberto*)

FULGENZIO Ella interpreta i miei sentimenti a misura delle sue inclinazioni.

FLAMMINIA Il signor Conte non è capace di interrompere il corso dei vostri amori.

FULGENZIO Sì: è arrivato in questo momento, e parte prestissimo di Milano.

FLAMMINIA Io ho parlato così...

EUGENIA Eh, lasciatelo dire. Non sapete com'è fatto? Ha voglia di taroccare.[2]

FULGENZIO E voi avete voglia di vedermi fare delle pazzie. Ma questo gusto non ve lo darò più. Ho fissato [3] di non volermi più scaldare il sangue per voi. Signor Conte, da dove viene ora, se è lecito?

ROBERTO Da Roma, signore.

FULGENZIO Che dice di quella gran città?

ROBERTO Bella, magnifica, piena di meraviglie.

FLAMMINIA A noi non importa di Roma.

EUGENIA Lasciatelo dire; lasciate che si diverta.

FULGENZIO Mi dicono che a Roma ci sono delle belle donne, è egli vero?

ROBERTO Sì, certo, ed hanno una galanteria sorprendente.

FULGENZIO Sono così ostinate, come le milanesi?

FLAMMINIA Questa poi, compatitemi... (*a Fulgenzio*)

EUGENIA A Roma, signore, degli uomini incivili ve ne sono? (*a Roberto*)

ROBERTO Via, via, non vi lasciate trasportar dalla collera.

FULGENZIO Andrei a Roma pur volentieri.

EUGENIA Andate, che sarete la consolazione di Pasquino.[4]

FULGENZIO Fa caldo oggi, mi pare. (*si alza affettando indifferenza, ma si vede che freme*)

1 *mal'opera*: cattiva azione.
2 *taroccare*: attaccar lite, bisticciare.
3 *Ho fissato*: ho deciso.
4 *Pasquino*: nome attribuito a un busto antico di marmo a cui si appendevano, a Roma, componimenti satirici, detti « pasquinate ».

FLAMMINIA (Signor Conte, vorrei pregarvi di una finezza.) (*al Conte*)

ROBERTO (Comandatemi.) (*a Flamminia*)

FLAMMINIA (Fate mostra di aver da fare qualche cosa. Andate di là per un poco.) (*al Conte*)

ROBERTO (Sì, è giusto, lasciamoli in libertà.) (*a Flamminia*) Signora Eugenia, si ricordi dei casi che possono nascere. Con licenza di lor signori. (*parte*)

Scena dodicesima *Flamminia, Eugenia e Fulgenzio.*

FULGENZIO E di quai casi intende di dire?

FLAMMINIA Chi lo sa? gli badate voi? Noi non ci pensiamo né meno. Eugenia non lo può vedere.

FULGENZIO Così credo ancor io.

FLAMMINIA Caro signor Fulgenzio, siete assai sospettoso.

EUGENIA Non parlate, sorella, che or ora lo farete dar nelle furie.[1]

FULGENZIO Oh, non vi è dubbio. Non vi è pericolo che mi vediate infuriare. Ho preso[2] un altro sistema; son diventato pacifico. Non mi riscaldo più.

FLAMMINIA Via dunque; siate buono. Mia sorella, poverina, credetelo, vi ama di vero cuore. Io l'ho veduta piangere...

EUGENIA Non è vero. Non le credete. Lo dice a posta. (*a Fulgenzio*)

FLAMMINIA A che servono ora codeste scene? Io non le voglio assolutamente. Vado di là, perché il signor Conte non dica.[3] (Sorella, abbiate giudizio.) (*piano ad Eugenia*) (Abbiate carità, signor Fulgenzio.) (*piano a Fulgenzio*) Ah poveri innamorati! (*a tutti e due, e parte*)

1 *dar nelle furie*: uscire dai gangheri.
2 *Ho preso*: ho adottato.
3 *non dica*: non abbia da ridire.

Scena tredicesima *Fulgenzio ed Eugenia.*

FULGENZIO (Per me ho finito d'essere innamorato.) (*passeggia*)

EUGENIA (Voglio piuttosto mettermi un sasso al collo, e andarmi a gettar nel Naviglio.[1]) (*da sé*)

FULGENZIO (Si vede chiaro, che è annoiata di me.) (*come sopra*)

EUGENIA (Ha il cuore con tanto di pelo.) (*da sé*)

FULGENZIO (Ci scommetterei la testa, che il Conte le piace.) (*come sopra*)

EUGENIA (Finto! doppio come le cipolle[2]) (*da sé*)

FULGENZIO (Son pur pazzo io a perdere il mio tempo, e a perdere la salute ed il riposo per lei.) (*come sopra*)

EUGENIA (Lo vedrebbe un cieco, che ha più premura per la cognata, che per me.) (*da sé*)

FULGENZIO (Penerò un poco, ma lo supererò questo indegnissimo amore.) (*come sopra*)

EUGENIA (Se ora mi tratta così, guai a me se fosse mio sposo.) (*da sé*)

FULGENZIO (Farò un viaggio; me ne scorderò.) (*come sopra*)

EUGENIA (Ha una faccia, che pare il vero demonio.) (*da sé*)

FULGENZIO (E stimo[3] che non mi dice niente.) (*come sopra*)

EUGENIA (Che ho da fare io con questo girandolone?[4] È meglio che me ne vada.) (*in atto di partire*)

FULGENZIO Buon viaggio. (*forte*)

EUGENIA Felice ritorno. (*si volta*)

FULGENZIO Vada, vada, che il signor Conte l'aspetta.

EUGENIA Perché non va a dire alla signora cognata, che resta a pranzo fuori di casa?

FULGENZIO (Maladetta!) (*si va sdegnando a poco a poco*)

EUGENIA Perché non le va a chieder licenza di restar qui?

FULGENZIO (Le si possano seccar le labbra.) (*come sopra*)

EUGENIA Ma ora che ci penso: non vorrà che lo sappia la sua signora cognata che resta qui, avrà paura, avrà soggezione.[5]

1 *Naviglio*: canale navigabile di Milano.
2 *doppio come le cipolle*: detto veneziano, falso, ipocrita.
3 *stimo*: venezianismo, mi meraviglio.
4 *girandolone*: leggero, incostante. L'immagine è appropriata, perché Fulgenzio sta continuamente andando su e giù per la stanza.
5 *soggezione*: rispetto e timore.

FULGENZIO (Possa parlare per l'ultima volta.) (*come sopra*)

EUGENIA Mi spiacerebbe che avesse da disgustare[1] la sua signora cognata.

FULGENZIO Lasciate star mia cognata. (*acceso di collera*)

EUGENIA Oh oh, quel bravo signore che non va più in bestia!

FULGENZIO (Non posso resistere.) (*da sé, e tira fuori il fazzoletto*)

EUGENIA Non dubiti, che avrà finito di arrabbiarsi per me.

FULGENZIO (*Straccia il fazzoletto coi denti*)

EUGENIA Mi duole del tempo che ha gettato[2] con una pazza.

FULGENZIO (*Segue a stracciare il fazzoletto*)

EUGENIA Ma si consoli, che dormirà i suoi sonni.

FULGENZIO (*Tira fuori nascostamente un coltello*)

EUGENIA (Povera me!) Eh dico, signor Fulgenzio. (*timorosa, vedendo il coltello*)

FULGENZIO Che vuol da me?

EUGENIA Cos'avete in mano?

FULGENZIO Niente.

EUGENIA Voglio vedere.

FULGENZIO Non ho niente, vi dico.

EUGENIA Non facciam ragazzate.

FULGENZIO All'onore di riverirla. (*in atto di partire*)

EUGENIA Fermatevi.

FULGENZIO Ha qualche cosa da comandarmi?

EUGENIA Che c'è in quella mano?

FULGENZIO Niente. (*mostra la mano vuota*)

EUGENIA In quell'altra?

FULGENZIO Niente.

EUGENIA Non facciamo scene, vi dico.

FULGENZIO Che scene, che scene? Le fa ella le scene. Io non faccio scene.

EUGENIA Mettete giù quel coltello.

FULGENZIO Che cosa vi sognate voi di coltello?

EUGENIA Che serve? Non mi fate arrabbiar d'avvantaggio,[3] datelo qui. (*si accosta per averlo*)

1 *disgustare*: infastidire.
2 *gettato*: sprecato.
3 *d'avvantaggio*: di più.

FULGENZIO Che cosa credete voi ch'io voglia fare di questo coltello?

EUGENIA Che lo so io?

FULGENZIO Voglio mondare [1] una mela.

EUGENIA (Fulgenzio. (*intenerendosi*)

FULGENZIO Lasciatemi stare. (*con più caldo*)

EUGENIA Fulgenzio. (*come sopra*)

FULGENZIO Lasciatemi stare. (*crescendo il caldo*)

EUGENIA Per carità.

FULGENZIO Per me non c'è carità, né amore, né compassione. (*come sopra*)

EUGENIA Ascoltate una parola almeno.

FULGENZIO Cosa volete dirmi? (*con isdegno*)

EUGENIA Una parola sola.

FULGENZIO Via, ditela. (*come sopra*)

EUGENIA Placatevi, se volete ch'io parli.

FULGENZIO Ah! (*sospira con isdegno*)

EUGENIA Datemi quel coltello.

FULGENZIO Signora no.

EUGENIA Ve lo domando, se non per l'amore che mi portate, per quello almeno che mi avete portato.

FULGENZIO Ah! (*si lascia cadere il coltello di mano*)

EUGENIA (Maladetto coltello!) (*lo prende velocemente e lo getta via*)

FULGENZIO (Mi sento morire.) (*da sé*)

EUGENIA Vi sono io così odiosa, che volete morire piuttosto che volermi bene?

FULGENZIO Sì, voglio morire piuttosto che vedervi in braccio ad un altro.

EUGENIA Ma come è possibile mai, che vi passino per mente pensieri così indegni di voi e di me? Io amar altri che il mio Fulgenzio? Io darmi ad altri fuorché al mio bene, all'anima mia, al mio tesoro? Non sarà mai, non sarà mai. Morirei prima di farlo.

FULGENZIO Lo posso credere?

EUGENIA Se non lo dico di core, il cielo mi fulmini.

FULGENZIO Ma perché addomesticarvi [2] col signor Conte? Per-

1 *mondare*: sbucciare.
2 *addomesticarvi*: trattare con confidenza, familiarizzare.

ché trattarlo subito con confidenza? e palesargli l'impegno che avete meco? E perché darmi ad intendere vostra sorella ch'ei parte presto, ch'era venuto poc'anzi? perché dirmi delle bugie? perché darmi occasione di sospettare?

EUGENIA Ah Fulgenzio, non sono io che vi do occasione di sospettare, ma la poca fede che avete di me fa inquietar voi, ed insulta la mia onoratezza:[1] quali domestichezze ho io praticate col Conte, oltre l'onesta convenienza di sedere in conversazione, unicamente per compiacere a mio zio? M'imputate a delitto l'avergli palesato l'amor che ho per voi? Lodatemi anzi d'averlo fatto. Segno che vi amo davvero, e che la mia sincera dichiarazione tende a disingannare chi per avventura si lusingasse di me. La povera mia sorella conosce il vostro temperamento. Le sarà parso vedervi entrare burbero[2] e sospettoso. Amore l'indusse al desio di acchetarvi,[3] e la debolezza le dié il cattivo consiglio. Tutto ciò non sarebbe niente, se voi non foste mal prevenuto. E qual motivo avete di sospettare di me? V'ho date io scarse[4] prove dell'amor mio? Vi pare che sia di voi poco accesa?[5] Non vi bastano le mie lacrime, i miei sospiri? Sono inquieta, è vero; ma le mie inquietudini sono partorite da amore. Vi tormento, sì, qualche volta, ma chi ama davvero soffre un leggier travaglio, in grazia di quell'oggetto che piace. Fulgenzio mio, non vi tormenterò più. Voi mi abbandonerete, ed io vi amerò in eterno. Troverete un'amante di me più amabile, più ricca, più meritevole, ma non più tenera, né più fedele. Se vi dà pena il vedermi, privatemi della vostra vista, ma conservatemi i giorni vostri. Vivete, o caro, se non per me, almeno per voi medesimo. Ancor che mio noi siate, sì, ve lo giuro, io sarò sempre vostra, e lo sarò fin che viva, e lo sarò colla maggior tenerezza del cuore.

FULGENZIO Anima mia dolcissima, cuor mio caro, vi domando perdono, compatitemi per carità. (*s'inginocchia a' piedi di Eugenia, e restano tutti e due senza parlare*)

1 *onoratezza*: dignità, onore.
2 *burbero*: scontroso.
3 *acchetarvi*: calmarvi.
4 *scarse*: insufficienti.
5 *accesa*: innamorata.

Scena quattordicesima *Fabrizio, Clorinda e detti.*

FABRIZIO Oh, ecco qui la signora Clorinda.

FULGENZIO Oimè! che dirà il signor Fabrizio, se mi ha veduto in quest'atto?[1]

(*Fabrizio e Clorinda restano un poco indietro ammirati*)

EUGENIA (Ah, trema della cognata. Gli duole che lo abbia veduto ai miei piedi.) (*da sé*)

CLORINDA (Povero signor Fulgenzio! mi dispiace che rimasto sia sconcertato. Compatisco l'amore, e mi sovviene che il mio caro sposo faceva meco lo stesso.) (*da sé*)

FABRIZIO Eugenia, che cos'è stato? è venuto male al signor Fulgenzio?

EUGENIA Mi par di sì, domandatelo a lui.

FABRIZIO Vi è venuto qualche male, signore? (*a Fulgenzio*)

FULGENZIO Sì, certo, mi è venuto un giramento di capo: non avete osservato, ch'io era caduto in terra? (Non sappia, ch'io mi gettava ai piedi della nipote.) (*da sé*)

EUGENIA (Si scusa per cagione della cognata.) (*da sé*)

FABRIZIO Ora, come vi sentite?

FULGENZIO Un poco meglio.

FABRIZIO Aspettate, che vi voglio guarir del tutto. Vado a prendere un maraviglioso, stupendo arcano del famosissimo, magnificentissimo Cosmopolita.[2] (*parte*)

Scena quindicesima *Eugenia, Clorinda e Fulgenzio.*

CLORINDA Scusate, signora Eugenia, se son venuta a recarvi incomodo.[3] Il signor Fabrizio, a forza di buone grazie, mi ha, posso dir, violentata.

EUGENIA In fatti, senza una violenza non si potevano sperar queste buone grazie.

FULGENZIO (Oh cieli! prevedo qualche nuovo disastro.) (*da sé*)

CLORINDA Voi mi mortificate, signora. Sapete che ho per voi quella stima e quel rispetto che meritate; ma dacché partì mio marito, non sono uscita di casa.

1 *atto*: posizione.
2 *Cosmopolita*: era un famoso ciarlatano dell'epoca.
3 *a recarvi incomodo*: a disturbarvi.

EUGENIA Né anche la sera?

CLORINDA Ah sì, una sera con mio cognato; ve l'ha egli detto?

EUGENIA Oh, non mi ha detto niente. Egli non mi usa simili confidenze.

CLORINDA Male, signor cognato; quando si ama, si dice tutto.

EUGENIA Che ha il signor Fulgenzio, che è ammutolito?

FULGENZIO Niente, signora. (Cielo, aiutami.) (*da sé*)

EUGENIA Fa così in casa, signora Clorinda?

CLORINDA No, per dirla; è piuttosto gioviale.

EUGENIA Sì, non è accigliato, se non quando viene da me. Qui è dove gli si promove la malinconia.

FULGENZIO Signora, non potete dire che sia stato sempre così.

EUGENIA È vero, è da poco tempo; da che vi sono diventata noiosa.

CLORINDA Eppure mi parla sempre di voi con un amore grandissimo. (*ad Eugenia*)

EUGENIA Gioca in casa il signor Fulgenzio? (*a Clorinda*)

CLORINDA Sì, qualche volta.

EUGENIA E da me grida, bestemmia; tira fuori i coltelli. (Dove è andato quel maladetto coltello, che glielo voglio rendere or ora.) (*mostra di cercar il coltello*)

CLORINDA (Perché le fate di queste scene?) (*piano a Fulgenzio*)

FULGENZIO Perché, perché... Ora non posso parlare. (*guardandosi da Eugenia*)

EUGENIA Che cosa sono questi segreti? Se avete dei segreti, non avete tempo di comunicarveli in casa? Anche qui venite a fare *ci ci*?[1] Questo è un volere provocare la mia sofferenza.[2] (*parte*)

CLORINDA Che vuol dire questo discorso? (*a Fulgenzio*)

FULGENZIO Eh, sia maladetto quando siete venuta qui. (*corre dietro ad Eugenia*)

CLORINDA Che modo è questo? Mio cognato mi perde il rispetto? Che Eugenia sia gelosa di me? Sarebbe un insulto[3] troppo grave al decoro mio. Fortuna che non è lontano l'arrivo di mio consorte. Che fo? resto, o men vado? La prudenza insegna dissimulare. Saprò farlo col padrone di questa casa, ma non con quell'incivile di mio cognato. (*parte*)

1 *a fare « ci ci »*: a corteggiarvi amorosamente.
2 *sofferenza*: pazienza.
3 *insulto*: offesa.

Scena prima *Lisetta e Tognino.*

LISETTA Ma che desinare arrabbiato è stato quello di questa mattina!

TOGNINO Io non ne saprei indovinare il perché.

LISETTA Qualche briga[1] vi è stata fra la signora Clorinda e il signor Fulgenzio.

TOGNINO La mia padrona è di temperamento quieto e pacifico. Non vi è mai stato che dire con suo marito; e con suo cognato si amavano come fratelli.

LISETTA E quest'amore innocente e questa loro buona corrispondenza è quella che fa delirar la signora Eugenia.

TOGNINO Me ne sono avveduto questa mattina, quando ella mi ha tirato giù per saper quel che fanno e quel che non fanno. Io ho parlato alla buona, non credendo mai che fosse gelosa di una cognata.

LISETTA Non è vero che sia gelosa.

TOGNINO E che cos'è dunque?

LISETTA È puntigliosa. Non le dispiacciono le attenzioni che usa il signor Fulgenzio alla signora Clorinda, perché li dubiti innamorati, ma perché vorrebbe essere ella sola servita, corteggiata, distinta, e non soffre[2] che l'amante usi una menoma attenzione a qual si sia persona di questo mondo. Lo vorrebbe sempre qui, lo vorrebbe sempre con lei. Crede che la premura per la cognata distragga il signor Fulgenzio dall'assiduità di servirla; s'immagina che gli possano insinuare delle massime[3] poco a lei favorevoli. Sa di aver poca dote. Ha sdegno che la signora Clorinda abbia portato in casa

1 *briga*: lite.
2 *non soffre*: non tollera.
3 *massime*: consigli, giudizi.

seimila scudi. Dubita che il signor Fulgenzio la stimi e la veneri anche per questo, e che concepisca dell'avversione alla di lei povertà. Noi donne, se nol sapete, siamo per solito ambiziosette. Abbiamo a sdegno quelle che sono, o quelle che possono più di noi. Ogni una vorrebbe essere la sola stimata, la sola riverita ed amata, da colui specialmente che si è dichiarato per lei, e ogni cosa le fa ombra; e chi più, e chi meno, dubita, sospetta, s'inquieta. Ed ecco le fonti donde derivano le smanie[1] della padrona: ámore, timore, vanità e sospetto.

TOGNINO E quale di queste passioni nel cuore della signora Eugenia è la dominante?

LISETTA Oh l'amore, l'amore. Se non amasse tanto, non sarebbe né sospettosa, né sofistica a questo segno. La vanità di essere la distinta, provien dall'amore: che importerebbe a lei che il signor Fulgenzio facesse la corte alla cognata, se non avesse per lui della tenerezza, e se non credesse di essere amata?

TOGNINO Ma quando termineranno questi loro deliri?

LISETTA Subito che il signor Fulgenzio l'avrà sposata.

TOGNINO E perché non la sposa?

LISETTA Intesi dire che non lo fa, se non torna il di lui fratello.

TOGNINO Io credo che debba essere qui a momenti. Una lettera venuta questa mattina, mi pare lo faccia poco lontano.

LISETTA Voglia il cielo che finiscano di penare. Vi assicuro, che delle stravaganze della signora Eugenia ne risento anch'io la mia parte.

TOGNINO Parmi sentir del rumore di là dove mangiano.

LISETTA Sono alle bottiglie. Avranno gli spiriti in moto.

TOGNINO Ho curiosità[2] di sentire. Sempre mi trema il cuore per il mio padrone.

LISETTA Aspettate. Senza che andiamo di là, da questa porta si può rilevar[3] qualche cosa. (*va alla porta, e guarda per il buco della chiave*)

TOGNINO (È un po' troppo caldo il padrone.) (*da sé*)

1 *smanie*: ansie bizzarre.
2 *Ho curiosità*: sono curioso.
3 *rilevar*: vedere con qualche impegno, con qualche sforzo.

LISETTA Oh diancine! non sono in allegria, no. Ho sentito delle parole di sdegno. (*a Tognino, scostandosi dalla porta*)

TOGNINO Lasciate che senta. (*si accosta alla porta*)

LISETTA Guardate per il buco della chiave. (*a Tognino*) (Dubito che non voglia finir bene.) (*da sé*)

TOGNINO Vi sono de' guai. La mia padrona piange. (*scostandosi*)

LISETTA Piange la signora Clorinda? (*corre a vedere alla porta*)

TOGNINO (Quella buona signora non merita queste afflizioni.) (*da sé*)

LISETTA Il signor Fabrizio è in collera; ha gettato via la salvietta, e si è partito[1] di tavola. (*stando presso la porta*)

TOGNINO E il mio padrone che cosa fa?

LISETTA Aspettate. (*guarda*)

TOGNINO (Dubito di qualche gran precipizio.) (*da sé*)

LISETTA È sdraiato sopra la tavola, colla testa cacciata[2] fra le braccia. Ho veduto che il signor Ridolfo gli parla, ma egli non gli risponde.

TOGNINO Lasciatemi un po' vedere. (*si accosta alla porta*)

LISETTA Sì, soddisfatevi. (*si ritira dalla porta*)

TOGNINO (Non vorrei né meno conoscerlo, non che essere al suo servizio. Mi fa compassione.) (*da sé, guarda*)

LISETTA (Certo, se durano a far questa vita, io non ci sto.) (*da sé*)

TOGNINO La signora Eugenia è balzata in piedi. (*a Lisetta*)

LISETTA Lasciate vedere. (*corre alla porta, e guarda*)

TOGNINO Che cosa fa? (*con ansietà*)

LISETTA Se ne va via. (*osserva*)

TOGNINO E la mia padrona?

LISETTA Si asciuga gli occhi. (*osserva*)

TOGNINO E il padrone?

LISETTA Non si move. (*osserva*)

TOGNINO E la signora Flamminia?

LISETTA Par che pianga ella pure. (*osserva*)

TOGNINO E quel forastiere?

LISETTA Prende tabacco,[3] e non parla. (*osserva*)

1 *si è partito*: si è alzato e se ne è andato.
2 *cacciata*: chiusa, serrata.
3 *Prende tabacco*: prende delle porzioni dalla tabacchiera.

Scena seconda *Eugenia e detti.*

EUGENIA Che fate lì a quella porta?
LISETTA Niente, signora. (*Lisetta e Tognino si spaventano*)
EUGENIA Andate via.
LISETTA Perdoni. (*ad Eugenia*)
TOGNINO Compatisca. (*ad Eugenia*)
EUGENIA Levatevi di qui, vi dico.
LISETTA (Oh, le fuma il capo[1] davvero.) (*da sé, e parte*)
TOGNINO (Povero padrone! Voglio vedere se ha bisogno di nulla.) (*da sé, e parte*)

Scena terza *Eugenia sola.*

EUGENIA (*Ponendosi a sedere con isdegno*) No, non voglio più far questa vita. Se tirerò innanzi così, diverrò tisica, morirò disperata. Veggo da me medesima, che di giorno in giorno mi vo dimagrando; e per chi? Per un ingrato. Non serve dire:[2] Fulgenzio è un ingrato. Ha sempre finto volermi bene, ma non me ne ha mai voluto. Nelle occasioni si conosce chi ama. Se avesse per me quella premura che dovrebbe avere, cosa gl'importerebbe disgustar per me la cognata? Oh! gliel'ha raccomandata il fratello. Il fratello è fratello, e l'amante è amante; e se ho d'amare, voglio essere amata, e chi mi ama ha da scordarsi d'ogni altro affetto. Ma è impossibile, mi dirà taluno, trovar un uomo come tu vorresti. Bene, se non c'è, non m'importa. Andrò in un ritiro;[3] andrò lontana dal mondo. Già il signor Fulgenzio è annoiato di me, ed ha ragione di esserlo, perché sono assai delicata.[4] Si è pacificato più volte; si è umiliato; mi ha domandato perdono, non vorrà più farlo, ed io non voglio esser la prima. È meglio così. Ho risolto; voglio andarmi a chiudere in un ritiro. Sarà contento; non mi vedrà più. Avrà finito di essere tor-

1 *le fuma il capo*: è adirata, è in collera.
2 *Non serve dire*: non serve negare, è proprio vero.
3 *ritiro*: convento.
4 *delicata*: sensibile, suscettibile.

mentato. Servirà la cognata; troverà un'altra amante; si mariterà. (*a poco a poco si dispone a piangere*)

Scena quarta *Flamminia e la suddetta.*

FLAMMINIA Che fate qui da voi sola?

EUGENIA Niente. (*nascondendo le lagrime*)

FLAMMINIA Eh via, finiamola.

EUGENIA Lasciatemi stare. (*come sopra*)

FLAMMINIA Pare lo facciate apposta, perché il signor Fulgenzio si stanchi, e vi perda l'amore.

EUGENIA Che importa a me del suo amore?

FLAMMINIA Eh via. Si sa che vi preme.

EUGENIA No davvero, non ci penso più.

FLAMMINIA È quella maladetta bile, che vi fa parlare così.

EUGENIA Aspettate domani, e vedrete se è bile, o cos'è.

FLAMMINIA E che cosa volete fare domani?

EUGENIA Voglio ritirarmi dal mondo.

FLAMMINIA Sì, sì, dormiteci sopra, e non sarà altro.[1]

EUGENIA Sorella, voi ancora non mi conoscete.

FLAMMINIA Vi conosco pur troppo. (*un poco alterata*)

EUGENIA Sono irragionevole, è vero? (*sdegnata*)

FLAMMINIA Avete delle ore buone, ma altresì delle ore molto cattive.

EUGENIA Ora sono nelle ore pessime. Lasciatemi stare. (*come sopra*)

FLAMMINIA Nostro zio è fuori di sé.

EUGENIA Che gli ho fatto io?

FLAMMINIA Che cosa avete fatto alla signora Clorinda?

EUGENIA Già tutti proteggono quella gran dama. Io sono il cane del macellaio: ossa e busse.

FLAMMINIA Dovevate portar rispetto al padrone di casa, che l'ha invitata.

EUGENIA Ma che cosa le ho fatto?

FLAMMINIA Che lo so io?[2] È venuta a tavola colle lagrime agli occhi.

1 *non sarà altro*: venezianismo: e tutto passerà.
2 *Che lo so io?*: dovrei saperlo io?

EUGENIA Oh! sapete perché è venuta colle lagrime agli occhi? Perché ha trovato qui suo cognato.

FLAMMINIA Io so che si è doluta[1] molto di lui, e dice che le ha perduto il[2] rispetto.

EUGENIA Sì, ha ragione; pretende che non si parta da lei, che stia seco a pranzo, a farle fresco su la minestra, se scotta; se non lo fa, dice che le perde il rispetto.

FLAMMINIA Questa finalmente[3] è una cosa che dee durar poco.

EUGENIA Come poco?

FLAMMINIA Se vien suo consorte, il signor Fulgenzio ha finito.

EUGENIA E quando verrà questo suo consorte?

FLAMMINIA Ho inteso dire, che l'aspettano oggi.

EUGENIA Oggi? (*un poco placata*)

FLAMMINIA Così disse la signora Clorinda.

EUGENIA Eh sì! se tornerà suo marito, non seguitéranno a convivere insieme? (*alterata*)

FLAMMINIA Può esser di no. Se il signor Fulgenzio vi sposa, non sarà cosa illecita che lo preghiate di metter casa da sé.

EUGENIA La metterebbe poi? (*placata*)

FLAMMINIA Son persuasa di sì. Sapete che non vi sa negar cosa alcuna.

EUGENIA Guardate la bella premura che ha di me. Si move per venirmi a vedere? Sa staccarsi un momento dalla cognata?

FLAMMINIA Eccolo, eccolo, ch'egli viene.

EUGENIA Non gli dite niente, ch'io aveva risolto[4] d'abbandonarlo.

FLAMMINIA Io non fo di queste pazzie.

EUGENIA Vien molto adagio. Sarà sdegnato.

FLAMMINIA Parlategli con umiltà.

EUGENIA Ho da pregarlo? Oh questo poi no.

FLAMMINIA L'ha fatto egli tante volte con noi.

EUGENIA Basta. Se sperassi che le cose andassero come dite voi; e se veramente mi volesse bene...

1 *si è doluta*: è dispiaciuta, si è lamentata.
2 *perduto il...*: mancato di...
3 *finalmente*: insomma.
4 *risolto*: deciso.

FLAMMINIA Se non vi amasse, non verrebbe qui...
EUGENIA Zitto, zitto. Sentiamo che cosa dice.

Scena quinta *Fulgenzio e dette.*

FULGENZIO Signora Eugenia, mi permetterete ch'io vi dica una cosa, da voi forse non preveduta. Ho piacere che vi si trovi [1] la signora Flamminia.

FLAMMINIA (Oh, vi è del male. Non l'ho mai più veduto così burbero, come ora.) (*da sé*)

EUGENIA (Che sì, che vuol fare il bravo. [2]) (*da sé*)

FULGENZIO Voi sapete ch'io vi amo, ma sapete altresì ch'io sono un uomo d'onore. (*ad Eugenia*)

EUGENIA Io non so nessuna di queste cose.

FULGENZIO Come! mettereste in dubbio la mia onoratezza?

FLAMMINIA Non le badate, signor Fulgenzio. Io la conosco questa mozzina,[3] lo dice apposta per farvi arrabbiare.

FULGENZIO La signora Eugenia può dir quel che vuole; può burlarsi di me, può deridermi, può insultarmi, ma non mi può intaccar nell'onore.

EUGENIA Se fossi un uomo, mi sfiderebbe alla spada.

FULGENZIO Felice voi, che potete scherzare. Nello stato in cui mi trovo, non fo poco, se ho tanto fiato da poter parlare. L'amor che ho per voi è arrivato all'eccesso, è arrivato a farmi perdere la ragione, son divenuto brutale, nemico degli uomini e di me stesso. Ma tutto questo sarebbe poco, se non mi facesse essere indiscreto, incivile, e quel ch'è peggio, ingrato al mio sangue e sprezzatore del decoro della famiglia. Che dirà di me mio fratello? che dirà egli, quando saprà che per cagion vostra ho perduto il rispetto alla di lui moglie?

EUGENIA Oh oh, ecco qui, ecco qui donde derivano le smanie del signor Fulgenzio! Ecco lo sforzo [4] della delicatezza d'onore! Ha detto una parola torta [5] alla dilettissima sua co-

1 *vi si trovi*: ci sia.
2 *bravo*: audace, forte.
3 *mozzina*: astuta.
4 *lo sforzo*: la preoccupazione.
5 *torta*: sgarbata, scortese.

gnata. Ha commesso un error grandissimo. Si sente morire d'averlo fatto. Bisogna rendere soddisfazione a questa illustre signora. Volete che vada io a domandarle scusa per voi?

FLAMMINIA Che manieraccia è questa? Lo voglio dire al signore zio. (*ad Eugenia*) Per l'amor del cielo, signor Fulgenzio, non le badate.

FULGENZIO Non mettete in ridicolo una cosa seria. (*ad Eugenia*)

EUGENIA Io voglio ridere quanto mi pare.

FULGENZIO Ridete pure a vostro talento. La vostra ilarità in un caso simile dipende, o da poco amore, o, compatitemi, da poca ragione.

EUGENIA Sì, sono una pazza. Non lo sapete?

FULGENZIO No signora; sapete esser saggia, quando volete.

EUGENIA Ma questa volta son pazza. Ditelo liberamente.

FLAMMINIA Se non lo dice egli, lo dirò io.

EUGENIA Voi non c'entrate, signora. (*a Flamminia*)

FLAMMINIA Meritereste che tutti vi abbandonassero.

EUGENIA Basta che non mi abbandoni il cielo.

FLAMMINIA Il cielo non assiste a chi ha massime come le vostre.

EUGENIA Che? sono una bestia io? non merito l'assistenza del cielo?

FLAMMINIA L'ingratitudine è odiosa agli uomini e ai numi. Voi trattate [1] male con chi vi ama; cercate di affliggere le persone innocenti; odiate chi vi consiglia al bene; tradite voi stessa; calpestate i doni del cielo: e non arrossite di voi medesima?

FULGENZIO Via, signora Flamminia, non l'affliggete d'avvantaggio. Io non ho cuore di vederla mortificata. Eugenia è assai ragionevole per conoscere da se stessa i trasporti della passione. Sono stato io più debole e più mentecatto di lei, doveva conoscere il peso delle sue parole, compatirla e dissimulare. La collera mi ha trasportato. Ella non mi ha sforzato [2] a insultar mia cognata; sono stato io l'incauto, il malaccorto, il furente. Eugenia mi ama, ed è per amore gelosa.

EUGENIA Io non sono gelosa di vostra cognata.

FULGENZIO Lo so: è uno sdegno da voi concepito per timore

1 *trattate*: vi comportate.
2 *sforzato*: spinto.

di non essere preferita; ma, cara Eugenia, disingannatevi; vi amo e vi stimo sopra tutte le cose di questo mondo.

FLAMMINIA (Parla in una maniera, che farebbe intenerire i sassi. Possibile ch'ella voglia essere così caparbia.) (*da sé*)

EUGENIA Se conoscete dunque il motivo delle mie inquietudini, perché non cercate la via[1] di rendermi consolata? (*a Fulgenzio*)

FULGENZIO Sì, cara, vi chiedo scusa della poca attenzione che avessi avuta per voi; cercherò in avvenire di meglio meritarmi l'affetto vostro; e spero vicino il tempo di potervi dare la più vera testimonianza dell'amor mio.

EUGENIA Sarebbe tempo che il mio cuor respirasse.

FLAMMINIA Abbiate giudizio. Se siete in pace, sappiateci stare.

FULGENZIO Eugenia carissima, voi mi avete da accordare una grazia.

EUGENIA Non siete voi padrone di comandarmi?

FULGENZIO Me l'avete da far con buon animo.

EUGENIA Se non desidero che compiacervi!

FULGENZIO Mi avete a permettere, ch'io possa ricondurre mia cognata alla propria casa.

EUGENIA Se qui l'ha condotta il signor zio, perché non può egli restituirla[2] dove l'ha presa?

FULGENZIO Il signor Fabrizio è sdegnato; non si lascia vedere; e poi aspettasi mio fratello, e non ho piacere che trovi in casa degli sconcerti.[3]

EUGENIA Sì, sì, avete ragione. Accompagnatela pure. (*dissimulando*)

FULGENZIO Me lo dite di cuore?

EUGENIA Anzi.[4]

FULGENZIO Ho paura che vogliate dissimulare, e che dentro di voi non siate contenta.

FLAMMINIA Che volete voi sottilizzar d'avvantaggio? È una cosa giusta; lo conosce, e l'accorda. Fate quest'atto di onestà, di dovere, e poi subito tornate qui. (*a Fulgenzio*)

EUGENIA No, no, che non s'incomodi a ritornare.

1 *la via*: la maniera.
2 *restituirla*: ricondurla.
3 *sconcerti*: disordini.
4 *Anzi*: senz'altro.

FULGENZIO La sentite, signora Flamminia?

FLAMMINIA Ho sentito tanto che basta, e non ne voglio sentire di più. (Le caccierei la testa nel muro.) (*da sé, e parte*)

Scena sesta *Fulgenzio ed Eugenia.*

FULGENZIO Questa è la grazia che avete promesso accordarmi?

EUGENIA Io non v'impedisco che la conduciate.[1]

FULGENZIO Ma con malanimo.

EUGENIA Non dovete badare all'animo mio; basta che soddisfacciate al vostro.

FULGENZIO Io non sono portato per altro che per l'adempimento del mio dovere.

EUGENIA Adempitelo.

FULGENZIO Sì, in ogni maniera l'adempirò. Posso tutto sagrificarvi fuor che l'onore di me e della mia famiglia. Se quest'atto del mio dovere mi ha da costare la perdita dell'amor vostro, ne verrà in conseguenza il fine[2] della mia vita, ma non per questo un uomo d'onore dee preferire al decoro la sua passione.

EUGENIA Fatemi almeno un piacere.

FULGENZIO Oh cielo! comandatemi.

EUGENIA Andate, finitela, e non mi tormentate di più.

FULGENZIO E ho da lasciarvi qui in questo stato?

EUGENIA Un uomo d'onore non ha da preferire la passione al decoro. Ma che dico io di passione? Andate, andate, che mi sono abbastanza disingannata.

FULGENZIO Ah nemica della ragione, nemica di me e di voi medesima!

EUGENIA Avvertite[3] che insolenze io non ne voglio soffrire.

FULGENZIO Farò una risoluzione[4] da disperato.

1 *conduciate*: accompagnate.
2 *il fine*: la fine.
3 *Avvertite*: badate.
4 *Farò una risoluzione*: prenderò una decisione.

Scena settima *Ridolfo e detti.*

RIDOLFO Amico, una parola.

FULGENZIO Ah Ridolfo, soccorretemi per carità!

EUGENIA Soccorretelo quel povero sfortunato. Levatelo [1] dalla presenza di una irragionevole, di una ingrata. (*a Ridolfo*)

RIDOLFO Perdonatemi, signora, s'io vi dispiaccio. Mi preme l'onor dell'amico. La signora Clorinda ha risolto di partir sola. Ricusa la mia compagnia, ricusa ogni altro, se non la riconduce il cognato.

EUGENIA E perché non va egli a servirla? È un'ora che glielo dico; ed egli persiste ad importunarmi.

RIDOLFO Via dunque, rammentatevi del fratello, e fate il vostro dovere. (*a Fulgenzio*)

EUGENIA Più che [2] restate qui, e più mi recate noia. (*a Fulgenzio*)

FULGENZIO Andiamo. (*a Ridolfo, sdegnoso contro Eugenia*)

RIDOLFO Ogni onestà lo richiede. (*a Fulgenzio*)

FULGENZIO Sì, andiamo. (*smanioso e incerto*)

RIDOLFO Ma se ve lo dice ella stessa. (*a Fulgenzio, accennando Eugenia*)

FULGENZIO Sì, vi dico; andiamo. (*come sopra*)

RIDOLFO Compatitelo, signora Eugenia.

FULGENZIO Barbara! [3] (*ad Eugenia, fremendo*)

EUGENIA Sono stanca.

FULGENZIO Ingrata! (*come sopra*)

EUGENIA O andate voi, o vado io.

FULGENZIO Andrò io, maladetta! (*parte correndo*)

RIDOLFO Compatitelo. (*ad Eugenia*)

EUGENIA Andate, andate con lui. (*sdegnosa*)

RIDOLFO Siete sdegnata meco?

EUGENIA Andate, signor protettore. (*come sopra*)

RIDOLFO Protettore di chi?

EUGENIA Della parentela.

RIDOLFO Vi compatisco, perché siete una donna. (*parte*)

1 *Levatelo*: sollevatelo.
2 *Più che*: il *che* è un pleonasmo veneziano.
3 *Barbana!*: qui sta per crudele, selvaggia.

Scena ottava *Eugenia sola.*

EUGENIA Sia ringraziato il cielo, sarà finita. È meglio così. Già se Fulgenzio fosse mio sposo, non avrei un'ora di bene; e s'ei lo facesse, lo farebbe per forza. Si vede chiaro che non mi ama. Ed io sarei stolida,[1] se volessi amarlo. Quest'angustia di cuore, che ora mi sento, non è amore, è sdegno. Sdegno non già perché il perfido mi abbandoni, ma ira contro me stessa per avergli creduto. E sarò così sciocca di andarmi a chiudere in un ritiro per la perdita di un ingrato? Darò a lui questa soddisfazione, acciò[2] se ne vanti, e vada raccontando agli amici la mia disperazione, come un trionfo della sua perfidia? No, non fia vero; vada egli, ed ammiri la mia costanza. Ma quale costanza, se mi sento morire?

Scena nona *Fabrizio, Roberto e detta.*

FABRIZIO Cospetto di bacco! chi sono io in questa casa? Sono il padrone, o sono qualche stivale?

EUGENIA Con chi l'avete, signore zio?

FABRIZIO L'ho con voi, sciocca.

EUGENIA Con me?

FABRIZIO Sì, con voi. Io sono il padrone; e non ci sono in questa casa altri padroni che io; e una nipote, che dipende da me, non dee far all'amore, senza che io lo sappia; e molto meno parlare di maritarsi. Insolente!

EUGENIA (Or ora mi sente, con queste sue baggianate.) (*da sé*)

ROBERTO Signore, non la mortificate così. (*a Fabrizio*)

FABRIZIO La vede, signor Conte? Questa è la più stolida ragazza di questo mondo. Non sa che si faccia, non sa che si dica; non è buona da nulla; e parla di maritarsi.

EUGENIA (Non vorrei che mi tirasse a cimento.[3]) (*da sé*)

ROBERTO Ma voi, signore, me l'avete pure lodata, avete pur detto che non c'è in tutto il mondo una giovane come lei.

1 *stolida*: pazza.
2 *acciò*: perché.
3 *Non vorrei... a cimento*: non vorrei che mi provocasse.

FABRIZIO Mi disdico di[1] quel che ho detto. È una sciocca, è una frasca, è un'impertinente.

EUGENIA Signor Conte, siccome non avrete dato fede all'elogio, spero non crederete al biasimo[2] con cui vorrebbe discreditarmi.

ROBERTO Tant'è vero ch'io non lo credo, che se mai per avventura accadesser di que' casi da me previsti, non avrei alcuna difficoltà ad offerirvi la mano.

FABRIZIO Come? il signor Conte si degnerebbe di sposar mia nipote?

ROBERTO Sì, certo, e mi chiamerei felice, se avessi la sorte di conseguirla.[3]

FABRIZIO Ah nipote, questa sarebbe per voi una gran fortuna, e per me una gloria immortale. Il signor conte d'Otricoli, cavaliere sublime, illibato, celebre, dovizioso, rampollo illustre di eccelsi progenitori, il fiore della nobiltà, l'esempio della onoratezza, il prototipo della vera cavalleria! Felice voi, felice me, felice la nostra casa! Dice davvero? *(al Conte)*

ROBERTO Io non ho tutti i pregi dei quali mi caricate: ma vanto quello della sincerità; e ve lo dico di core.

FABRIZIO Senta, signore, la collera fa dire delle pazzie; per altro Eugenia è un portento: fa invidia a tutte le donne, è una gioia, è un incanto. Sa di tutto, sa far di tutto, ha una mente chiarissima, ha un cuor bellissimo: saggia, morigerata, obbediente. Ha tutte le buone parti immaginabili della bontà.

ROBERTO Credo tutto, ma ella ha il cuor prevenuto per altro amante.

FABRIZIO Siete voi impazzita per il signor Fulgenzio? per quello stolido? per quell'ignorante? uomo vile, indegno della mia casa, spiantato, vagabondo, plebeo?

EUGENIA Signore, non vi ricordate voi d'averlo lodato?

FABRIZIO Che lodare! che lodare! io non fo conto di quella sorta di gente. In casa mia non ci verrà più. E se voi ardirete d'amarlo...

1 *Mi disdico di*: mi smentisco su...
2 *al biasimo*: alle parole vergognose.
3 *conseguirla*: ottenerla.

EUGENIA Acchetatevi, che già è finita. Fulgenzio è da me licenziato.

FABRIZIO Oh brava! Sente, signor Conte? Queste si chiamano donne. Questo è pensar giusto, pensar con prudenza.

ROBERTO Signora Eugenia, sarebbe per avventura venuto il caso?

EUGENIA (Ah, una vendetta sarebbe pure opportuna.) (*da sé*)

FABRIZIO Via, risolvete. In un momento potete diventare una gran dama, una gran signora, una principessa.

ROBERTO Non tanto, signora. Ma uno stato comodo non vi mancherà. (*ad Eugenia*)

EUGENIA (Quand'è fatta, è fatta. Può essere che quell'ingrato frema, e si disperi, e si penta, quando mi avrà perduta.) (*da sé*)

FABRIZIO Via. Cuor mio, risolvete. (*ad Eugenia*)

EUGENIA Signore, disponete di me. (*a Fabrizio*)

FABRIZIO Oh bocca d'oro! l'avete sentita? (*al Conte*)

ROBERTO Tocca a voi a terminare di consolarmi. (*a Fabrizio*)

FABRIZIO Per me ve l'accordo subito, in questo momento.

ROBERTO (Signore, vostra nipote vale un tesoro; ma le convenienze[1] della mia casa esigono qualche dote.) (*piano a Fabrizio*)

FABRIZIO (Dote!) (*a Roberto, con maraviglia*)

ROBERTO La volete maritar senza dote?

FABRIZIO (Ho sempre che fare con degli spiantati.) (*da sé*)

EUGENIA Signore, la mia dote ci deve essere. Me l'ha lasciata mio padre, e mio zio non la può negare.

FABRIZIO Bisogna vedere se il signor Conte la può assicurare.[2]

EUGENIA Un cavalier così ricco? (*a Fabrizio*)

FABRIZIO Ricco! ricco! che so io, se sia ricco?

ROBERTO Fareste meglio, signore, a esaltar meno le persone non conosciute, e a risparmiare gl'insulti ai cavalieri onorati. Voi mi avete promesso vostra nipote; ella v'ha acconsentito. Penserò io a farmi render giustizia. (*parte*)

1 *convenienze*: esigenze finanziarie.
2 *la può assicurare*: la può garantire con il suo patrimonio.

Scena decima *Fabrizio ed Eugenia.*

FABRIZIO Orsù, io non voglio impegni.[1] Ho data la parola, converrà mantenerla. (*ad Eugenia*)

EUGENIA Ma signore...

FABRIZIO Non c'è altro signore; converrà ch'io trovi la dote, e voi lo dovete sposare. (*parte*)

Scena undicesima *Eugenia sola.*

EUGENIA Povera me! cosa ho fatto? Ma ho fatto bene. Fulgenzio mi veda sposa, e crepi di gelosia. So che viverò poco, ché già a quest'ora mi principia a rodere il verme[2] di una patetica disperazione; ma prima di morire, avrò la consolazione di vederlo fremere e delirare. Fremere e delirare? perché? Se non ha per me quell'amore ch'io mi credeva, di che ha da fremere e delirare? Stolta ch'io sono; riderà piuttosto, se crederà ch'io mi sia legata altrui per isdegno.[3] Farò forza a me stessa, cercherò che il Conte mi piaccia; imiterò l'indifferenza di quel perfido, di quel disumano... Oh cieli! eccolo. A che viene a tormentarmi l'indegno? Non posso reggere a quella vista. Sarà meglio ch'io mi allontani. (*in atto di partire*)

Scena dodicesima *Fulgenzio e detta.*

FULGENZIO Fermatevi, signora Eugenia.

EUGENIA Che pretendete da me? (*con isdegno*)

FULGENZIO Ascoltatemi per carità.

EUGENIA L'avete servita la signora Clorinda? (*con ironia*)

FULGENZIO No, non è ancora partita.

EUGENIA E che fa in casa mia? Perché non l'accompagnate? (*con isdegno*)

FULGENZIO Finito ho l'obbligo di servirla, terminato ho l'incarico d'accompagnarla.

EUGENIA E perché? (*sostenuta*)

FULGENZIO Perché è giunto in Milano il di lei consorte.

1 *non voglio impegni*: sott.: che non abbia onorato.
2 *mi principia... verme*: comincia ad assillarmi il tarlo.
3 *per isdegno*: solo perché sdegnata con lui.

EUGENIA È arrivato il signor Anselmo? (*meno sostenuta*)

FULGENZIO Sì, è arrivato poc'anzi. Non ritrovò in casa la sposa. Seppe dov'era; è venuto egli stesso a vederla, ad abbracciarla. Fa ora i suoi convenevoli col signor Fabrizio e colla signora Flamminia. Chiese di voi; le fu risposto che siete in camera ritirata; e parte a momenti accompagnata dal caro sposo.

EUGENIA E voi? (*patetica*)

FULGENZIO Resterò qui, se mel concedete.

EUGENIA Non volete essere col fratello a discorrere degli affari vostri?

FULGENZIO In due parole ho seco lui trattato, e concluso il maggior affare che mi premesse.

EUGENIA Cioè gli avrete reso conto della custodia, in cui gli teneste la sposa.

FULGENZIO No, ingrata. Gli palesai l'amor mio: gli spiegai la brama di avervi in moglie. Il mio caro fratello me l'accorda placidamente; mi esibisce [1] poter condurre la moglie in casa. È pronto dividere, s'io lo voglio, l'abitazione e le facoltà.[2] Mi ama tanto, ché nulla seppe negarmi, e permettetemi ch'io lo dica, se il zio non vi può dar dote, brama ch'io sia contento, e non avrà per voi meno stima e meno rispetto.

EUGENIA (Ah incauta! ah ingrata! perché impegnarmi col Conte?) (*smaniosa e piangente*)

FULGENZIO Oh stelle! così accogliete una nuova, che mi lusingai dovesse rendervi consolata? Ardireste voi paventare,[3] ch'io frequentassi con passione mia cognata? Non fate a lei, non fate a me un sì gran torto. Pure, se l'impressione nell'animo vostro non può per ora scancellarsi, vi prometto, vi giuro di non trattarla,[4] di non vederla mai più.

EUGENIA Povera me! son morta. (*si abbandona sopra una sedia*)

FULGENZIO Eugenia, che cosa è questa?

EUGENIA Ah sì, Fulgenzio, maltrattatemi, disprezzatemi, che avete giusta ragion di farlo.

FULGENZIO No, cara, voglio amarvi teneramente.

1 *mi esibisce*: mi permette.
2 *le facoltà*: i beni.
3 *paventare*: temere; ma qui vale: sospettare.
4 *trattarla*: frequentarla.

EUGENIA Non merito l'amor vostro.

FULGENZIO Voi sarete la mia cara sposa.

EUGENIA No, non deggio esserlo; abbandonatemi.

FULGENZIO Non dovete esserlo? Anima mia, perché mai?

EUGENIA Perché ad altri ho data la mia parola.

FULGENZIO E a chi? (*tremante*)

EUGENIA Al conte Roberto.

FULGENZIO Quando?

EUGENIA Poc'anzi.

FULGENZIO E perché?

EUGENIA Per vendetta.

FULGENZIO Contro di chi vendetta?

EUGENIA Contro di me medesima; contro il mio cuore, contro la mia colpevole debolezza. Oimè, mi sento morire. (*si copre col fazzoletto e resta così*)

FULGENZIO Ah perfida! ah disleale! quest'è l'amore? questa è la fedeltà? No, che non aveste amore per me. Furono sempre finti i vostri sospiri. Mendaci [1] sono ora le vostre smanie. Me ne sono avveduto della vostra inclinazione [2] pel mio rivale. Erano pretesti per istancarmi le gelosie mal fondate, i sospetti ingiuriosi, le invettive e gl'insulti. Godi, o barbara, della mia disperazione, trionfa della mia buona fede, deridi un misero che per te more, ma trema della giustizia del cielo. Ti lascio in preda del tuo rossore; parlino per me i tuoi rimorsi; e per ultimo dono di chi tu sprezzi, assicurati [3] di non vedermi mai più. (*in atto di partire*)

EUGENIA (*Svenuta cade sopra una sedia vicina*)

FULGENZIO (*Sentendo strepito si volta*) Oimè; che è questo? Eugenia, Eugenia, aiuto, soccorso!

Scena tredicesima *Flamminia, Lisetta e detti.*

FLAMMINIA Che cos'è?

LISETTA Cos'è stato?

FULGENZIO Soccorretela.

FLAMMINIA Sorella.

1 *Mendaci*: false, bugiarde.
2 *inclinazione*: tenera simpatia.
3 *assicurati*: sta' certa.

LISETTA Signora padrona. (*l'alzano, e la rimettono sulla sedia*)

FULGENZIO (Ah! se non mi amasse... Ma oh cieli! potrebbe fingere? E perché fingere, se non mi amasse?)

LISETTA Via, via, è rinvenuta.

FLAMMINIA Ah, sorella mia, ve l'ho detto. Siete nemica di voi medesima.

EUGENIA Deh, lasciate ch'io mora.

FULGENZIO Ah no, vivete; il cielo mi vuol infelice. Pazienza. Vi amerò da lontano, benché mia non sarete.

FLAMMINIA E perché non ha da esser vostra? (*a Fulgenzio*)

FULGENZIO Perché ad altri si abbandonò per vendetta.

FLAMMINIA Volete dire, perché ha dato parola al conte Roberto? (*a Fulgenzio*)

FULGENZIO Ah sì, fortunatissimo Conte.

FLAMMINIA Fortunato voi vi potete chiamare, che aveste me in aiuto; fortunata Eugenia, che ha una sorella che l'ama. Il Conte fu da me illuminato.[1] Seppe che lo faceva per astio, per capriccio, per disperazione. Non è sì pazzo a volersi nutrire una serpe nel seno; e lascia in libertà la fanciulla.

EUGENIA Oimè, dite il vero? (*alzandosi con tenerezza a Flamminia*)

FLAMMINIA Così è, sorella, Fulgenzio è vostro.

EUGENIA No, che non sarà mio.

FULGENZIO Perché no, crudele?

EUGENIA Perché non lo merito.

FULGENZIO Lo conoscete[2] il torto che mi faceste?

FLAMMINIA Via, non parlate altro. (*a Fulgenzio*)

EUGENIA Lasciatelo dir, che ha ragione. (*a Flamminia, con tenerezza*)

FULGENZIO Abbandonarmi per così poco! (*ad Eugenia*)

FLAMMINIA Ma via, dico. (*a Fulgenzio*)

EUGENIA Sì, insultatemi, che mi si conviene. Conosco l'amor grande che per me avete; so di non meritarlo. Usatemi carità, se vi aggrada; siatemi rigoroso, se il vostro cuor lo comporta;[3] in ogni guisa mi duole d'avervi offeso, e vi domando perdono.

1 *illuminato*: sott.: sulle vere ragioni.
2 *Lo conoscete*: siete consapevole, cosciente.
3 *comporta*: sopporta, consente.

FULGENZIO Ah non più, idolo mio!

EUGENIA Sì, perdonatemi.

FLAMMINIA O che sian benedetti!

LISETTA Mi fanno piangere.

Scena quattordicesima *Fabrizio e detti.*

FABRIZIO Cosa fa qui questo temerario?

FLAMMINIA Abbiate pazienza, signore. Questi ha da essere[1] lo sposo di mia sorella.

FABRIZIO Non è degno d'imparentarsi con me.

FLAMMINIA Sentite. La sposerà senza dote.

FABRIZIO Senza dote? (*a Flamminia*)

FLAMMINIA Sì, signore.

FABRIZIO La prendete[2] voi senza dote? (*a Fulgenzio*)

FULGENZIO Non ci ho veruna difficoltà.

FABRIZIO Caro nipote, il cielo vi benedica. (*l'abbraccia*)

Scena ultima *Roberto, Ridolfo e detti.*

RIDOLFO Ecco qui il signor Conte, il quale persuaso dalle mie ragioni, si contenterà che il signor Fabrizio gli faccia una semplice scusa.

FABRIZIO Scusatemi, signor Conte. Il cielo ha voluto così. Mia nipote merita molto, e la fortuna le ha concesso in isposo il re de' galantuomini, il più bravo giovane di questo mondo, il più saggio, il più dotto, il più nóbile cittadino di Milano.

ROBERTO Scuso in voi la più sonora, la più ridicola caricatura del mondo.

FABRIZIO Viva mille anni il Conte dei Conti, il Cavaliere dei Cavalieri!

FULGENZIO Deh concedetemi che io le porga la destra. (*a Fabrizio*)

1 *Questi ha da essere*: nel senso di: è fatale che costui sia.
2 *La prendete*: la sposate.

FABRIZIO Sì, generoso nipote: eroe del Ticino,[1] gloria del nostro secolo!

EUGENIA Caro sposo, finalmente siete mio, vostra sono. Oh quante stravaganze prodotte furono dal nostro amore! Vicendevoli sono state le nostre gelosie, i nostri affanni, le nostre pene. Chi potrà dire che non fummo noi, e che non siamo tuttavia Innamorati? Oh quanti si saranno specchiati in noi![2] Deh quelli almeno, che si trovassero nel caso nostro, alzin le mani, ed applaudiscano alle nostre consolazioni.

1 *eroe del Ticino*: « cioè del fiume che segnava ad occidente il confine del Ducato di Milano; l'espressione vale, quindi, eroe del Milanese » (Dazzi).
2 *si saranno specchiati in noi*: avranno ritrovato fedelmente riprodotte nelle nostre vicende le loro.

I RUSTEGHI

In un gennaio funestato dal maltempo, quello del 1760, Goldoni scrive, a chiusura del carnevale teatrale, uno dei suoi capolavori, *I Rusteghi*. La commedia fu messa in scena il 16 febbraio dello stesso anno con il titolo *La Compagnia dei Salvadeghi, o sia I Rusteghi*. Gasparo Gozzi, presente alla prima, riservò alla commedia e al suo allestimento, sul quinto numero della « Gazzetta Veneta », apparso il 20 febbraio, una recensione entusiasta. È probabile che qualche eco della figura del vecchio brontolone, al di là dell'indubbio prototipo del teatro classico, fosse contenuta in certe figure di vecchi scorbutici, di cui è ricco il teatro francese nella seconda metà del Seicento e nel primo Settecento. Ma è certo che il modello diretto a Goldoni veniva dalla diuturna osservazione della parte reazionaria della propria classe, quella borghese, come già abbiamo sottolineato nell'introduzione.

Nonostante la complessità del testo — che richiede una distribuzione dei ruoli affidata ad interpreti di sicuro talento — *I Rusteghi* è stato copione prediletto dalle compagnie goldoniane in Italia, tra l'Otto e il Novecento, da quella dello Zago a quella del Baseggio.

Fra le messinscena recenti, ricordiamo quella esemplarmente curata da Luigi Squarzina per la compagnia del Teatro Stabile della Città di Genova.

I *Rusteghi* in lingua Veneziana non è lo stesso che i *Rustici* in lingua Toscana. Noi intendiamo in Venezia per uomo *Rustego* un uomo aspro, zotico, nemico della civiltà, della cultura, e del conversare. Si scorge dal titolo della Commedia non essere un solo il Protagonista, ma vari insieme, e in fatti sono eglino quattro, tutti dello stesso carattere, ma con varie tinte delineati, cosa per dire il vero difficilissima, sembrando che più caratteri eguali in una stessa Commedia possano più annoiare che dilettare.

Questa volta mi è riuscito tutto al contrario: il Pubblico si è moltissimo divertito, e posso dire quest'opera una delle mie più fortunate; perché non solo in Venezia riuscì gradita, ma da per tutto, dove finora fu dai Comici rappresentata. Ciò vuol dire che il costume ridicolo [1] delle Persone è conosciuto da tutti, e poco scapita la Commedia per il linguaggio particolare. Quantunque per altro sia stata fuor di qui recitata con buona sorte, son sicurissimo che tutti i termini, e tutte le frasi nostre non ponno esser capite, però con quanto studio ho potuto, ne ho posta in piè di pagina la spiegazione.

Molti bramerebbero un Dizionario Veneziano per intendere questa lingua, ed io stesso ho pensato di farlo; [2] ma credo sieno meglio i Leggitori serviti dando loro la spiegazione sul fatto, anziché distrarli dalla lettura, per ricorrere al Dizionario, il quale non si può aver sempre vicino quando bisogna.

Io non credea veramente dover sì presto annicchiare ne' primi Tomi di quest'edizione Commedie in veneziana favella. L'ho fatto per la ragione accennata nella precedente epistola dedicatoria, e non mi pento d'averlo fatto, dacché parmi colle

1 *costume ridicolo*: carattere comico.

2 *ho... farlo*: era un progetto che aveva già formulato nelle prefazioni alle *Massere* e alle *Donne de casa soa*, del 1758.

annotazioni più necessarie aver chiarito il più difficile da capirsi. Ho data la spiegazione a tutti quei termini, e a quelle frasi, che non possono dagli stranieri rinvenirsi nei Vocabolari Italiani; ma quelle voci, che hanno in qualche modo dell'analogia colle dizioni Toscane, le ho lasciate com'erano, potendo chi ha un po' di talento conoscerne la derivazione, e superare la picciola differenza. Per esempio, le coniugazioni de' verbi sono alquanto diverse, ma si capiscono facilmente: *Farave* per *farei*; *Son andà* per *sono andato*; *Se avessi* in luogo di *se sapeste*, non sono modi sì strani, che abbiano bisogno di spiegazione, né basterebbe il Dizionario a spiegarli, ma vi vorrebbe ancor la Grammatica.

Anche l'ortografia veneziana altera talvolta il significato, ma chi vi abbada l'intende, ed è l'ortografia regolata secondo il suono della pronuncia. Noi, per esempio, non diciam *bello*, ma *belo*, non *perfetto*, ma *perfeto*; e per regola generale quasi tutte le consonanti doppie da noi si pronunciano semplici.[3] Però in alcune voci le lettere semplici da noi si raddoppiano, come in luogo di *cosa* noi diciam *cossa*, ma queste sono pochissime.

I pronomi hanno qualche diversità dai Toscani: i più osservabili[4] sono *Io*, che si dice *Mi*, *Tu*, che si dice *Ti*, *Egli*, che dicesi *Elo*. Così è osservabile nella espressione dei verbi, che tanto nel singolare, che nel plurale, si dice nella stessa maniera. Per esempio: *Io andava: Mi andava. Quelli andavano: Queli andava.* Molto vi vorrebbe per dir tutto su tal proposito. Per ora basti così. Può essere che in altra occasione dica qualche cosa di più.

3 *semplici*: ma il Goldoni scrivendo non adottò mai un metodo rigoroso a questo proposito.
4 *osservabili*: notevoli.

PERSONAGGI

CANCIANO *cittadino*[1]
FELICE *moglie di Canciano*
IL CONTE RICCARDO
LUNARDO *mercante*
MARGARITA *moglie di Lunardo in seconde nozze*
LUCIETTA *figliuola di Lunardo del primo letto*
SIMON *mercante*
MARINA *moglie di Simon*
MAURIZIO *cognato di Marina*
FELIPPETTO *figliuolo di Maurizio*

La scena si rappresenta in Venezia.

1 *cittadino*: la classe dei « cittadini originari », i cui esponenti potevano accedere ad alcune magistrature, pur esercitando la professione mercantile, veniva subito dopo quella dei « nobili ». Cittadina è, quindi, anche Felice, moglie di Canciano.

Scena prima *Camera in casa di Lunardo. Margarita che fila, Lucietta che fa le calze, ambe a sedere.*

LUCIETTA Siora madre.

MARGARITA Fia [1] mia.

LUCIETTA Deboto [2] xe fenìo [3] carneval.

MARGARITA Cossa diseu, che bei spassi che avemo abuo? [4]

LUCIETTA De diana! gnanca una strazza de comedia no avemo visto.

MARGARITA Ve feu maraveggia per questo? Mi gnente affato. Xe deboto sedese mesi, che son maridada; m'alo mai menà in nissun liogo vostro sior padre?

LUCIETTA E sì, sala? no vedeva l'ora che el se tornasse a maridar. Co giera [5] sola in casa, diseva tra de mi: lo compatisso sior padre; élo no me vol menar, no gh'ha nissun da mandarme; se el se marida, anderò co siora maregna.[6] El s'ha tornà a maridar, ma per quel che vedo, no ghe xe gnente né per mi, né per éla.

MARGARITA El xe un orso, fia mia; no se diverte élo, e nol vol che se divertimo gnanca nu. E sì, savè? co giera da maridar, dei spassi no me ne mancava. Son stada arlevada ben. Mia mare [7] giera una donna sutila,[8] e se qualcossa no ghe piaseva, la saveva criar e la saveva menar le man. Ma ai

1 *Fia*: figlia (Goldoni).
2 *Deboto*: or ora (Goldoni).
3 *xe fenìo*: è finito; servendo per sempre, che il *xè* in veneziano vuol dire « è », « est » (Goldoni).
4 *abuo*: avuto (Goldoni).
5 *Co giera*: quando io era (Goldoni).
6 *maregna*: matrigna.
7 *mare*: madre (Goldoni).
8 *sutila*: perspicace.

so tempi la ne dava i nostri divertimenti. Figurarse, l'autuno se andava do o tre volte al teatro; el carneval cinque o sie.[1] Se qualchedun ghe dava una chiave de palco, la ne menava a l'opera, se no, a la comedia, e la comprava la so bona chiave, e la spendeva i so boni bezzetti. La procurava de andar dove la saveva che se fava[2] de le comedie bone, da poderghe menar de le fie e la vegniva con nu, e se divertivimo. Andévimo figurarse, qualche volta a Reduto;[3] un pochetin sul Liston,[4] un pochetin in Piazzeta de le stròleghe, dai buratini, e un per de volte ai casoti. Co stevimo po in casa, gh'avevimo sempre la nostra conversazion. Vegniva i parenti, vegniva i amici, anca qualche zovene; ma no ghe giera pericolo, figurarse.

LUCIETTA (*Figurarse, figurarse*; la l'ha dito fin adesso sie volte.)

MARGARITA No digo; che no son de quele che ghe piasa tuto el zorno andar a torziando.[5] Ma, sior sì, qualche volta me piaserave anca a mi.

LUCIETTA E mi, poverazza, che no vago mai fora de la porta? E nol vol mo gnanca[6] che vaga un fià[7] al balcon? L'altro zorno me son butada cussì, un pocheto in scampar;[8] m'ha visto quela petazza[9] de la lasagnera,[10] la ghe l'ha dito, e ho credesto che el me bastona.

MARGARITA E a mi quante no me n'alo dito per causa vostra?

LUCIETTA De diana! cossa ghe fazzio?

MARGARITA Vu almanco, fia mia, ve mariderè; ma mi gh'ho da star fin che vivo.

1 *sie*: sei (Goldoni).
2 *se fava*: si faceva (Goldoni).
3 *Reduto*: « La casa o luogo di riduzione pubblica per uso di giuocare a giuochi di rischio... e vi tenevano banco i soli Patrizi rivestiti della loro toga nera e della parrucca... Ora vietati già dalla legge i giuochi d'azzardo, questo Ridotto non serve nel carnevale che all'uso delle feste di ballo mascherate » (Boerio).
4 *sul Liston*: situazione stabilita dall'uso nella gran Piazza di San Marco, ove si fa il passeggio delle maschere (Goldoni).
5 *andar a torziando*: andar gironi (Goldoni).
6 *gnanca*: nemmeno (Goldoni).
7 *un fià*: un poco (Goldoni).
8 *in scampar*: alla sfuggita.
9 *petazza*: sguaiata (Goldoni).
10 *lasagnera*: che vende le paste (Goldoni).

LUCIETTA La diga, siora madre, me marideroggio?

MARGARITA Mi crederave de sì.

LUCIETTA La diga, siora madre, quando me marideroggio?

MARGARITA Ve mariderè, figurarse, quando che el cielo vorà.

LUCIETTA El cielo me marideralo senza che mi lo sapia?

MARGARITA Che spropositi! l'avè da saver anca vu.

LUCIETTA Nissun gnancora m'ha dito gnente.

MARGARITA Se no i ve l'ha dito, i ve lo dirà.

LUCIETTA Ghe xe gnente in cantier?[1]

MARGARITA Ghe xe, e no ghe xe; mio mario no vol che ve diga gnente.

LUCIETTA Cara éla, la diga.

MARGARITA No dasseno, fia mia.

LUCIETTA Cara éla, qualcossa.

MARGARITA Se ve digo gnente, el me salta ai occhi co fa[2] un basilisco.

LUCIETTA Nol lo saverà miga sior padre, se la me lo dise.

MARGARITA Oh figurarse se no lo dirè!

LUCIETTA No dasseno, figurarse, che no lo digo.

MARGARITA Cossa gh'intra[3] sto *figurarse*?

LUCIETTA No so gnanca mi, gh'ho sto uso, el digo che no me n'incorzo.[4] (*ironicamente*)

MARGARITA (Gh'ho in testa, che la me burla mi sta frascona.) (*da sé*)

LUCIETTA La diga, siora madre.

MARGARITA Animo laorè,[5] l'aveu gnancora fenìa quela calza?

LUCIETTA Deboto.

MARGARITA Se el vien a casa élo,[6] e che la calza no sia fenìa, el dirà che sè stada su per i balconi, e mi no vôi, figurarse... (sia maledeto sto vizio!)

LUCIETTA La varda co spessego.[7] La me diga qualcossa de sto novizzo.[8]

1 *Ghe xe... in cantier?*: c'è niente per aria? (Goldoni).
2 *co fa*: come « Goldoni).
3 *gh'intra*: c'entra.
4 *no me n'incorzo*: non me ne accorgo.
5 *Animo laorè*: via lavorate (Goldoni).
6 *élo*: egli, cioè s'intende il padrone di casa (Goldoni).
7 *co spessego*: come io mi sollecito (Goldoni).
8 *novizzo*: sposo (Goldoni).

MARGARITA De qual novizzo?
LUCIETTA No dìsela che me mariderò?
MARGARITA Pol esser.
LUCIETTA Cara éla, se la sa qualcossa.
MARGARITA No so gnente. (*con un poco di collera*)
LUCIETTA Gnanca mo gnente, mo, gnanca mo.[1]
MARGARITA Son stuffa.
LUCIETTA Sia malignazo.[2] (*con rabbia*)
MARGARITA Coss'è sti sesti?[3]
LUCIETTA No gh'ho nissun a sto mondo, che me voggia ben.
MARGARITA Ve ne voggio anca tropo, frascona.
LUCIETTA Ben da maregna.[4] (*a mezza voce*)
MARGARITA Cossa aveu dito?
LUCIETTA Gnente.
MARGARITA Sentì, savè, no me stè a secar, che deboto, deboto... (*con isdegno*) Davantazo[5] ghe ne soporto assae in sta casa. Gh'ho un mario che me rosega[6] tuto el zorno, no ghe mancarave altro, figurarse, che m'avesse da inrabiar anca per la fiastra.[7]
LUCIETTA Mo cara siora madre, la va in colera molto presto!
MARGARITA (La gh'ha squasi rason. No giera cussì una volta, son deventada una bestia. No gh'è remedio; chi sta col lovo[8] impara a urlar.)

Scenà seconda *Lunardo e dette.*

LUNARDO (*entra e viene bel bello, senza parlare*)
MARGARITA (Velo qua per diana.) (*s'alza*)
LUCIETTA (El vien co fa i gatti.) (*s'alza*) Sior padre, patron.

1 *gnanca mo*: quel *mo* replicato è un certo modo caricato di lamentarsi, conveniente all'età di Lucietta (Goldoni).
2 *Sia malignazo*: lo stesso che maladetto, ma con più modestia (Goldoni).
3 *Coss'è sti sesti?*: che malegrazie son queste? (Goldoni).
4 *maregna*: matrigna (Goldoni).
5 *Davantazo*: di vantaggio (Goldoni).
6 *me rosega*: mi rode: mi tormenta (Goldoni).
7 *fiastra*: figliastra (Goldoni).
8 *lovo*: lupo (Goldoni).

MARGARITA Sioria. No se saludemo gnanca? (*a Lunardo*)

LUNARDO Laorè, laorè. Per farme un complimento tralassè de laorar?

LUCIETTA Ho laorà fin adesso. Ho deboto fenìo la calza.

MARGARITA Stago a véder, figurarse, che siemo pagae a zornada.[1]

LUNARDO Vu sempre, vegnimo a dir el merito,[2] me dè sempre de ste risposte.

LUCIETTA Mo via, caro sior padre; almanco in sti ultimi zorni de carneval, che nol staga a criar. Se no andemo in nissun liogo, pazienza; stema in pase[3] almanco.

MARGARITA Oh, élo no pol star un zorno senza criar.

LUNARDO Sentì che strambazza? Cossa songio? un tartaro? una bestia? De cossa ve podeu lamentar? Le cosse oneste le me piase anca a mi.

LUCIETTA Via donca, che el ne mena un pocheto in maschera.

LUNARDO In maschera? In maschera?

MARGARITA (Adesso el va zoso!)[4]

LUNARDO E avè tanto muso[5] de dirme che ve mena in maschera? M'aveu mai visto mi, vegnimo a dir el merito, a meterme el volto sul muso?[6] Coss'èla sta maschera? Per cossa se va in maschera? No me fe parlar; le pute[7] no ha da andar in maschera.

MARGARITA E le maridae?

LUNARDO Gnanca le maridae, siora no, gnanca le maridae.

MARGARITA E per cossa donca le altre, figurarse, ghe vale?

LUNARDO *Figurarse, figurarse*. Mi penso a casa mia, e no penso ai altri. (*la burla del suo intercalare*)

MARGARITA Perché, *vegnimo a dir el merito*, perché sè un orso. (*fa lo stesso*)

LUNARDO Siora Margarita, la gh'abia giudizio.

MARGARITA Sior Lunardo, no la me stuzzega.

1 *pagae a zornada*: pagate a giornata (Goldoni).
2 *vegnimo a dir el merito*: un intercalare vizioso (Goldoni).
3 *in pase*: in pace (Goldoni).
4 *el va zoso*: va giù, dà fuori (Goldoni). Cioè: dà in escandescenze.
5 *E avè tanto muso*: e avete tanta faccia (Goldoni).
6 *el volto sul muso*: la maschera sulla faccia (Goldoni).
7 *le pute*: le fanciulle (Goldoni).

LUCIETTA Mo via, sia malignazo! sempre cussì. No m'importa d'andar in maschera. Starò in casa, ma stemo in bona.

LUNARDO No sentìu? Vegnimo... no sentìu? La xe éla che sempre...

MARGARITA (*ride*)

LUNARDO Ridè, patrona? (*a Margarita*)

MARGARITA Ve n'aveu per mal, perché rido?

LUNARDO Via, vegnì qua tute do,[1] sentì. De le volte anca mi gh'ho qualcossa per la testa, e par che sia fastidioso, ma ancuo[2] son de voggia.[3] Semo de carneval, e vôi che se tolemo la nostra zornada.[4]

LUCIETTA Oh magari![5]

MARGARITA Via mo, sentimo.

LUNARDO Sentì: voggio che ancuo disnemo in compagnia.

LUCIETTA Dove, dove, sior padre? (*con allegria*)

LUNARDO In casa.

LUCIETTA In casa? (*malinconica*)

LUNARDO Siora sì, in casa. Dove voressi che andessimo? a l'osteria?

LUCIETTA Sior no a l'osteria.

LUNARDO In casa de nissun mi no vago;[6] mi no vago, vegnimo a dir el merito, a magnar le coste[7] a nissun.

MARGARITA Via, via, no ghe tendè.[8] Parlè con mi, figuremose, voleu invidar qualchedun?

LUNARDO Siora sì. Ho invidà de la zente, e i vegnirà qua, e se goderemo, e staremo ben.

MARGARITA Chi aveu invidà?

LUNARDO Una compagnia de galantomeni, tra i quali ghe ne xe do de maridai, e i vegnirà co le so parone,[9] e staremo aliegri.

1 *tute do*: tutte due (Goldoni).
2 *ancuo*: oggi (Goldoni).
3 *son de voggia*: mi sento in vena, sono di buon umore.
4 *che se tolemo... zornada*: che ci prendiamo la nostra giornata. I capi di casa all'antica concedevano una giornata di carnovale alla famiglia. Ora tutti i giorni sono compagni (Goldoni).
5 *Oh magari*: il ciel volesse (Goldoni).
6 *no vago*: non vado (Goldoni).
7 *a magnar le coste*: a mangiare le costole, a disturbare.
8 *no ghe tendè*: non le badate.
9 *parone*: padrone, cioè mogli (Goldoni).

LUCIETTA (Via, via, gh'ho a caro.) (*allegra*) Caro élo, chi xeli? (*a Lunardo*)

LUNARDO Siora curiosa!

MARGARITA Via, caro vecchio,[1] no volè che sapiemo chi ha da vegnir?

LUNARDO No voleu che vel diga? Se sa. Vegnirà sior Cancian Tartuffola, sior Maurizio da le Strope, e sior Simon Maroele.

MARGARITA Cospeto de diana! tre cai su la giusta![2] I avè ben cavai[3] fora del mazzo.

LUNARDO Cossa voressi dir? No i xe tre omeni co se diè?[4]

MARGARITA Sior sì. Tre salvadeghi come vu.

LUNARDO Eh, patrona, al tempo d'ancuo, vegnimo a dir el merito, a un omo che gh'ha giudizio, se ghe dise un omo salvadego. Saveu perché? Perché vualtre donne sè tropo desmesteghe.[5] No ve contentè de l'onesto; ve piaserave i chiasseti, i pacchieti,[6] le mode, le buffonerie, i putelezzi.[7] A star in casa, ve par de star in preson.[8] Co i abiti no costa assae, no i xe beli; co no se pratica,[9] ve vien la malinconia, e no pensè al fin; e no gh'avè un fià de giudizio, e ascoltè chi ve mete su, e no ve fa specie sentir quel che se dise[10] de tante case, de tante fameggie precipitae; chi ve dà drio[11] se fa menar per lengua,[12] se fa meter sui ventoli,[13] e chi vol viver in casa soa con riguardo, con serietà, con reputazion, se ghe dise, vegnimo a dir el merito, secaggine, omo rustego, omo salvadego. Pàrlio[14] ben? Ve par che diga la verità?

1 *caro vecchio*: parola detta per amore (Goldoni).
2 *tre... giusta*: tre persone proprio azzeccate.
3 *ben cavai*: ben scelti.
4 *co se diè*: è un detto del basso volgo, che spiega essere que' tali uomini di proposito, cioè come devono essere (Goldoni).
5 *desmesteghe*: propriamente, domestiche; ma qui vale, libere.
6 *pacchieti*: merendine.
7 *putelezzi*: ragazzate (Goldoni).
8 *preson*: prigione (Goldoni).
9 *no se pratica*: non si intrattengono relazioni amichevoli.
10 *quel che se dise*: quello che si dice (Goldoni).
11 *chi ve dà drio*: chi vi seconda (Goldoni).
12 *se fa... per lengua*: fa mormorare (Goldoni).
13 *se fa meter sui ventoli:* farsi mettere sui ventagli, è lo stesso che farsi ridicoli (Goldoni).
14 *Pàrlio*: parlo.

MARGARITA Mi no vôi contender; tuto quel che volè. Vegnirà donca a disnar con nu siora Felice e siora Marina.

LUNARDO Siora sì. Cussì, vedeu? me piase anca mi praticar. Tuti col so matrimonio. Cussì no ghe xe sporchezzi,[1] no ghe xe, vegnimo a dir el merito... Cossa steu a ascoltar? Adesso no se parla con vu. (*a Lucietta*)

LUCIETTA Xele cosse che mi no possa sentir? (*a Lunardo*)

LUNARDO (No vedo l'ora de destrigarmela.[2]) (*piano a Margarita*)

MARGARITA (Come va quel negozio?) (*piano a Lunardo*)

LUNARDO (Ve conterò.) (*piano a Margarita*) Andè via de qua. (*a Lucietta*)

LUCIETTA Cossa ghe fazzio?

LUNARDO Andè via de qua.

LUCIETTA De diana! el xe impastà de velen.

LUNARDO Andè via, che ve dago una sciaffazza in tel muso.

LUCIETTA Séntela, siora madre?

MARGARITA Via, col v'ha dito che andè, obedì. (*con caldezza*)

LUCIETTA (Oh, se ghe fusse mia mare bona! Pazenzia, se me vegnisse un scoazzer,[3] lo torìa.) (*parte*)

Scena terza *Lunardo e Margarita.*

MARGARITA Caro sior Lunardo, sul so viso no ghe dago rason, ma in verità sè tropo rustego con quela puta.

LUNARDO Vedeu? vu no savè gnente. Ghe voggio ben, ma la tegno in timor.

MARGARITA E mai che ghe dessi un devertimento.

LUNARDO Le pute le ha da star in casa, e no le se mena a torziando.

MARGARITA Almanco una sera a la comedia.

LUNARDO Siora no. Vôi poder dir, co la marido: tolè, sior, ve la dago, vegnimo a dir el merito, che no la s'ha mai messo maschera sul viso; che no la xe mai stada a un teatro.

1 *sporchezzi*: porcherie (Goldoni).
2 *destrigarmela*: levarmela di torno.
3 *un scoazzer*: uno di quelli che raccolgono le immondizie (Goldoni).

MARGARITA E cussì, valo avanti sto maridozzo?[1]
LUNARDO Gh'aveu dito gnente a la puta?
MARGARITA Mi? gnente.
LUNARDO Vardè ben, vedè.
MARGARITA No in verità, ve digo.
LUNARDO Mi credo, vedè, mi credo d'averla maridada.
MARGARITA Con chi? se porlo saver?
LUNARDO Zito, che gnanca l'aria lo sapia. (*guarda intorno*) Col fio de sior Maurizio.
MARGARITA Co sior Felippetto?
LUNARDO Sì, zito, no parlè.
MARGARITA Zito, zito, de diana! xelo qualche contrabando?
LUNARDO No voggio che nissun sapia i fati mi.
MARGARITA Se faralo presto?
LUNARDO Presto.
MARGARITA L'alo fata domandar?
LUNARDO No pensè altro. Ghe l'ho promessa.
MARGARITA Anca promessa ghe l'avè? (*con ammirazione*)
LUNARDO Siora sì, ve feu maraveggia?
MARGARITA Senza dir gnente?
LUNARDO Son paron mi.
MARGARITA Cossa ghe deu de dota?
LUNARDO Quelo che voggio mi.
MARGARITA Mi son una statua, donca. A mi, figurarse, no se me dise gnente.
LUNARDO *Figurarse, figurarse,* no ve lo dighio adesso?
MARGARITA Sior sì, e la puta quando lo saverala?
LUNARDO Co la se sposerà.
MARGARITA E no i s'ha da véder avanti?[2]
LUNARDO Siora no.
MARGARITA Seu seguro che el gh'abia da piàser?[3]
LUNARDO Son paron mi.
MARGARITA Ben ben, la xe vostra fia. Mi no me n'impazzo;[4] fe pur quel che volè vu.

1 *maridozzo*: trattato di matrimonio, in modo di dire bassissimo (Goldoni).
2 *avanti*: prima.
3 *che el... piàser?*: che sia di suo gradimento?
4 *no me n'impazzo*: non m'impiccio (Goldoni).

LUNARDO Mia fia no vôi che nissun possa dir d'averla vista, e quel che la vede, l'ha da sposar.

MARGARITA E se col la vede, nol la volesse?

LUNARDO So pare m'ha dà parola.

MARGARITA Oh che bel matrimonio!

LUNARDO Cossa voressi? che i fasse prima l'amor?

MARGARITA I bate,[1] i bate; vago a véder chi è.

LUNARDO No ghe xe la serva?

MARGARITA La xe a far i leti, anderò a véder mi.

LUNARDO Siora no. No vôi che andè sul balcon.

MARGARITA Vardè che casi!

LUNARDO No vôi che gh'andè, gh'anderò mi. Comando mi, vegnimo a dir el merito, comando mi. (*parte*)

Scena quarta *Margarita, poi Lunardo.*

MARGARITA Mo che omo, che m'ha tocà! no gh'è el compagno soto la capa del cielo.[2] E po el me stuffa con quel so *vegnimo a dir el merito*; deboto, figurarse, no lo posso più soportar.

LUNARDO Saveu chi xe?

MARGARITA Chi?

LUNARDO Sior Maurizio.

MARGARITA El pare del novizzo?

LUNARDO Tasè. Giusto élo.

MARGARITA Vienlo per stabilir?

LUNARDO Andè de là.

MARGARITA Me mandè via?

LUNARDO Siora sì; andè via de qua.

MARGARITA No volè che senta?

LUNARDO Siora no.

MARGARITA Vardè, vedè! cossa songio mi?[3]

LUNARDO Son paron mi.

MARGARITA No son vostra muggier?[4]

1 *I bate*: Bussano.
2 *soto... cielo*: modo di dire che è lo stesso, come se si dicesse sotto il cielo, semplicemente (Goldoni).
3 *cossa songio mi?*: cosa sono io? (Goldoni).
4 *muggier*: moglie (Goldoni).

LUNARDO Andè via de qua, ve digo.
MARGARITA Mo che orso che sè!
LUNARDO Destrighève.[1]
MARGARITA Mo che satiro! (*incamminandosi a piano*)
LUNARDO La fenìmio?[2] (*con isdegno*)
MARGARITA Mo che bestia de omo! (*parte*)

Scena quinta *Lunardo, poi Maurizio.*

LUNARDO La xe andada. Con le bone no se fa gnente. Bisogna criar. Ghe voggio ben assae, ghe ne voggio assae; ma in casa mia no gh'è altri paroni che mi.
MAURIZIO Sior Lunardo, patron.
LUNARDO Bondì sioria, sior Maurizio.
MAURIZIO Ho parlà con mio fio.
LUNARDO Gh'aveu dito, che el volè maridar?
MAURIZIO Ghe l'ho dito.
LUNARDO Cossa dìselo?
MAURIZIO El dise che el xe contento, ma el gh'averave gusto[3] de véderla.
LUNARDO Sior no, questi no xe i nostri pati. (*con isdegno*)
MAURIZIO Via, via, no andè in colera, che el puto farà tuto quelo che voggio mi.
LUNARDO Co volè, vegnimo a dir el merito, la dota xe parechiada. V'ho promesso sie mile ducati, e sie mile ducati ve dago. Li voleu in tanti zechini, in tanti ducati d'arzento, o voleu che ve li scriva in banco? comandè.
MAURIZIO I bezzi mi no li voggio. O zirème[4] un capital de zecca; o investimoli meggio che se pol.
LUNARDO Sì ben; faremo tuto quel che volè.
MAURIZIO No stè a spender in abiti, che no voggio.
LUNARDO Mi ve la dago come che la xe.
MAURIZIO Gh'ala roba de séa?[5]

1 *Destrighève*: spicciatevi (Goldoni).
2 *La fenìmio?*: La vogliamo finire? (Goldoni).
3 *gh'averave gusto*: avrebbe piacere.
4 *zirème*: giratemi.
5 *de séa* : di seta (Goldoni).

LUNARDO La gh'ha qualche strazzeto.

MAURIZIO In casa mia no voggio séa. Fin che son vivo mi, l'ha da andar co la vesta de lana, e no vôi né tabarini,[1] né scuffie, né cerchi,[2] né toppè, né cartoline sul fronte.[3]

LUNARDO Bravo, sieu benedeto. Cussì me piase anca mi. Zoggie[4] ghe ne feu?

MAURIZIO Ghe farò i so boni manini[5] d'oro, e la festa ghe darò un zoggielo che giera de mia muggier, e un per de recchineti[6] de perle.

LUNARDO Sì ben, sì ben, e no stessi a far la minchioneria de far ligar sta roba a la moda.

MAURIZIO Credeu che sia mato? Coss'è sta moda? Le zoggie le xe sempre a la moda. Cossa se stima? i diamanti, o la ligadura?

LUNARDO E pur al dì d'ancuo,[7] vegnimo a dir el merito, se buta via tanti bezzi in ste ligadure.

MAURIZIO Sior sì; fe ligar ogni dies'ani le zoggie, in cao de cent'ani[8] l'avè comprae do volte.

LUNARDO Ghe xe pochi, che, pensa come che pensemo nu.

MAURIZIO E ghe xe pochi, che gh'abbia dei bezzi come che gh'avemo nu.

LUNARDO I dise mo, che nu no savemo gòder.

MAURIZIO Poverazzi! ghe védeli drento del nostro cuor? Crédeli che no ghe sia altro mondo, che quelo che i gode lori? Oh compare,[9] el xe un bel gusto el poder dir: gh'ho el mio bisogno, no me manca gnente, e in t'una ocorenza posso meter le man su cento zechini!

LUNARDO Sior sì, e magnar ben, dei boni caponi, de le bone polastre, e dei boni straculi de vedèlo.[10]

1 *tabarini*: « taffetà o simile che portavan le donne sulle spalle a guisa di tabarro » (Boerio).
2 *cerchi*: guardinfanti (Goldoni).
3 *cartoline sul fronte*: papigliotti (Goldoni): cioè, nastrini colorati.
4 *Zoggie*: gioie (Goldoni).
5 *manini*: smanigli (Goldoni). Vale a dire, braccialetti.
6 *recchineti*: orecchini.
7 *al dì d'ancuo*: al giorno d'oggi (Goldoni).
8 *in cao de cent'ani*: in capo a cent'anni (Goldoni).
9 *compare*: termine d'amicizia (Goldoni).
10 *straculi de vedèlo*: la coscia del vitello (Goldoni).

MAURIZIO E tuto bon, e a bon marcà,[1] perché se paga de volta in volta.

LUNARDO E a casa soa; senza strepiti, senza sussuri.

MAURIZIO E senza nissun che v'intriga i bisi.[2]

LUNARDO E nissun sa i fati nostri.

MAURIZIO E semo paroni nu.

LUNARDO E la muggier no comanda.

MAURIZIO E i fioi sta da fioi.[3]

LUNARDO E mia fia xe arlevada cussì.

MAURIZIO Anca mio fio xe una perla. No gh'è pericolo che el buta via un bagatin.[4]

LUNARDO La mia puta sa far de tuto. In casa ho volesto che la faza de tuto. Fina[5] lavar i piati.

MAURIZIO E a mio fio, perché no voggio che co le serve el se ne impazza, gh'ho insegnà a tirar suso i busi de le calze, e meter i fondèli a le braghesse.[6]

LUNARDO Bravo. (*ridendo*)

MAURIZIO Sì dasseno. (*ridendo*)

LUNARDO Via, fémolo sto sposalizio; destrighemose. (*fregandosi le mani, e ridendo*)

MAURIZIO Co volè, compare. (*come sopra*)

LUNARDO Ancuo v'aspeto a disnar con mi. Za savè che ve l'ho dito. Gh'ho quatro latesini,[7] vegnimo a dir el merito, ma tanto fati.

MAURIZIO I magneremo.

LUNARDO Se goderemo.

MAURIZIO Staremo aliegri.

LUNARDO E po i dirà che semo selvadeghi!

MAURIZIO Puffe!

LUNARDO Martuffi![8] (*partono*)

1 *a bon marcà*: a prezzo conveniente.
2 *che v'intriga i bisi*: che venga ad infastidirvi (Goldoni).
3 *E i fioi sta da fioi*: e i figlioli stanno da figlioli (Goldoni).
4 *un bagatin*: la duodecima parte d'un soldo (Goldoni).
5 *Fina*: perfino.
6 *i fondèli a le braghesse*: le pezze ai calzoni (Goldoni).
7 *latesini*: animelle (Goldoni).
8 *Martuffi!*: sciocchi!

Scena sesta *Camera in casa del signor Simon. Marina e Felippetto.*

MARINA Coss'è, nevodo?[1] Che miracolo, che me vegnì a trovar?

FELIPPETTO Son vegnù via de mezzà,[2] e avanti de andar a casa, son vegnù un pochetin a saludarla.

MARINA Bravo. Felippetto; avè fato ben. Sentève,[3] voleu marendar?[4]

FELIPPETTO Grazie, sior'àmia.[5] Bisogna che vaga a casa; ché se sior padre no me trova, povereto mi.

MARINA Disèghe che sè stà da vostra àmia Marina; cossa diralo?

FELIPPETTO Se la savesse! nol tase mai, nol me lassa mai un momento de libertà.

MARINA El fa ben, da una banda. Ma da vostr'àmia el ve doverave lassar vegnir.

FELIPPETTO Ghe l'ho dito; nol vol che vegna.

MARINA Mo el xe ben un satiro compagno de mio mario.

FELIPPETTO Sior barba[6] Simon ghe xelo in casa?

MARINA Nol ghe xe, ma no pol far che el vegna.

FELIPPETTO Anca élo co el me vede, co vegno qua, el me cria.

MARINA Lassè che el diga. La sarave bela. S'è mio nevodo. Sè fio de una mia sorela; quela poverazza xe morta, e posso dir che no gh'ho altri a sto mondo che vu.

FELIPPETTO No vorave che, per causa mia, el ghe criasse anca a éla.

MARINA Oh per mi, fio mio, no ve tolè sto travaggio.[7] Se el me dise tantin, mi ghe respondo tanton. Povereta mi, se no fasse cussì! Su tuto el cateria da criar.[8] No credo che ghe sia a sto mondo un omo più rustego de mio mario.

1 *nevodo*: nipote (Goldoni).
2 *mezzà*: studio: scrittoio (Goldoni).
3 *Sentève*: sedetevi (Goldoni).
4 *marendar*: far colazione (Goldoni).
5 *àmia*: zia (Goldoni).
6 *barba*: zio (Goldoni).
7 *no... travaggio*: non datevene fastidio, non preoccupatevi.
8 *el cateria da criar*: troverebbe da gridare, avrebbe da ridire.

FELIPPETTO Più de sior padre?

MARINA No so, vedè, la bate là.[1]

FELIPPETTO Mai, mai, dopo che son a sto mondo, nol m'ha mai dà un minimo spasso. El dì da laorar[2] a mezzà e a casa. La festa a far quel che va fato, e po subito a casa. El me fa compagnar dal servitor, e ghe n'ha volesto a persuader el servitor a menarme qua stamatina. Mai una volta a la Zuecca,[3] mai a Castelo,[4] mi no credo de esser passà in vita mia tre o quatro volte per Piazza:[5] quel che el fa élo, el vol che fazza anca mi. La sera fina do ore se sta in mezzà, se cena, se va in leto, e bondì sioria.[6]

MARINA Povero puto, dasseno me fe pecà.[7] Xe vero; la zoventù bisogna tegnirla in fren, ma el tropo xe tropo.

FELIPPETTO Basta; no so, se da qua avanti l'anderà cussì.

MARINA Sè in ti ani de la discrezion,[8] el ve doverave dar un pocheto de libertà.

FELIPPETTO Sala gnente, sior'àmia?

MARINA De cossa?

FELIPPETTO Nol gh'ha dito gnente sior padre?

MARINA Oh xe un pezzo che no lo vedo.

FELIPPETTO No la sa gnente donca.

MARINA No so gnente. Cossa ghe xe de niovo?

FELIPPETTO Se ghe lo digo, ghe lo dirala a sior padre?

MARINA No, non v'indubitè.

FELIPPETTO La varda ben, la veda.

MARINA Ve digo de no, ve digo.

FELIPPETTO La senta, el me vuol maridar.

MARINA Dasseno?

FELIPPETTO El me l'ha dito élo.

MARINA Alo trovà la novizza?

1 *la bate là*: siamo lì.
2 *El dì da laorar*: i giorni di lavoro (Goldoni).
3 *la Zuecca*: la Giudecca, isola deliziosa dirimpetto a Venezia e poco distante (Goldoni).
4 *Castelo*: uno dei sestieri di Venezia, che ha delle passeggiate piacevoli (Goldoni).
5 *Piazza*: intendesi in Venezia, quando si dice la Piazza, quella di San Marco; le altre piazze si chiamano *campi* (Goldoni).
6 *e bondì sioria*: e buon giorno, signoria; ed è tutto finito.
7 *dasseno me fe pecà*: mi fate davvero pena.
8 *Sè... discrezion*: siete ormai in età da giudizio.

FELIPPETTO Siora sì.

MARINA Chi xela?

FELIPPETTO Ghe lo dirò, ma cara éla, la tasa.

MARINA Mo via, deboto me fe rabia. Cossa credeu che sia?

FELIPPETTO La xe fia de sior Lunardo Cròzzola.

MARINA Sì, sì, la cognosso. Cioè, no la cognosso éla, ma cognosso so maregna, siora Margarita Salicola, che ha sposà sior Lunardo, e el xe amigo de mio mario, un salvadego co fa élo. Mo i s'ha ben catà,[1] vedè, el padre del novizzo col padre de la novizza. L'aveu vista la puta?

FELIPPETTO Siora no.

MARINA Avanti de serar el contrato, i ve la farà véder.

FELIPPETTO Mi ho paura de no.

MARINA Oh bela! e se no la ve piase?

FELIPPETTO Se no la me piase, mi no la togo[2] per diana.

MARINA Sarave meggio che la vedessi avanti.

FELIPPETTO Come vorla che fazza?

MARINA Disèghelo a vostro sior padre.

FELIPPETTO Ghe l'ho dito, e el m'ha dà su la ose.[3]

MARINA Se savesse come far, vorave farvelo mi sto servizio.

FELIPPETTO Oh magari!

MARINA Ma anca quel orso de sior Lunardo nol la lassa véder de nissun so fia.

FELIPPETTO Se se podesse, una festa...

MARINA Zito, zito, che xe qua mio mario.

FELIPPETTO Vorla che vaga via?

MARINA Fermève.

Scena settima *Simon e detti.*

SIMON (Cossa falo qua sto frascon?) (*da sé*)

FELIPPETTO Patron, sior barba.

SIMON Sioria. (*bruscamente*)

MARINA Un bel aceto,[4] che ghe fe a mio nevodo!

1 *Mo i... catà*: si sono per l'appunto trovati (Goldoni).
2 *mi no la togo*: non la prendo, non la sposo.
3 *el m'ha... ose*: mi ha dato sulla voce (Goldoni).
4 *Un bel aceto*: una bella accoglienza, in tono di rimprovero.

SIMON Mi v'ho tolto co sto pato, che in casa mia parenti no ghe ne voggio.

MARINA Varè![1] ve vienli a bater a la porta, e a domandarve qualcossa i mi parenti? No i gh'ha bisogno de vu, sior; in cao de tanto,[2] vien mio nevodo a trovarme, e ancora me brontolè?[3] Gnanca se fussimo taggialegni,[4] gnanca se fussimo da le valade. Vu sè un omo civil? Sè un tangaro, compatime.

SIMON Aveu gnancora fenìo? Stamatina no gh'ho voggia de criar.

MARINA No lo podè véder mio nevodo? Cossa v'alo fato?

SIMON Nol m'ha fato gnente; ghe voggio ben; ma savè che in casa mia no gh'ho gusto che ghe vegna nissun.

FELIPPETTO Che nol se indubita, che no ghe vegnirò più.

SIMON Me farè servizio.

MARINA E mi vôi che el ghe vegna.

SIMON E mi no vôi che el ghe vegna.

MARINA Sta sorte de cosse no me le avè da impedir.

SIMON Tuto quelo che no me piase, ve lo posso, e ve lo voggio impedir.

FELIPPETTO Patron. (*in atto di partire*)

MARINA Aspetè. (*a Felippetto*) Cossa gh'aveu co sto puto?

SIMON No lo voggio.

MARINA Mo per cossa?

SIMON Per cossa, o per gamba,[5] no vôi nissun.

FELIPPETTO Sior'àmia, la me lassa andar via.

MARINA Andè, andè, nevodo. Vegnirò mi da vostro sior padre.

FELIPPETTO Patrona; patron, sior barba.

SIMON Sioria.

FELIPPETTO (Oh, el ghe pol[6] a mio padre, el xe più rustego diese volte.) (*da sé, e parte*)

1 *Varè*: guardate (Goldoni).

2 *in cao de tanto*: dopo tanto tempo (Goldoni).

3 *brontolè?*: borbottate? (Goldoni).

4 *se... taggialegni*: se fossimo taglialegni, gente villana, nata nelle valli più incolte (Goldoni).

5 *Per... gamba*: in veneziano *cosa* si dice *cossa*, e *coscia* si dice *cossa*, dunque succede l'equivoco scherzoso di *cossa* e *gamba* (Goldoni).

6 *el ghe pol*: è peggio di.

Scena ottava *Marina e Simon.*

MARINA Vardè che sesti! cossa voleu che el diga quel puto!

SIMON Lo savè pur el mio temperamento. In casa mia voggio la mia libertà.

MARINA Che intrigo [1] ve dàvelo mio nevodo?

SIMON Gnente. Ma no voggio nissun.

MARINA Perché no andeu in te la vostra camera?

SIMON Perché voggio star qua.

MARINA In verità, che sè caro. Aveu mandà la spesa? [2]

SIMON Siora no.

MARINA No se disna ancuo? [3]

SIMON Siora no.

MARINA No se disna?

SIMON Siora no. (*più forte*)

MARINA Ghe mancarave anca questa, che andessi in colera anca col disnar.

SIMON Za, chi ve sente vu, mi son un strambo, un alocco.

MARINA Ma ancuo perché no se disna?

SIMON Perché avemo da andar a disnar fora de casa. (*con malagrazia*)

MARINA E mel disè co sta bona grazia?

SIMON Me fe vegnir suso el mio mal.

MARINA Caro marìo, compatime, gh'avè un natural, [4] che de le volte fe rabia.

SIMON No lo cognosseu el mio natural? Co lo cognossè, cossa feu ste scene?

MARINA (Ghe vol una gran pazienza.) Dove andémio a disnar?

SIMON Vegnirè con mi.

MARINA Ma dove?

SIMON Dove che ve menerò mi.

MARINA Per cossa no voleu che lo sapia?

SIMON Cossa importa che lo sapiè? Co sè co vostro marìo, no stè a cercar altro.

MARINA In verità, me parè mato. Bisogna ben che sapia dove

1 *intrigo*: disturbo, fastidio.
2 *la spesa*: s'intende il bisognevole per il pranzo (Goldoni).
3 *No se disna ancuo?*: non si pranza oggi? (Goldoni).
4 *natural*: carattere.

che s'ha da andar, come che m'ho da vestir, che zente ghe xe. Se ghe xe suggizion, no voggio miga andar a farme smatar.[1]

SIMON Dove che vago mi, sè segura che no ghe xe suggizion.

MARINA Ma con chi andémio?

SIMON Vegnirè con mi.

MARINA Mo la xe mo curiosa lu![2]

SIMON Mo la xe curiosa seguro.

MARINA Ho da vegnir senza saver dove?

SIMON Patrona sì.

MARINA Muème el nome[3] se ghe vegno.

SIMON E vu resterè a casa senza disnar.

MARINA Anderò da mio cugnà[4] Maurizio.

SIMON Sior Maurizio vostro cugnà anderà a disnar dove che anderemo nu.

MARINA Ma dove?

SIMON Vegnì con mi, che lo saverè. (*parte*)

Scena nona *Marina, poi Felice, Canciano ed il conte Riccardo.*

MARINA Mo caro! mo siestu benedeto! mo che bona grazia che el gh'ha! I bate.[5] Oe, vardè che i bate. (*alla scena*) La xe una cossa da far rider i caponi. Ho d'andar a disnar fora de casa senza saver dove? Gh'averave anca voggia de andarme a devertir un pocheto, ma senza saver dove, no vago. Se savesse come far a saverlo. Oh chi xe qua? Siora Felice! Chi xe con éla? Uno xe quel scempio[6] de so marìo. E quel altro chi mai xelo? Eh, éla la gh'ha sempre qualchedun che la serve. So marìo xe da la taggia del mio;[7] ma Felice no se tol suggizion; la la vol a so modo, e quel poverazzo ghe va drio,[8] come un can barbin. Me despiase de mio marìo.

1 *smatar*: deridere, canzonare.
2 *lu*: questo *lu* dà una certa forza all'espressione, che non si può tradurre (Goldoni).
3 *Muème el nome*: cambiatemi il nome (Goldoni).
4 *cugnà*: cognato (Goldoni).
5 *I bate*: Picchiano (Goldoni).
6 *scempio*: stolido (Goldoni).
7 *So... mio*: suo marito è sul fare del mio (Goldoni).
8 *ghe va drio*: le va dietro (Goldoni).

Cossa diralo, se el vede tuta sta zente? Oe! che el diga quel che el vol; mi no li ho fati vegnir. Malegrazie no ghe ne vôi far.

FELICE Patrona, siora Marina.

MARINA Patrona, siora Felice. Patroni rîveriti.

CANCIANO Patrona. (*malinconico*)

RICCARDO Servitore umilissimo della signora. (*a Marina*)

MARINA Serva sua. Chi xelo sto signor? (*a Felice*)

FELICE Un conte, un cavalier forestier, un amigo de mio mario; nevero,[1] sior Cancian?

CANCIANO Mi no so gnente.

RICCARDO Buon amico, e buon servitore di tutti.

MARINA Col xe amigo de sior Cancian, nol pol esser che una persona de merito.

CANCIANO Mi ve digo, che no so gnente.

MARINA Come no saveu gnente, se el vien con vu in casa mia?

CANCIANO Con mi?

FELICE Mo con chi donca? Caro sior Conte, la compatissa. Semo de carneval, sala; mio mario se deverte un pocheto. El vol far taroccar[2] siora Marina: nevero, sior Cancian?

CANCIANO (Bisogna che ingiota.)[3]

MARINA (Oh, co furba che xe custìa!) Vorle sentarse? Le se comoda.

FELICE Sì, sentémose un pochetin. (*siede*) La se comoda qua, sior Conte.

RICCARDO La fortuna meglio non mi potea collocare.

CANCIANO E mi dove m'oi da sentar?

FELICE Andè là, arente[4] siora Marina. (*a Canciano*)

MARINA No, cara fia,[5] che se vien mio mario, povereta mi. (*piano a Felice*)

FELICE Vardè là; no ghe xe de le careghe?[6] (*a Canciano*)

CANCIANO Eh siora sì, la ringrazio. (*siede in disparte*)

RICCARDO Amico, se volete seder qui, siete padrone; non fac-

1 *nevero*: non è egli vero? (Goldoni).
2 *taroccar*: adirare.
3 *ingiota*: inghiotta, faccia buon viso a cattiva sorte.
4 *arente*: appresso (Goldoni).
5 *cara fia*: cara figlia, dicesi per amicizia (Goldoni).
6 *careghe*: seggiole (Goldoni).

ciamo cerimonie. Io andrò dall'altra parte, presso della signora Marina. (*a Canciano*)

MARINA Sior no, sior no, no la s'incomoda. (*a Riccardo*)

FELICE Per cossa dìsela ste freddure? Crédela fursi che mio mario sia zeloso? Oe, signor Cancian, defendève.[1] Sentì, i ve crede zeloso. Me maraveggio de éla, sior Conte. Mio mario xe un galantomo, el sa che muggier che el gh'ha, nol patisse sti mali, e sel li patisse, ghe li farave passar. La saria bela che una donna civil no podesse tratar onestamente un signor, una persona pulita che vien a Venezia per sti quatro zorni de carneval, che me xe stada racomandada da un mio fradelo che xe a Milan! Cossa diseu, Marina, no saravela una inciviltà? No saravela un'asenaria? Mio mario no xe de sto cuor, el gh'ha ambizion de farse merito, de farse onor, el gh'ha gusto che so muggier se deverta, che la fazza bona figura, che la staga in bona conversazion. Nevero, sior Cancian?

CANCIANO Siora sì. (*masticando*)

RICCARDO Per dire la verità, io ne avea qualche dubbio; ma poiché voi mi disingannate, ed il signor Canciano il conferma, vivrò quietissimo, e mi approfitterò dell'onor di servirvi.

CANCIANO (Son stà mi una bestia, a receverlo in casa la prima volta.) (*da sé*)

MARINA Stala un pezzo, sior Conte, a Venezia?

RICCARDO Aveva intenzione di starci poco; ma sono tanto contento di questa bella città, che prolungherò il mio soggiorno.

CANCIANO (Possibile che el diavolo no lo porta via?) (*da sé*)

FELICE E cussì, siora Marina, ancuo disneremo insieme.

MARINA Dove?

FELICE Dove? no lo savè dove?

MARINA Mio mario m'ha dito qualcossa de sto disnar, ma el logo nol me l'ha dito.

FELICE Da siora Margarita.

MARINA Da sior Lunardo?

FELICE Sì ben.[2]

MARINA Adesso ho capìo. Fai nozze?[3]

1 *defendève*: difendetevi (Goldoni).
2 *Sì ben*: lo stesso che sì (Goldoni).
3 *Fai nozze?*: fanno nozze in casa? (Goldoni).

FELICE Che nozze?
MARINA No savè gnente?
FELICE Mi no. Contème.[1]
MARINA Oh, novità grande.
FELICE De chi? De Lucieta?
MARINA Sì ben; ma, zito.
FELICE Cara vu, contème. (*si tira appresso a Marina*)
MARINA Sénteli?[2] (*accennando Riccardo e Canciano*)
FELICE Sior Ricardo, la ghe diga qualcossa a mio mario, la ghe vaga arente; la fazza un poco de conversazion anca con élo, el gh'ha gusto che i parla con so muggier, ma nol vol mo gnanca élo esser lassà in t'un canton.[3] Nevero, sior Cancian?
CANCIANO Eh, nol s'incomoda, che no me n'importa. (*a Riccardo*)
RICCARDO Anzi avrò piacere di discorrere col signor Canciano. Lo pregherò informarmi di alcune cose. (*si accosta a Canciano*)
CANCIANO (El sta fresco).
FELICE E cussì? (*a Marina*)
MARINA Andè là, che sè una gran diavola. (*a Felice*)
FELICE Se no fasse cussì, morirave etica[4] con quel mio mario.
MARINA E mi?...
FELICE Diseme, diseme. Cossa gh'è de Lucieta?
MARINA Ve dirò tuto; ma a pian, che nissun ne senta. (*parlano piano*)
RICCARDO Signore, parmi che voi mi badiate poco. (*a Canciano*)
CANCIANO La compatissa, gh'ho tanti intrighi per mi, che no posso tórmene per i altri.
RICCARDO Bene dunque, non v'incomoderò più. Ma quelle signore parlano segretamente fra di loro; diciamo qualche cosa; facciamo conversazion fra di noi.
CANCIANO Cossa vorla che diga? Mi son omo de poche parole; no stago su le novità, e no amo tropo la conversazion.
RICCARDO (È un bel satiro costui.)
FELICE Nol l'ha vista? (*a Marina*)

1 *Contème*: raccontatemi (Goldoni).
2 *Sénteli?*: Sentono? (Goldoni).
3 *in t'un canton*: in un angolo, in disparte.
4 *etica*: tisica.

MARINA No, e no i vol che el la veda.

FELICE Mo questo el xe un gran codogno.[1]

MARINA Se savessi? pagheria qualcossa de belo che el la vedesse, avanti de serar el contrato.[2]

FELICE In casa nol ghe pol andar?

MARINA Oh gnanca per insonio.[3]

FELICE No se poderia co l'occasion de le maschere?...

MARINA Disè a pian, che i ne sente.

FELICE Via, che i tenda[4] ai fati soi. Che no i staga a spionar; che i parla, che parlemo anca nu. (*a Riccardo*) Sentì cossa me vien in testa. (*a Marina, e si parlano piano*)

RICCARDO Dove si va questa sera?

CANCIANO A casa.

RICCARDO E la signora?

CANCIANO A casa.

RICCARDO Fate conversazione?

CANCIANO Sior sì. In leto.

RICCARDO In letto? A che ora?

CANCIANO A do ore.[5]

RICCARDO Eh, mi burlate.

CANCIANO Sì anca da so servitor.

RICCARDO (Sono male impicciato, per quel ch'io vedo.) (*da sé*)

FELICE Cossa diseu? ve piàsela? (*a Marina*)

MARINA Sì ben; cussì andarave pulito. Ma no so come far a parlar con mio nevodo. Se el mando a chiamar, mio mario va in bestia.

FELICE Mandèghe a dir, che el vegna da mi.

MARINA E so pare?

FELICE No valo anca èlo a disnar da sior Lunardo? Col xe fora de casa, che el vegna; lassème el travaggio a mi.[6]

MARINA E po?...[7]

1 *un gran codogno*: codogno vuol dire un melo cotogno, ma qui s'intende per uno sproposito, per una cosa malfatta (Goldoni).

2 *serar el contrato*: vuol dire sottoscrivere la scritta (Goldoni).

3 *gnanca per insonio*: nemmen per sogno (Goldoni).

4 *che i tenda*: che badino (Goldoni).

5 *A do ore*: a due ore di notte, cioè due ore dopo il tramontar del sole (Goldoni).

6 *lassème... a mi*: lasciate la cura a me (Goldoni).

7 *E po?*: e poi? (Goldoni).

FELICE E po, e po? dopo el Po vien l'Adese.[1] Lassème far a mi, ve digo.

MARINA Adessadesso lo mando a avisar.

FELICE Coss'è, seu muti? (*a Riccardo e Canciano*)

RICCARDO Il signor Canciano non ha volontà di parlare.

FELICE Gramazzo![2] el gh'averà qualcossa per la testa. El xe pien d'interessi: el xe un omo de garbo, sala, mio mario.

RICCARDO Dubito stia poco bene.

FELICE Dasseno? Oh povereta mi; me despiaserave assae. Cossa gh'aveu, sior Cancian?

CANCIANO Niente.

FELICE Per cossa dìselo che el gh'ha mal? (*a Riccardo*)

RICCARDO Perché ha detto che vuol andar a dormire a due ore di notte.

FELICE Dasseno? Fe ben a governarve, fio mio. (*a Canciano*)

CANCIANO Ma ghe vegnirè anca vu.

FELICE Oh, aponto, no v'arecordè che avemo da andar a l'opera?

CANCIANO A l'opera mi no ghe vago.

FELICE Come? Questa è la chiave del palco; me l'avè pur comprada vu. (*a Canciano*)

CANCIANO L'ho comprada... l'ho comprada, perché m'avè incinganà;[3] ma a l'opera mi no ghe vago, e no gh'avè d'andar gnanca vu.

FELICE Oh caro! el burla, sala? El burla, savè, Marina? El mio caro mario me vol tanto ben, el m'ha comprà el palco, e el vegnirà a l'opera con mi: nevero, fio? (Senti sa, no me far el mato, che povereto ti.) (*piano a Canciano*)

MARINA (O che gaìna!)[4]

FELICE Vorla restar servida con mi? Ghe xe logo in tel palco: nevero, sior Cancian? (*a Riccardo*)

CANCIANO (Siestu maledeta! La me fa far tuto quel che la vol.)

1 *dopo... Adese*: scherzo di parole fra il *Po* fiume, e *po* preposizione, che vuol dire *poi. Dopo il Po vien l'Adese* vuol dire, che dopo il Po si trova il fiume Adige, onde da cosa nasce cosa (Goldoni).
2 *Gramazzo*: poveraccio.
3 *incinganà*: incantato, circuito.
4 *gaìna*: finta, accorta, maliziosa (Goldoni).

Scena decima *Simon e detti.*

SIMON Marina. (*bruscamente*)

MARINA Sior.

SIMON (Cossa xe sto bacan? Cossa vorli qua? Chi xelo colù?) (*accenna Riccardo*)

FELICE Oh, sior Simon, la reverisso.

SIMON Patrona. (*a Felice*) Ah? (*a Marina*)

FELICE Semo vegnui a farve una visita.

SIMON A chi?

FELICE A vu. Nevero, sior Cancian?

CANCIANO Siora sì. (*a mezza bocca*)

SIMON Andè via de qua, vu. (*a Marina*)

MARINA Volè che usa una mala creanza?

SIMON Lassème el pensier a mi, andè via de qua.

FELICE Via, Marina, obedìlo vostro mario: anca mi, vedè, co sior Cancian me dise una cossa, la fazzo subito.

MARINA Brava, brava, ho capìo. Patroni.

RICCARDO Umilissima riverenza. (*a Marina*)

SIMON Patron. (*ironico al Conte*)

MARINA Serva sua. (*fa la riverenza al Conte*)

SIMON Patrona. (*contrafà la riverenza*)

MARINA (Taso, perché, perché: ma sta vita no la voggio far.) (*parte*)

SIMON Chi èlo sto sior? (*a Felice*)

FELICE Domandèghelo a mio mario.

RICCARDO Se volete saper chi sono, ve lo dirò io, senza che fatichiate per domandarlo. Io sono il conte Riccardo degli Arcolai, cavaliere d'Abruzzo; son amico del signor Canciano, e buon servidore della signora Felice.

SIMON E vu lassè praticar vostra muggier co sta sorte de cai? [1] (*a Canciano*)

CANCIANO Cossa voleu che fazza?

SIMON Puffeta! [2] (*parte*)

FELICE Vedeu che bela creanza che el gh'ha? El n'ha impiantà

1 *co sta sorte de cai*: con questa sorta di gente (Goldoni). *Cai* significa propriamente *teste*.

2 *Puffeta*: un'esclamazione che spiega assaissimo la maraviglia e il dispregio (Goldoni).

qua senza dir sioria bestia.[1] Védela, sior Conte, la differenza? Mio mario xe un omo civil; nol xe capace de un'azion de sta sorte. Me despiase, che a disnar con nu ancuo no la podemo menar. Ma ghe dirò po mi un no so che per dopo disnar, e sta sera anderemo a l'opera insieme. Nevero, sior Cancian?

CANCIANO Ma mi ve digo...

FELICE Eh via, vegnì qua, sior pampalugo.[2] (*prende per un braccio Canciano, per l'altro Riccardo, e partono*)

1 *senza... bestia*: senza neppure salutarci bruscamente.
2 *pampalugo*: babbeo, scioccone (Goldoni).

Scena prima *Camera in casa di Lunardo. Margarita vestita con proprietà, e Lucietta.*

LUCIETTA Brava, siora madre. Ma co pulito che la s'ha vestìo.

MARGARITA Cossa voleu, cara fia? Se vien sta zente ancuo, voleu che staga, figurarse, co fa una massèra?

LUCIETTA E mi che figura vorla che fazza?

MARGARITA Vu da puta stè ben.

LUCIETTA Eh sì sì, stago ben! Co no son amalada, stago ben.

MARGARITA Mi no so cossa dir, cara fia. Se podesse, me piaserave anca a mi che gh'avessi el vostro bisogno; ma savè chi xe vostro pare. Con élo no se pol parlar. Se ghe digo de farve qualcossa, el me salta ai occhi. El dise che le pute le ha da andar desmesse;[1] el me sa dir, che ve meto su;[2] e mi, per no sentir a criar, no me n'impazzo; lasso che el fazza élo. Finalmente[3] no sè mia fia, no me posso tor certe boniman.[4]

LUCIETTA Eh lo so, lo so, che no son so fia. (*mortificata*)

MARGARITA Cossa voressi dir? No ve voggio ben fursi?[5]

LUCIETTA Siora sì, la me ne vol; ma no la se scalda gnente per mi. Se fusse so fia, co[6] vien zente de suggizion, no la lasserave miga che stasse co la traversa[7] davanti.

MARGARITA Via, cavèvela la traversa.

LUCIETTA E po, co me l'averò cavada?

MARGARITA Co ve l'averè cavada, figurarse, no la gh'averè più.

1 *desmesse*: senza ornamenti (Goldoni).
2 *che ve meto su*: che vi do io de' consigli (Goldoni).
3 *Finalmente*: In fin dei conti, alla fin fine.
4 *boniman*: arbitrî (Goldoni).
5 *fursi*: forse (Goldoni).
6 *co*: quando (Goldoni).
7 *traversa*: grembiale (Goldoni).

LUCIETTA Eh za! crédela che no sapia, che la me burla?

MARGARITA Me fe da rider.[1] Cossa voressi?

LUCIETTA Vorave anca mi comparir, co fa[2] le altre.

MARGARITA Disèghelo a vostro padre. Voleu che manda a chiamar un sartor in scondon,[3] e che ve fazza un abito? E po? xelo orbo sior Lunardo? Credeu, figurarse, che nol ve l'abia da véder?

LUCIETTA Mi no digo un abito; ma qualcossa almanco. La varda; no gh'ho gnanca un fià de cascate.[4] Gh'ho sto strasso de goliè da colo, che me vergogno. El xe antico co fa mia nona. Per casa co sto abito no stago mal; ma ghe voria, cussì, qualcossa che paresse bon. Son zovene, e no son mo gnanca una pitoca;[5] me par che qualche bagatela no la me desdiga.[6]

MARGARITA Aspetè. Se volè un per de cascate, ve le darò mi de le mie. Voleu una colana de perle?

LUCIETTA Magari.

MARGARITA Adesso ve la vago a tor. (Poverazza! la compatisso. Nualtre donne, figurarse, semo tute cussì.) (*parte*).

Scena seconda *Lucietta e detta.*

LUCIETTA Vardè? la dise che mio sior padre no vol. Credo che la sia éla mi, che no voggia. Xe vero che sior padre xe un omo rustego, e che in casa nol vol certe bele cosse, ma éla però la s'ha savesto vestir, e co la vol un abito, la se lo fa, e la lassa che el diga. Ma per mi, poverazza, no se ghe pensa. Maregna,[7] basta cussì. E po la cognosso, la gh'ha rabia con mi, perché son più zovene e più bela de éla. In casa ghe fazzo fastidio. La me dise fia co la boca streta; co ghe digo siora madre, la gh'ha paura che ghe fazza crescer i ani.

1 *Me... rider*: mi fate ridere.
2 *co fa*: come (Goldoni).
3 *in scondon*: di nascosto (Goldoni).
4 *cascate*: manicotti (Goldoni).
5 *pitoca*: pezzente.
6 *no la me desdiga*: non mi disconvenga (Goldoni).
7 *Maregna*: matrigna (Goldoni).

MARGARITA Via, cavève quela traversa.

LUCIETTA Siora sì, subito. (*si cava il grembiale*)

MARGARITA Vegnì qua, che ve meterò le cascate.

LUCIETTA Cara éla, la lassa véder.

MARGARITA Vardè; le xe squasi nove.[1]

LUCIETTA Cossa vorla che fazza de sti scovoli[2] da lavar i piati?

MARGARITA Scovoli ghe disè? Un per de cascate de cambrada,[3] che no le ho doperae quatro volte.

LUCIETTA No la vede co fiape[4] che le xe?

MARGARITA Vardè che desgrazia! certo che i ve vegnirà a vardar le cascate, se le xe di lissìa.[5]

LUCIETTA Le soe però le xe nete.[6]

MARGARITA Che cara siora! ve voressi meter co mi? Queste xe le cascate: se le volè, metèvele: se ghe ne volè de meggio, catèvene.[7]

LUCIETTA Via, no la vaga in colera, che me le meterò.

MARGARITA Vegnì qua. Za co ste spuzzete,[8] più che se fa, se fa pezo. (*mettendole le cascate*)

LUCIETTA Certo! la fa assae per mi. (*accomodandosi le cascate*)

MARGARITA Fasso più de quel che me toca. (*come sopra*)

LUCIETTA Cara éla, che no la se strupia.[9] (*come sopra*)

MARGARITA Sè ben insolente sta matina. (*come sopra, tirandola*)

LUCIETTA Mo via, no la me staga a strascinar, che no son miga una bestia.

MARGARITA No no, no v'indubitè, che no ve vegnirò più intorno. Sè tropo delicata, siora. Feve servir da la serva, che con vu no me ne voggio impazzar.

LUCIETTA Gh'ala le perle?

1 *squasi nove*: quasi nuove.
2 *scovoli*: scovolo in veneziano è uno spazzolino di sarmenti di biade minute, con cui si ripuliscono i tondi in cucina (Goldoni).
3 *cascate de cambrada*: manicotti di stoffa pregiata e fine di Cambrai.
4 *fiape*: appassite (Goldoni).
5 *de lissìa*: di bucato (Goldoni).
6 *nete*: pulite.
7 *catèvene*: compratevene.
8 *spuzzete*: begli umoretti (Goldoni).
9 *no... strupia*: non le rovini (le « cascate »).

MARGARITA No so gnente: no voggio più mustazzae.[1]

LUCIETTA Via mo, cara éla.

MARGARITA Mata inspiritada che son, a deventar mata co sta frascona.

LUCIETTA (*pianze, e si asciuga col fazzoletto*)

MARGARITA Coss'è stà? cossa gh'aveu?

LUCIETTA (*come sopra*)

MARGARITA Pianzè? cossa v'oggio fato?

LUCIETTA La m'ha dito... de darme... una colana de perle... e no la me la vol... più dar. (*piangendo*)

MARGARITA Mo se me fe andar in colera.

LUCIETTA Me la dala?

MARGARITA Via, vegnì qua. (*le vuol mettere la collana*)

LUCIETTA La lassa véder.

MARGARITA Trovereu da dir anca in questo? Lassè, lassè che ve la zola.[2]

LUCIETTA La sarà qualche antigaggia.[3] (*piano, brontolando*)

MARGARITA Cossa diseu? (*allacciando la collana*)

LUCIETTA Gnente.

MARGARITA Sempre brontolè. (*come sopra*)

LUCIETTA La varda: una perla rota. (*si trova una perla rotta in seno*)

MARGARITA E cussì? cossa importa? Slarghèle un pochetin.[4]

LUCIETTA Xele tute rote?

MARGARITA Deboto me faressi dir...

LUCIETTA Quanti ani gh'ala sta colana?

MARGARITA Voleu zogar,[5] che ve la cavo e la porto via?

LUCIETTA De diana! sempre la cria.

MARGARITA Mo se no ve contentè mai.

LUCIETTA Staghio ben?

MARGARITA Stè benissimo.

LUCIETTA Me fala ben al viso?

MARGARITA Pulito, ve digo, pulito. (La gh'ha un'ambizion maledetonazza.)[6]

1 *mustazzae*: rimbrotti (Goldoni).
2 *che ve la zola*: ch'io ve l'allacci (Goldoni).
3 *antigaggia*: anticaglia (Goldoni).
4 *Slarghèle un pochetin*: allargatele un poco (Goldoni).
5 *Voleu zogar*: volete giocare (Goldoni).
6 *maledetonazza*: maladettissima (Goldoni).

LUCIETTA (No ghe credo gnente, me vôi vardar.)[1] (*tira fuori di tasca uno specchietto*)

MARGARITA El specchio gh'avè in scarsela?[2]

LUCIETTA Ol, el xe un strazzeto.[3]

MARGARITA Se vostro sior padre ve lo vede!

LUCIETTA Via, no la ghe lo staga a dir.

MARGARITA Velo qua,[4] vedè, che el vien.

LUCIETTA Sia malignazo! No m'ho gnanca podesto véder ben. (*mette via lo specchio*)

Scena terza *Lunardo e dette.*

LUNARDO Coss'è, siora? andeu al festin? (*a Margarita*)

MARGARITA Tolè. Velo qua. Me vesto una volta a l'ano, e el brontola. Aveu paura, figurarse, che ve manda in malora?

LUNARDO Mi no m'importa che fruessi,[5] vegnimo a dir el merito, anca un abito a la setimana. Grazie al cielo, no son de quei omeni che patissa la spienza.[6] Cento ducati li posso spender, ma no in ste buffonerie; cossa voleu che diga quei galantomeni che vien da mi? Che sè la piavola de Franza?[7] No me vôi far smatar.

LUCIETTA (Gh'ho gusto in verità, che el ghe diga roba.)[8] (*da sé*)

MARGARITA Come credeu che vegnirà vestìe quele altre? Co una scarpa e uno zoccolo?

LUNARDO Lassè che le vegna come che le vol. In casa mia no s'ha mai praticà de ste cargadure, e no vôi scomenzar, e no me vôi far meter sui ventoli. M'aveu capìo?

1 *vardar*: guardare (Goldoni).
2 *scarsela*: saccoccia (Goldoni).
3 *strazzetto*: straccetto (Goldoni).
4 *Velo qua*: eccolo qua.
5 *che fruessi*: che logoraste (Goldoni).
6 *spienza*: spienza vuol dire la milza, ma in proverbio *patire la spienza* s'intende per uomo avaro (Goldoni).
7 *piavola de Franza*: Bamboccia, che si espone in Venezia dai professori di mode (Goldoni).
8 *che... roba*: che le gridi (Goldoni).

LUCIETTA Dasseno, sior padre, ghe l'ho dito anca mi.

LUNARDO Senti, sa, no tor esempio da éla... Coss'è quela roba? Cossa xe quei diavolezzi che ti gh'ha al colo? (*a Lucietta*)

LUCIETTA Eh gnente, sior padre. Una strazzeria, un'antigaggia.

LUNARDO Cavete quele perle.

MARGARITA Dasseno, sior Lunardo, che ghe l'ho dito anca mi.

LUCIETTA Via, caro élo, semo de carneval.

LUNARDO Cossa s'intende? che siè in maschera? No voggio sti putelezzi. Ancuo vien zente; se i ve vede, no voggio che i diga che la fia xe mata, e che el pare no gh'ha giudizio. Dà qua quele perle. (*va per levarle, ella si difende*) Cossa xe quei sbrindoli? [1] Cascate, patrona? cascate? Chi v'ha dà quei sporchezzi? [2]

LUCIETTA Me l'ha dae siora madre.

LUNARDO Dona mata! cussì pulito arlevè mia fia? (*a Margarita*)

MARGARITA Se no la contento, la dise che la odio, che no ghe vôi ben.

LUNARDO Da quando in qua ve xe vegnù in testa sti grili? (*a Lucietta*)

LUCIETTA L'ho vista éla vestìa, me xe vegnù voggia anca a mi.

LUNARDO Sentìu? Questa xe la rason del cativo esempio. (*a Margarita*)

MARGARITA Ela xe puta, e mi son maridada.

LUNARDO Le maridae ha da dar bon esempio a le pute.

MARGARITA Mi no m'ho maridà, figurarse, per vegnir a deventar mata coi vostri fioi.

LUNARDO Né mi v'ho tolto, vegnimo a dir el merito, acciò che vegnì a discreditar la mia casa.

MARGARITA Ve fazzo onor più de quelo che meritè.

LUNARDO Anemo, andève subito a despoggiar.[3] (*a Margarita*)

MARGARITA No ve dago sto gusto [4] gnanca se me copè.

LUNARDO E vu no vegnirè a tola.

MARGARITA No ghe penso né bezzo, né bagatin.

1 *sbrindoli*: ciondoli (Goldoni).
2 *Chi... sporchezzi?*: chi vi ha dato quelle porcherie? (Goldoni).
3 *despoggiar*: spogliarvi e cambiarvi.
4 *gusto*: soddisfazione.

LUCIETTA E mi, sior padre, vegniroggio a tola?

LUNARDO Càvete quele strasserie.

LUCIETTA Sior sì, co nol vol altro, che el toga. Mi son ubidiente. La varda che roba: gnanca vergogna che me le meta. (*si cava le perle e cascate*)

LUNARDO Vedeu? Se cognosse che la xe ben arlevada. Eh la mia prima muggier, povereta! quela giera una donna de sesto.[1] No la se meteva un galan[2] senza dirmelo, e co mi no voleva, giera fenìo, no ghe giera altre risposte. Siestu benedeta dove che ti xe.[3] Mato inspirità che son stà mi a tornarme a maridar.

MARGARITA Mi, mi ho fato un bon negozio a tor un satiro per mario.

LUNARDO Povera grama! ve manca el vostro bisogno? no gh'avè da magnar?

MARGARITA Certo! una donna, co la gh'ha da magnar, no ghe manca altro!

LUNARDO Cossa ve manca?

MARGARITA Caro vu, no me fe parlar.

LUCIETTA Sior padre.

LUNARDO Cossa gh'è?

LUCIETTA No me meterò più gnente senza dirghelo, salo?

LUNARDO Ti farà ben.

LUCIETTA Gnanca se me lo dirà siora madre.

MARGARITA Eh mozzina![4] se cognossemo. Sul so viso, figurarse, tegnì da élo, e po da drio le spale tirè zoso a campane dopie.[5] (*a Lucietta*)

LUCIETTA Mi siora? (*a Margarita*)

LUNARDO Tasè là. (*a Lucietta*)

LUCIETTA La dise de le busie.[6] (*a Lunardo*)

MARGARITA Sentìu come che la parla? (*a Lunardo*)

LUNARDO Tasè là, ve digo. Co la maregna no se parla cussì. Gh'avè da portar respeto; l'avè da tegnir in conto de mare.

1 *ma... sesto*: una donna di garbo (Goldoni).
2 *un galan*: un nastro (Goldoni).
3 *Siestu... ti xe*: che tu sia benedetta dove tu sei (Goldoni).
4 *mozzina*: astuta, scaltra.
5 *tirè... dopie:* gliela cantate su tutti i toni, gliene dite a più non posso.
6 *busie*: bugie (Goldoni).

LUCIETTA De mi no la se pol lamentar. (*a Lunardo*)

MARGARITA E mi... (*a Lunardo*)

LUNARDO E vu, vegnimo a dir el merito, despoggieve, che farè meggio. (*a Margarita*)

MARGARITA Diseu dasseno?

LUNARDO Digo dasseno.

LUCIETTA (Oh magari!)

MARGARITA Son capace de strazzarlo sto abito in cento tochi.[1]

LUNARDO Animo, scomenzè, che ve agiuterò.

LUCIETTA Sior padre, vien zente.

LUNARDO Aseni! i averze senza dir gnente?[2] Andè via de qua. (*a Lucietta*)

LUCIETTA Mo per cossa?

LUNARDO Andève a despoggiar. (*a Margarita*)

MARGARITA Cossa voleu che i diga?

LUNARDO Cospeto e tacca via![3]

Scena quarta *Simon, Marina e detti.*

MARINA Patrona,[4] siora Margarita.

MARGARITA Patrona, siora Marina.

LUCIETTA Patrona.

MARINA Patrona, fia, patrona.

MARGARITA Sior Simon, patron.

SIMON Patrona. (*ruvido*)

MARINA Sior Lunardo, gnanca? Pazenzia.

LUNARDO La reverisso. (Cavève.)[5] (*a Lucietta*)

LUCIETTA (Gnanca se i me copa no vago via.) (*da sé*)

SIMON Semo qua, sior Lunardo, a ricever le vostre grazie.

LUNARDO (Quela mata de mia muggier ancuo la me vol far magnar tanto velen.) (*da sé*)

1 *tocchi*: pezzi.
2 *i averze... gnente?*: aprono senza avvisare?
3 *Cospeto e tacca via*: esclamazione bassa, collerica, per non bestemmiare (Goldoni).
4 *Patrona*: questo saluto, *patron*, *patrona*, è l'ordinario, e quasi indispensabile di quest'ordine di persone (Goldoni).
5 *Cavève*: andate via (Goldoni).

SIMON Mio cugnà Maurizio nol xe gnancora vegnù. (*a Lunardo*)

LUNARDO (Figurève cossa che el dirà sior Simon in tel so cuor, a véder sta cargadura[1] de mia muggier.) (*da sé*)

MARINA (Vardè che bel sesto! nol ve bada gnanca.) (*a Simon*)

SIMON Tasè là, vu; cossa gh'intreu? (*a Marina*)

MARINA Cara quela grazieta! (*a Simon*)

MARGARITA Via, siora Marina, la se cava zoso.[2]

MARINA Volentiera. (*vuole spuntarsi il zendale*)

LUNARDO Andè de là, siora, a cavarghe la vesta e el zendà. (*con rabbia a Margarita*)

MARGARITA Via, via, figurarse, no me magnè. Andemo, siora Marina.

LUNARDO E despoggieve anca vu. (*a Margarita*)

MARGARITA Anca mi m'ho da despoggiar? Cossa dìsela, siora Marina? El vol che me despoggia. Xelo belo mio mario? (*ridendo*)

MARINA De mi no la gh'ha d'aver suggizion. (*a Margarita*)

LUNARDO Sentìu? che bisogno ghe giera, vegnimo a dir el merito, che ve vestissi in andriè? (*a Margarita*)

MARGARITA Che caro sior Lunardo! e éla, figurarse, come xela vestìa?

LUNARDO Éla xe fora de casa, e vu sè in casa.

SIMON Anca mi ho combatù do ore co sta mata. La s'ha volesto vestir a so modo. (*a Lunardo*) Mandè a casa a tor el vostro cotus.[3] (*a Marina*)

MARINA Figurève se mando!

MARGARITA Andémo, andémo, siora Marina.

MARINA Vardè! gnanca se fussimo vestìe de ganzo![4]

MARGARITA I xe cussì. Se gh'ha la roba, e no i vol che la se dopera.

MARINA I vederà siora Felice, come che la xe vestìa.

MARGARITA L'aveu vista?

MARINA La xe stada da mi.

1 *cargadura*: caricatura (Goldoni).
2 *la se cava zoso*: si spogli della vesta e dello zendale.
3 *cotus*: abito assai succinto, che si usava molti anni prima (Goldoni).
4 *de ganzo*: di broccato (Goldoni).

MARGARITA Come gierela, cara vu?

MARINA Oe, in tabarin. (*con esclamazione*)

MARGARITA In tabarin?

MARINA E co pulito!

MARGARITA Sentìu, sior Lunardo? Siora Felice, figurarse, la xe in tabarin.

LUNARDO Mi no intro in ti fati dei altri. Ve digo a vu, vegnimo a dir el merito, che la xe una vergogna.

MARGARITA Che abito gh'avévela? (*a Marina*)

MARINA Arzento a sguazzo.[1]

MARGARITA Sentìu, siora Felice gh'ha l'abito co l'arzento, e vu criè, perché gh'ho sto strazzeto de séa?[2] (*a Lunardo*)

LUNARDO Cavèvelo, ve digo.

MARGARITA Sè ben minchion, se el credè. Andémo, andémo, siora Marina. Se ghe tendessimo a lori,[3] i ne meterave i moccoli drio.[4] Se poderessimo ficar in canèo.[5] De la roba ghe n'ho, e fin che son zovene, me la voggio gòder. (*a Marina*) Ma no gh'è altro; cussì la xe. (*a Lunardo, e parte*)

LUNARDO Custìa la me vol tirar a cimento.

MARINA Caro sior Lunardo, bisogna compatirla. La xe ambiziosa; certo che no ghe giera bisogno, che per casa la mostrasse sta affetazion, ma la xe zovene: no la gh'ha gnancora el so bon intendacchio.[6]

SIMON Tasè là. Vardéve vu, siora petegola.

MARINA Se no portasse respeto dove che son...

SIMON Cossa diressi?

MARINA Ve diria de chi v'ha nanìo.[7] (Orso del diavolo.) (*parte*)

1 *Arzento e sguazzo*: argento in quantità (Goldoni).
2 *de séa*: di seta (Goldoni).
3 *Se... lori*: se badassimo a loro (Goldoni).
4 *i ne... drio*: *mettere i moccoli dietro a qualcheduno* vuol dire svergognarlo, deriderlo (Goldoni).
5 *ficar in canèo*: andarsi a nascondere (Goldoni).
6 *intendacchio*: giudizio, detto burlescamente (Goldoni).
7 *Ve diria... nanìo*: vi direi delle villanie (Goldoni).

Scena quinta *Lunardo e Simon.*

SIMON Marideve, che gh'averè de sti gusti.

LUNARDO Ve recordeu de la prima muggier? Quela giera una bona creatura; ma questa la xe un muschieto![1] (*a Simon*)

SIMON Ma mi, mato bestia, che le donne no le ho mai podeste soffrir, e po son andà a ingambararme[2] co sto diavolo descaenà.[3]

LUNARDO Al dì d'ancuo no se se pol più maridar.

SIMON Se se vol tegnir la muggier in dover, se xe salvadeghi; se la se lassa far se xe alocchi.

LUNARDO Se no giera per quela puta che gh'ho, ve protesto da galantomo, vegnimo a dir el merito, che no m'intrigava con altre donne.

SIMON Me xe stà dito, che la maridè: xe vero?

LUNARDO Chi ve l'ha dito? (*con isdegno*)

SIMON Mia muggier.

LUNARDO Come l'ala savesto? (*con isdegno*)

SIMON Credo che ghe l'abia dito so nevodo.

LUNARDO Felippetto?

SIMON Sì, Felippetto.

LUNARDO Frascon, petegolo, babuin! So pare ghe l'ha confidà, e lu subito el lo xe andà a squaquarar? Conosso che nol xe quel puto che credeva che el fusse. Son squasi pentìo d'averla promessa, e ghe mancherave poco, vegnimo a dir el merito, che no strazzasse el contrato.

SIMON Ve n'aveu per mal, perché el ghe l'ha dito a so àmia?

LUNARDO Sior sì: chi no sa tàser, no gh'ha prudenza, e chi no gh'ha prudenza, no xe omo da maridar.

SIMON Gh'avè rason, caro vecchio; ma al dì d'ancuo, no ghe ne xe più de quei zoveni del nostro tempo. V'arecordeu? No se fava né più né manco de quel che voleva nostro sior pare.

LUNARDO Mi gh'aveva do sorele maridae: no credo averle viste diese[4] volte in tempo de vita mia.

1 *la xe un muschieto*: è un caratteraccio.
2 *ingambararme*: a inciampare, a invilupparmi.
3 *descaenà*: scatenato.
4 *diese*: dieci (Goldoni).

SIMON Mi no parlava squasi mai gnanca co mia siora mare.

LUNARDO Mi al di d'ancuo no so cossa che sia un'opera, una comedia.

SIMON Mi i m'ha menà una sera per forza a l'opera, e ho sempre dormio.

LUNARDO Mio pare, co giera zovene, el me diseva: Vustu véder el Mondo niovo?[1] o vusto che te daga do soldi? Mi me taccava ai do soldi.

SIMON E mi? sunava le boneman,[2] e qualche soldeto che ghe bruscava,[3] e ho fatò cento ducati, e i ho investii al quatro per cento, e gh'ho quatro ducati de più d'intrada; e co i scuodo,[4] gh'ho un gusto cussì grando, che no ve posso fenir de dir. No miga per l'avarizia dei quatro ducati, ma gh'ho gusto de poter dir: tolè; questi me li ho vadagnai da putelo.

LUNARDO Trovèghene uno ancuo che fazza cussì. I li buta via, vegnimo a dir el merito, a palae.[5]

SIMON E pazenzia i bezzi che i buta via. Xe che i se precipita in cento maniere.

LUNARDO E tuto xe causa la libertà.

SIMON Sior sì, co i se sa meter le braghesse[6] da so posta, subito i scomenza a praticar.

LUNARDO E saveu chi ghe insegna? So mare.

SIMON No me disè altro: ho sentìo cosse, che me fa drezzar i cavei.

LUNARDO Sior sì; cussì le dise: Povero putelo! che el se deverta, povereto! voleu che el mora da malinconia? Co vien zente, le lo chiama: Vien qua, fio mio; la varda, siora Lugrezia, ste care raìse,[7] no falo voggia?[8] Se la savesse co spiritoso che el xe! Cànteghe quela canzoneta: dighe quela bela scena de Truffaldin. No digo per dir, ma el sa far de tuto:

1 *Mondo niovo*: quelle macchinette, che si mostrano in Piazza ai curiosi per poco prezzo (Goldoni).
2 *sunava le boneman*: raccoglieva le mance (Goldoni).
3 *che ghe bruscava*: ch'io gli cavava di mano (Goldoni).
4 *e co i scuodo*: e quando li riscuoto (Goldoni).
5 *I li... palae*: li gettano colla pala (Goldoni).
6 *le braghesse*: i calzoni (Goldoni).
7 *raìse*: espressione tenera, amorosa, lo stesso che *viscere* (Goldoni).
8 *no falo voggia?*: non muove a baciarlo, a vezzeggiarlo? ecc. (Goldoni).

el bala, el zoga a le carte, el fa dei soneti; el gh'ha la morosa, sala? El dise, che el se vol maridar. El xe un poco insolente, ma pazenzia, el xe ancora putelo, el farà giudizio. Caro colù; vien qua, vita mia; daghe un baso a siora Lugrezia... Via; sporchezzi; vergogna; donne senza giudizio.

SIMON Cossa ghe pagherave, che ghe fusse qua a sentirve sete o oto de quele donne che cognosso mi.

LUNARDO Cospeto de diana! le me sgrafarave i occhi.[1]

SIMON Hò paura de sì; e cussì, diseme: aveu serà el contrato co sior Maurizio?

LUNARDO Vegnì in mezzà[2] da mi, che ve conterò tuto.

SIMON Mia muggier sarà de là co la vostra.

LUNARDO No voleu?

SIMON No ghe sarà nissun, m'imagino.

LUNARDO In casa mia? no vien nissun senza che mi lo sapia.

SIMON Se savessi! da mi stamatina... basta, no digo altro.

LUNARDO Contème... cosse xe stà?

SIMON Andémo, andémo; ve conterò. Donne, donne e po donne.

LUNARDO Chi dise donna, vegnimo a dir el merito, dise danno.

SIMON Bravo da galantomo. (*ridendo ed abbracciando Lunardo*)

LUNARDO E pur, se ho da dir la verità, no le m'ha despiasso.

SIMON Gnanca a mi veramente.

LUNARDO Ma in casa.

SIMON E soli.

LUNARDO E co le porte serae.

SIMON E co i balconi inchiodai.

LUNARDO E tegnirle basse.[3]

SIMON E farle far a nostro modo.

LUNARDO E chi xe omeni, ha da far cussì. (*parte*)

SIMON E chi no fa cussì, no xe omeni. (*parte*)

1 *me:.. occhi*: mi caverebbe a graffi gli occhi.

2 *mezzà*: in Venezia dicesi a quella stanza, in cui si fanno le maggiori faccende; mezzà è lo studio degli avvocati, dei ministri, dei legali, dei mercadanti; dicesi anche mezzà ad una o più stanze, che sono ad un primo piano al di sotto del piano nobile, ed alcune ve ne sono anche a terreno (Goldoni).

3 *basse*: umili, modeste.

Scena sesta *Altra camera. Margarita e Marina.*

MARINA Feme a mi sto servizio. Chiamè Lucieta, e disémoghe qualcossa de sto so novizzo. Consolémola, e sentimo cossa che la sa dir.

MARGARITA Credème, siora Marina, che no la lo merita.

MARINA Mo perché?

MARGARITA Perché la xe una frascona. Procuro per tuti i versi de contentarla, e la xe con mi, figurarse, ingrata, altiera e sofistica al mazor segno.

MARINA Cara fia, bisogna compatir la zoventù.

MARGARITA Cossa credeu, che la sia una putela?

MARINA Quanti ani gh'averala?

MARGARITA Mo la gh'averà i so disdot'ani fenii lu.

MARINA Eh via! [1]

MARGARITA Sì, da quela che son.

MARINA E mio nevodo ghe n'ha vinti deboto.

MARGARITA Per età i va pulito.[2]

MARINA Disè mo anca, che el xe un bon puto.

MARGARITA Se ho da dir la verità, gnanca Lucieta no xe cativa: ma cussì; la va a lune. De le volte la me strucola de carezze,[3] de le volte la me fa inrabiar.[4]

MARINA I xe i so ani, fia mia. Credèmelo, che me recordo giusto come se fusse adesso: anca mi fava cussì con mia siora madre.

MARGARITA Ma gh'è differenza, vedeu? Una mare pol sopportar, ma a mi no la me xe gnente.

MARINA La xe de vostro mario.

MARGARITA Giusto élo me fa passar la voggia de torme qualche pensier; perché, se la contento, el cria; se no la contento, el brontola. In verità, no so più quala far.

MARINA Fe de tuto che la se destriga.[5]

MARGARITA Magari doman.

MARINA No xeli in contrato?

1 *Eh via!*: espressione di meraviglia (Goldoni).
2 *i va pulito*: stanno bene.
3 *me... carezze*: mi carica di carezze (Goldoni).
4 *inrabiar*: adirare.
5 *se destriga*: si sbrighi, faccia in fretta: cioè, si sposi.

MARGARITA No gh'è miga fondamento in sti omeni; i se pente da un momento a l'altro.

MARINA E pur mi ghe scometteria qualcossa, che ancuo se stabilisse ste nozze.

MARGARITA Ancuo? per cossa?

MARINA So che sior Lunardo ha invidà a disnar anca mio cugnà Maurizio. No i xe soliti a far sti invidi; vederè quel che digo mi.

MARGARITA Pol esser; ma me par impussibile, che no i diga gnente a la puta.

MARINA No saveu che zente che i xe? I è capaci de dirghe dal dito al fato: tocheve la man, e bondì sioria.

MARGARITA E se la puta disesse de no?

MARINA Per questo xe meggio che l'avisemo.

MARGARITA Voleu che la vaga a chiamar?

MARINA Se ve par che sia ben, chiamémola.

MARGARITA Cara fia, me reporto a vu.[1]

MARINA Eh cara siora Margarita, in materia de prudenza, no ghe xe una par vostro.

MARGARITA Vago e vegno. (*parte*)

MARINA Povera puta! lassarghe vegnir l'acqua adosso cussì! sta so maregna no la gh'ha un fià[2] de giudizio.

Scena settima *Margarita, Lucietta e Marina.*

MARGARITA Vegnì qua, fia, che siora Marina ve vol parlar.

LUCIETTA La compatissa, sala, se no son vegnua avanti, perché, se la savesse, ho sempre paura de falar.[3] In sta casa i cata da dir sun tuto.[4]

MARINA Xe vero; vostro sior padre xe un poco tropo sutilo; ma consoleve, che gh'avè una maregna che ve vol ben.

LUCIETTA Siora sì. (*le fa cenno col gomito, che non è vero*)

MARINA (Figurarse. Se gh'avesse una fiastra, anca mi farave l'istesso.) (*da sé*)

1 *me... a vu*: faccio affidamento su voi.
2 *un fià*: niente (Goldoni).
3 *falar*: sbagliare.
4 *i cata... tuto*: trovano da ridire su tutto.

MARGARITA (Ghe voggio ben, ma no vedo l'ora che la me vaga fora dai occhi.) (*da sé*)

LUCIETTA E cussì, siora Marina, cossa gh'ala da dirme?

MARINA Siora Margarita.

MARGARITA Fia mia.

MARINA Disèghe vu qualcossa.

MARGARITA Mi ve lasso parlar a vu.

LUCIETTA Povereta mi! de ben, o de mal?

MARINA Oh de ben, de ben.

LUCIETTA Mo via donca, che no la me fazza più sgangolir.[1]

MARINA Me consolo con vu, Lucieta.

LUCIETTA De cossa?

MARINA Che ghe lo diga? (*a Margarita*)

MARGARITA Via, tanto fa,[2] disèghelo. (*a Marina*)

MARINA Me consolo che sè novizza. (*a Lucietta*)

LUCIETTA Oh giusto! (*mortificandosi*)

MARINA Vardè! no lo credè?

LUCIETTA Mi no, la veda. (*come sopra*)

MARINA Domandèghelo. (*accennando a Margarita*)

LUCIETTA Xela la verità, siora madre?

MARGARITA Per quel che i dise.

LUCIETTA Oh! no ghe xe gnente de seguro?[3]

MARINA Mi credo che sia sicurissimo.

LUCIETTA Oh, la burla, siora Marina.

MARINA Burlo? so anca chi xe el vostro novizzo.

LUCIETTA Dasseno? Chi xelo?

MARINA No savè gnente vu?

LUCIETTA Mi no, la veda. El me par un insonio.[4]

MARINA Lo spiegheressi volentiera sto insonio?[5]

LUCIETTA No vorla?[6]

MARGARITA Pol esser che ve tocca la grazia.

LUCIETTA Magari. Xelo zovene? (*a Marina*)

MARINA Figureve, in circa de la vostra età.

1 *sgangolir*: penare (Goldoni).
2 *tanto fa*: è tutt'uno (Goldoni).
3 *no ghe... seguro?*: non vi è niente di certo? (Goldoni).
4 *El me... insonio*: mi pare un sogno (Goldoni).
5 *spiegheressi... insonio?*: spiegare il sogno, s'intende verificarlo (Goldoni).
6 *No vorla?*: c'è dubbio? (Goldoni).

LUCIETTA Xelo belo?

MARINA Piutosto.

LUCIETTA (Siestu benedeto!)

MARGARITA La s'ha mo messo, figurarse, in t'un bocon de gringola.[1]

LUCIETTA Mo via, no la me mortifica. Par che ghe despiasa. (*a Margarita*)

MARGARITA Oh v'ingannè. Per mi piutosto stassera che doman.

LUCIETTA Eh, lo so el perché.

MARGARITA Disè mo.

LUCIETTA Lo so, lo so che no la me pol più véder.

MARGARITA Sentìu che bela maniera de parlar? (*a Marina*)

MARINA Via, via, care creature, butè a monte.[2]

LUCIETTA La diga; cossa gh'alo nome? (*a Marina*)

MARINA Felippetto.

LUCIETTA Oh che bel nome? xelo civil?

MARINA El xe mio nevodo.

LUCIETTA Oh sior'àmia![3] gh'ho tanto a caro, sior'àmia, sia benedeto, sior'àmia. (*con allegria bacia Marina*)

MARGARITA Vardè che stomeghezzi.[4]

LUCIETTA Cara siora, la tasa, che l'averà fato pezo de mi.

MARGARITA Certo, per quela bela zoggia che m'ha tocà.[5]

MARINA Disè, fia mia. L'aveu mai visto? (*a Lucietta*)

LUCIETTA Oh povereta mi! quando? dove? Se qua no ghe vien mai un can, se no vago mai in nissun liogo.

MARINA Se lo vederè, el ve piaserà.

LUCIETTA Dasseno? Quando lo vederoggio?

MARINA Mi no so; siora Margarita saverà qualcossa.

LUCIETTA Siora madre, quando lo vederoggio?

MARGARITA Sì, sì: *siora madre, quando lo vederoggio*! Co ghe preme,[6] la se racomanda. E po, gnente gnente, la ranzigna la schizza.[7]

1 *bocon de gringola*: allegrezza con desiderio (Goldoni).
2 *butè a monte*: non parlate altro (Goldoni).
3 *àmia*: si replica che *àmia* vuol dire zia (Goldoni).
4 *che stomeghezzi*: che sguaiataggini (Goldoni).
5 *m'ha tocà*: intende ironicamente del suo cattivo marito (Goldoni).
6 *Co ghe preme*: quando ha interesse.
7 *la... schizza*: aggrinza il naso (Goldoni).

LUCIETTA La sa che ghe vôi tanto ben.

MARGARITA Va là, va là, mozzina.

MARINA (Caspita! la gh'ha de la malizia tanta, che fa paura.)

LUCIETTA La diga, siora Marina. Xelo fio de sior Maurizio?

MARINA Sì, fia mia, e el xe fio solo.

LUCIETTA Gh'ho tanto da caro. La diga: saralo rustego co fa so sior padre?

MARINA Oh, che el xe tanto bon!

LUCIETTA Mo quando lo vederoggio?

MARINA Per dir la verità, gh'averave gusto che ve vedessi, perché se pol anca dar, che élo no ve piasa a vu, o che vu no ghe piasè a élo?

LUCIETTA Pussibile che no ghe piasa?

MARGARITA Cossa credeu de esser, figurarse, la dea Venere?

LUCIETTA No credo de esser la dea Venere, ma no credo mo gnanca de esser l'orco.

MARGARITA (Eh, la gh'ha i so catari.)

MARINA Sentì, siora Margarita, bisogna che ve confida una cossa.

LUCIETTA Mi possio sentir?

MARINA Sì, sentì anca vu. Parlando de sto negozio co siora Felice, la s'ha fato de maraveggia [1] che, avanti de serar el contrato, sti puti no s'abia da véder. La s'ha tolto éla l'impegno de farlo. Ancuo, come savè, la vien qua a disnar, e sentiremo cossa che la dirà.

LUCIETTA Pulito, pulito dasseno.

MARGARITA Se fa presto a dir *pulito pulito*! e se mio mario se n'incorze? [2] Chi tol de mezzo,[3] figurarse, altri che mi?

LUCIETTA Oh, per cossa vorla che el se n'incorza?

MARGARITA Alo da vegnir in casa per el luminal? [4]

LUCIETTA Mi no so gnente. Cossa dìsela, siora Marina?

MARINA Sentì, ve parlo schieto. Mi no ghe posso dar torto gnanca a siora Margarita. Sentiremo quel che dise siora Felice. Se gh'è pericolo, gnanca mi no me ne voggio intrigar.

1 *la... maraveggia*: è rimasta stupita.
2 *se n'incorze*: se ne accorge.
3 *Chi tol de mezzo*: chi ci va di mezzo.
4 *luminal*: finestra a tetto per dar lume al soffitto (Goldoni).

LUCIETTA Vardè; le me mete in saor,[1] e po, tolè suso.

MARGARITA Zito, me par de sentir...

MARINA Vien zente.

LUCIETTA Uh, se xe sior padre, vago via.

MARINA Cossa gh'aveu paura? Omeni no ghe ne xe.

MARGARITA Oh, saveu chi xe?

MARINA Chi?

MARGARITA Siora Felice in maschera: in t'un'aria malignazonazza.[2]

LUCIETTA Xela sola?

MARGARITA Sola. Chi voressi che ghe fusse, patrona? (*a Lucietta*)

LUCIETTA Via, siora madre, che la sia bona, che ghe vôi tanto ben. (*allegra*)

MARINA Sentiremo qualcossa.

LUCIETTA Sentiremo qualcossa. (*allegra*)

Scena ottava *Felice in maschera in bautta, e dette.*

FELICE Patrone. (*tutte rispondono* patrona, *secondo il solito*)

MARGARITA Molto tardi, siora Felice; v'avè fato desiderar.

LUCIETTA De diana![3] se l'avemo desiderada.

FELICE Se savessi! Ve conterò.

MARINA Sola sè? No gh'è gnanca vostro mario?

FELICE Oh, el ghe xe quel torso de verza.[4]

MARGARITA Dove xelo?

FELICE L'ho mandà in mezzà da vostro mario. No ho volesto che el vegna de qua, perché v'ho da parlar.

LUCIETTA (Oh, se la gh'avesse qualche bona niova da darme!) (*da sé*)

FELICE Saveu chi ghe xe in mezzà con lori?

MARINA Mio mario?

FELICE Eh sì ben, ma ghe xe un altro.

1 *le me... saor*: mi mettono in sapore, cioè in lusinga (Goldoni).
2 *malignazonazza*: grandissima (Goldoni).
3 *De diana!*: lo stesso come se si dicesse: Per Bacco! (Goldoni).
4 *torso de verza*: tronco di cavolo (Goldoni).

MARINA Chi?

FELICE Sior Maurizio.

LUCIETTA (El padre del puto!) (*con allegria*)

MARINA Come l'aveu savesto?

FELICE Mio mario, che anca élo xe un tangaro,[1] avanti de andar in mezzà, l'ha volesto saver chi ghe giera, e la serva gh'ha dito che ghe giera sior Simon e sior Maurizio.

MARINA Cossa mai fali?

FELICE Mi credo, vedè, mi credo che i stabilissa quel certo negozio...

MARINA Eh sì, sì, ho capìo.

MARGARITA Gh'arivo anca mi.

LUCIETTA (Anca mi gh'arivo.) (*da sé*)

MARINA E de quel altro interesse gh'avémio gnente da novo?

FELICE De quel amigo?

MARINA Sì, de quel amigo.

LUCIETTA (Le parla in zergo;[2] le crede che no capissa.) (*da sé*)

FELICE Podemio parlar liberamente?

MARGARITA Sì, cossa serve? Za Lucieta sa tuto.

LUCIETTA Oh cara siora Felice, se la savesse quanto che ghe son obligada.

FELICE Mo andè là, fia mia, che sè fortunada. (*a Lucietta*)

LUCIETTA Per cossa?

FELICE Mi no l'aveva mai visto quel puto. V'assicuro che el xe una zoggia.[3]

LUCIETTA (*si pavoneggia da sé*)

MARGARITA Tegnive in bon,[4] patrona. (*a Lucietta*)

MARINA No fazzo per dir che el sia mio nevodo; ma el xe un puto de sesto.[5]

LUCIETTA (*come sopra*)

MARGARITA Ma ghe vol giudizio, figurarse, e bisogna farse voler ben. (*a Lucietta*)

LUCIETTA Co saremo a quela,[6] farò el mio debito.[7]

1 *tangaro*: zotico, rustico.
2 *le... zergo*: parlano in gergo (Goldoni).
3 *zoggia*: gioia.
4 *Tegnive in bon*: insuperbite (Goldoni).
5 *un punto de sesto*: un giovine di garbo (Goldoni).
6 *Co... quela*: quando sarà nel caso (Goldoni).
7 *debito*: dovere.

MARINA E cussì? se vederali sti puti? (*a Felice*)

FELICE Mi ho speranza de sì.

LUCIETTA Come? quando, siora Felice? quando, come?

FELICE Puta benedeta, gh'avè più pressa [1] de mi.

LUCIETTA No vorla?

FELICE Sentì. Adesso adesso el vegnirà qua. (*piano a tutte tre*)

MARGARITA Qua! (*con maraviglia*)

FELICE Siora sì, qua.

LUCIETTA Perché no porlo vegnir qua? (*a Margarita*)

MARGARITA Tasè là, vu siora, che no savè quel che ve disè. Cara siora Felice, lo cognossè mio mario, vardè ben che no femo pezo.[2]

FELICE No v'indubitè gnente. El vegnirà in maschera, vestìo da dona; vostro mario nol cognosserà.

MARINA Sì ben, sì ben: l'avè pensada pulito.

MARGARITA Eh cara siora, mio mario xe sutilo;[3] se el se ne incorze, figurarse, povereta mi.

LUCIETTA No séntela? el vegnirà in maschera. (*allegra a Margarita*)

MARGARITA Eh via, frasconazza. (*a Lucietta*)

LUCIETTA El vegnirà vestìo da donna. (*mortificata, a Margarita*)

FELICE Credème, siora Margarita, che me fe torto. Stè sora de mi,[4] no abiè paura. No pol far che el vegna.[5] Se el vien, che semo qua sole, come che semo adesso, podemo un pochetin chiacolar;[6] se el vien che siémo a tola,[7] o che ghe sia vostro mario, lassème far a mi. So mi quel che gh'ho da dir. I se vederà come che i poderà. Un'occhiadina in sbrisson [8] no ve basta?

LUCIETTA In sbrisson? (*a Felice, pateticamente*)

MARGARITA Vegniralo solo?

1 *pressa*: fretta.
2 *pezo*: peggio (Goldoni).
3 *sutilo*: delicato (Goldoni).
4 *Stè... mi*: confidate in me.
5 *No pol... vegna*: può star poco a venire (Goldoni).
6 *chiacolar*: chiaccherare.
7 *a tola*: a tavola (Goldoni).
8 *Un'occhiadina in sbrisson*: un'occhiata alla sfuggita (Goldoni).

FELICE No, cara fia; solo nol pol vegnir. Vedè ben, in maschera, vestìo da donna...

MARGARITA Con chi vegniralo donca?[1] (*a Felice*)

FELICE Con un forestier. (*a Margarita*) Oe, con quelo de stamatina. (*a Marina*)

MARINA Ho capìo.

MARGARITA Figurarse se mio mario vuol zente in casa, che nol cognosse!

FELICE El vegnirà in maschera anca élo.

MARGARITA Pezo: no, no assolutamente.

LUCIETTA Mo via, cara siora madre, la trova difficoltà in tuto. (La xe proprio una caga dubi.)[2]

MARGARITA So quel che digo; e mio mario, figurarse, nissun lo cognosse meggio de mi.

FELICE Sentì, fia mia, dal vostro al mio semo là. I xe tuti do taggiai in t'una luna.[3] Mi mo, vedeu? no me lasso far tanta paura.

MARGARITA Brava, sarè più spiritosa de mi.

LUCIETTA I bate.

MARGARITA Eh che no i bate, no.

MARINA Poverazza, la gh'ha el bataor[4] in tel cuor.

FELICE Vedè, cara siora Margarita, che in sto negozio no gh'ho né intrar, né insir.[5] L'ho fato per siora Marina, e anca per sta puta, che ghe voggio ben. Ma se vu po ve n'avè per mal...

LUCIETTA Eh giusto! cossa dìsela?

MARIETTA Eh via, za che ghe semo. (*a Margarita*)

MARGARITA Ben ben; se nasserà qualcossa, sarà pezo per vu. (*a Lucietta*)

LUCIETTA No la sente? I bate, ghe digo. (*a Margarita*)

MARGARITA Adesso sì ch'i ha batù.

LUCIETTA Bisogna che la dorma cullà. Anderò mi.

MARGARITA Siora no, siora no, anderò mi. (*parte*)

1 *donca*: dunque (Goldoni).
2 *caga dubi*: fonte di dubbi, indecisa, incerta.
3 *taggiai... luna*: letteralmente, tagliati sotto la stessa luna; e cioè, hanno lo stesso carattere.
4 *bataor*: battito.
5 *nè... insir*: né entrata, né uscita, cioè, non ci ho interesse veruno (Goldoni).

Scena nona *Felice, Marina e Lucietta.*

LUCIETTA Cara éla, me racomando. (*a Felice*)

FELICE No vorave desgustar siora Margarita.

MARINA No ghe badè. Se stasse a éla, sta puta no se maride-rave mai.

LUCIETTA Se la savesse!

FELICE Cossa vol dir? cossa gh'ala co sta creatura? (*a Marina*)

MARINA No saveu? invidia. Gh'ha tocà un mario vecchio, la gh'averà rabia che a so fiastra ghe toca un zovene.

LUCIETTA Ho paura de sì mi, che la diga la verità.

FELICE Ora la dise una cossa, ora la ghe ne dise un'altra.

MARINA Se ve digo: no gh'è né sesto, né modelo.[1]

LUCIETTA No la sa dir altro che *figurarse, figurarse.*

Scena decima *Margarita e dette.*

MARGARITA A vu, siora Felice.

FELICE A mi? cossa?

MARGARITA Maschere che ve domanda.

LUCIETTA Maschere che la domanda! (*allegra a Felice*)

MARINA Saralo l'amigo? (*a Felice*)

FELICE Pol darse. (*a Marina*) Felo vegnir avanti. (*a Margarita*)

MARGARITA E se vien mio mario?

FELICE Se vien vostro mario, no ghe saverò dar da intender qualche panchiana?[2] No ghe posso dir che la xe mia sorela maridada a Milan? Giusto l'aspetava in sti zorni, e la pol capitar de momento in momento.

MARGARITA E la maschera omo?

FELICE Oh bela! no ghe posso dir che el xe mio cugnà?[3]

MARGARITA E vostro mario cossa diralo?

FELICE Mio mario, co voggio che el diga de sì, basta che lo varda; con un'occhiada el me intende.

1 *no gh'è... modelo*: lo stesso che dire né dritto, né rovescio (Goldoni).
2 *panchiana*: fola.
3 *cugnà*: cognato (Goldoni).

LUCIETTA Siora madre, ghe n'ala più?

MARGARITA Cossa?

LUCIETTA De le difficoltà?

MARGARITA Me faressi dir, deboto... orsù, tanto fa che le staga de là quele maschere, come che le vegna de qua. A l'ultima de le ultime, gh'averà da pensar vu più de mi. (*a Lucietta*) Siore maschere, le favorissa, le vegna avanti. (*alla scena*)

LUCIETTA (Oh come che me bate el cuor!) (*da sè*)

Scena undicesima *Felippetto in maschera da donna, il conte Riccardo e dette.*

RICCARDO Servitor umilissimo di lor signore.

FELICE Patrone, siore maschere.

MARGARITA Serva. (*sostenuta*)

MARINA Siora maschera donna, la reverisso. (*a Felippetto*)

FELIPPETTO (*fa la riverenza da donna*)

LUCIETTA (Vardé che bon sesto!) [1]

FELICE Maschere, andeu a spasseti? [2]

RICCARDO Il carnovale desta l'animo ai divertimenti.

MARGARITA Siora Lucieta, cossa diseu de ste maschere?

LUCIETTA Cossa vorla che diga? (*mostrando di vergognarsi*)

FELIPPETTO (Oh cara! oh che pometo da riosa.) [3]

MARGARITA Siore maschere, le perdona la mala creanza; ale disnà éle?

RICCARDO Io no.

MARGARITA In verità, voressimo andar a disnar.

RICCARDO Vi leveremo l'incomodo.

FELIPPETTO (De diana! no l'ho malistente [4] vardada!)

RICCARDO Andiamo, signora maschera. (*a Felippetto*)

FELIPPETTO (Sia malignazo!)

MARINA Eh, aspetè un pochetin. (*a Riccardo e a Felippetto*)

MARGARITA (Me lo sento in te le rechie quel satiro de mio mario).

1 *che bon sesto!*: che bel garbo! (Goldoni).
2 *spasseti*: divertimenti.
3 *pometo da riosa*: mela rosa (Goldoni).
4 *malistente*: appena (Goldoni).

FELICE Maschera, sentì una parola. (*a Felippetto*)

FELIPPETTO (*si accosta a Felice*)

FELICE Ve piàsela? (*piano a Felippetto*)

FELIPPETTO Siora sì. (*piano a Felice*)

FELICE Xela bela? (*come sopra*)

FELIPPETTO De diana! (*come sopra*)

LUCIETTA (Siora madre.)

MARGARITA (Cossa gh'è?)

LUCIETTA (Almanco che lo podesse véder un pochetin.) (*piano a Margarita*)

MARGARITA (Adessadesso ve chiapo per un brazzo, e ve meno via.)

LUCIETTA (Pazenzia.)

MARINA Maschera. (*a Felippetto*)

FELIPPETTO (*s'accosta a Marina*)

MARINA Ve piàsela?

FELIPPETTO Assae.

MARINA Toleu tabacco, maschera? (*a Felippetto*)

FELIPPETTO Siora sì.

MARINA Se comandè, servive.

FELIPPETTO (*prende il tabacco colle dita, e vuol pigliarlo colla maschera al volto*)

FELICE Co se tol tabacco, se se cava el volto.[1] (*gli leva la maschera*)

LUCIETTA (Oh co belo!) (*guardandolo furtivamente*)

MARINA Mo che bela puta! (*verso Felippetto*)

FELICE La xe mia sorela.

LUCIETTA (I me fa da rider.) (*ridendo*)

FELIPPETTO (Oh co la ride pulito!)

FELICE Vegnì qua, tireve la bauta[2] soto la gola. (*gli cala la bautta*)

LUCIETTA (El consola el cuor).

MARINA Chi xe più bela de ste do pute? (*di Felippetto e Lucietta*)

FELIPPETTO (*si vergogna, e guarda furtivamente Lucietta*)

LUCIETTA (*fa lo stesso*)

RICCARDO (Sono obbligato alla signora Felice, che oggi mi ha

1 *Co... volto*: quando si prende del tabacco, bisogna sfilarsi la maschera.

2 *bauta*: cappuccio nero che completa la maschera.

fatto godere la più bella commedia di questo mondo.)

MARGARITA Oh via, fenìmola, figurarse, che xe ora. No parlemo più in equivoco. Ringraziè ste signore, che ha fato sto contrabando, e racomandeve al cielo, che se sarè destinai, ve torè.[1] (*a Lucietta e Felippetto*)

FELICE Via andè, maschere; contenteve cussì per adesso.

FELIPPETTO (Mi no me so destaccar.)

LUCIETTA (El me porta via el cuor.)

MARGARITA Manco mal che la xe andada ben.

MARINA Tireve su la bauta. (*a Felippetto*)

FELIPPETTO Come se fa? No gh'ho pratica.

FELICE Vegnìì qua da mi. (*gli accomoda la bautta*)

LUCIETTA (Poverazzo! nol se sa giustar la bauta.) (*ridendo forte*)

FELIPPETTO Me burlela? (*a Lucietta*)

LUCIETTA Mi no. (*ridendo*)

FELIPPETTO Furba!

LUCIETTA (Caro colù.)[2]

MARGARITA Oh povereta mi! oh povereta mi!

FELICE Coss'è stà?

MARGARITA Ve' qua mio mario.

MARINA Sì per diana: anca el mio.

FELICE No xela mia sorela?

MARGARITA Eh cara éla, se el me trova in busia, povereta mi. Presto, presto, scondève, andè in quela camera. (*a Felippetto, spingendolo*) Caro sior, la vaga là drento. (*a Riccardo*)

RICCARDO Che imbroglio è questo?

FELICE La vaga, la vaga, sior Riccardo. La ne fazza sta grazia.

RICCARDO Farò anche questo per compiacervi. (*entra in una camera*)

FELIPPETTO (Spionerò intanto.) (*entra in una camera*)

LUCIETTA (Me trema le gambe, che no posso più.)

MARGARITA Ve l'oggio dito? (*a Felice e Marina*)

MARINA Via via, no xe gnente. (*a Margarita*)

FELICE Co anderemo a disnar, i se la baterà.[3]

MARGARITA Son stada tropo minchiona.

1 *se... torè*: se sarete destinati, vi sposerete (Goldoni).
2 *colù*: colui (Goldoni).
3 *i... baterà*: se ne andranno (Goldoni).

Scena dodicesima *Lunardo, Simon, Canciano e dette.*

LUNARDO Oh patrone, xele stufe d'aspetar? Adessadesso anderemo a disnar. Aspetemo sior Maurizio, e subito che el vien, andemo a disnar.

MARGARITA No ghe gierelo sior Maurizio?

LUNARDO El ghe giera. El xe andà in t'un servizio,[1] e el tornerà adessadesso. Cossa gh'astu ti, che ti me par sbattueta?[2] (*a Lucietta*)

LUCIETTA Gnente. Vorlo che vaga via?

LUNARDO No no, sta qua, fia mia, che anca per ti xe vegnù la to zornada: nevero, sior Simon?

SIMON Poverazza! gh'ho a caro.

LUNARDO Ah! cossa diseu? (*a Canciano*)

CANCIANO Sì, in verità, la lo merita.

LUCIETTA (No me vol andar via sto tremazzo.[3])

FELICE Gh'è qualche novità, sior Lunardo?

LUNARDO Siora sì.

MARINA Via, che sapiemo anca nu.

MARGARITA Za mi sarò l'ultima a saverlo. (*a Lunardo*)

LUNARDO Sentì, fia, ancuo disè quel che volè, che no gh'ho voggia de criar. Son contento, e voggio che se godemo. Lucietta, vien qua.

LUCIETTA (*si accosta tremando*)

LUNARDO Cossa gh'astu?

LUCIETTA No so gnanca mi. (*tremando*)

LUNARDO Gh'astu la freve?[4] Ascolta, che la te passerà. In presenza de mia muggier, che te fa da mare, in presenza de sti do galantomeni, e de le so parone, te dago la niova, che ti xe novizza.

LUCIETTA (*trema, pian
ge e quasi casca*)

LUNARDO Olà, olà, cossa fastu? Te despiase che t'abia fato novizza?

LUCIETTA Sior no.

LUNARDO Sastu chi xe el to novizzo?

1 *in t'un servizio*: per una faccenda.
2 *sbattueta*: di malavoglia (Goldoni).
3 *tremazzo*: tremore (Goldoni).
4 *freve*: febbre (Goldoni).

LUCIETTA Sior sì.

LUNARDO Ti lo sa? come lo sastu? chi te l'ha dito? (*sdegnato*)

LUCIETTA Sior no, no so gnente. La compatissa, che no so gnanca cossa che diga.

LUNARDO Ah! povera inocente! cussì la xe arlevada, vedeu? (*a Simon e Canciano*)

FELICE (Se el savesse tuto.) (*piano a Margarita*)

MARGARITA (M'inspirito [1] che el lo sapia.) (*a Felice*)

MARINA (No gh'è pericolo.) (*a Margarita*)

LUNARDO Orsù, sapiè che el so novizzo xe el fio de sior Maurizio, nevodo de siora Marina.

MARINA Dasseno? mio nevodo?

FELICE Oh cossa che ne contè!

MARINA Mo gh'ho ben a caro, dasseno.

FELICE De meggio no podevi trovar.

MARINA Quando se farale ste nozze?

LUNARDO Ancuo.

MARGARITA Ancuo?

LUNARDO Siora sì, ancuo, adessadesso. Sior Maurizio xe andà a casa; el xe andà a levar [2] so fio, el lo mena qua; disnemo insieme, e po subito i se dà la man.[3]

MARGARITA (Oh povereta mi!)

FELICE Cussì a la presta?

LUNARDO Mi no voggio brui longhi.[4]

LUCIETTA (Adesso me trema anca le buele.) [5]

LUNARDO Cossa gh'astu? (*a Lucietta*)

LUCIETTA Gnente.

Scena tredicesima *Maurizio e detti.*

LUNARDO Oh via; seu qua? (*a Maurizio*)

MAURIZIO Son qua. (*turbato*)

LUNARDO Cossa gh'aveu?

MAURIZIO Son fora de mi.

LUNARDO Coss'è stà?

1 *M'inspirito*: tremo, ho paura (Goldoni).
2 *a levar*: a prendere (Goldoni).
3 *i se... man*: si sposano (Goldoni).
4 *brui longhi*: brodi lunghi (Goldoni).
5 *le buele*: le budella (Goldoni).

MAURIZIO Son andà a casa, ho cercà el puto. No l'ho trovà in nissun liogo. Ho domandà, me son informà, me xe stà dito, che l'è stà visto in compagnia de un certo sior Riccardo, che pratica siora Felice. Chi èlo sto forestier? cossa gh'ìntrelo con mio fio? (*a Felice*)

FELICE Mi de vostro fio no so gnente. Ma circa al forestier, el xe un cavalier onorato. Nevero, sior Cancian?

CANCIANO Mi no so gnente chi el sia, e no so chi diavolo l'abia mandà. Ho tasesto fin adesso, ho mandà zo dei boconi amari, per contentarve, per no criar; ma adesso mo ve digo, che per casa mia no lo voggio più. Siora sì, el sarà un fa pele.[1]

Scena quattordicesima *Riccardo e detti; poi Felippetto.*

RICCARDO Parlate meglio dei cavalieri d'onore. (*a Canciano*)

LUNARDO In casa mia? (*a Riccardo*)

MAURIZIO Dove xe mio fio? (*a Riccardo*)

RICCARDO Vostro figlio è la dentro. (*a Maurizio*)

LUNARDO Sconto[2] in camera?

MAURIZIO Dov'estu, desgrazià?

FELIPPETTO Ah sior padre, per carità. (*s'inginocchia*)

LUCIETTA Ah sior padre, per misericordia. (*s'inginocchia*)

MARGARITA Mario, no so gnente, mario. (*raccomandandosi*)

LUNARDO Ti me la pagherà, desgraziada. (*vuol dare a Margarita*)

MARGARITA Agiuto.

MARINA Tegnìlo.

FELICE Fermèlo.

SIMON Stè saldo.[3]

CANCIANO No fe. (*Simon e Canciano strascinano dentro Lunardo e partono in tre*)

MAURIZIO Vien qua, vien qua, furbazzo. (*piglia per un braccio Felippetto*)

MARGARITA Vegnì qua, frasconazza. (*piglia per un braccio Lucietta*)

1 *un fa pele*: un ingaggiator di soldati (Goldoni). Propriamente, un commerciante in pelli.
2 *Sconto*: nascosto.
3 *Stè saldo*: state calmo.

MAURIZIO Andemo. (*lo tira*)

MARGARITA Vegnì via con mi. (*la tira*)

MAURIZIO A casa la giustaremo.[1] (*a Felippetto*)

MARGARITA Per causa vostra. (*a Lucietta*)

FELIPPETTO (*andando via, saluta Lucietta*)

LUCIETTA (*andando via, si dà de' pugni*)

FELIPPETTO Povereta!

LUCIETTA Son desperada.

MAURIZIO Va via de qua. (*lo caccia via, e partono*)

MARGARITA Sia maledeto co son vegnua in sta casa. (*parte spingendo Lucietta*)

MARINA Oh che sussuro, o che diavolezzo![2] Povera puta, povero mio nevodo! (*parte*)

RICCARDO In che impiccio mi avete messo, signora?

FELICE Xelo cavalier?

RICCARDO Perché mi fate questa dimanda?

FELICE Xelo cavalier?

RICCARDO Tale esser mi vanto.

FELICE Donca, che el vegna con mi.

RICCARDO A qual fine?

FELICE Son una donna onorata. Ho falà,[3] e ghe vôi remediar.

RICCARDO Ma come?

FELICE Come, come! se ghe digo el come, xe fenìa la comedia. Andemo. (*partono*)

1 *la giustaremo*: faremo i conti: sarai punito.
2 *diavolezzo*: turbamento, scompiglio.
3 *Ho falà*: ho sbagliato.

Scena prima *Camera di Lunardo. Lunardo, Canciano e Simon.*

LUNARDO Se trata de onor, se trata, vegnimo a dir el merito, de reputazion de casa mia. Un omo de la mia sorte. Cossa dirai de mi? cossa dirai de Lunardo Cròzzola?

SIMON Quietève, caro compare. Vu no ghe n'avè colpa. Xe causa le donne; castighèle,[1] e tuto el mondo ve loderà.

CANCIANO Sì ben, bisogna dar un esempio. Bisogna umiliar la superbia de ste muggier cussì altiere, e insegnar ai omeni a castigarle.

SIMON E che i diga pur, che semo rusteghi.

CANCIANO E che i diga pur, che semo salvadeghi.

LUNARDO Mia muggier xe causa de tuto.

SIMON Castighèla.

LUNARDO E quela frasconazza la ghe tien drio.

CANCIANO Mortifichèla.[2]

LUNARDO E vostra muggier ghe tien terzo. (*a Canciano*)

CANCIANO La castigherò.

LUNARDO E la vostra sarà d'accordo. (*a Simon*)

SIMON Anca la mia me la pagherà.

LUNARDO Cari amici, parlemo, consegiemose.[3] Con custìe,[4] vegnimo a dir el merito, cossa avémio da far? Per la puta xe facile, e gh'ho pensà, e ho stabilio. Prima de tuto, a monte el matrimonio.[5] Mai più, che no la parla de maridarse. La manderò a serar in t'un liogo,[6] lontana dal mondo, tra

1 *castighèle*: castigatele (Goldoni).
2 *mortifichèla*: umiliatela.
3 *consegiemose*: consigliamoci.
4 *custìe*: costoro (Goldoni).
5 *a... matrimonio*: non si parli più del matrimonio (Goldoni).
6 *liogo*: loco (Goldoni).

quatro muri, e la xe fenìa. Ma le muggier come le avémio da castigar? Disè la vostra opinion.

CANCIANO Veramente, confesso el vero: son un pochetin intrigà.

SIMON Se poderave ficarle [1] anca éle in t'un retiro tra quatro muri, e destrigarse cussì.

LUNARDO Questo, vegnimo a dir el merito, sarave un castigo più per nu, che per éle. Bisogna spender, pagar le spese, mandarle vestìe con un pocheto de pulizia, e per retirae che le staga, le gh'averà sempre là drento più spasso, e più libertà, che no le gh'ha in casa nostra. Pàrlio ben? [2] (*a Simon*)

SIMON Disè benissimo. Specialmente da vu e da mi, che no ghe lassemo la brena [3] sul colo, come mio compare Cancian.

CANCIANO Cossa voleu che diga? gh'avè rason. Poderessimo tegnirle in casa, sarae in t'una camera; menarle un pochetin a la festa con nu, e po tornarle a serar, e che no le vedesse nissun, e che no le parlasse a nissun.

SIMON Le donne serae? senza parlar con nissun? Questo xe un castigo, che le fa crepar in tre dì.

CANCIANO Tanto meggio.

LUNARDO Ma chi è quel omo, che voggia far l'aguzzin? e po se i parenti lo sa, i fa el diavolo, i mete soto mezzo mondo, i ve la fa tirar fora, e po ancora i ve dise che sè un orso, che sè un tangaro, che sè un can.

SIMON E co avè molà,[4] o per amor, o per impegno, le ve tol la man, e no sè più paron de criarghe.

CANCIANO Giusto cussì ha fato con mi mia muggier.

LUNARDO La vera [5] saria, vegnimo a dir el merito, doperar un pezzo de legno.

SIMON Sì, da galantomo, e lassar che la zente diga.[6]

CANCIANO E se le se revolta contra de nu?

SIMON Se poderave dar, savè.[7]

1 *ficarle*: metterle per forza (Goldoni).
2 *Pàrlio ben?*: parlo bene? (Goldoni).
3 *la brena*: la briglia (Goldoni).
4 *E co... molà*: e quando avete ceduto (Goldoni).
5 *La vera*: il giusto metodo.
6 *lassar... diga*: lasciar che la gente dica quel che sa dire (Goldoni).
7 *savè*: sapete (Goldoni).

CANCIANO Mi so quel che digo.

LUNARDO In sto caso, se troveressimo in t'un bruto cimento.

SIMON E po? no saveu? Ghe ne xe dei omeni che bastona le so muggier, ma credeu che gnanca per questo i le possa domar? Oibò;[1] le fa pezo[2] che mai; le lo fa per despeto; se no i le copa, no gh'è remedio.

LUNARDO Coparle po no.

CANCIANO Mo no, certo; perché po, vòltela, ménela,[3] senza donne no se pol star.

SIMON Mo no saravela una contentezza, aver una muggier bona, quieta, ubbidiente? No saravela una consolazion?

LUNARDO Mi l'ho provada una volta. La mia prima, povereta, la giera un agnelo. Questa la xe un basilisco.

CANCIANO E la mia? Tuto a so modo la vol.

SIMON E mi crio, strepito, e no fazzo gnente.

LUNARDO Tutto xe mal, ma un mal che se pol soportar; ma in tel caso che son mi adesso, vegnimo a dir el merito, se trata de assae. Voria ressolver, e non so quala far.

SIMON Mandèla dai so parenti.

LUNARDO Certo! acciò che la me fazza smatar.[4]

CANCIANO Mandèla fora.[5] Fela star in campagna.

LUNARDO Pezo! la me consuma le intrae[6] in quatro zorni.

SIMON Feghe parlar; trovè qualchedun che la meta in dover.

LUNARDO Eh! no l'ascolta nissun.

CANCIANO Provè a serarghe i abiti, a serarghe le zoggie, tegnirla bassa; mortifichèla.

LUNARDO Ho provà; se fa pezo che mai.

SIMON Ho capìo; fe cussì, compare.

LUNARDO Come?

SIMON Godèvela, come che la xe.

CANCIANO Ho pensier anca mi, che no ghe sia altro remedio che questo.

LUNARDO Sì, l'ho capìa che xe un pezzo. Vedo anca mi che, co l'è fata, no ghe xe più remedio. M'aveva comodà el mio

1 *Oibò*: messer no (Goldoni).
2 *pezo*: peggio (Goldoni).
3 *vòltela, ménela*: volta, rivolta (Goldoni).
4 *smatar*: svergognare, deridere (Goldoni).
5 *fora*: s'intende in villa (Goldoni).
6 *le intrae*: le entrate (Goldoni).

stomego de soportarla; ma questa che la m'ha fato, la xe tropo granda. Ruvinarme una puta de quela sorte? farghe vegnir el moroso in casa? Xe vero che mi ghe l'aveva destinà per mario, ma cossa savévela, vegnimo a dir el merito, la mia intenzion? Gh'ho dà qualche motivo [1] de maridarla. Ma no me podévio pentir? No se podeva dar, che no se giustessimo? No podeva portar avanti dei mesi e dei ani? E me lo introduse in casa? in maschera? da scondon? [2] La fa che i se veda? la fa che i se parla? Una mia puta? una colomba inocente? No me tegno; la vôi castigar, la vôi mortificar, se credesse, vegnimo a dir el merito, de precipitar.

SIMON Causa siora Felice.

LUNARDO Sì, causa quela mata de vostra muggier. (*a Canciano*)

CANCIANO Gh'avè rason. Mia muggier me la pagherà.

Scena seconda *Felice e detti.*

FELICE Patroni reveriti, grazie del so bon amor.

CANCIANO Cossa feu qua?

LUNARDO Cossa vorla in casa mia?

SIMON Xela qua, per far che nassa qualche altra bela scena?

FELICE I se stupisse perché son qua? Voléveli che fusse andada via? Credévelo sior Cancian che fusse andada col forestier?

CANCIANO Se anderè più [3] con colù, ve farò véder chi son.

FELICE Diseme, caro vecchio, ghe songio mai andada senza de vu?

CANCIANO La sarave bela!

FELICE Senza de vu, l'oggio [4] mai recevesto in casa?

CANCIANO Ghe mancarave anca questa!

FELICE E perché donca credevi che fusse andada con élo?

CANCIANO Perché sè una mata.

FELICE (El fa el bravo,[5] perché el xe in compagnia.)

1 *qualche motivo*: qualche cenno (Goldoni).
2 *da scondon*: di nascosto (Goldoni).
3 *più*: ancora.
4 *l'oggio*: l'ho (Goldoni).
5 *bravo*: fiero, ardito, coraggioso.

SIMON (Oe, la gh'ha filo.)[1] (*piano a Lunardo*)

LUNARDO (El fa ben a mostrarghe el muso.) (*piano a Simon*)

CANCIANO Andémo, siora, vegnì a casa con mi.

FELICE Abiè un pocheto de flema.[2]

CANCIANO Me maraveggio che gh'abiè tanto muso[3] de vegnir qua.

FELICE Per cossa? cossa oggio fato?

CANCIANO No me fe parlar.

FELICE Parlè.

CANCIANO Andemo via.

FELICE Sior no.

CANCIANO Andemo, che cospeto de diana... (*minacciandola*)

FELICE Cospeto, cospeto... so cospetizar[4] anca mi. Coss'è, sior? M'aveu trovà in t'un gatolo?[5] Songio la vostra massèra? Cussì se parla con una donna civil? Son vostra muggier; me podè comandar, ma no me vôi[6] lassar strapazzar. Mi no ve perdo el respeto a vu, e vu no me l'avè da perder a mi. E dopo che sè mio mario, no m'avè mai più parlà in sta maniera. Coss'è sto manazzar? coss'è sto cospeto? cossa xe sto alzar le man? A mi manazzar? a una donna de la mia sorte? Disè, sor Cancian, v'ali messo su sti patroni? v'ali consiglià che me tratè in sta maniera? Ste asenarie l'aveu imparade da lori? Se sè un galantomo, tratè da quelo che sè, se ho falà, correzème;[7] ma no se strapazza, e no se manazza, e no se dise cospeto, e no se trata cussì. M'aveu capìo, sior Cancian? Abiè giudizio vu, se volè che ghe n'abia anca mi.

CANCIANO (*resta ammutolito*)

SIMON (Aveu sentio che raccola?)[8] (*a Lunardo*)

LUNARDO (Adessadesso me vien voggia de chiaparla mi per el colo. E quel martuffo[9] sta zito.) (*a Simon*)

1 *la... filo*: ha timore (Goldoni).
2 *flema*: calma, pazienza.
3 *che... muso*: che siate tanto sfacciata.
4 *cospetizar*: imprecare.
5 *gatolo*: quasi tutte le strade di Venezia hanno de' piccioli canaletti lateralmente, dove si uniscono le immondizie, e per dove scorre e si perde l'acqua piovana, e si chiamano *gattoli* (Goldoni).
6 *no me vôi*: non mi voglio (Goldoni).
7 *correzème*: correggetemi (Goldoni).
8 *che raccola*: che bagatella (Goldoni). Propriamente, ranocchia e per traslato, ciarla.
9 *martuffo*: sciocco (Goldoni).

SIMON (Cossa voleu che el fazza? Voleu che el se precipita?)

FELICE Via, sior Cancian, no la dise gnente?

CANCIANO Chi ha più giudizio, el dopera.[1]

FELICE Sentenza de Ciceron! Cossa dìsele éle, patroni?

LUNARDO Cara siora, no me fe parlar.

FELICE Perché? son vegnua a posta, acciò che parlè; so che ve lamentè de mi, e gh'ho gusto de sentir le vostre lamentazion. Sfogheve con mi, sior Lunardo, ma no stè a meter su mio mario. Perché, se me dirè le vostre razon, son donna giusta, e se gh'ho torto, sarò pronta a darve sodisfazion; ma arecordeve ben, che el meter disunion tra mario e muggier el xe un de quei mali che no se giusta cussì facilmente, e quel che no voressi che i altri fasse con vu, gnanca vu coi altri no l'avè da far, e parlo anca co sior Simon, che con tuta la so prudenza el sa far la parte da diavolo, co[2] bisogna. Parlo con tuti do,[3] e ve parlo schieto perché me capì. Son una donna d'onor, e se gh'avè qualcossa, parlè.

LUNARDO Diseme, cara siora, chi è stà che ha fato vegnir quel puto in casa mia?

FELICE Son stada mi. Mi son stada, che l'ha fato vegnir.

LUNARDO Brava, siora!

SIMON Pulito!

CANCIANO Lodeve, che avè fato una bel'azion!

FELICE Mi no me lodo; so che giera meggio che no l'avesse fato; ma no la xe una cativa azion.

LUNARDO Chi v'ha dà licenza,[4] che lo fe vegnir?

FELICE Vostra muggier.

LUNARDO Mia muggier? v'ala parlà? v'ala pregà? xela vegnua éla a dirvelo che lo menè?[5]

FELICE Sior no; me l'ha dito siora Marina.

SIMON Mia muggier?

FELICE Vostra muggier.

SIMON Ala pregà éla el forestier, che tegnisse terzo[6] a quela puta?

1 *el dopera*: lo adoperi (Goldoni).
2 *co*: quando (Goldoni).
3 *do*: due (Goldoni).
4 *licenza*: permesso.
5 *che lo menè*: che lo conduciate (Goldoni).
6 *che tegnisse terzo*: che tenesse mano (Goldoni).

FELICE Sior no, el forestier l'ho pregà mi.

CANCIANO Vu l'avè pregà? (*con isdegno*)

FELICE Sior sì, mi. (*a Canciano, con isdegno*)

CANCIANO (Oh che bestia! no se pol parlar!)

LUNARDO Mo perché far sta cossa? mo perché menarlo? mo perché siora Marina se n'ala intrigà? mo perché mia muggier s'ala contentà? [1]

FELICE Mo perché questo, mo perché st'altro! Ascoltème; sentì l'istoria come che la xe. Lassème dir; no me interrompè. Se gh'ho torto, me darè torto; e se gh'ho rason, me darè rason. Prima de tuto, lassè, patroni, che ve diga una cossa. No andè in colera, e no ve n'abiè per mal. Sè tropo rusteghi; sè tropo salvadeghi. La maniera che tegnì co le donne, co le muggier, co la fia, la xe cussì stravagante fora de l'ordinario, che mai in eterno le ve poderà voler ben; le ve obedisse per forza, le se mortifica con rason, e le ve considera no marii, no padri, ma tartari, orsi e aguzzini. Vegnimo al fato. (No *vegnimo a dir el merito*, vegnimo al fato). Sior Lunardo vol maridar la so puta, nol ghe lo dise, nol vol che la lo sapia, no la lo ha da véder; piasa o no piasa, la lo ha da tor. Acordo anca mi, che le pute no sta ben che le fazza l'amor, che el mario ghe l'ha da trovar so sior padre, e che le ha da obedir, ma no xe mo gnanca giusto de meter a le fie un lazzo [2] al colo, e dirghe: ti l'ha da tior. Gh'avè una- fia sola, e gh'avè cuor de sacrificarla? (*a Lunardo*) Mo el puto xe un puto de sesto, el xe bon, el xe zovene, nol xe bruto, el ghe piaserà. Seu seguro, *vegnimo a dir el merito*, che el gh'abia da piàser? E se nol ghe piasesse? Una puta arlevada a la casalina con un mario fio d'un pare salvadego, sul vostro andar,[3] che vita doveràvela far? Sior sì, avemo fato ben a far che i se veda. Vostra muggier lo desiderava, ma no la gh'aveva coraggio. Siora Marina a mi s'ha racomandà. Mi ho trovà l'invenzion de la maschera, mi ho pregà el forastier. I s'ha visto, i s'ha piasso,[4] i xe contenti. Vu doveressi esser più quieto, più consolà. Xe compatibile vostra muggier, merita

1 *se n'ala... s'ala contentà*: si è immischiata... lo ha sopportato.
2 *lazzo*: laccio.
3 *sul vostro andar*: fatto alla vostra maniera (Goldoni).
4 *i s'ha piasso*: si son piaciuti (Goldoni).

lode siora Marina. Mi ho operà[1] per bon cuor. Se sè omeni, persuadeve, se sè tangheri, sodisfeve. La puta xe onesta, el puto no ha falà; nualtre semo donne d'onor. Ho fenìo la renga; laudè el matrimonio, e compatì l'avocato.[2]

(*Lunardo, Simon e Canciano si guardano l'un l'altro, senza parlare*)

FELICE (I ho messi in sacco, ma con rason.) (*da sé*)

LUNARDO Cossa diseu, sior Simon?

SIMON Mi, se stasse a mi, lauderave.[3]

CANCIANO Gnanca mi no ghe vago in tel verde.[4]

LUNARDO E pur ho paura che bisognerà che taggiemo.[5]

FELICE Per cossa?

LUNARDO Perché el padre del puto, vegnimo a dir el merito...

FELICE *Vegnimo a dir el merito*, al padre del puto xe andà a parlarghe sior Conte, el xe in impegno che se fazza sto matrimonio, perché el dise che inocentemente el xe stà causa élo de sti sussuri, e el se chiama affrontà,[6] e el vol sta sodisfazion; el xe un omo de garbo, el xe un omo che parla ben, e son segura che sior Maurizio no saverà dir de no.

LUNARDO Cossa avémio da far?

SIMON Caro amigo, de tante che ghe ne avemo pensà, no ghe xe la meggio de questa. Tor le cosse come che le vien.

LUNARDO E l'affronto?

FELICE Che affronto? co el xe so mario,[7] xe fenìo l'affronto.

CANCIANO Sentì, sior Lunardo; siora Felice gh'ha anca éla le so debolezze, ma per dir la verità, qualche volta la xe una dona de garbo.

FELICE Nevero, sior Cancian?

LUNARDO Mo via, cossa avémio da far?

SIMON Prima de tuto, mi dirave de andar a disnar.

1 *ho operà*: ho agito.

2 *Ho fenìo... l'avocato*: ho terminato l'arringa, approvate il matrimonio, e compatite l'avvocato. Scherza sulla maniera con cui si terminano ordinariamente le arringhe degli avvocati in Venezia (Goldoni).

3 *lauderave*: approverei (Goldoni).

4 *verde*: l'urna verde è quella de' voti contrari (Goldoni).

5 *ho paura... che taggiemo*: temo che si dovrà revocare (Goldoni).

6 *el se chiama affrontà*: si protesta offeso.

7 *mario*: marito (Goldoni).

CANCIANO Per dirla, pareva che el disnar s'avesse desmentegà.[1]

FELICE Eh, chi l'ha ordenà, no xe alocco.[2] El s'ha sospeso, ma nol xe andà in fumo. Fe cussì, sior Lunardo, se volè che magnemo in pase: mandè a chiamar vostra muggier, vostra fia, disèghe qualche cossa, brontolè al solito un pochetin, ma po fenìmola; aspetemo che vegna sior Riccardo, e se vien el puto, fenìmola.

LUNARDO Se vien qua mia muggier e mia fia, ho paura de no poderme tegnir.

FELICE Via, sfogheve, gh'avè rason. Seu contento cussì?

CANCIANO Chiamémole.

SIMON Anca mia muggier.

FELICE Mi, mi: aspetè mi. (*parte correndo*)

Scena terza *Lunardo, Canciano e Simon.*

LUNARDO Una gran chiaccola gh'ha quela vostra muggier. (*a Canciano*)

CANCIANO Vedeu! no me disè donca che son un martuffo, se qualche volta me lasso menar per el naso. Se digo qualcossa, la me fa una *renga*, e mi *laudo*.[3]

SMON Gran donne! o per un verso, o per l'altro, le la vol a so modo seguro.

LUNARDO Co le lassè parlar, no le gh'ha mai torto.

Scena quarta *Felice, Marina, Margarita, Lucietta e detti.*

FELICE Vele qua, vele qua. Pentìe, contrite, e le ve domanda perdon. (*a Lunardo*)

LUNARDO Se me fa anca de queste? (*a Margarita*)

FELICE No la ghe n'ha colpa, son causa mi. (*a Lunardo*)

LUNARDO Cossa meriteressistu,[4] frasconcela! (*a Lucietta*)

FELICE Parlè con mi, ve responderò mi. (*a Lunardo*)

1 *s'avesse desmentegà*: si fosse scordato (Goldoni).
2 *alocco*: qui l'autore parla di se stesso, che non si scorda ciò di cui ha parlato (Goldoni).
3 *la me fa... laudo*: mi fa un'arringa, ed io approvo (Goldoni).
4 *meriteressistu*: meriteresti.

LUNARDO I omeni in casa? I morosi sconti?[1] (*a Margarita e Lucietta*)

FELICE Criè con mi, che son causa mi. (*a Lunardo*)

LUNARDO Andève a far squartar anca vu. (*a Felice*)

FELICE *Vegnimo a dir el merito...* (*a Lunardo, deridendolo*)

CANCIANO Come parleu co mia muggier? (*a Lunardo*)

LUNARDO Caro vu, compatime. Son fora de mi. (*a Canciano*)

MARGARITA (*mortificata*)

LUCIETTA (*piange*)

MARGARITA Siora Felice. Cosa n'aveu dito? Cussì pulito la xe giustada?

SIMON Anca vu, siora, meriteressi la vostra parte. (*a Marina*)

MARINA Mi chiapo su, e vago via.[2]

FELICE No, no, fermève. Al povero sior Lunardo ghe giera restà in corpo un poco de colera: l'ha volesto butarla fora.[3] Da resto el ve scusa, el ve perdona, e se vien el puto, el se contenterà che i se sposa; nevero, sior Lunardo?

LUNARDO Siora sì, siora sì. (*ruvido*)

MARGARITA Caro mario, se savessi quanta passion che ho provà! Credèmelo, no saveva gnente. Co xe vegnù quele maschere, no voleva lassarle vegnir. Xe stà... xe stà...

FELICE Via, son stada mi, cossa occore?

MARGARITA (Disèghe anca vu qualcossa.) (*piano a Lucietta*)

LUCIETTA Caro sior padre, ghe domando perdonanza.[4] Mi no ghe n'ho colpa...

FELICE Son stada mi, ve digo, son stada mi.

MARINA Per dir la verità, gh'ho anca mi la mia parte de merito.

SIMON Eh, savemo che sè una signora de spirito. (*a Marina, con ironia*)

MARINA Più de vu certo.

FELICE Chi xe? (*osservando fra le scene*)

MARGARITA Oe, i xe lori.[5]

LUCIETTA (El mio novizzo.) (*da sé, allegra*)

1 *morosi sconti*: innamorati nascosti.
2 *Mi chiapo su*: chiapo vuol dire prendo: qui si intende risolvo sul momento e vado via (Goldoni).
3 *butarla fora*: gettarla fuori (Goldoni).
4 *perdonanza*: perdono.
5 *Oe, i xe lori*: ehi, sono dessi (Goldoni).

LUNARDO Coss'è? chi xe? chi vien? Omeni? Andè via de qua. (*alle donne*)

FELICE Vardè! cossa femio? Aveu paura che i omeni ne magna?[1] No semio in quatro? no ghe seu vu? Lassè che i vegna.

LUNARDO Comandeu vu, patrona?

FELICE Comando mi.

LUNARDO Quel forestier no lo voggio. Se el vegnirà élo, anderò via mi.

FELICE Mo perché nol voleu? El xe un signor onorato.

LUNARDO Che el sia quel che el vol, no lo voggio. Mia muggier e mia fia no le xe use[2] a véder nissun.

FELICE Eh, per sta volta le gh'averà pazenzia, nevero, fie?

MARGARITA Oh mi sì.

LUCIETTA Oh anca mi.

LUNARDO Mi sì, anca mi. (*burlandole*) Ve digo, che no lo voggio. (*a Felice*)

FELICE (Mo che orso, mo che satiro!) Aspetè aspetè, che lo farò star in drio.[3] (*si accosta alla scena*)

LUCIETTA (Eh no m'importa. Me basta uno che vegna.)[4] (*da sé*)

Scena ultima *Maurizio, Felippetto e detti.*

MAURIZIO Patroni. (*sostenuto*)

LUNARDO Sioria. (*brusco*)

FELIPPETTO (*saluta furtivamente Lucietta. Maurizio lo guarda. Felippetto finge che non sia niente*)

FELICE Sior Maurizio, aveu savesto come che la xe stada?

MAURIZIO Mi adesso no penso a quel che xe stà, penso a quel che ha da esser per l'avegnir. Cossa dise sior Lunardo?

LUNARDO Mi digo cussì, vegnimo a dir el merito, che i fioi, co i xe ben arlevai, no i va in maschera, e no i va in casa, vegnimo a dir el merito, de le pute civil.

MAURIZIO Gh'avè rason: andémo via de qua. (*a Felippetto*)

LUCIETTA (*piange forte*)

1 *ne magna*: ci mangino.
2 *no le xe use*: non sono abituate.
3 *in drio*: indietro (Goldoni).
4 *Me... vegna*: A me basta che venga uno, cioè Felipetto.

LUNARDO Desgraziada! cossa xe sto fifar? [1]

FELICE Mo ve digo ben la verità, sior Lunardo, *vegnimo a dir el merito,* che la xe una vergogna. Seu omo, o seu putelo? Disè, desdisè, ve muè [2] co fa le zirandole.[3]

MARINA Vardè che sesti! No ghe l'aveu promessa? no aveu serà el contrato? Cossa xe stà? cossa xe successo? Ve l'alo menada via? v'alo fato disonor a la casa? Coss'è sti putelezzi? cossa xe ste smorfie? cossa xe sti musoni? (*a Lunardo*)

MARGARITA Ghe voggio mo intrar anca mi in sto negozio. Sior sì, m'ha despiasso che el vegna: l'ha fato mal a vegnir; ma col gh'ha dà la man, no xe fenìo tuto? Fina a un certo segno me l'ho lassada passar, ma adesso mo ve digo, sior sì, el l'ha da tor, el l'ha da sposar. (*a Lunardo*)

LUNARDO Che el la toga, che el la sposa, che el se destriga: son stuffo; no posso più.

LUCIETTA, FELIPPETTO (*saltano per allegrezza*)

MAURIZIO Co sta rabia i s'ha da sposar? (*a Lunardo*)

FELICE Se el xe inrabià, so danno.[4] Nol l'ha miga da sposar élo.

MARGARITA Via, sior Lunardo, voleu che i se daga la man?

LUNARDO Aspetè un pochetin. Lassè che me daga zoso la colera.

MARGARITA Via, caro mario, ve compatisso. Conosso el vostro temperamento: sè un galantuomo, sè amoroso, sè de bon cuor; ma, figurarse, sè un pocheto sutilo.[5] Sta volta gh'avè anca rason: ma finalmente tanto vostra fia, quanto mi, v'avemo domandà perdonanza. Credème, che a redur una donna a sto passo, ghe vol assae. Ma lo fazzo, perché ve voggio ben, perché voggio ben a stà puta, benché no l'al conossa,[6] e no la lo voggia conosser. Per éla, per vu, me caverave tuto quelo che gh'ho: sparzerave el sangue per la pase de sta fameggia; contentè sta puta, quieteve vu, salvè la reputazion de la casa, e se mi no merito el vostro amor,

1 *fifar*: pianger, detto bassamente (Goldoni).
2 *ve muè*: vi cambiate (Goldoni).
3 *zirandole*: ruotelle di fuochi artificiali, ed anco giocolini da bambini, che girano coll'agitazione dell'aria (Goldoni).
4 *so danno*: peggio per lui.
5 *sutilo*: sottile, delicato (Goldoni).
6 *benché... conossa*: sebbene non la conosca.

pazenzia, sarà de mi quel che destinerà mio mario, la mia sorte, o la mia cativa desgrazia. (*a Lunardo*)

LUCIETTA Cara siora madre, sìela benedeta, ghe domando perdon anca a éla de quel che gh'ho dito, e de quel che gh'ho fato. (*piangendo*)

FELIPPETTO (La me fa da pianzer anca mi.) (*da sé*)

LUNARDO (*si asciuga gli occhi*)

CANCIANO Vedeu, sior Lunardo? Co le fa cussì, no se se pol tegnir. (*a Lunardo*)

SIMON In suma,[1] o co le bone, o co le cative, le fa tuto quel che le vol.

FELICE E cussì, sior Lunardo?...

LUNARDO Aspetè. (*con isdegno*)

FELICE (Mo che zoggia!)

LUNARDO Lucieta. (*amorosamente*)

LUCIETTA Sior.

LUNARDO Vien qua.

LUCIETTA Vegno. (*si accosta bel bello*)

LUNARDO Te vustu maridar?

LUCIETTA (*si vergogna, e non risponde*)

LUNARDO Via, respondi, te vustu maridar? (*con isdegno*)

LUCIETTA Sior sì, sior sì. (*forte, tremando*)

LUNARDO Ti l'ha visto ah, el novizzo?

LUCIETTA Sior sì.

LUNARDO Sior Maurizio.

MAURIZIO Cossa gh'è? (*ruvido*)

LUNARDO Via, caro vecchio, no me respondè, vegnimo a dir el merito, cussì rustego.

MAURIZIO Disè pur su quel che volevi dir.

LUNARDO Se no gh'avè gnente in contrario, mia fia xe per vostro fio. (*i due sposi si rallegrano*)

MAURIZIO Sto baron no lo merita.

FELIPPETTO Sior padre... (*in aria di raccomandarsi*)

MAURIZIO Farme un'azion de sta sorta? (*senza guardar Felippetto*)

FELIPPETTO Sior padre... (*come sopra*)

MAURIZIO No lo vôi maridar.

FELIPPETTO Oh povereto mi! (*traballando mezzo svenuto*)

1 *In suma*: insomma (Goldoni).

LUCIETTA Tegnìlo, tegnìlo.[1]

FELICE Mo via, che cuor gh'aveu?[2] (*a Maurizio*)

LUNARDO El fa ben a mortificarlo.

MAURIZIO Vien qua. (*a Felippetto*)

FELIPPETTO Son qua.

MAURIZIO Xestu pentìo de quel che ti ha fato?

FELIPPETTO Sior sì, dasseno, sior padre.

MAURIZIO Varda ben, che anca se ti te maridi, voggio che ti me usi l'istessa ubidienza, e che ti dipendi da mi.

FELIPPETTO Sior sì, ghe lo prometo.

MAURIZIO Vegnì qua, siora Lucieta, ve acceto per fia; e ti, el cielo te benedissa; daghe la man.

FELIPPETTO Come se fa? (*a Simon*)

FELICE Via, deghe la man; cussì.

MARGARITA (Poverazzo!)

LUNARDO (*si asciuga gli occhi*)

MARGARITA Sior Simon, sior Cançian, sarè vu i compari.[3]

CANCIANO Siora sì, semo qua, semo testimoni.

SIMON E co la gh'averà un putelo?

FELIPPETTO (*ride e salta*)

LUCIETTA (*si vergogna*)

LUNARDO O via, puti, stè aliegri. Xe ora che andémo a disnar.

FELICE Disè, caro sior Lunardo, quel forestier che per amor mio xe de là che aspeta, ve par convenienza[4] de mandarlo via? El xe stà a parlar co sior Maurizio, el l'ha fato vegnir qua élo. La civiltà non insegna a tratar cussì.

LUNARDO Adesso andémo a disnar.

FELICE Invidèlo anca élo.

LUNARDO Siora no.

FELICE Vedeu? sta rusteghezza, sto salvadegume che gh'avè intorno, xe stà causa de tuti i desordeni che xe nati ancuo.[5] e ve farà esser... Tuti tre, saveu? parlo con tuti tre: ve farà esser rabiosi, odiosi, malcontenti, e universalmente burlai. Siè un poco più civili, tratabili, umani. Esaminè le azion de

1 *tegnìlo*: tenetelo, sostenetelo (Goldoni).
2 *che cuor gh'aveu?*: che cuore avete? (Goldoni).
3 *compare*: in Venezia, quelli che servono da testimonio nei matrimoni, si chiamano « compari dall'anelo » (Goldoni).
4 *convenienza*: conveniente, giusto, educato.
5 *ancuo*: oggi (Goldoni).

le vostre muggier, e co le xe oneste, donè qualcossa, soportè qualcossa. Quel Conte forestier xe una persona propria, onesta, civil; a tratarlo[1] no fazzo gnente de mal; lo sa mio mario, el vien con élo; la xe una pura e mera conversazion. Circa al vestir, co no se va drio a tute le mode, co no se ruvina la casa, la pulizia sta ben, la par bon. In soma, se volè viver quieti, se volè star in bon[2] co le muggier, fe da omeni, ma no da salvadeghi; comandè, no tiranneggiè, e amè, se volè esser amai.

CANCIANO Bisogna po dirla: gran mia muggier!

SIMON Seu persuaso, sior Lunardo?

LUNARDO E vu?

SIMON Mi sì.

LUNARDO Disèghe a quel sior forestier, che el resta a disnar con nu. (*a Margarita*)

MARGARITA Manco mal. Voggia el ciel che sta lizion abia profità.[3]

MARINA E vu, nevodo, come la tratereu la vostra novizza? (*a Felippetto*)

FELIPPETTO Cussì; su l'ordene che ha dito siora Felice.

LUCIETTA Oh, mi me contento de tuto.

MARGARITA Ghe despiase solamente co le cascate xe fiape.

LUCIETTA Mo via, no la m'ha gnancora perdonà?

FELICE A monte tuto. Andemo a disnar, che xe ora. E se el cuogo de sior Lunardo non ha provisto salvadeghi, a tola[4] no ghe n'ha da esser, e no ghe ne sarà. Semo tuti desmesteghi,[5] tuti boni amici, con tanto de cuor. Stemo aliegri, magnemo, bevemo, e femo un brindese a la salute de tuti quell che con tanta bontà e cortesia n'ha ascoltà, n'ha sofferto, e n'ha compatio.

1 *tratarlo*: frequentarlo.
2 *in bon*: in pace.
3 *che... profità*: che questa lezione sia servita a qualcosa.
4 *a tola*: a tavola (Goldoni).
5 *desmesteghi*: domestici, cioè umani, trattabili.

LA CASA NOVA

Nell'autunno del 1760 Goldoni dovette traslocare da corte San Zorzi, dove aveva risieduto a partire dal 1748, in calle delle Ballotte. Fu un'esperienza particolarmente impegnativa tra pittori, falegnami, muratori: se ne dovette ricordare non solo in alcuni componimenti in versi, ma anche all'atto di scrivere, quasi di getto, in tre giorni e tre notti, *La casa nova.* La commedia fu allestita la sera dell'11 dicembre del '60 al Teatro San Luca: ebbe la fortuna di undici repliche fra la fine dell'autunno e la ripresa della stagione di carnevale.

La ricchezza straordinaria del dialetto, qui modulato con una varietà di toni ancora più viva ed originale che in altre commedie dialettali, fu (contro ogni aspettativa) di impedimento alla fortuna del testo, certo tra i maggiori del Goldoni, al di fuori dell'ambiente veneziano. Augusto Bon ed Emilio Zago, che prediligevano la commedia, riscossero tiepidi consensi nell'allestimento a cura dello Squarzina, con gli attori del Teatro Stabile della Città di Genova.

L'AUTORE A CHI LEGGE [1]

S'io non avessi composto che questa sola Commedia, credo che essa bastato avrebbe a procurarmi quella riputazione che acquistata mi sono con tante altre. Leggendola e rileggendola, mi pare di non avere in essa niente a rimproverarmi, ed oserei proporla altrui per modello, se lusingar mi potessi che le opere mie fossero degne d'imitazione.

L'esposizione è facile, la condotta [2] è semplice, la critica è vera, l'interesse è vivo, e la morale è ragionevole, e non pedantesca. I caratteri sono tutti presi dalla natura. Il dialogo pure non lo può essere d'avantaggio.[3] La favola è verisimile in tutte le parti, e quantunque vi appaia un doppio interesse, l'azione è una sola, poiché una sola persona, cioè Cristofolo, ne forma lo scioglimento. Non istupire, Lettor carissimo, s'io faccio l'elogio della mia Commedia. Io non la metto in paragone con quelle degli altri Autori, ma colle mie, e credo mi sia lecito di preferirla a molt'altre, e di collocarla nel numero delle mie dilette. Il pubblico mi rese questa giustizia, allora quando fu sulle Scene rappresentata, e fu, in Venezia non solo, ma per tutto, con egual fortuna applaudita.

1 Questa prefazione comparve per la prima volta nel tomo X dell'edizione Pasquali, edito a Venezia nell'ultimo scorcio del 1767.
2 *la condotta*: la trama.
3 *non... d'avantaggio*: non potrebbe essere più « naturale ».

ANZOLETTO *cittadino*[1]
CECILIA *moglie d'Anzoletto*
MENEGHINA *sorella d'Anzoletto*
CHECCA *cittadina maritata*
ROSINA *sorella nubile di Checca*
LORENZINO *cittadino, cugino di Checca*
CRISTOFOLO *zio di Anzoletto*
IL CONTE *forestiere, servente di Cecilia*
FABRIZIO *forestiere, amico d'Anzoletto*
LUCIETTA *cameriera di Meneghina*
SGUALDO *tappezziere*
PROSDOCIMO *agente*
Fabri
Falegnami
Pittori
Facchini
Servitori[2]

La scena si rappresenta in Venezia, in casa di Anzoletto, e in casa di Checca che abita al secondo piano.

1 *cittadino*: quella dei *cittadini* era la classe che veniva subito dopo quella dei *nobili*; e che forniva i *segretari* alla magistratura della Repubblica. I primi sette personaggi appartengono tutti alla classe dei *cittadini*.
2 *Servitori*: in realtà, nella commedia agisce un solo servitore, Toni.

Scena prima *Camera d'udienza*[1] *nella casa nova. Sgualdo, tappezziere, pittori, fabri, falegnami che lavorano intorno alla camera; poi Lucietta.*

SGUALDO Fenimo sta camera, za che ghe semo. Questa ha da esser la camera de recever, e el paron el vol che là sia all'ordene avanti sera. Intanto che i fenisse de far la massarìa,[2] el vol sta camera distrigada.[3] Da bravo, sior Onofrio, fenì de dar i chiari scuri a quei sfrisi.[4] Vu, mistro[5] Prospero, mettè quei caenazzetti[6] a quella porta, e vu, mistro Lauro, insoazè[8] quella porta, e destrighémose,[7] se se pol. (*i lavoratori eseguiscono*)

LUCIETTA Disème, sior tapezzier, no avè gnancora fenìo de marangonar?[9] Xe debotto do mesi che sè drio[10] a sta gran fabbrica, e no la xe gnancora fenìa? Gnanca se avessi tirà suso la casa dai fondamenti. Tanto ghe vol a spegazzar[11] i travi, a insporcar[12] i muri, e a metter suso quattro strazzi de fornimenti?[13] (*a Sgualdo*)

1 *Camera d'udienza*: camera di ricevimento, salotto.
2 *massarìa*: lo sgombero, o sia il trasporto de' mobili da una casa all'altra (Goldoni).
3 *destrigada*: sbarazzata (Goldoni).
4 *sfrisi*: fregi.
5 *mistro*: maestro.
6 *caenazzetti*: piccioli chiavistelli (Goldoni).
7 *insoazè*: mettere la cornice (Goldoni).
8 *destrighémose*: sbrighiamoci.
9 *marangonar*: per lavorare, poiché marangon vuol dir falegname (Goldoni).
10 *Xe debotto... drio*: sono quasi due mesi che lavorate. *Drio* propriamente vale, dietro.
11 *spegazzar*: impiastrare.
12 *insporcar*: sporcare.
13 *strazzi de fornimenti*: stracci di tappezzeria.

SGUALDO Cara siora Lucietta, per cossa ve scaldeu el figà [1] in sta maniera?

LUCIETTA Caro sior Sgualdo, me scaldo co la mia rason. Ancuo [2] ha da vegnir in casa la novizza [3] del patron, e el patron m'ha dà ordene che netta [4] el portego,[5] el tinelo [6] e un par de camere almanco. Xe do zorni che no fazzo altro che scoar,[7] che forbir,[8] e costori, siei maledetti, no i fa mai altro che far polvere e far scoazze.[9]

SGUALDO Ve compatisso, gh'avè rason. Ma gnanca i mi omeni no i gh'ha torto. Averessimo fenìo che sarave un pezzo. Ma sior Anzoletto, el vostro patron, ogni zorno el se mua [10] de opinion. L'ascolta tutti. Chi ghe dise una cossa, chi ghe ne dise un'altra. Ancuo se fa, e doman bisogna desfar. Ghe giera tre camere col camin; perché uno gh'ha dito che i camini in te le camere no i sta ben, el li ha fatti stropar.[11] Dopo xe vegnù un altro a dirghe che una camera senza un camin da scaldarse xe una minchioneria, e lu: presto, averzì sto camin; e po: no più questo, st'altro; e po: femo el tinelo arente [12] la cusina e po: sior no, la cucina fa fumo, portemo el tinelo da un'altra banda. Tramezzemo [13] el portego, perché el xe longo. Desfemo [14] la tramezaura, perché la fa scuro. Fatture sora fatture; spese sora spese; e po, co ghe domando bezzi,[15] el strepita, el cria,[16] el pesta i pi [17] per terra, el maledisse la casa, e anca chi ghe l'ha fatta tor.[18]

1 *ve scaldeu el figà*: vi rovinate il fegato. *Scaldeu*: scaldate.
2 *Ancuo*: oggi (Goldoni).
3 *novizza*: fidanzata.
4 *che netta*: che ripulisca (Goldoni).
5 *el portego*: la sala (Goldoni).
6 *el tinelo*: la camera dove si mangia (Goldoni).
7 *scoar*: spazzar (Goldoni).
8 *forbir*: levar la polvere (Goldoni).
9 *scoazze*: lordure (Goldoni).
10 *se mua*: si cangia (Goldoni).
11 *stropar*: turare (Goldoni).
12 *arente*: vicino.
13 *Tramezzemo*: dividiamo la sala (Goldoni).
14 *Desfemo*: disfacciamo la divisione (Goldoni).
15 *co... bezzi*: quando gli chiedo dei soldi.
16 *cria*: grida.
17 *i pi*: i piedi.
18 *tor*: prendere.

LUCIETTA Chi ge l'a fatta tor xe stada la so novizza. La xe un boccon de spuzzetta de vintiquattro carati.[1] No la s'ha degnà della casa dove che stevimo, perché no ghe giera la riva[2] in casa, perché el portego giera piccolo, perché no la gh'aveva l'appartamento co le tre camere in fila, e perché ghe pareva che la fusse fornia[3] all'antiga; la gh'ha fatto cresser sessanta ducati[4] de fitto, la gh'ha fatto buttar via un mondo de bezzi in massarìa,[5] in fatture, in mobili da niovo, e po no la xe gnancora contenta.

SGUALDO La gh'averà dà della bona dota.

LUCIETTA Eh, caro vu, no me fe parlar. La gh'ha dà dei totani,[6] della spuzza[7] tanta che fa paura. Nol gh'ha un fià[8] de giudizio el mio paron. El s'ha incapriccià mi no so de cossa. La xe una putta civil, ma arlevada con un'aria spaventosonazza,[9] e per mantegnirla in quell'aria ghe voria tre o quattromile ducati d'intrada. E sì, savè, sior Anzoletto, dopo che xe morto so pare, el ghe n'ha buttà via tanti, che el xe al giazzo,[10] poveretto, el gh'ha una sorela da maridar, e adesso sto boccon de peso da mantegnir. Credo de sì che el sbatterà i piè, e el malederà co[11] ghe domandarè bezzi. Oe, volèu che ve la conta? Ma no disè gnente a nissun, vedè, che no vorave mai che i disesse, che conto[12] i fatti de casa. De là[13] dove stevimo, el vien via, e l'ha da dar ancora un anno de fitto, e qua, in casa nova, no l'ha gnancora pagà i sie

1 *un boccon... carati*: superba al maggior segno (Goldoni).
2 *la riva*: la riva in Venezia è quella porta delle case, che dà sul canale (Goldoni).
3 *fornia*: arredata.
4 *ducati*: il ducato corrente valeva sei lire venete e quattro soldi.
5 *massarìa*: traslochi.
6 *totani*: totani sono piccoli pesci di niun valore, e in questo senso vuol dire che non ha dato dote (Goldoni).
7 *della spuzza*: vuol dire in quest'occasione dell'albagia (Goldoni). Albagia: boria, superbia.
8 *un fià*: niente (Goldoni).
9 *un'aria spaventosonazza*: con un'aria terribilmente petulante.
10 *al giazzo*: ridotto al verde (Goldoni).
11 *co*: quando (Goldoni).
12 *conto*: spiffero di qua e di là.
13 *De là*: nell'altra casa, ove si abitava prima (Goldoni).

mesi anticipai,[1] e ogni zorno vien el fattor della casa nova, e della casa vecchia, e el dà ordene che se ghe diga che nol ghe xe e no so dove che l'anderà a fenir, e anca mi ho d'aver el salario de sette mesi. Sì, anca da putta da ben,[2] che la xe cussì.

SGUALDO Cospetto de diana! m'avè ben dà una botta al cuor. Gh'ho fora dei bezzi de mia scarsela, e gh'ho sti omeni sora de mi;[3] no vorave ch'el m'avesse da far sospirar.

LUCIETTA Caro sior Sgualdo, ve prego, no disè gnente a nissun. Savè che mi no fazzo pettegolezzi, ma gh'ho tanta rabbia de sta maledetta casa, che son propriamente ingossada,[4] e se no me sfogo, crepo.

SGUALDO Xe el mal, che sior Anzoletto spende più de quello che el pol; per altro no se pol negar, che no la sia una bella casa.

LUCIETTA Bella ghe disè? Sia pur benedetta quell'altra. No vedè che malinconia? La xe una casa sepolta, no se vede a passar un can. Almanco in quell'altra, se me buttava un fiatin[5] al balcon, me consolava el cuor. E po gh'aveva tre o quattro amighe da devertirme. Co aveva destrigà la mia casa, andava in terrazza, o in altana,[6] o sul luminal.[7] Co le altre serve me sentiva, le saltava fora anca ele, se chiaccolava,[8] se rideva, se contevimo le nostre passion, se sfoghevimo un pochettin. Le me contava tutti i pettegolezzi delle so parone, e godevimo mille mondi, e fevimo un tibidoi[9] da no dir. Qua, mi no so, in ste case darente,[10] che zente rustega che ghe staga. Me son buttada tante volte al balcon e nissuna gnancora m'ha saludà. E tocca a ele a saludarme. Oe, sta mattina

1 *sie mesi anticipai*: le pigioni in Venezia si pagano anticipate di sei mesi in sei mesi (Goldoni).
2 *da putta da ben*: sul mio onore di ragazza per bene (Goldoni).
3 *sora de mi*: a mio carico.
4 *son... ingossada*: ho pieno il gozzo (Goldoni).
5 *un fiatin*: un piccolino (Goldoni).
6 *altana*: loggia coperta subito sotto il tetto.
7 *luminal*: abbaino.
8 *se chiaccolava*: si chiacchierava.
9 *un tibidoi*: un chiasso terribile (Goldoni).
10 *darente*: vicine.

un'asena de una furlana [1] la m'ha vardà,[2] e po la m'ha serà el balcon in tel muso.[3]

SGUALDO Eh, no v'indubitè. Col tempo farè anca qua delle amicizie. Co no ve preme altro che massère [4] da chiaccolar, per tutto ghe ne troverè.

LUCIETTA Eh, quel che gh'aveva là, xe difficile che qua lo gh'abbia.

SGUALDO Disè la verità, Lucietta, ve despiase per le serve, o per qualche bel servitor?

LUCIETTA Un poco per uno, un poco per l'altro.

SGUALDO I omeni i ve pol vegnir a trovar.

LUCIETTA Sì, sì, ma mi no son de quelle che fa vegnir i omeni in casa. Qualche volta, se pol dar, cussì de sbrisson,[5] co vago a trar el vin,[6] ma do parole, e via; no voggio che i possa dir,[7] se me capì.

SGUALDO Eh siora sì, ve capisso.

LUCIETTA Credème, sior Sgualdo, che no me despiase tanto per mi d'esser vegnua via de quella casa, quanto per la mia povera paronzina.

SGUALDO Perché? No la xe contenta siora Meneghina? No la ghe piase gnanca a ela sta casa?

LUCIETTA Ve dirò, ma vardè ben, vedè, no disè gnente a nissun, e po so che omo che sè. De là, vedeu, la gh'aveva el moroso in fazza e la lo vedeva da tutte le ore, e la notte la vegniva dessuso in te la mia camera, e stevimo le ore con le ore a parlar, ela col patron, e mi col servitor, e se devertivimo, e se consolevimo un pochettin. Tolè suso,[8] semo qua tutte do muffe, mutte,[9] senza un can che ne varda.

SGUALDO Perché no la marìdelo so fradelo?

LUCIETTA Eh, debotto me la faressi dir. Con cossa volèu che el la marida?

1 *una furlana*: qui significa una villanaccia di serva (Goldoni).
2 *vardà*: guardato.
3 *in tel muso*: sulla faccia.
4 *massère*: serve.
5 *de sbrisson*: alla sfuggita (Goldoni).
6 *a trar el vin*: a spillare il vino in cantina.
7 *i possa dir*: possano sparlare.
8 *Tolè suso*: ora, invece, vedete. Propriamente: prendete su.
9 *muffe, muffe*: sole, sole (Goldoni).

SGUALDO Ala sempre da star cussì?

LUCIETTA Poverazza! se un so barba [1] no l'agiuta, la vedo mal intrigada.[2]

SGUALDO Sì ben; so sior barba Cristofolo el xe ricco, e se el vol, el la pol agiutar.

LUCIETTA El xe instizzà [3] co sto so nevodo,[4] che ha volesto sempre far de so testa, e el s'ha maridà senza dirghelo, e la povera putta torà de mezzo.[5]

SGUALDO Oe, xe qua sior Anzoletto.

LUCIETTA El paron? Vardè ben, vedè, no ghe disè gnente.

SGUALDO Cossa serve? no son miga...

LUCIETTA Me despiase che qua no ho podesto gnanca nettar.[6]

SGUALDO E mi me despiase che m'avè fatto chiaccolar, e ho perso el tempo senza far gnente.

LUCIETTA Oh, un poco più, un poco manco...[7] (*si mette a pulire*)

Scena seconda *Anzoletto e detti.*

ANZOLETTO E cussì, andemio ben? Sta camera xela gnancora [8] fenìa?

SGUALDO Doman sarà tutto fenìo.

ANZOLETTO Xe vinti zorni che sento a dir: doman sarà tutto fenìo.

SGUALDO Mo, cara ela, se faremo cussì, no feniremo in do anni. La m'ha fatto far e desfar diese volte. L'ascolta tutti, la vol far a modo de tutti.

ANZOLETTO Gh'avè rason; ma adesso quel che xe ditto, xe ditto. Destrighémose, caro vecchio.[9] Ancuo ha da vegnir la novizza. Sta notte gh'avemo da prencipiar a dormir.

1 *barba*: zio (Goldoni).
2 *mal intrigada*: mal impicciata (Goldoni).
3 *instizzà*: in collera (Goldoni).
4 *so nevodo*: suo nipote.
5 *torà de mezzo*: ne farà le spese.
6 *nettar*: ripulir (Goldoni).
7 *manco*: meno.
8 *gnancora*: non ancora.
9 *caro vecchio*: termine d'amicizia, come se dicesse, caro amico (Goldoni).

SGUALDO La camera del letto per sta sera la sarà all'ordene.[1]

ANZOLETTO Cospetto de diana! me despiase che no sia all'ordene sta camera da recever.[2] Cossa volèu che diga la zente?

SGUALDO Mi no posso far più de quel che posso.

ANZOLETTO Trovè dei omeni e destrighève.

SGUALDO Bisogna che la me daga dei bezzi.

ANZOLETTO Semo qua nu: bezzi, sempre bezzi. Tàselo mai?[3] sempre bezzi.

SGUALDO Senza bezzi l'orbo no canta.[4]

ANZOLETTO Sièu maledetto; se no ghe n'ho.

SGUALDO E mi come vorla che fazza?

ANZOLETTO Doman ghe ne troverò.

SGUALDO I omeni bisogna pagarli. I xe tutta zente che vive de fresco in fresco.[5]

ANZOLETTO Doman i sarà pagai, doman gh'averè dei bezzi quanti che vorè. Gh'avèu paura che no ve paga? Da un zorno all'altro no se assedia i galantomeni in sta maniera.

SGUALDO Se l'imbattesse[6] da un zorno all'altro.

ANZOLETTO Co ve digo cussì, no se parla gnanca. Fe el vostro debito,[7] e avè da far con un galantomo.

SGUALDO Benissimo; aspetteremo doman.

ANZOLETTO Ma destrighève.

SGUALDO Subito; la varda se me preme a servirla. Oe, Toni.[8] Va subito a casa da mi, dighe a quei tre omeni che i lassa star tutto, e che i vegna qua. (No so cossa dir; ghe son, bisogna che ghe staga. Se nol me pagherà, troverò la maniera de farme pagar.)

ANZOLETTO Lucietta

LUCIETTA Lustrissimo.

ANZOLETTO Andè in cusina, andè a dar una man al cuogo, se el gh'ha bisogno de gnente.

1 *all'ordene*: pronta.
2 *camera de recever*: è la camera d'udienza: il salotto.
3 *Tàselo mai?*: tacesse almeno qualche volta!
4 *Senza... no canta*: proverbio (Goldoni).
5 *de fresco in fresco*: di giorno in giorno (Goldoni).
6 *Se l'imbattesse*: se fosse, se si trattasse.
7 *debito*: dovere.
8 *Toni*: chiama un di quei che lavorano (Goldoni).

LUCIETTA Dìsnela[1] a casa ancuo, lustrissimo?

ANZOLETTO Sì, disno a casa co la novizza, e con tre o quattro amici.

LUCIETTA (Via che la vaga.)[2]

ANZOLETTO Disèghe a mia sorela, che la se metta qualcossa intorno,[3] che vien so cugnada e dell'altra zente.

LUCIETTA Mi no so se la gh'abbia de qua[4] tutta la so roba.

ANZOLETTO Se no la la gh'ha, adessadesso anderò de là[5] a far portar el resto della massarìa.

LUCIETTA Anca la biancheria da tola[6] xe in casa vecchia.

ANZOLETTO Farò portar tutto.

LUCIETTA Per quanti avémio da parecchiar?

ANZOLETTO Parecchiè per diese.

LUCIETTA La sarà servida. (Oh za el proverbio no fala: el pan dei matti xe el primo magnà.) (*parte*)

Scena terza *Anzoletto, Sgualdo, uomini che vanno e vengono come sopra.*

SGUALDO (Per mi nol gh'ha bezzi, e el fa sto boccon de disnar; doman la descorreremo.)

ANZOLETTO Quei do quadri in sta camera no i me piase.

SGUALDO No i sta ben, ghe l'ho ditto anca mi, ma l'ha volesto[7] far a modo de quel pittor. El ghe li ha fati comprar per forza. L'ha buttà via i bezzi, e no i ghe sta ben.

ANZOLETTO Tirémoli via.

SGUALDO E po cossa gh'avémio da metter? S'ha da far dei altri travasi?[8] No feniremo più per sta sera.

ANZOLETTO Via donca, per adesso lassémoli star.

1 *Dìsnela*: pranza.

2 *Via... vaga*: esclamazione che significa: allegramente! (per ironia!) (Goldoni).

3 *che la se... intorno*: vuol dire, che si vesta propriamente (Goldoni).

4 *de qua*: cioè nella casa dove ora sono (Goldoni).

5 *de là*: cioè nell'altra casa (Goldoni).

6 *da tola*: da tavola.

7 *volesto*: voluto.

8 *travasi*: cambiamenti.

SGUALDO Co la voleva far una cossa ben fatta, qua ghe voleva el so specchio, e bisognava contornar la tapezzaria colle so soazette d'oro.[1]

ANZOLETTO Aponto,[2] me l'ha ditto dei altri. Mettémoghele le soazette d'oro.

SGUALDO Ghe vol del tempo.

ANZOLETTO Do omeni de più fa el servizio.

SGUALDO Ghe vol cento brazzi de soazette: a un tràiro[3] al brazzo, ghe vol venticinque lire.

ANZOLETTO Comprémole.

SGUALDO La me daga i bezzi.

ANZOLETTO Comprèle vu, che doman se giusteremo.

SGUALDO Mi no ghe n'ho, lustrissimo.

ANZOLETTO Orsù xe tardi, lassemo cussì, e femo de manco de le soazette.

SGUALDO (Semo al giazzo[4] come che va!) (*va a badar ai lavori*)

Scena quarta *Fabrizio e detti.*

FABRIZIO Si può entrare?

ANZOLETTO Vegnì avanti, sior Fabrizio.

FABRIZIO E così, amico, è finita ancora questa casa?

ANZOLETTO Ghe semo drio.[5] Cossa disèu? Ve piase?

FABRIZIO Se devo dirvi la verità, non mi piace niente.

ANZOLETTO No? per cossa?

FABRIZIO Prima di tutto, voi avete fatto una bestialità a mettere il letto nell'altra camera a tramontana. Questa, che è a mezzogiorno, questa era la camera da dormire. Se dormirete a tramontana, voi creperete.

ANZOLETTO Sentìu, sior Sgualdo?

SGUALDO Adesso, cossa voràvela dir?

ANZOLETTO Volèu che dorma a tramontana? Volèu farme crepar? (*a Sgualdo*)

1 *soazette d'oro*: corniciette d'oro (Goldoni).
2 *Aponto*: appunto.
3 *un tràiro*: un tràiro vale cinque soldi veneziani, che sono due baiocchi e mezzo romani in circa (Goldoni).
4 *Semo al giazzo*: è spiantato (Goldoni).
5 *Ghe semo drio*: ci siamo ancora lavorando.

SGUALDO Bisognava pensarghe avanti.[1]

ANZOLETTO Semo ancora a tempo, e gh'avemo da remediar.

SGUALDO Cossa vorla che femo?

FABRIZIO Ci vuol tanto a portare il letto in questa camera?

SGUALDO E i fornimenti?

FABRIZIO Uomini e denari fanno tutto.

ANZOLETTO Sior sì, omeni e bezzi remedia a tutto. (*a Sgualdo*)

SGUALDO Mi penserò per i omeni, e ela la pensa ai bezzi. (*scaldandosi*)

ANZOLETTO Cussì se parla? V'oggio mai negà bezzi? V'ha mai mancà bezzi?

SGUALDO (Ghe mancherave poco, che no lo svergognasse in fazza de quel galantomo.)

ANZOLETTO Sentìu? cussì i parla. Gh'averò dà a st'ora[2] più de mille ducati e perché sta mattina no gh'ho bezzi adosso, che m'ho desmentegà de farmene dar dal fattor, par che no se ghe voggia dar quel che el vol. Caro sior Fabrizio, gh'averessi diese o dodese ducati da imprestarme, che doman ve li restituirò?

FABRIZIO No davvero. Se li avessi, ve li darei volentieri. (Non gli presterei dieci lire).

ANZOLETTO Che spesa ghe vol[3] a trasportar la roba da una camera all'altra? (*a Sgualdo*)

FABRIZIO Queste sono cose da niente. Via, signor tappezziere. Sapete che avete che fare con un galantuomo.

SGUALDO (Sia maledetto co me son intrigà.)[4] Anemo, fioi, vegnì qua tutti, e femo sto bel travaso.[5] Andemo a desfar de là, e po desferemo de qua. (*gli uomini partono*) E sarà fenìo, co sarà fenìo. (*ad Anzoletto*)

ANZOLETTO Sarà fenìo, co sarà fenìo.

SGUALDO (E la descorreremo doman.) (*parte*)

1 *avanti*: prima.
2 *a st'ora*: fino adesso.
3 *Che spesa... vol*: quanti soldi occorrono.
4 *co... intrigà*: quando mi sono impegolato con costui.
5 *travaso*: trasporto, per allegoria (Goldoni).

Scena quinta *Anzoletto e Fabrizio.*

FABRIZIO Non sanno niente costoro.

ANZOLETTO Credème che i me fa deventar matto. Se spende, se spende, e no se fa gnente.

FABRIZIO Sono passato dalla cucina, e ho veduto che si lavora.

ANZOLETTO Sior sì, disno qua ancuo.

FABRIZIO Colla sposa?

ANZOLETTO Colla sposa.

FABRIZIO Farete il desinare ai parenti.

ANZOLETTO Sior sì, a qualche parente, a qualche amigo.

FABRIZIO Io non sono nel numero dei vostri amici.

ANZOLETTO Anzi, se volè favorir, sè patron.

FABRIZIO Sì. Ho piacere di trovarmi in compagnia della vostra signora. È una giovane che ha un grande spirito.

ANZOLETTO Sior sì, qualche volta un pochetto troppo.

FABRIZIO Vi dolete [1] ch'ella sia spiritosa?

ANZOLETTO Lassémo andar sto discorso. Ve ringrazio che m'abbiè suggerìo la cossa [2] della tramontana.

FABRIZIO Caro amico, mi preme tanto la vostra salute; e poi la vostra sposa ci averebbe anch'essa patito.

ANZOLETTO In quanto po a mia muggier, la xe tanto difficile da contentar, che no so come che l'abbia da esser.

FABRIZIO Chi è questa signora?

ANZOLETTO No la cognossè? Mia sorela.

FABRIZIO Ah sì, la signora Meneghina. Capperi, la s'ha fatto granda.

ANZOLETTO Anca troppo.

FABRIZIO Converrà che pensiate a maritarla.

ANZOLETTO Caro vecchio, no me parlè de ste malinconie, che me fe vegnir mal.

Scena sesta *Meneghina e detti.*

MENEGHINA Se pol vegnir? (*di dentro*)

ANZOLETTO Vegnì, vegnì, Meneghina.

FABRIZIO Servo umilissimo della signora Menichina.

1 *Vi dolete*: vi rincresce.
2 *la cossa*: il pretesto.

MENEGHINA Patron reverito. Grazie, sior fratello, della bella camera che la m'ha favorido. (*ad Anzoletto, con ironia*)

ANZOLETTO Coss'è? No la ve piase? No sè contenta?

MENEGHINA No credeva in sta età de averme de andar a sepelir.

ANZOLETTO A sepelirve? per cossa?

MENEGHINA Xela una bella discrezion, cazzarme[1] in t'una camera sora una corte morta,[2] che no se vede a passar un can?

FABRIZIO Ha ragione la signora Menichina.

ANZOLETTO Dove voressi che ve mettesse?

MENEGHINA Ficchème[3] sotto una scala, sotto le nattole,[4] dove che volè, ma in quella camera no ghe voggio star.

ANZOLETTO Cara sorela, la casa xe ristretta.

MENEGHINA Ristretta ghe disè a sta casa? No ghe xe quattro camere da sta banda?

ANZOLETTO Ma vedè ben, cara fia. Questo xe l'appartamento per mi e per mia muggier.

MENEGHINA Eh za, tutto per la novizza. A ela tutto l'appartamento. Quattro camere in fila; e mi, poverazza, in t'un camerotto.[5]

ANZOLETTO Coss'è sto camerotto? Gh'avè una camera bella e bona, granda, lucida, con do balconi, e no ve podè lamentar.

MENEGHINA Sior sì, e se me butto al balcon, no ho da véder altro che gatti, sorzi,[6] luserte,[7] e un leamer[8] che fa stomego.

FABRIZIO Vorrebbe vedere a passar qualcheduno la signora Menichina, non è egli vero? (*a Meneghina*)

MENEGHINA Caro sior, no la se n'impazza dove che no ghe tocca.[9]

ANZOLETTO Se volè star al balcon, cussì, qualche ora, qualche dopo disnar, no podeu vegnir de qua?

1 *cazzarme*: cacciarmi, confinarmi.
2 *sora... morta*: sopra un cortile deserto e abbandonato.
3 *Ficchème*: cacciatemi (Goldoni).
4 *sotto le nattole*: sotto il tetto (Goldoni). Nattole: tegole.
5 *in t'un camerotto*: in una prigione oscura (Goldoni).
6 *sorzi*: topi.
7 *luserte*: lucertole.
8 *un leamer*: un deposito di spazzature, che fa rivoltare lo stomaco (Goldoni).
9 *no la se... tocca*: non si impicci degli affari che non la riguardano.

MENEGHINA No v'indubité, che in te le[1] vostre camere no ghe vegnirò.

ANZOLETTO Mo za, per farve voler ben, sè fatta a posta. Come volèu che mia muggier ve tratta con amor, se sè cussì rustega,[2] cussì malagrazia?

MENEGHINA No, no, che no la se sforza a farme delle finezze,[3] che ghe n'indormo:[4] za so che no la me pol véder. Ma semo dal pari, gnanca mi no la posso véder ela.

ANZOLETTO E gh'avè tanto muso de dirmelo?

MENEGHINA Mi parlo schietto, fradelo, e ve lo digo, e no ve lo mando a dir.

FABRIZIO È una bella virtù la sincerità.

ANZOLETTO Ma cossa v'ala fatto mia muggier? Cossa gh'avèu con ela, cossa gh'avèu con mi?

MENEGHINA Chedèu che gh'abbia gusto de véderme una cugnada in casa? Finché ha vivesto la mia povera madre, giera patrona mi. Un anno che son stada con vu, posso dir de esser stada patrona mi, e adesso vegnirà in casa la lustrissima siora Cecilia, la vorà comandar ela, la sarà patrona ela; e mi se vorò un per[5] de scarpe, bisognerà che dipenda da ela.

FABRIZIO La signora Cecilia è una signora discreta, ma certamente una fanciulla[6] ha da cedere alla maritata.

MENEGHINA Eh caro sior, che el tasa, el me fa un velen che lo coperia.[7]

ANZOLETTO Avèvio da lassar star de maridarme per causa vostra?

MENEGHINA Dovevi pensar avanti a maridarme mi.

FABRIZIO In questo non dice male.

MENEGHINA O mal, o ben, mi l'intendo cussì.

ANZOLETTO Se ve fusse capità una bona occasion, l'averave fatto.

MENEGHINA No me gièrela capitada?

1 *in te le*: nelle.
2 *rustega*: scorbutica, scontrosa, bisbetica.
3 *finezze*: gentilezze.
4 *ghe n'indormo*: cioè la ringrazio, non me ne curo (Goldoni).
5 *un per*: un paio.
6 *fanciulla*: nubile.
7 *coperia*: ammazzerei.

ANZOLETTO Chi? Lorenzin?

MENEGHINA Sior sì, Lorenzin, e vu avè ditto de no.

ANZOLETTO Ho ditto de no, perché no me degno.

MENEGHINA Vardè che catarri![1] Chi volèu che me toga? Un conte, un cavalier? Che dota gh'avèu da darme? Quella che v'ha portà la lustrissima siora Cecilia? aria, fumo, e miseria?

ANZOLETTO Mi posso far quel che voggio mi. Son paron de casa; nissun me comanda.

MENEGHINA E mi con vu, e mi sotto de la cugnada, no ghe voggio star.

ANZOLETTO Che intenzion gh'averessi, patrona?

MENEGHINA Anderò a star con mio barba.[2]

ANZOLETTO Se andè gnanca a trovarlo, gnanca a saludarlo, se lo vardè gnanca, ve depenno de[3] sorela, fe conto che sia morto per vu.

FABRIZIO Questa poi, compatitemi, è troppa austerità. (*ad Anzoletto*)

MENEGHINA Eh la tasa, caro sior, che mio fradelo sa quel che el dise. Se vago da mio barba, vago in casa de un so nemigo, perché mio barba xe un omo de sesto,[4] un omo de reputazion, e nol pol soffrir che so nevodo butta via el so[5] malamente, e che el se fazza burlar. E adesso specialmente co sto matrimonio...

ANZOLETTO Fenìmola, ve digo. Tegnì la lengua drento dei denti, e no me fe andar in còlera, che sarà meggio per vu.

FABRIZIO Eh via, accomodiamo questa faccenda. Date alla signora Menichina una stanza sopra la strada: che possa vedere a passar qualcheduno, che qualche volta possa consolar gli occhi; e vedrete che non sarà più tanto sdegnata.

MENEGHINA La fazza de manco de far ste scene, mi no ghe dago sta confidenza. (*a Fabrizio*)

FABRIZIO Parlo per voi. M'interesso per voi.

MENEGHINA Mi no gh'ho bisogno né de avvocati, né de protettori. Le mie rason le so dir da mia posta, e le ho ditte,

1 *che catarri!*: che pretensioni ridicole! (Goldoni).
2 *barba*: zio.
3 *ve depenno de*: vi rinnego come.
4 *de sesto*: di buon senso.
5 *butta via el so*: perda le sue sostanze.

e le digo, e le dirò, e in quella camera no ghe voggio star, e sia maledetto quando che avè tolto sta casa. (*parte*)

Scena settima *Fabrizio e Anzoletto.*

FABRIZIO È un bel talento[1] vostra sorella.

ANZOLETTO Cossa disèu? Xela un capetto d'opera?

FABRIZIO Se la cognata ha giudizio, può essere che si moderi, e che prenda esempio da lei.

ANZOLETTO Amigo, per dirvela in confidenza, ho paura che mia muggier voggia esser pezo[2] de mia sorela.

FABRIZIO Buono! Perché dunque l'avete presa?

ANZOLETTO No so gnanca mi. Per un impegno.

FABRIZIO State fresco con due donne in casa di questa taglia. Liberatevi almeno della sorella.

ANZOLETTO Se savesse come far.

FABRIZIO Quanto le vòlete dare di dote?

ANZOLETTO Adesso no ghe posso dar gnente.

FABRIZIO E se questo suo zio vi volesse aiutare?

ANZOLETTO No me parlè del mio barba. El m'ha ditto robà,[3] el m'ha strapazzà, e se credesse de[4] aver bisogno de un pan, a lu no ghe lo voria domandar.

FABRIZIO A un uomo vecchio, del sangue,[5] che parlerà per bene, convien donar[6] qualche cosa, e non è prudenza il puntigliarsi contro il proprio interesse.

ANZOLETTO Se mia muggier savesse che me umiliasse a mio barba, poveretto mi. La xe stada offesa anca ela, e se voggio la pase in casa, bisogna che me contegna cussì.

FABRIZIO Non so che dire. Siete uomo, regolatevi come vi pare. (È un bel pazzo a disgustare un zio ricco, per una moglie bisbetica.)

ANZOLETTO Caro amigo, feme un servizio. Fin tanto che vago

1 *talento*: caratterino.
2 *voggia esser pezo*: intenda comportarsi peggio.
3 *m'ha... roba*: me ne ha detto di tutti i colori.
4 *se credesse de*: anche se mi trovassi costretto a...
5 *del sangue*: della famiglia.
6 *donar*: perdonare.

in casa de là a far portar el resto della mia roba, tendè[1] a sti omeni, che i se destriga a giustar[2] ste do camere avanti sera.

FABRIZIO Vi servirò volentieri.

ANZOLETTO Za co vien la mia novizza, e che no la vede le cosse fenìe, m'aspetto che la diga ben mio.[3]

FABRIZIO Per quel ch'io sento, in quindici giorni che è vostra moglie, vi siete lasciato prender la mano.

ANZOLETTO Veramente no se pol dir che la me abbia tolto la man, e mi no so un alocco per lassarmela tor; anzi andemo d'accordo, e semo tutti do de un umor: ma semo tutti do pontigliosi. Una volta, co gèrimo da maridar,[4] e che févimo l'amor, per una parola semo stai do mesi senza parlarse. Nissun voleva esser el primo, e finalmente m'ha toccà a mi. Per questo, per no vegnir a sti termini, procuro de schivar[5] le occasion, cerco de contentarla, e fazzo quel che posso, e anca qualche volta più de quel che posso. Basta, la sarà co la sarà. (Me confido[6] in do cosse, o che mora mio barba, o che me tocca un terno.) (*parte*)

Scena ottava *Fabrizio, poi Sgualdo.*

FABRIZIO Questo è un giovine, che finora è andato rovinando di trotto, ed ora con questo suo matrimonio vi vuol andar di galoppo. Ehi, signor tappezziere.

SGUALDO La comandi.

FABRIZIO Il signor Angioletto mi ha raccomandato ch'io invigili alla sollecitudine dell'allestimento di queste stanze, ma voi siete un uomo di garbo, che non ha bisogno di essere né diretto, né stimolato. Fate dunque il debito vostro, portatevi bene, e ci rivedremo all'ora del pranzo. (*parte*)

1 *tendè*: badate.
2 *a giustar*: ad approntare.
3 *che la... mio*: che gridi, che dica delle ingiurie (Goldoni).
4 *co... maridar*: quando eravamo fidanzati.
5 *schivar*: evitare.
6 *Me confido*: spero, faccio affidamento.

Scena nona *Sgualdo, poi uomini, poi Lucietta.*

SGUALDO Sior sì, a ora de disnar xe l'ora che sta sorte de amici no manca. El podeva anca far de manco de farme far sta fattura. Pazienza. Bisogna starghe. Ànemo, putti, vegnì de qua, principiemo a desfar sta camera. (*vengono gli uomini e vogliono sfornire*)

LUCIETTA Coss'è? tornemo da capo?

SGUALDO Vegnìu anca vu a metterghe la vostra pezzetta? [1]

LUCIETTA Uh... squasi squasi v'ho ditto la rima che ghe va drio. (*battendosi la bocca*)

SGUALDO Una bella botta [2] no se perde mai.

LUCIETTA Oh, disè sul sodo,[3] anca sì che el paron mette qua a dormir so sorela?

SGUALDO Oh giusto! el ghe vol dormir elo.

LUCIETTA Cossa xe ste muanze? [4]

SGUALDO Causa quel sior Fabrizio, che gh'hà fatto vegnir i scrupoli de la tramontana.

LUCIETTA Poverazzo! Oh, m'ha parso che i batta.[5] Malignazo sta porta,[6] no la cognosso ben gnancora. Oh siestu benedetta la casa dove che giera! Almanco co andava a véder chi è, me consolava l'occhio un tàntin. (*parte, e poi torna*)

SGUALDO Za, questi xe tutti i pensieri che gh'ha le serve. Per tutto dove che vago, sento che i se lamenta: se le xe vecchie, no le xe bone da gnente; se le xe zovene, le fa l'amor. E no occorre che i diga, tolémole de mezza età; le fa da zovene fina mai che le pol,[7] e po le dà zoso,[8] e le diventa vecchie tutto in t'una volta.

LUCIETTA Oe, saveu chi xe?

SGUALDO Chi xe?

LUCIETTA La novizza.

1 *Vegnìu... pezzetta?*: venite anche voi a dottorare? (Goldoni).
2 *botta*: qui, battuta.
3 *sul sodo*: senza scherzi (Goldoni).
4 *Cossa... muanze?*: cosa significano questi cambiamenti? (Goldoni).
5 *i batta*: bussino.
6 *Malignazo sta porta*: maledizione a questa porta.
7 *fina... pol*: finché possono.
8 *le dà zoso*: decadono.

SGUALDO Eh via! gh'ho ben a caro de véderla.

LUCIETTA In t'un boccon de aria,[1] che gnente che rido.

SGUALDO Xela sola?

LUCIETTA Oh sola! figurève! La lo gh'ha el cavalier serpente.[2]

SGUALDO Cussì presto?

LUCIETTA Oh, no se perde tempo.

SGUALDO Se no gh'è el patron, la riceverà la putta.

LUCIETTA Figurève; ghe l'ho ditto, e la s'ha serà in camera.

SGUALDO La riceverè vu donca.

LUCIETTA Mi no, vedè. Se no so come che la sbazzega,[3] mi no me ne intrigo.

SGUALDO No gh'avè più parlà?

LUCIETTA Mi no.

SGUALDO La xe la novizza del vostro paron, e no gh'avè mai parlà?

LUCIETTA Xe quindese zorni che el l'ha sposada. Fin adesso el xe stà in casa della muggier. La xe vegnua una volta in casa de là, ma mi no m'ho lassà véder.

SGUALDO Zitto. Vela qua[4] che la vien.

LUCIETTA Ghe anderò un pochetto incontra, cussì per cerimonia. (*s'avvia verso la porta*)

SGUALDO Via, putti, destrighève.

Scena decima *Cecilia, il conte Ottavio e detti.*

LUCIETTA Serva, sustrissima.[5]

CECILIA Bondì, fia, chi seu?

LUCIETTA La cameriera de casa, per servirla.

CECILIA V'alo tolto per mi[6] sior Anzoletto?

LUCIETTA Lustrissima no; xe un pezzo che son in casa.

CECILIA Ghe tegnivelo la cameriera a so sorela?

LUCIETTA Lustrissima sì.

CECILIA Quante donne seu in casa?

1 *In t'un... aria*: con una superbia da non dirsi.
2 *serpente*: maliziosamente, in luogo di servente (Goldoni).
3 *come... sbazzega*: di che temperamento ella sia (Goldoni).
4 *Vela qua*: eccola qua.
5 *sustrissima*: per vosustrissima.
6 *tolto per mi*: assunto per mio servizio.

LUCIETTA No ghe ne xe altre che mi per adesso.

CECILIA E disè che xe cameriera?

LUCIETTA Cossa vorla che diga? La serva? La vede ben, lustrissima, me tegno un pochetto in reputazion; fazzo onor a la casa.

CECILIA Eh ben ben, me menerò con mi la mia cameriera. Che camera xela questa?

LUCIETTA Questa i l'aveva destinada per camera d'udienza, ma poi ha pensà de portar qua el letto, e far camera d'udienza in quella de là.

CECILIA Chi è stà quell'ignorante che ha fatto sta bella cossa? Xelo stà [1] el tapezzier?

SGUALDO Mi no certo, lustrissima.

CECILIA La camera più granda ha da esser la camera della conversazion. Cossa dìsela, sior Conte?

CONTE Dice benissimo la signora Cecilia. Questa deve essere la camera della conversazione.

LUCIETTA (Eh za, se gh'intende.[2] Sti siori i va a segonda co fa i scóvoli [3] zo per canal.)

CECILIA Per cossa mo a sior Anzoletto ghe xe vegnù in testa de far sta muanza spropositada?

LUCIETTA Per no dormir in t'una camera dalla banda de tramontana.

CECILIA Cossa m'importa a mi della tramontana? Chi ghe l'ha dà sto bel suggerimento? Quel alocco del tapezzier?

SGUALDO Cara lustrissima, mi no gh'ho dà sto suggerimento, e mi no son un alocco. (*con calore*)

CECILIA Oe, sior, coss'è sto alzar la ose? [4]

CONTE Eh, parlate con più rispetto. (*a Sgualdo*)

LUCIETTA (Stemo freschi. La patrona altiera, el cavalier spaccamonti.)

CECILIA Tornè a metter le cosse come che le giera. Questa ha

1 *Xelo stà*: è stato.
2 *se gh'intende*: si capiscono; detto ironicamente.
3 *scòvoli*: scòvolo è una picciola granata, o sia scopa, con cui usasi in Venezia a lavare i piatti, i tondi e le pentole, e quando sono vecchi, e consumati in parte, si gettano in canale, e come stanno a galla dell'acqua, vanno colla corrente, da che è nato il proverbio (Goldoni).
4 *la ose*: la voce (Goldoni).

da esser la camera della conversazion. (*a Sgualdo*)

CONTE Questa ha da essere la camera della conversazione.

SGUALDO La sarà servida. (El sta fresco sior Anzoletto.) (*parte*)

CECILIA Deme una carega.[1] (*a Lucietta*)

LUCIETTA La servo, lustrissima. (*prende una sedia, e la porta a Cecilia*)

CECILIA E sto cavalier alo da star in piè? Cara fia, se volè che i ve diga che sè cameriera, ste cosse no ve le avè da far dir. Vederè, vederè la mia.

LUCIETTA Crédela che no sappia?

CECILIA Via, via, basta cussì, no se responde.

LUCIETTA (Ih ih. Lontan diese soldi de azze.)[2] (*porta la sedia, e s'ingrugna*)

CECILIA La se senta,[3] sior Conte. Cossa dìsela che careghe dure?

CONTE Durissime, non si può sedere.

CECILIA Eh! mi me farò far delle poltroncine. (*a Lucietta*) Coss'è, siora, anca vu ve n'avè per mal? Oh che zente delicata! me par che meggio de cussì no ve possa parlar. Ve insegno. No farè gnente. Se vede che fin adesso in sta casa no ghe xe stà civiltà. (*al Conte*) Cossa dìsela, sior Conte? Pàrlio ben?

CONTE Benissimo, non può dir meglio.

CECILIA Mi almanco son cussì, de tutto quello che digo, e de quel che fazzo, ho gusto che la zente me diga se fazzo ben, o se fazzo mal.

LUCIETTA (E la xe segura che el cavalier ghe dise la verità.) (*con ironia*)

CECILIA Disè, fia, cossa gh'aveu nome?

LUCIETTA Lucietta, per obbedirla.

CECILIA Cossa fa siora cugnada?

LUCIETTA La sta ben, lustrissima.

CECILIA Saludèla, savè.

LUCIETTA Lustrissima sì, la sarà servida.

CECILIA Xela gnancora stada a véder la casa nova?

1 *carega*: sedia.
2 *Lontan... azze*: vorrei esser da lei lontana la lunghezza di dieci soldi di refe (Goldoni).
3 *La se senta*: si accomodi a sedere.

LUCIETTA No vorla?[1]
CECILIA Quando xela stada?
LUCIETTA Sta mattina.
CECILIA Xela tornada alla casa vecchia?
LUCIETTA Lustrissima no.
CECILIA Ma dove xela?
LUCIETTA De là, in tela so camera.
CECILIA Come? la xe qua, e no la se degna de saludarme? E vu no me disè gnente? (*a Lucietta*)
LUCIETTA Cossa vorla che ghe diga?
CECILIA Védela, sior Conte, che bel trattamento[2] che me fa mia cugnada?
CONTE Veramente si porta[3] male.
CECILIA Sentìu? chi sa el trattar, dise che la se porta mal. (*a Lucietta*)
LUCIETTA (Sì, sì, el ghe suppia sotto pulito.)[4]
CECILIA Andè là, andeghe a dir che, se la comanda, anderò mi a reverirla in te la so camera. (*a Lucietta*)
LUCIETTA Lustrissima sì, la servo. (In sta casa da qua avanti gh'ha da esser el più bel devertimento del mondo, ma a mi ho speranza che no me ne tocca. Se posso aver el mio salario, aìda, aìda[5] me la batto.)[6] (*parte*)

Scena undicesima *Cecilia e il Conte.*

CECILIA In fatti el m'ha burlà sior Anzoletto. Se saveva che gh'aveva da esser in casa sta so sorela, da quella che son, che no lo toleva.[7]
CONTE Non lo sapevate che aveva una sorella?
CECILIA Lo saveva, ma el m'ha dà da intender, che l'andava a star con so barba.

1 *No vorla?*: non vuole?
2 *trattamento*: accoglienza.
3 *si porta*: si comporta.
4 *el ghe... pulito*: la seconda, la fomenta bene (Goldoni).
5 *aìda, aìda*: alò, alò (Goldoni).
6 *me la batto*: me ne vado.
7 *da quella... toleva*: giuro da quella donna che sono, non l'avrei sposato (Goldoni).

CONTE Può esser ch'ella ci vada.

CECILIA Ho paura de no, perché so che con so barba i xe desgustai.

CONTE Fa male il signor Angioletto a non essere amico di suo zio, che è un uomo ricco, e lo conosco, so ch'è un uomo di garbo.

CECILIA Un omo de garbo ghe disè? un omo de garbo? El xe un tangaro,[1] un villanazzo, senza creanza. So che l'ha parlà de mi con poco respetto. L'ha abù da dir,[2] che so nevodo ha fatto mal a sposarme, e l'ha fatto de tutto, perché nol me toga. Sto aseno d'oro el xe pien de bezzi, e nol se contenta. El se lamenta che a so nevodo gh'ho dà poca dota. Che meriti gh'alo per pretender una gran dota? Nol s'arecorda, co l'andava co la falda davanti?[3] Finalmente son una persona civil, e in casa mia se vive d'intrada, e son stada arlevada come una zentildonna, e nol xe degno d'aver per nezza[4] una donna della mia sorte, e me maraveggio che vu disè che el xe un omo de garbo.

CONTE Signora mia, io non sapeva tutte queste ragioni. Ritratto la mia parola, e dico ch'è un zotico, intrattabile e intrattabilissimo.

CECILIA Un tangaro, un contadin.

CONTE E tutto quel peggio che dir si possa.

CECILIA Ve par che una donna della mia sorte abbia da esser desprezzada cussì?

CONTE Per bacco. Voi meritate di essere una regina. Ah, volesse il cielo che vi avessi conosciuta prima che foste impegnata col signor Angioletto.

CECILIA Ma, el mio destin ha volesto cussì.

CONTE Vi potete voi dolere del signor Angioletto?

CECILIA No, de mio mario no me posso doler. Se disesse diversamente, sarave una donna ingrata. Gh'ho volesto ben, e ghe voggio ben, e sempre ghe ne vorò; ma de so barba no ghe ne vôi sentir a parlar.

CONTE Ma suo zio gli potrebbe fare dei benefizi.

1 *un tangaro*: un satiro (Goldoni).
2 *L'ha abù da dir*: ha avuto da dire.
3 *co la falda davanti*: col grembiule davanti, da salumiere.
4 *nezza*: nipote.

CECILIA Che el se li petta.[1] Nu no gh'avemo bisogno de elo. Mio mario gh'ha el modo de mantegnirme. Me basta che el me destriga de casa[2] sta so sorela, e po son contenta.

CONTE (Ed io so che il povero galantuomo sta male assai di quattrini.)

Scena dodicesima *Lucietta e detti.*

LUCIETTA Lustrissima, m'ha ditto la putta, che ghe fazza tanto reverenza, che adessadesso la sarà qua ela a far el so debito, che no la staga a incomodarse a andar de là, perché la so camera no la xe camera da recever.

CECILIA Cussì la v'ha dito?

LUCIETTA Cussì la m'ha ditto, e cussì ghe digo.

CECILIA Sè ben brava da portar le imbassiate. Intèndela,[3] sior Conte, sto discorso?

CONTE Per dirvi la verità, non capisco niente.

CECILIA La vol dir sta signora, che la so camera no xe bella come la mia, e che no la se degna de recever in t'una camera che no xe da par sóo. Ala capìo, sior Conte?

CONTE Ho capito benissimo.

CECILIA Ghe dìsela superbia a questa?

CONTE Certo non si può negare che non vi sia della pretensione.

LUCIETTA (Oh, voggio dirghelo al patron che el se varda da sto sior Conte. El xe un adulator spaccato.)[4]

CECILIA Coss'è sto strepito qua dessora?[5]

LUCIETTA No so, lustrissima. La sa che ghe xe un'altra fittanza.[6]

CECILIA Mi no vôi sentir strepito. No voggio che i me fazza balar la camera sora la testa. Chi èle ste carogne che sta de sora de nu?

1 *Che... petta*: la spiegazione di questa frase sarebbe lunga, e di mal odore; vuol dire, che si tenga per sé i suoi benefizi (Goldoni).
2 *el me... casa*: mi levi di casa (Goldoni).
3 *Intèndela*: capisce.
4 *un adulator spaccato*: un adulator solennissimo (Goldoni).
5 *dessora*: sopra.
6 *un'altra fittanza*: un'altra casa affittata ad altre persone (Goldoni).

LUCIETTA Oh lustrissima, cossa dìsela? Ghe sta delle persone civil, sala. Ghe sta delle lustrissime, anzi stamattina lustrissima siora Checca m'ha domandà, quando vien la novizza? No so, digo, pol esser che la vegna ancuo. Co la vien, la dise, avisème, che voggio vegnir a far el mio debito.

CECILIA Xela stada da mia cugnada?

LUCIETTA Lustrissima no. Eh, la xe una che sa el trattar. Caspita! la vederà. Eh, no la sarave vegnua dalla putta, avanti de vegnir dalla maridada.

CECILIA Co la vedè, disèghe che, se la vol favorir, la xe patrona. Dìghio ben, sior Conte?

CONTE Benissimo.

LUCIETTA No la vol che ghe diga... che se no la se vol incomodar...

CECILIA Disèghe quel che v'ho ditto. No gh'ho bisogno de dottorezzi.[1] Cossa dìsela, sior Conte, de ste massère che vol intrar dove che no ghe tocca?

LUCIETTA Massère?

CECILIA Ho falà,[2] ste cameriere.

CONTE Proviene ciò, perché sono male educate.

LUCIETTA Vegniremo a scuola da elo. (*al Conte, con dispetto*)

CECILIA Senti, sa, te cazzerò via in sto momento.

LUCIETTA E mi ghe anderò, lustrissima.

Scena tredicesima *Meneghina e detti.*

MENEGHINA Dove andereu, Lucietta?

LUCIETTA La me vol mandar via, e mi digo che ghe anderò.

MENEGHINA Cussì presto, siora cugnada, la vien a far dei sussuri [3] in casa?

CECILIA Xelo questo el complimento che me vien a far siora Meneghina?

CONTE (Cospetto! è una bella ragazza!)

MENEGHINA Cossa gh'ala fatto sta putta?

CECILIA L'ha perso el respetto a sto cavalier.

1 *dottorezzi*: insegnamenti.
2 *falà*: sbagliato.
3 *sussuri*: litigi.

CONTE Per me, signora, non vi mettete in pena. Non abbado a queste picciole cose. Per amor del cielo, non vorrei che per causa mia v'inquietaste. Sono servitor vostro. (*a Cecilia*) Sono umilissimo servitore della signorina. (*a Meneghina*) Lucietta è una buona ragazza. (Io vorrei essere amico di tutte.)

MENEGHINA M'imagino che ela gh'averà la so cameriera, o che mio fradelo ghe la provederà. Questa xe più de un anno che la xe con mi, e la me comoda assae, e se la se contenta, no vorave [1] privarmene per adesso.

CECILIA La se tegna pur quella cara zoggia.[2] Basta che no la me vegna in ti piè.[3]

LUCIETTA No la se indubita, che no ghe vegnirò...

MENEGHINA Animo, andè de là.

LUCIETTA (Chi diavolo xe vegnù in casa? Un basilisco?) [4] (*parte*)

Scena quattordicesima *Cecilia, Meneghina e il Conte.*

MENEGHINA La compatissa, se no son vegnua prima a far el mio debito, perché giera despoggia.[5]

CECILIA Oh, per mi no ghe giera bisogno che la se mettesse in bellezze.

CONTE È bella in tutte le maniere la signora Menichina.

CECILIA Bravo, sior Conte. (*con ironia*)

CONTE Veramente non si potevano accoppiare due cognate di maggior merito e di maggior gentilezza.

MENEGHINA (Tra le altre so virtù la gh'ha anca quella dell'invidia.)

CECILIA Vorla comodarse, siora cugnada?

MENEGHINA In verità no son stracca.[6]

CECILIA E po la xe in casa sóa.

MENEGHINA Oh no, la veda, casa mia xe la mia camera.

1 *vorave*: vorrei.
2 *zoggia*: gioiello.
3 *in ti piè*: fra i piedi.
4 *basilisco*: rettile mostruoso che, secondo la credenza popolare, uccideva con lo sguardo.
5 *despoggia*: spogliata.
6 *stracca*: stanca.

CECILIA Oh, la xe patrona de tutta la casa.

MENEGHINA Oh grazie!

CONTE Bellissima gara di compitezze, d'amorevolezze, di affetti!

MENEGHINA E come che i vien dal cuor!

CECILIA Dove xelo sior Anzoletto?

MENEGHINA Mi no so, la veda. Mi no so mai quando che el vaga, quando che el staga. A mi nol me dise mai gnente.

CECILIA Dasseno?[1] No ghe li conta a ela i fatti sói.

MENEGHINA Oh mai. Non ho gnanca mai savesto che el s'aveva da maridar, se no tre zorni avanti che el se sposasse.

CECILIA Ala avù da caro co la l'ha savesto?[2]

MENEGHINA No vorla?

CONTE È sempre bene aver in casa della compagnia.

MENEGHINA Eh, per mi za stago in te la mia camera, no dago incomodo[3] a nissun. Dopo che xe morta mia madre, son avezzada cussì.

CONTE Ecco qui, la signora Cecilia le sarà in luogo di madre.

CECILIA Mi in logo de madre? Ghe par a elo che una novizza de quindese zorni abbia da far da madre?

CONTE Dico così per modo di dire, riguardo al grado di maritata.

MENEGHINA Cossa crédela che el voggia dir?

CECILIA La diga, cara ela, chi la conza cussì pulito?[4]

MENEGHINA La mia serva.

CECILIA Lucietta?

MENEGHINA Lucietta.

CECILIA No credeva che la savesse far tanto. Gh'ho gusto dasseno, la me conzerà anca mi.

MENEGHINA Oh, ela la gh'averà de meggio.

CECILIA No, no, per dir la verità, la fa meggio della mia. La me conzerà ela.

MENEGHINA Cara siora cugnada, la me compatissa. Lucietta xe una povera putta, ma no la xe mai stada avezza a esser strapazzada. La me fazza sta finezza. La fazza conto che in sta casa no la ghe sia.

1 *Dasseno?*: davvero?
2 *Ala... savesto?*: le ha fatto piacere quando l'ha saputo?
3 *incomodo*: fastidio.
4 *conza... pulito*: pettina così bene, con tanto garbo.

CECILIA Come? A mi la me dise cussì? Questo el xe un affronto che la me fa. La xe in casa, mio mario la paga, e me ne vôi servir anca mi.

CONTE Signore mie, non si riscaldino per una serva. Troveremo il modo di convenire.[1]

CECILIA Per un tocco de massèra no la varderà a desgustar so cugnada?

MENEGHINA Vorlà che la manda via? La manderò via.

CECILIA Questo xe un pontiglio. E con mi no la doverave usar sti pontigli.

CONTE No, per amor del cielo. Accomodiamola.

MENEGHINA No credo che la sia vegnua in stà casa con intenzion de metterme sotto i pìe.

CECILIA Me maraveggio che la diga ste stramberie.[2]

CONTE (Povero me!) Signore mie...

MENEGHINA No me xe mai stà ditto tanto gnanca da mia madre.

CONTE Compatitela. (*a Meneghina*)

CECILIA Coss'è sto *compatitela*? Mi no gh'ho bisogno che nissun me compatissa.

Scena quindicesima *Anzoletto e detti.*

ANZOLETTO (Oh poveretto mi!)

MENEGHINA Vegnì qua mo, sior fradelo.

CECILIA Sentì mo, sior mario.

ANZOLETTO Sior Conte, cara ela, una parola.

CONTE Sono a servirvi. (*s'accosta*)

MENEGHINA Vorave che me disessi...

ANZOLETTO Tasè adesso, lassème star.

CECILIA Respondème a mi.

ANZOLETTO Cara muggìer, abbiè pazienza. Adessadesso sarò con vu.

CONTE Che cosa c'è, che vi vedo così agitato? È forse per qualche parola che abbiate sentito fra le due cognate? (*piano ad Anzoletto*)

1 *convenire*: rimediare, mettendoci d'accordo.
2 *ste stramberie*: tali sciocchezze (Goldoni).

ANZOLETTO (Oh, altro che parole! ghe xe dei fatti, e fatti per mi dolorosi. Caro sior Conte, ghe lo confido con segretezza, che no lo sappia né mia sorela, né mia muggier; e se la pol, la me assista, la me soccorra.)

CONTE (Dite pure; della segretezza siete sicuro. Nel resto vi servirò dove posso.)

ANZOLETTO (La sappia che son andà alla casa de là per far portar via la roba, per tor el resto della massarìa, e el patron della casa, per un anno de fitto che ghe son debitor, el m'ha fatto bolar,[1] e son desperà.)

CONTE (Male.)

ANZOLETTO (El so anca mi[2] che xe mal. Bisogna remediarghe. Bisogna che la me fazza ela la grazia de farme la sigurtà.)[3]

CONTE (Penseremo, vedremo...)

ANZOLETTO (No gh'è tempo da perder. Tra le altre cosse ghe xe tutta la biancheria da tola, e ancuo ho da dar da disnar, e no so come far.)

CONTE (Basta. Vedremo, penseremo.) Signore mie, vi sono umilissimo servidore.

CECILIA Vala via, sior Conte?

CONTE Vado per un interesse.[4]

CECILIA La vegnirà a disnar con mi.

CONTE Può essere.

ANZOLETTO (Sior Conte, me lo fala sto servizio?)

CONTE (Penseremo, vedremo.) Servidore umilissimo. (*parte*)

ANZOLETTO (Alle curte, nol vol far gnente. Bisognerà che m'inzegna da qualche altra banda.) (*in atto di partire*)

MENEGHINA Dove andeu?

ANZOLETTO Dove che voggio.

CECILIA Sior Anzoletto...

ANZOLETTO Cara vecchia, compatime... Se vederemo adessadesso, se vederemo. (*parte*)

CECILIA Védela, patrona? Per causa sóa mio mario scomenza a farme delle malegrazie.

MENEGHINA La malagrazia el me l'ha fatta a mi, e no a ela.

1 *bolar*: sequestrar i mobili (Goldoni).
2 *anca mi*: anch'io.
3 *farme la sigurtà*: di garantire per me.
4 *interesse*: affare di premura.

L'averà sentio qualcossa, e sior Conte l'averà informà in favor della sposa.

CECILIA Oh, anzi sior Conte se vede che el gh'ha tutta la parzialità [1] per la putta.

MENEGHINA Mi no ghe ne penso gnente de nissun.

CECILIA E a mi non m'importa de altri che de mio mario.

Scena sedicesima *Lucietta e dette.*

LUCIETTA Quelle lustrissime qua desuso ghe vorave far visita.

MENEGHINA A chi?

LUCIETTA A tutte do.

CECILIA O da ela, o da mi. (*parte*)

MENEGHINA Né da mi, né da ela. (*parte*)

LUCIETTA Che le resta servide, che le riceverò mi. (*parte*)

1 *el... parzialità*: è palesemente favorevole a...

Scena prima *Camera in casa della signora Checca. Checca e Rosina.*

CHECCA Cossa disèu della malagrazia che le n'ha fatto? Se pol far pezo? Le ne fa dir che andemo, e po, co semo alla porta, la serva ne dise che no le pol, che no le sa... mi no l'ho gnanca capia.

ROSINA Bisogna certo che sia nato qualcossa, perché la serva con tanta allegria la n'ha ditto che andemo, e po, co semo stae per andar, l'ha ditto, l'ha mutegà,[1] e pareva che no la savesse gnanca parlar.

CHECCA O che le xe orsi,[2] o che le xe superbe.

ROSINA Rusteghe no me par che le sia, perché se vede che le pratica.[3]

CHECCA Se le pratica? e come! Vardè, la novizza xe quindese zorni che la xe maridada, e oramai la gh'ha el cavalier che la serve.

ROSINA E la putta? no ala fatto l'amor tutto el tempo de vita sóa?

CHECCA Per quel che dise nostro zerman[4] Lorenzin, fora de casa la va col zendà fina alla centura,[5] ma in casa, e sui balconi, no la se schiva da nissun.[6]

ROSINA No n'alo contà, che i fava [7] l'amor insieme tutto el zorno e tutta la notte?

1 *l'ha mutegà*: ha borbottato (Goldoni).
2 *orsi*: scorbutiche.
3 *le pratica*: hanno delle relazioni sociali.
4 *zerman*: cugino (Goldoni).
5 *col zendà... centura*: coperta dal manto, o sia *tafetà* nero, sino alla cintola, che vuol dire modestamente (Goldoni).
6 *no la se... nissun*: non ha difficoltà di lasciarsi vedere (Goldoni).
7 *i fava*: facevano.

CHECCA Vardè che putte! Sentì, savè, sorela, no tolè esempio da ste frascone.[1] Mi posso dir che mio mario xe stà el primo zovene che m'ha parlà. Savè che n'ha arlevà nostra madre, e adesso che sè con mi...

ROSINA Cara sorela, no gh'è bisogno che me fe sti sermoni. Savè che putta che son.

CHECCA Per cossa credemio che ste patrone da basso no le n'abbia volesto recever?

ROSINA Ve dirò, pol esser, come che ancuo solamente le xe vegnue in casa nova, che la casa no sia destrigada, che no la sia gnancora fornia,[2] e che per questo no le voggia nissun per i pìe.

CHECCA Saveu che no disè mal? Bisogna che le sia superbe la so bona parte. Veramente, confesso la verità, avemo avù troppa pressa[3] d'andar; se podeva aspettar doman, ma gh'ho tanta curiosità de véder novizza darente,[4] che no m'ho podesto tegnir.

ROSINA Mi l'ho vista, co la xe vegnua. No me par che ghe sia sti miracoli.[5]

CHECCA I dise che la gh'ha un gran spirito.

ROSINA Ho visto certo dell'aria tanta.

CHECCA Come faralo sior Anzoletto a mantegnirla in quel-l'aria?

ROSINA Co la dota che la gh'ha portà, no certo.

CHECCA Avèu sentio Lorenzin? No la gh'ha dà squasi gnente. E quel pandòlo[6] de sò mario el spende a rotta de collo.

ROSINA Vardè cossa che i averà speso in sta casa! Xe do mesi che i ghe xe drio.

CHECCA E sì, savè, in te la prima peata[7] che xe vegnua a la riva, no ghe giera altro che delle strazze.[8]

1 *frascone*: giovani scostumate, senza giudizio (Goldoni).
2 *fornia*: arredata.
3 *pressa*: premura (Goldoni).
4 *darente*: da vicino (Goldoni).
5 *che... miracoli*: che vi siano maraviglie di bellezza (Goldoni).
6 *pandòlo*: sciocco (Goldoni).
7 *peata*: peata è una barcaccia che serve al trasporto di masse-riccie, legna e cose simili (Goldoni).
8 *strazze*: cenci, cioè cose di poco prezzo (Goldoni).

ROSINA Peata ghe disè? No parévelo un battelo da fassi?[1]
CHECCA Sì, sì, xe vero, el giera un battelotto. Avèu visto quel specchio co la soaza negra?[2]
ROSINA Antigaggie.
CHECCA E quei caregoni de bulgaro?[3]
ROSINA I mobili de so bisnono.
CHECCA I butterà via un mondo de bezzi in pittori, in favri, in marangoni, e po no i gh'averà una camera de bon gusto.
ROSINA Possibile che no l'abbiémo da véder?
CHECCA De dia! la vôi veder se credesse d'andarghe una festa, co no le ghe xe.
ROSINA E Lorenzin, poverazzo, che s'ha raccomandà che parlemo alla putta?
CHECCA Povero putto, l'ha perso el bagoletto[4] de véderla tutto el dì sul balcon.
ROSINA Ghe parlereu a siora Meneghina?
CHECCA Per contentarlo ghe parlerò. Ma nol xe negozio[5] per elo.
ROSINA Per cossa?
CHECCA Perché i dise che so fradelo no ghe pol dar gnente de dota.
ROSINA E sì el ghe vol ben assae Lorenzin.
CHECCA Lassè pur che el ghe voggia ben. Anca lu xe un povero gioppo.[6] L'amor no fa boggier la pignatta,[7] sorela cara.
ROSINA I batte.
CHECCA Anca sì, che nissun risponde.
ROSINA Anderò a véder mi.
CHECCA No ve fe véder sui balconi.
ROSINA Uh, semo tanto alti, chi volèu che me veda? (*parte*)

1 *da fassi*: riflette che la peata era picciola, e che conteneva pochi mobili (Goldoni).
2 *soaza negra*: cornice nera (Goldoni).
3 *de bulgaro*: di cuoio (Goldoni).
4 *el bagoletto*: il piacere.
5 *negozio*: partito.
6 *un povero gioppo*: un povero spiantato (Goldoni).
7 *boggier la pignatta*: bollire la pentola (Goldoni).

Scena seconda *Checca, poi Rosina.*

CHECCA No vedo l'ora che vegna a Venezia mio mario. Vôi certo che el fazza de tutto de maridar sta putta. Poverazza, la xe proprio un paston.[1]

ROSINA Saveu chi xe?

CHECCA Chi xe?

ROSINA La serva de ste signore da basso.

CHECCA Gh'avèu tirà?[2]

ROSINA Siora sì.

CHECCA Gh'ho ben a caro, che la vegna. Sentiremo qualcossa.

ROSINA Oh, la serva ne dirà tutto.

CHECCA Lassème parlar a mi. La caverò ben fora[3] pulito mi.

ROSINA Vela qua,[4] vela qua.

CHECCA Vegnì avanti, fia.

Scena terza *Lucietta e dette.*

LUCIETTA Strissime.

CHECCA Bella putta! coss'è, fia? Ve manda le vostre patrone?

LUCIETTA Me manda la putta, lustrissima.

ROSINA Siora Meneghina?

LUCIETTA Lustrissima sì. No so se le sappia, che mi no servo la novizza, servo la puta. Xe un pezzo che stago con ela, e gh'ho chiapà amor, e pol esser che ghe staga, ma se avesse da servir quell'altra, ghe zuro[5] da povera fiola, no ghe starave un'ora.

CHECCA Contème. Cossa xela sta novizza?

LUCIETTA No so cossa dir. Mi, lustrissima, no son de quelle che parla. Co no posso dir ben, no digo gnanca mal; e po a malistente[6] l'ho vista, ma da quel poco che ho visto e che

1 *un paston*: una brava ragazza.
2 *tirà*: tirato. Checca chiede se Rosina ha tirato la corda, legata al chiavistello, per aprire la porta.
3 *La... fora*: la tirerò giù, la farò parlare (Goldoni).
4 *Vela qua*: eccola qua.
5 *zuro*: giuro.
6 *a malistente*: appena (Goldoni).

ho sentio, no credo che sotto la cappa del cielo se possa trovar de pezo.

ROSINA (Se po la fusse de quelle che dise!)

CHECCA Cossa xela? Superba, rustega, cossa xela?

LUCIETTA Con la servitù, co so cugnada, la xe rustega. Ma no la xe miga rustega con tutti... Bisogna che la sappia, che un certo sior Conte...

CHECCA Via, via, no disè altro. (*le fa cenno che taccia, per sua sorella*)

LUCIETTA Ho capio.

CHECCA Disème, cara vu: per cossa n'ale fatto quel bel complimento?

LUCIETTA La paroncina no ghe n'ha colpa, xe stada causa quell'altra.

ROSINA No la ne vol la novizza?

LUCIETTA Ghe dirò... cosse in verità, da crepar da rider. Co la credeva che la visita fusse sóa, l'ha ditto de sì; co l'ha sentio che la giera de tutte do, la xe andada in còlera, e no l'ha volesto.

ROSINA Oh co bella!

CHECCA Oh che scamoffie! [1]

LUCIETTA E la paroncina anca ela s'ha pontiglià.

CHECCA Oh care!

ROSINA Oh vita mia, co te godo!

LUCIETTA M'ha mandà mo, védele, la paroncina a farghe tanto reverenza, a domandarghe compatimento,[2] e a dirghe, se le se contenta, che la vegnirà ela a far el so debito.

CHECCA Oh, non occorre che la s'incomoda...

ROSINA (Sì, sì, lassè che la vegna.) (*piano a Checca*)

LUCIETTA In verità, lustrissima, gh'ha tanto despiasso...[3]

CHECCA Basta, se la lo fa per cerimonia, disèghe che no gh'è sto bisogno, che nu no vardemo ste cosse. Se po la vol vegnir per favorirne, disèghe che la xe patrona co la comanda.

LUCIETTA Grazie, lustrissima. In verità le vederà una putta che, no fazzo per dir, ma la gh'ha del merito.

1 *che scamoffie!*: che cose ridicole! (Goldoni).
2 *compatimento*: scusa.
3 *gh'ha... despiasso*: è rimasta davvero male.

CHECCA Se vede che anca vu sè una zovene de bon cuor, che volè ben alla vostra patrona.

LUCIETTA Oh mi sì, la veda, ghe voggio ben, come se la fusse una mia sorela.

ROSINA Xe anca assae trovar una serva che diga ben della so patrona. Tutte, o poco, o assae, le gh'ha sempre qualcossa da tarizar.[1]

LUCIETTA Oh, mi no gh'è pericolo. Dalla mia bocca no le sentirà mai altro.

CHECCA Brava dasseno.

ROSINA Quanti anni gh'ala la vostra patrona?

LUCIETTA Oh la xe zovene, lustrissima, no credo che la ghe n'abbia disisette.

ROSINA Che voggiè[2] mo anca calarghe i anni, xe un poco troppo.

LUCIETTA Crédela che la ghe n'abbia de più?

CHECCA No se vede, che la ghe n'ha più de vinti?

LUCIETTA Mi no so, mi stago a quel che la dise ela; se la se ne sconde, mi no so cossa dir.

ROSINA Fala l'amor?

LUCIETTA Un pochetto.

CHECCA Lo cognosseu mio zerman?

LUCIETTA Chi xelo, lustrissima?

CHECCA Sior Lorenzin Bigoletti.

LUCIETTA Caspita se lo cognosso!

ROSINA No voleu che l'al cognossa?

LUCIETTA Oh bon!

CHECCA Gh'averà dispiasso a vegnir via de quella casa.

LUCIETTA Me par de sì, che gh'ha despiasso.

CHECCA Ghe parlavela spesso?

LUCIETTA De diana, tutta la notte.

ROSINA La giera po anca una vergogna.

LUCIETTA Nevvero, lustrissima? In verità, che gnanca mi sti stomeghezzi[3] no i podeva soffrir.

CHECCA Adesso mo come sarala?

LUCIETTA El xe so zerman lustrissimo sior Lorenzin?

1 *da tarizar*: da criticare (Goldoni).
2 *Che voggiè*: che vogliate (Goldoni).
3 *stomeghezzi*: ragazzate (Goldoni).

CHECCA Siguro. El xe fio de una nostra àmia.[1]

LUCIETTA Cara lustrissima benedetta, no ghe saria altri che ela, che podesse consolar sta povera putta.

CHECCA Me maraveggio gnanca, che abbiè ardir de dirme sto tanto. Ve par a vu, che una donna de la mia sorte s'abbia da intrigar in sta sorte de pettegolezzi? Che fondamento gh'ala de maridarse?

LUCIETTA La dise ben, lustrissima, in verità dasseno la dise ben. Fondamento no credo che ghe ne sia. Dota, poverazza, no la ghe n'ha. La xe zovene, ma no po tanto quanto che i dise. Nobiltà no ghe ne xe da trar via; so pare giera salumier,[2] so barba vendeva el botiro.[3] I ghe dà dei lustrissimi, perché i vive d'intrada, ma dise el proverbo: vita d'intrada, vita stentada. Strissime, le compatissa se le ho stordie co le mie chiaccole. Ghe dirò alla parona, che la vegna a trovarle. Serva, sustrissime. (*parte*)

Scena quarta *Checca e Rosina.*

CHECCA Cossa disèu, che boccon de pettegola?

ROSINA E stimo che la ghe vol ben alla so parona.

CHECCA Ben da massère.

ROSINA Per cossa gh'avèu ditto che no volè impazzarvene per nostro zerman?

CHECCA Siora sì; ghe dirò de volerlo far, acciò che custia lo vaga spantegando[4] per la contrada.

ROSINA Sì ben, sì ben, gh'avè rason.

CHECCA Oh mi, fia mia, son una che le pensa tutte.

Scena quinta *Lorenzino e dette.*

LORENZINO O de casa. (*di dentro*)

ROSINA Oh velo qua, per diana.

CHECCA Vegnì, vegnì. Semo qua, Lorenzin.

1 *àmia*: zia.
2 *salumier*: pizzicagnolo (Goldoni).
3 *botiro*: burro.
4 *spantegando*: spargendo, raccontando (Goldoni).

LORENZINO Siore zermane, lustrissime.[1]

ROSINA Oh lustrissimo.[2]

CHECCA Feu cerimonie, fio?[3]

LORENZINO Fazzo el mio debito.

ROSINA Avèu dormio ben sta notte?

LORENZINO Poco.

ROSINA Dormirè meggio doman, che no gh'averè disturbi.

LORENZINO Eh, sia maledetto sta casa.

CHECCA Per cossa malediu sta casa?

LORENZINO Maledisso quella de sotto.

ROSINA E sì mo ghe xe le vostre viscere.[4]

LORENZINO Dove diavolo gh'ala i balconi? Xe tre ore che zìro co fa[5] un matto; son debotto inrochìo dal tosser[6] e dal spuar, e no gh'è stà caso che la possa véder.

CHECCA So anca mi, che no la vederè. La so camera la xe sora una corte che no passa nissun.

LORENZINO E no le vol che maledissa sta casa e che diga roba de quel strambo de so fradelo, che ha cressù[7] sessanta ducati de fito, per cazzar in t'un gattolo[8] so sorela? Ma za, che fin faralo in sta casa? Con cossa lo pagheralo el fitto? Co la dota de la muggier?

CHECCA Credèu che el sia in sto stato el sior Anzoletto?

LORENZINO Mi no so gnente. So che xe do mesi che l'ha tolto sta casa, e no l'ha gnancora pagà el fitto dei primi sie mesi.

ROSINA E vu sè cussì bon de impazzarve con so sorela?

LORENZINO La me dise che la gh'ha un barba, che ghe darà la dota.

CHECCA Lo so anca mi che la gh'ha sto barba, e che el xe ricco, ma i dise che el sia in còlera con so nevodo.

LORENZINO Nol sarà miga in còlera co la nezza.

1 *lustrissime*: in Venezia anche i parenti più stretti si danno i titoli di cerimonia, costume un poco ridicolo (Goldoni).
2 *lustrissimo*: si burla un poco di Lorenzino, perché le ha dato il titolo (Goldoni).
3 *fio*: termine d'amicizia (Goldoni).
4 *le vostre viscere*: cioè il vostro cuore (Goldoni).
5 *co fa*: come.
6 *inrochìo dal tosser*: rauco per aver tossito.
7 *ha cressù*: è andato a spendere in più.
8 *gattolo*: canalino per lo scolo delle acque.

CHECCA Caro zerman, avanti de intrigarve, pensèghe ben. Gnanca vu no gh'avè gnente da buttar via.

LORENZINO Se trovasse do o tre mille ducati de dota, me conperave ùna carica,[1] e con quel pochetto che gh'ho la poderave sticcar.[2]

ROSINA Basta che no mettè la novizza in quell'aria che l'ha messa sior Anzoletto.

LORENZINO Come xela?

ROSINA Se vedessi!

CHECCA Un cerchio,[3] fio caro, che chiapa da qua a colà.

ROSINA Un abito superbonazzo.

CHECCA El m'ha parso de drappo d'oro. (*a Rosina*)

ROSINA Siorasì, oro a sguazzo,[4] e che péroli! [5]

CHECCA La testa po, no ve digo gnente, conzada all'ultimo biondo.[6]

ROSINA Oe, coi diamanti.

CHECCA Da Muran, saveu? [7]

ROSINA Mi no so gnente. Vedo che i luse.[8]

CHECCA Oh, per luser, luse anca i occhi del gatto.

LORENZINO E la putta l'ale vista?

CHECCA Oh l'avemo vista.

LORENZINO Cossa ghe par?

CHECCA Eh! cussì e cussì.

ROSINA No ghe xe ste bellezze.

CHECCA La xe granda.

ROSINA Ma no la xe gnente ben fatta.

CHECCA Qua, qua; qua no la xe tropo ben fatta.

LORENZINO Oh, no le l'ha vista ben donca.

ROSINA No semo miga orbe.

1 *una carica*: a Venezia era possibile comprare certi impieghi pubblici.
2 *la poderave sticcar*: potrei passarmela non male.
3 *cerchio*: guardinfante (Goldoni).
4 *a sguazzo*: in abbondanza.
5 *che péroli!*: che pendenti!
6 *all'ultimo biondo*: alla gran moda (Goldoni).
7 *Da Muran, saveu?*: diamanti di Murano, cioè cristalli, pietre false, manifatture dell'isola di Murano, poco distante da Venezia (Goldoni).
8 *che i luse*: che risplendono (Goldoni).

LORENZINO Dove l'ale vista?

ROSINA Al balcon.

LORENZINO Se védela pulito al balcon?

CHECCA El nostro tinelo el varda giusto sora la corte, in fazza i balconi della so camera.

LORENZINO Cara siora zermana, la me lassa andar in tinelo.

CHECCA Oh, no principiemo a far scene.

LORENZINO Come, siora Checca! la m'ha pur promesso de parlarghe a siora Meneghina, la s'ha pur impegnà de interessarse per mi, e adesso la gh'ha difficoltà de lassarme andar al balcon?

CHECCA Mo vedèu, caro fio, compatime, intendè le cosse a strapè:[1] altro xe che mi ghe parla, e altro xe che ve andè a far véder sui mi balconi a far el licardin.[2]

LORENZINO No me lasserò véder da nissun. Ghe prometto che no me lasserò véder da nissun.

CHECCA Se andè sul balcon, bisogna che i ve veda per forza.

LORENZINO Starò drento, no i me vederà.

CHECCA Ve vederà quelli che sta in fazza.

LORENZINO Sererò i scuri in sfesa.[3]

ROSINA Via, cara sorela, poverazzo, lassè che el vaga.

LORENZINO Cara ela, un pochettin.

CHECCA Oh putto caro, ti ghe xe ben drento fina in ti occhi. Andè là, andè là, ma abbiè giudizio, no ve fe smattar.[4]

LORENZINO Benedetta siora zermana. (*parte saltando*)

Scena sesta *Checca e Rosina; poi servitore.*

ROSINA Disè, siora Checca. Me lasseu andar anca mi un pochettin?

CHECCA A cossa far?

ROSINA A spionar.

CHECCA Certo! una bella cossa! pareressi bon veramente!

1 *a strapè*: a rovescio (Goldoni).
2 *el licardin*: lo spasimato (Goldoni).
3 *Sererò... in sfesa*: chiuderò gli scuri, lasciando appena uno spiraglio.
4 *no... smattar*: non vi fate scorgere (Goldoni).

ROSINA Via, se no volè che vaga, lasserò star. Gh'aveva voggia de sentir, se siora Meneghina parla pulito.

CHECCA No la sentireu, co la vegnirà da nu?

ROSINA Oh vattela a cerca co la vegnirà.[1]

CHECCA Vardè mo, ghe xe zente in portego?

ROSINA Me par anca mi de sentir. (*si accosta alla porta*) Oe, saveu chi credo che sia? Per diana de dia, che credo che sia siora Meneghina.

CHECCA Eh via!

ROSINA Ho visto zente sulla scala, che parla col servitor; no ho volesto farme véder, per no parer...

CHECCA Avè fatto ben.

ROSINA Velo qua Toni. Sentiremo.

SERVITORE Lustrissima, sta signora che xe vegnua a star da novo qua de sotto, la vorave reverir.

CHECCA Xela la putta, o la maridada?

SERVITORE Mi no so, lustrissima, mi no le cognosso.

ROSINA Gh'ala i cerchi?[2]

SERVITORE Lustrissima no.

ROSINA La sarà la putta.

CHECCA Disèghe che la resta servida.[3]

SERVITORE Lustrissima sì. (*parte*)

ROSINA Lorenzin la poderà ben aspettar al balcon.

CHECCA Zitto, no ghe disémo gnente. El tinelo xe lontan, nol la sentirà. Fémoghe una burla, no ghe disémo gnente.

ROSINA E se el vien de qua?

CHECCA Che el vegna.

Scena settima *Meneghina e dette.*

MENEGHINA Strissime.[4]

CHECCA Strissima.

ROSINA Strissima.

MENEGHINA Le compatissa della libertà che m'ho tolto.[5]

1 *vattela... vegnirà*: sa il cielo quando verrà (Goldoni).
2 *Gh'ala i cerchi?*: se ha il guardinfante (Goldoni).
3 *la resta servida*: si accomodi pure.
4 *Strissime*: abbreviazione d'illustrissime (Goldoni).
5 *m'ho tolto*: mi son presa.

CHECCA Anzi la ne fa una finezza.

ROSINA Gh'avevimo tanta voggia della so amicizia.

MENEGHINA Semo tanto taccae che, se le me permette, vegnirò qualche volta a darghe incomodo.

CHECCA Oh cossa dìsela! la xe sempre patrona.

ROSINA Anca nu vegniremo da ela.

MENEGHINA Oh care zentildonne, da mi, se le savesse!... Basta, col tempo ghe conterò.

CHECCA Vorla comodarse?

MENEGHINA Quel che la comanda.

CHECCA Oe, tirè avanti delle careghe. (*servitore porta le sedie*)

ROSINA Xela contenta della casa nova?

MENEGHINA Poco dasseno.

CHECCA No la ghe piase?

MENEGHINA La casa, se volemo, no xe cattiva. Ma ghe xe delle cosse che me desgusta.

ROSINA Per esempio, la desgusterà i balconi della so camera.

MENEGHINA No vorla? Védela che vista che gh'ho? Una corte sporca che fa stomego.

CHECCA E pur qualche volta se poderia dar che quella vista no ghe despiasesse.

MENEGHINA Oh, xe impossibile, cara ela.

ROSINA Come adesso, védela, se la ghe fusse, pol esser che la ghe piasesse.

MENEGHINA La vorrà dir, perché sul mezzozorno ghe dà el sol, ma mi no l'ho gnancora visto.

CHECCA Adesso, védela, el sol el batte giusto in fazza dei so balconi.

MENEGHINA Oh, el riflesso no lo posso soffrir.

ROSINA Qualche volta ghe xe dei riflessi che piase.

MENEGHINA Oh cara ela, la gh'ha bon tempo ela.

CHECCA In te l'altra casa gh'avevela nissun riflesso, che ghe dasse in tel genio? [1]

MENEGHINA La me fa rider, siben che no ghe n'ho voggia.

ROSINA La diga, siora Meneghina, gh'ala ditto gnente Lucietta?

MENEGHINA Su che proposito?

1 *dasse... genio*: le facesse piacere.

ROSINA D'un certo nostro zerman.

MENEGHINA Gnente dasseno.

CHECCA Lo conóssela nostro zerman?

MENEGHINA Mi no, chi xelo?

CHECCA Un certo Lorenzin.

MENEGHINA Bigoletti?

CHECCA Bigoletti.

MENEGHINA Oh cossa che la me conta! so zerman el xe?

ROSINA El xe nostro zerman.

MENEGHINA Sale gnente?

CHECCA Savemo tutto.

MENEGHINA Ma! (*sospira*)

ROSINA Gran brutta casa questa qua de sotto!

MENEGHINA Malignaza! [1]

CHECCA Gran brutti balconi!

MENEGHINA La xe la Corte dell'Orco.[2]

ROSINA Qua no se vede mai sol.

CHECCA Oh, de la el se vedeva anca a mezzanotte.

MENEGHINA La senta, adesso scomenzo a aver un poco de speranza de véderlo qualche volta anca qua.

CHECCA Dasseno?

MENEGHINA Chi mai m'avesse ditto, che aveva d'aver la fortuna de conosser do signore cussì compite?

ROSINA Zermane de sior Lorenzin.

MENEGHINA Mo in verità, che la xe una cossa granda.

CHECCA Saràvela una bella cossa, che adesso el ne vegnisse a trovar?

MENEGHINA Magari.

ROSINA Mi ho in testa che el sia poco lontan.

MENEGHINA Credémio?

CHECCA El cuor no ghe dise gnente?

MENEGHINA El cuor me dise, che se el vegnisse, lo vederia volentiera.

ROSINA E pur, se la fusse a casa, adesso la lo vederia.

MENEGHINA Dove?

ROSINA Ai balcon della so camera.

1 *Malignaza!*: maledetta!

2 *Corte dell'Orco*: espressione che mette in rilievo la solitudine e la tristezza del cortile.

MENEGHINA Se in quella corte no ghe passa nissun! La xe inchiavada,[1] e no gh'è altro che magazzeni.

CHECCA Credo che el voggia tor un magazzin a fitto.

MENEGHINA La me burla, che la gh'ha rason.

ROSINA Lo vederàvela volentiera?

MENEGHINA De diana! me casca el cuor.

CHECCA Siora Rosina. vardè de là se ghe fusse nissun che l'andasse a chiamar.

MENEGHINA Oh magari!

ROSINA Vederemo, se a caso mai i lo trovasse. (*si alza per andare*)

SERVITORE Lustrissima. Ha mandà quell'altra signora qua da basso, la novizza, a dir che se le ghe permette, la vol vegnir anca ela a far el so debito.

CHECCA Patrona, che la resta servida. (*servitore parte*)

MENEGHINA Sia malignazo!

ROSINA Ghe despiase che vegna so siora cugnada?

MENEGHINA Se la savesse! el nostro sangue proprio nol se confà. Ghe scometto la testa, che la vien a posta per farme rabbia.

CHECCA Mo per cossa?

MENEGHINA Adesso no ghe posso dir tutto, ma ghe conterò. Cara ela, no la se desmentega de mandar a véder de sto sior Lorenzin.

ROSINA Ma adesso vien so siora cugnada.

MENEGHINA Se savesse come far a schivarla![2] La me fazza una finezza.

CHECCA La comandi.

MENEGHINA Fin che sta qua mia cugnada, la lassa che vaga de là.

CHECCA Dove vorla andar?

MENEGHINA In qualche altro logo.

CHECCA Le camere le gh'avemo qua tutte in fila.

MENEGHINA Anderò in tinelo.

CHECCA Dasseno?

ROSINA Povereta! in tinelo?

MENEGHINA Staroggio mal in tinelo?

ROSINA Anzi la starave benissimo.

1 *inchiavada*: chiusa a chiave.
2 *schivarla*: evitarla.

MENEGHINA La me lassa andar donca.

CHECCA No, no, la me compatissa. No vôi che femo scondagne,[1] l'abbia pazienza per sta volta.

MENEGHINA No la manda a véder de sior Lorenzin? (*a Rosina*)

ROSINA Manderò adessadesso.

CHECCA Eh aspettè, che manderò mi. Oe, chi è de là?

SERVITORE Strissima.

CHECCA Vienla sta signora?

SERVITORE La vien adesso.

CHECCA Sentì. (Andè de là in tinelo, disèghe a sior Lorenzin che el vaga via subito; se nol sa che ghe sia siora Meneghina, no ghe disè gnente, e se el lo sa, disèghe che el vaga via, che adessadesso vien so cugnada, e no vorave che l'al cognossesse, e che nascesse qualche desordene. Avèu inteso? Fe pulito.)[2] (*piano al servitore*)

SERVITORE La lassa far a mi. (*parte*)

MENEGHINA L'ala mandà a chiamar?

CHECCA Siora sì.

MENEGHINA E se ghe xe mia cugnada?

CHECCA Fin che ghe sarà so cugnada, nol vegnirà.

ROSINA (Eh mia sorela gh'ha giudizio; la l'averà mandà via.)

CHECCA Sala gnente so siora cugnada de sto negozio de Lorenzin? (*a Meneghina*)

MENEGHINA Mi no credo. Co[3] mio fradelo no ghe l'ha ditto.

Scena ottava *Lorenzino e dette.*

LORENZINO Grazie, siora zermana. (*sdegnato*)

CHECCA Andè via de qua.

LORENZINO Farme star a giazzar,[4] a tirar el collo, e suspirar fin adesso.

CHECCA Andè via de qua, ve digo.

ROSINA Volèu che nassa dei precipizi?[5]

MENEGHINA Dove seu stà a tirar el collo?

1 *femo scondagne*: facciamo sotterfugi.
2 *Fe pulito*: fate le cose per bene.
3 *Co*: se, a meno che.
4 *giazzar*: gelare.
5 *precipizi*: guai.

LORENZINO De là in tinelo, per véderve al balcon, e vu gieri qua.

MENEGHINA Grazie, siora Checca, della finezza[1] che la m'ha fatto.

CHECCA Cara ela, ho preteso de farghe una burla.

ROSINA Se no vegniva so cugnada, la burla sarave andada pulito.[2]

LORENZINO Mi no vago via certo.

CHECCA Andè via, ve digo.

LORENZINO No posso.

MENEGHINA Poverazzo, nol pol.

ROSINA Se el va zo della scala, el la incontra.

CHECCA Mi son stada una matta. Ma de sti casi no me ne succederà più. Andè de là, dove che sè stà fin adesso.

LORENZINO Siora sì; cara ela, la prego, per carità, no la la lassa andar via, se no ghe digo do parole. Cara Meneghina, se me volè ben, aspettème. Cara zermanetta, me raccomando anca a vu, fia mia: (*a Rosina*) cara zoggia! (*a Meneghina*)

MENEGHINA Poverazzo! (*si asciuga gli occhi*)

CHECCA Andeu via, ve digo?

LORENZINO Vago, vago. Siestu benedetta. (*parte*)

MENEGHINA (Caro colù. Oh, no vago via per adesso. Mia cugnada vien sola, l'anderà via anca sola. Son proprio consolada.)

ROSINA Caspita, ve volè ben, patroni! (*a Meneghina*)

CHECCA Son tanto pentia, se savessi... Vela qua, per diana.

MENEGHINA Vela qua la prencipessa.

ROSINA Prencipessa la ghe dise?

MENEGHINA No la vede che boccon de presopopea![3]

ROSINA Oh che cara siora Meneghina!

Scena nona *Cecilia e dette.*

CECILIA Serva umilissima.

CHECCA Strissima.

ROSINA Strissima.

1 *della finezza*: del gesto cortese: è detto con ironia.
2 *sarave... pulito*: sarebbe andata a finir bene.
3 *presopopea*: pare un termine studiato, ma è familiare in Venezia (Goldoni).

CECILIA Bondì sustrissime. Serva, siora cugnada.

MENEGHINA Strissima.

CHECCA Che grazie, che favori xe questi?

CECILIA Son vegnuda a far el mio debito, per aver l'onor de conosserle, per ringraziarle dell'onor che le voleva farme, incomodandose a vegnir da mi, e a domandarghe scusa se ho dovesto privarme delle so finezze.

MENEGHINA (Séntela? in ponto e virgola.) (*piano a Rosina*)

CHECCA Cara ela, la prego, no la me confonda de cerimonie. Mi son usa a andar alla bona, de bon cuor certo, e se posso servirla, la m'ha da comandar liberamente, senza suggizion. Semo vesine,[1] e avemo da esser bone amighe, e per parte mia bona serva.

CECILIA Anzi mia patrona. (*inchinandosi*)

MENEGHINA (E col so bel repeton.)[2] (*piano a Rosina*)

ROSINA (Eh sì, la xe affettada un pochetto.) (*piano a Meneghina*)

CHECCA La se comodi. (*a Cecilia*)

CECILIA E ele?

CHECCA Se senteremo anca nu. Oe, un'altra carega.

MENEGHINA (Vorave che la se destrigasse.) (*servitore porta la sedia*)

CECILIA Cara siora cugnada, co la gh'aveva intenzion de far el so debito co ste zentildonne, la podeva ben avisarme, che sarave vegnuda anca mi. Volévela farme comparir una senza creanza?[3]

MENEGHINA Cara ela, la compatissa, no gh'ho volesto sentirme a dir un'altra volta: o ela, o mi.

CECILIA Se femo delle burle, sala, de quando in quando con mia cugnada. Scherzemo cussì per devertimento. (*a Checca*)

CHECCA Se vorle ben?

MENEGHINA Assae.

ROSINA Me n'incorzo anca mi.

CECILIA (Se la savesse quanto ben che ghe voggio!)

CHECCA Stala volentiera in casa nova? (*a Cecilia*)

CECILIA Ghe dirò: no la me despiase, ma no me posso desmentegar la mia.

1 *vesine*: vicine.
2 *repeton*: inchino, burlescamente (Goldoni).
3 *senza creanza*: maleducata.

MENEGHINA Gnanca mi la mia.

CECILIA Oh, la sóa alla fin dei fini la giera una bicocca.[1] Ma mi, per diana, son nata e arlevada in t'una casa, che no gh'è altrettanto. No digo per dir, ma ghe podeva vegnir un prencipe in casa mia. Gerimo quattro tra fradei e sorele, e tutti gh'avevimo el nostro appartamento, le nostre donne, la nostra zente, le nostre barche. Eh stago ben, stago ben che no digo: ma quando se xe use,[2] se la m'intende... no so se la me capissa...

CHECCA Eh, capisso benissimo.

MENEGHINA (Delle sbarae[3] la ghe ne sentirà de quelle poche.) (*a Rosina*)

ROSINA (Me la godo un mondo.) (*piano a Meneghina*)

CHECCA Un gran bell'abito de bon gusto!

CECILIA Oh, cossa dìsela? El xe un strazzetto, che gh'aveva da putta.

ROSINA L'andava vestìa cussì da putta?

CECILIA No vorla? La sa ben che adesso certe antigaggie no le se usa più. La sa che al dì d'ancuo in tel vestir no se distingue più le putte dalle maridae.

ROSINA In casa nostra per altro la ghe xe sta distinzion.

MENEGHINA Me par che la ghe sia anca tra siora cugnada e mi.

CECILIA Cara siora Meneghina, chi vol aver dei bei abiti, bisogna aver el modo[4] de farseli.

MENEGHINA Mi mo, védela, sto poder no lo gh'ho, e se anca el gh'avesse, invece de buttar via in abiti, in barche, in appartamenti, vorave metter da banda per aver qualcossa de dota, acciò che no i disesse, che m'ho maridà senza gnente a sto mondo. (Tiò suso.)[5]

CECILIA (Frasconazza! ti me le pagherà tutte.) Se devèrtele? Vale ai teatri? Fale conversazion?

CHECCA Ghe dirò, co mio mario xe a Venezia, andemo una volta o do alla settimana all'opera, o alla commedia, ma adesso che nol ghe xe, stemo a casa.

1 *bicocca*: casupola assai modesta, da non ricordare.
2 *use*: abituate.
3 *sbarae*: balle, spacconate.
4 *el modo*: la possibilità finanziaria.
5 *Tiò suso*: prendi questa (Goldoni).

CECILIA Se la comanda che le serva de qualche chiave,[1] le xe patrone. Gh'ho palco per tutti i teatri, sala? E le servirò della gondola, se le vol.

CHECCA Grazie, grazie. Dasseno, co no gh'è mio mario, no vago in nissun logo.

CECILIA E co ghe xe so mario, la vol che el vegna sempre con ela?

CHECCA Se ghe piase.

CECILIA E la ghe vol dar sto boccon d'incomodo? sto boccon de suggizion? Poverazzo! bisogna aver carità de so mario. Lassar che el fazza i so interessi, che el vaga dove che el vol. No se pol andar alla commedia senza de so mario?

CHECCA Oh, mi no m'importa. Co mio mario no pol vegnir, stago a casa.

CECILIA (Oh che martuffa!)[2]

MENEGHINA (Intèndela sto zergo?) (*piano a Rosina*)

ROSINA (Oh, lo capisso!) (*piano a Meneghina*)

MENEGHINA (Mio fradelo mo xe de quei che no bada.) (*come sopra*)

ROSINA (Col mario se contenta, la gh'ha rason.) (*come sopra*)

CECILIA E in casa mo cossa fale? Zóghele?[3]

CHECCA Qualche volta se devertimo.

CECILIA A cossa zóghele?

CHECCA A tresette, a cotecchio, al mercante in fiera.

CECILIA Oh, mi a sti zoghi no gh'ho pazienza. Me piase el faraoncin.[4] Ma de poco, sala. Se fa banco de otto o diese zecchini,[5] gnente de più. Le vegna qualche sera da basso, le se devertirà. Le vederà una conversazion, no fazzo per dir, ma de persone tutte distinte. No semo mai manco de quattordese, de sedese, e squasi ogni sera se magna qualcossa, o quattro gallinazze, o una per de lengue salade, o delle tartùfole,[6] o qualche bel pesce, e po gh'ho un canevin[7] de bottiglie, che le vederà qualcossa de particolar.

1 *chiave*: chiave di un palchetto a teatro.
2 *martuffa*: sciocca (Goldoni).
3 *Zóghele?*: giocano?
4 *faraoncin*: gioco d'azzardo.
5 *zecchini*: lo zecchino valeva 22 lire venete.
6 *tartùfole*: tartufi.
7 *canevin*: piccola cantina.

ROSINA (Battemoghe el terzo?)[1] (*a Meneghina*)

MENEGHINA (Sì, anca el quinto.) (*a Rosina*)

CHECCA Cussì se se diverte pulito.

CECILIA Cossa vorla far? Son arlevada cussì.

ROSINA Adesso che la xe in casa de so mario, siora Meneghina se devertirà pulito anca ela.

MENEGHINA Oh, mi me deverto in te la mia camera.

CECILIA Me despiase, che in te la so camera no la gh'averà quei divertimenti che la gh'aveva in quell'altra casa.

MENEGHINA Cossa voràvela dir?

CECILIA Gnente. Crédela che no sappia tutto? Crédela che mio mario no me conta tutto?

MENEGHINA Finalmente cossa ghe porlo aver ditto? Son una putta da maridar, e cerco de logarme[2] onoratamente.

CHECCA Cara siora Cecilia, se la fa l'amor, bisogna compatirla. La l'ha fatto anca ela, l'ho fatto anca mi.

CECILIA No digo che no la fazza l'amor, ma almanco lo fàssela con qualcossa de bon. M'ha contà mio mario, che la s'aveva taccà con un sporco, che no gh'ha né arte, né parte.[3] Con un certo Lorenzin Bigoletti, un scagazzer,[4] un spuzzetta, senza roba, senza civiltà; la s'imagina se mi, che son quella che son, voggio soffrir un parentà de sta sorte.

MENEGHINA (Séntela come che la parla?) (*a Rosina*)

ROSINA (Se Lorenzin sente, poverette nu!) (*a Meneghina*)

CHECCA La diga, siora Cecilia, lo cognóssela sto sior Lorenzin Bigoletti?

CECILIA De vista no lo cognosso. Ma per quel che i dise, nol xe degno de una sorela de mio mario.

CHECCA Mi no ghe digo che el sia ricco, ma el xe un galantomo, e in tel so parentà no ghe xe sporchezzi, e nissun de sói ha portà la falda.[5]

CECILIA Come pàrlela, siora Checca? Credo che la mia casa sia cognossua in sto paese.

1 *Battemoghe el terzo?*: gliene togliamo un terzo (di tutto quel che ha detto)?
2 *logarme*: collocarmi (Goldoni).
3 *che no... parte*: che non ha né impiego, né facoltà (Goldoni).
4 *un scagazzer*: un ragazzaccio (Goldoni).
5 *nissun... la falda*: nessuno dei suoi ha mai indossato il grembiule. Checca rinfaccia a Cecilia la sua origine piccolo-borghese.

CHECCA Mi no digo de ela.

CECILIA Mo de chi donca?

CHECCA No desmissiémo cani che dorme.[1]

CECILIA Perché se scàldela tanto el figà[2] per quel sporco?

CHECCA Coss'è sto sporco? Me scaldo perché el xe un putto civil, quanto ela, e el xe mio zerman.

CECILIA So zerman el xe? (*si alza*)

ROSINA Siora sì, el xe nostro zerman, e el xe un putto nato ben e ben arlevà, e no volemo che nissun lo strapazza.

MENEGHINA (Brava, per diana.)

CECILIA Adesso intendo la rason delle so finezze, e la premura de vegnirme a favorir de una visita. L'ha trovà un bel traghetto,[3] siora cugnada.

CHECCA Come pàrlela, patrona? Con chi crédela de parlar?

CECILIA Questa xe la prima volta che ho l'incontro[4] de reverirle; le credo persone civil, ma, le me compatissa, no son persuasa del so trattar. Strissime, a bon reverirle. A ela no ghe digo che la vegna a casa, perché no ghe posso comandar. Ghe lo farò dir da chi ghe lo poderà dir. E no la staga a metter suso de tior[5] colù, che no voggio, e posso dirghe no voggio. Cecilia Calandrini in sto paese xe qualcossa, e la pol qualcossa. M'ala capio? Patrone. (*parte*)

Scena decima *Checca, Meneghina, Rosina, poi Lorenzino.*

MENEGHINA Ale sentio che ràccola?[6]

ROSINA Mo la xe ben palicaria.[7]

CHECCA Mi no so come che m'abbia tegnù. Se no la giera in casa mia, no la la passava cussì.

LORENZINO Siora zermana, ho tasesto e ho sofferto per causa sóa, ma cospetto de diana, no vôi che nissun me strapazza...

1 *No... che dorme*: non svegliamo i cani che dormono.
2 *figà*: fegato.
3 *un bel traghetto*: un bel comodino (Goldoni).
4 *che... l'incontro*: che mi capita l'occasione.
5 *tior*: prendere per marito.
6 *che ràccola*: che cicala (Goldoni).
7 *palicaria*: per dir singolare; termine stravagante, ma che qualche volta si usa (Goldoni).

ROSINA Avèu sentio?

LORENZINO No son miga sordo.

MENEGHINA Mi no ghe ne ho colpa, fio mio.

CHECCA Orsù, siora Meneghina, la favorissa de andar a casa sóa, che in casa mia de ste scene no ghe ne xe mai stà, e no ghe ne voggio.

LORENZINO Ela no ghe n'ha colpa.

CHECCA E vu, sior, andè via de qua.

LORENZINO E mi anderò giusto adesso a trovar sior Anzoletto, e cospetto e taca via,[1] ghe metterò le man attorno, e se mazzeremo.

MENEGHINA Oh poveretta mi! (*gridando*)

ROSINA Seu matto?

CHECCA Via, sior strambazzo!

LORENZINO A mi sporco? a mi spuzzetta? a mi spiantà, miserabile, incivil? Sporca ela, spuzzetta ela. Miserabile so mario, vilanazzo, salumier, el gh'ha ancora le man da botiro.[2] (*passeggiando con isdegno*)

MENEGHINA Oh, un poco de acqua per carità.

ROSINA Adesso, adesso, fia, che la vago a tor. (La me fa da pianzer anca mi.) (*si asciuga gli occhi e parte*)

LORENZINO Sì, vôi andar sul balcon, e se la vedo, ghe ne vôi dir tante... (*in atto di partire*)

MENEGHINA Fermève.

CHECCA Vegnì qua.

MENEGHINA Sentì.

CHECCA Ascoltème mi.

LORENZINO Cara siora zermana, la me lassa star. La vede in che stato che son, e la me vol metter al ponto de precipitar.[3]

MENEGHINA Mo no, cara siora Checca. La gh'abbia un pochetto de compassion.

CHECCA Ma mi, cossa volèu che ve fazza? Volèu che me soggetta[4] a recever delle malegrazie? E che, co vien mio mario, el trova una lite impizzada?[5]

1 *cospetto... via*: esclamazione bassa, collerica, per non bestemmiare (Goldoni).
2 *da botiro*: sporche di burro.
3 *al ponto de precipitar*: in condizione di rovinarmi.
4 *me soggetta*: mi adegui.
5 *impizzada*: accesa.

MENEGHINA Ela xe una signora de proposito. La gh'ha giudizio, la gh'ha bon cuor. La veda de trovar qualche mezzo.

ROSINA (*coll'acqua*) Son qua, se la vol l'acqua.

MENEGHINA Grazie.

CHECCA Sto putto senza dota ve porlo tor?

ROSINA Vorla l'acqua?

MENEGHINA Adesso. (*a Rosina*) Se podesse parlar a mio barba, ho speranza che nol me disesse de no.

LORENZINO Perché no l'andeu a trovar?

ROSINA Vorla l'acqua? (*a Meneghina*)

MENEGHINA Adesso. (*a Rosina*) No ghe posso andar, per paura de mio fradelo.

CHECCA La diga, cara siora Meneghina, sior Cristofolo mi lo cognosso. Vorla che mi lo manda a chiamar?

MENEGHINA Oh magari!

ROSINA La vorla, o no la vorla? (*a Meneghina*)

MENEGHINA Eh! (*con sprezzo*) Oh la compatissa, no so dove che gh'abbia la testa. (*prende il bicchiere in mano*) Cara siora Checca, questa saria la meggio cossa che la podesse far a sto mondo. (*parlando, versa l'acqua dal bicchiere*) La lo manda a chiamar, la ghe parla, e po la me manda a chiamar anca mi...

CHECCA Cara ela, no la me spanda l'acqua addosso.

MENEGHINA Oh poveretta mi! no so quel che fazza. (*beve a sorsi, e parla*)

ROSINA (De diana, la xe ben incocalia.) [1]

MENEGHINA La senta... el sta de casa... de là dall'acqua... al Gaffaro... ai Tre Ponti... sulla fondamenta delle Maraveggie.[2]

CHECCA So benissimo dove che el sta, el xe amigo de mio mario, e lo manderò a chiamar.

MENEGHINA La manda subito.

CHECCA Manderò subito. Ma la me fazza sto servizio adesso: la vaga da basso.

MENEGHINA Siora sì, subito, a bon reverirla. Siora Rosina, me raccomando anca a ela. Bondì, Lorenzin. La senta, la lo

1 *incocalia*: istupidita.

2 *de là dall'acqua... Maraveggie*: oltre il Canal Grande. Gaffaro, Meraveggia: località così denominate da due antiche famiglie veneziane; i Tre Ponti si trovano nel sestiere di Santa Croce.

metta al ponto... La ghe diga che son desperada... no la fazza fallo[1] de mandarme a chiamar. Strissime. Bondì, fio mio. (*parte*)

ROSINA Zerman, l'avè cusinada[2] come va.

LORENZINO Cara siora zermana...

CHECCA Doveressi[3] far vu sto servizio d'andar a chiamar sior Cristofolo.

LORENZINO Sangue de diana! a corando.[4]

CHECCA Savèu dove che el staga?

LORENZINO E co pulito che el so.

CHECCA Andè donca.

LORENZINO Subito: (*corre via*)

ROSINA Oh che putti!

CHECCA Oh che intrighi!

ROSINA Oh quanti mattezzi[5] che se fa per amor! (*parte*)

CHECCA Oh quanti desordini, co no gh'è giudizio! (*parte*)

Scena undicesima *Camera come nell'atto primo. Anzoletto, poi Sgualdo.*

ANZOLETTO Cospetto del diavolo, no ghe xe caso de poder liberar sti boli.[6] No trovo un can che me varda, nissun me vol dar bezzi, nissun me vol far sigurtà.[7] So pien de debiti, che no so da che banda voltarme; e gh'ho la casa piena de omeni che laora, e gh'ho una muggier al fianco, che destruzzeria mezzo mondo. Ah, se no fusse desgustà con mio barba, no sarave in sto stato. Figurarse, adesso che son maridà, nol me dà un sorso d'acqua se el me vede a sgangolir da la sé.[8] Oh matto, bestia che son stà a maridarme. No credeva mai d'averme da pentir cussì presto. Quindese zorni...

SGUALDO Oh lustrissimo, son qua per bezzi.

1 *no la... fallo*: non manchi.
2 *l'avè cusinada*: l'avete cotta, cioè innamorata (Goldoni).
3 *Doveressi*: dovreste.
4 *a corando*: subito, correndo (Goldoni).
5 *mattezzi*: pazzie.
6 *liberar sti boli*: far togliere i sigilli del sequestro ai mobili.
7 *sigurtà*: garanzia.
8 *sgangolir da la sé*: morir di sete (Goldoni).

ANZOLETTO No avémio ditto doman?

SGUALDO Mi ho ditto doman, ma sti omeni dise ancuo. (Eh, so el negozio del bolo, no vôi che tiremo avanti cussì.)

ANZOLETTO In sta camera no avè fatto gnente. La xe come che la giera. El letto no l'avè portà.

SGUALDO No l'ho portà, perché i m'ha ditto che no lo porta.

ANZOLETTO Chi v'ha ditto sta bestialità? (*in collera*)

SGUALDO La lustrissima so siora consorte.

ANZOLETTO Co la l'ha dito ela, no parlo altro.

SGUALDO Bisogna che la me salda sti conti.

ANZOLETTO Doman ve li salderò.

SGUALDO Sti omeni no vol aspettar.

ANZOLETTO Cospetto, li bastonerò.

SGUALDO No la vaga in còlera. Perché sta zente ha fatto el so debito, e la mercede ai operari no le se paga co le bastonae.

ANZOLETTO Avanti sera ve pagherò. Volèu altro?

SGUALDO Benissimo; me dala parola?

ANZOLETTO Ve dago parola.

SGUALDO La guarda ben, che sta sera no se va via, se no la ne paga. Andemo. (*parte cogli operai*)

Scena dodicesima *Anzoletto e Prosdocimo.*

ANZOLETTO Se no i anderà via lori, bisognerà che vaga via mi. Se almanco gh'avesse la mia roba, poderia far un pegno.

PROSDOCIMO Chi è qua?

ANZOLETTO Coss'è, sior? Chi domandeu?

PROSDOCIMO Domando el lustrissimo sior Anzoletto Semolini.

ANZOLETTO Son mi; cossa volèu?

PROSDOCIMO Fazzo umilissima riverenza a vusustrissima per parte del lustrissimo sior Conte Argagni mio patron, e el m'ha ditto de dir a vusustrissima, che xe do mesi che el gh'ha fittà sta casa, che l'ha mandà sie volte, e questa che fa sette, pel semestre anticipà che gh'aveva da pagar vusustrissima, e el lo prega de pagarlo subito, illico et immediate, aliter,[1] che vusustrissima no se n'abbia per mal, se el farà quei passi

1 *illico... aliter:* immediatamente sull'istante, altrimenti. Prosdocimo ha appreso, evidentemente per l'occasione, qualche formula del latino giudiziario.

che xe de giustizia,[1] e che sarà noti benissimo anca a vusustrissima.

ANZOLETTO Sior vusustrissima, m'avè dà una bella seccada.[2]

PROSDOCIMO Grazie alla bontà de vusustrissima.

ANZOLETTO Disèghe al vostro patron, che doman el sarà servido.

PROSDOCIMO Caro lustrissimo, la perdoni. Sto doman ai quanti vienlo del mese?

ANZOLETTO No gh'è bisogno de cargadure.[3] Vegnì doman, e ve pagarò.

PROSDOCIMO Caro lustrissimo, la perdoni, s'arecòrdela quante volte che la m'ha ditto doman?

ANZOLETTO Ve dago parola, che el sarà pagà.

PROSDOCIMO Caro lustrissimo...

ANZOLETTO Caro lustrissimo, la vaga a farse ziradonar.[4]

PROSDOCIMO Servitor umilissimo de vusustrissima. (*partendo*)

ANZOLETTO La reverisso.

PROSDOCIMO Lustrissimo patron. (*come sopra*)

ANZOLETTO Ghe fazzo reverenza.

PROSDOCIMO Servitor umilissimo de vusustrissima. (*parte*)

ANZOLETTO Co sto ballin in testa, e sto boccon de seccada, el xe el più bel devertimento del mondo. Cossa xe de mia muggier e de mia sorela, che no le se vede? Eh le vegnirà, le vegnirà. Cussì no vegnìssele

Scena tredicesima *Lucietta e detto.*

LUCIETTA Oh de diana! el xe po vegnù!

ANZOLETTO Cossa volèu?

LUCIETTA Quando fenìsseli sta massarìa? Quando vienla sta roba?

ANZOLETTO La vegnirà. Abbiè pazienza, che la vegnirà.

LUCIETTA Debotto xe ora de disnar.

ANZOLETTO E cussì cossa importa?

LUCIETTA Come vorla che parecchiémo la tola, se no ghe xe biancheria?

1 *se el farà... giustizia*: se egli adirà le vie legali.
2 *m'avè... seccada*: mi avete davvero seccato.
3 *cargadure*: caricature, motti di spirito.
4 *la vaga... ziradonar*: vada a farsi benedire.

ANZOLETTO (Oh poveretto mi!) No se poderessimo inzegnar[1] per ancuo?

LUCIETTA Se no ghe metto dei fazzioli da man.[2]

ANZOLETTO No ghe xe dei fazzioli tovaggiai?[3]

LUCIETTA I xe strazzetti, ma ghe ne xe.

ANZOLETTO No se poderave taggiarli, e far dei tovaggioli?

LUCIETTA Orsù, vedo che anca elo, lustrissimo, el se tol spasso de mi, el farà per dar in tel genio alla so novizza. Me despiase della putta, ma no so cossa farghe, la me daga sette mesi de salario, che la m'ha da dar, e ghe leverò l'incomodo. Serva de vusustrissima. (*parte*)

ANZOLETTO Tolè,[4] anca questa, per averghe ditto dei tovaggioli, la va in còlera, e la vol el so salario. Mo che zente pontigliosa! Mi sopporto tanto, e i altri no vol sopportar gnente.

Scena quattordicesima *Cecilia e detto, poi Meneghina, poi Fabrizio.*

CECILIA Sior Anzoletto, gh'avemo delle novità.

ANZOLETTO Coss'è stà?

CECILIA Vostra sorela xe una bella pettegola.

MENEGHINA Sior Anzoletto, vostra muggier xe una gran superba.

CECILIA O ela, o mi, fora de sta casa. (*parte*)

MENEGHINA Ghe anderò mi, quando manco ve l'aspetterè. (*parte*)

ANZOLETTO Oh che bestie!

FABRIZIO Eccomi a pranzo con voi.

ANZOLETTO Sieu maledetto anca vu. (*parte*)

FABRIZIO Obbligato della carrozza.[5] (*parte*)

1 *inzegnar*: aggiustare.
2 *fazzioli da man*: asciugamani.
3 *fazzioli tovaggiai*: pezzi di tela da tovaglia.
4 *Tolè*: guarda un po'.
5 *obbligato della carrozza*: « Poco o niente obbligato » (Boerio).

Scena prima *Camera in casa della signora Checca. Checca, poi Rosina.*

CHECCA Vardè, quando che i dise, che una faliva pol brusar una casa.[1] Certo da una cossa de gnente se vede a partorir delle cosse grande. Le curiosità de véder sta casa, de véder sta novizza, ha fatto nasser sto boccon de sussuro. No me ne doveria più intrigar, ma dall'altra banda me fa peccà[2] mio zerman, me fa peccà quella povera putta...

ROSINA Oe, sorela.

CHECCA Cossa gh'è?

ROSINA Lucietta, la serva da basso, la m'ha fatto motto[3] al balcon, che la m'ha da parlar.

CHECCA E cussì?

ROSINA E cussì gh' ho tirà, e gh' ho ditto che la vegna.

CHECCA Avè fatto mal. Con quella zente no se n'avemo più da impazzar.

ROSINA Avè pur ditto de mandar a chiamar siora Meneghina.

CHECCA Se vegnirà so barba, per una volta lasserò che la vegna; ma mai più, vedè, mai più; no se n'impazzemo mai più.

ROSINA A mi me la contè? Cossa m'importa a mi?

CHECCA E co la serva no voggio altri desmesteghezzi.[4]

ROSINA No so cossa dir, per sta volta gh' ho averto. Un'altra volta no ghe averzirò. Volèu che la manda via?

CHECCA No, no, sentimo cossa che la vol.

1 *che una faliva... casa*: che una favilla può incenerire una casa (Goldoni).
2 *me fa peccà*: mi fa compassione.
3 *motto*: cenno.
4 *desmesteghezzi*: confidenze (Goldoni).

ROSINA Ho sentio dei strepiti, son curiosa de saver qualcossa.

CHECCA Sorela cara, moderèla [1] sta curiosità. Cossa v'ha da premer a saver i fatti dei altri? Se Lucietta vien qua per far dei pettegolezzi, démoghele curte,[2] e no la stemo gnanca a ascoltar.

ROSINA Ben, ben; mi fazzo tutto quello che volè vu.

Scena seconda *Lucietta e dette, poi Toni.*

LUCIETTA Lustrissime.

CHECCA Sioria.

ROSINA Sioria, fia.

LUCIETTA Son scampada [3] de suso, che nissun sa gnente: gh'ho da contar; ghe xe delle cosse grande.

ROSINA Cara vu, contème.

CHECCA Via, scomenzémio? (*a Rosina*)

ROSINA Ih? cossa oggio [4] ditto? (*a Checca*)

LUCIETTA La gh'ala con mi, lustrissima? Cossa gh'oggio fatto?

CHECCA In casa mia no voggio pettegolezzi.

LUCIETTA La compatissa, giera venua per contarghe... Se no la vol, no so cossa dir, lustrissima. (*in atto di partire*)

CHECCA Vegnì qua, cossa volevi contarme?

ROSINA (No lo soggio,[5] che mia sorela xe più curiosa de mi?)

LUCIETTA Voleva confidarghe delle novità, ma no vôi che la diga, che vegno a far dei pettegolezzi.

CHECCA Via, se gh'avè qualcossa da confidarme.

LUCIETTA La sappia, che in casa da nu ghe xe delle cosse grande.

CHECCA Che xe mo?

LUCIETTA El paron xe in te l'ultima desperazion. No pol far massarìa.[6] In casa de là i gh'ha bolà [7] la roba, qua no l'ha gnancora pagà el fitto. I omeni che laora, vol bezzi. Mi no

1 *moderèla*: frenatela.
2 *démoghele curte*: congediamola subito.
3 *scampada*: venuta in fretta.
4 *oggio*: ho.
5 *soggio*: so.
6 *far massarìa*: traslocare.
7 *i gh'ha bolà*: gli hanno pignorato (letteralmente: rubato).

posso aver el mio salario de sette mesi, che el m'ha da dar Cosse grande, lustrissima, cosse grande.

CHECCA Mo le xe grande dasseno.

ROSINA Me fe strassecolar.[1]

CHECCA E cossa dise quella spuzzetta de so muggier?

ROSINA E cossa dise quella povera putta de so sorela?

LUCIETTA La putta pianze, e la novizza xe in tutte le furie.

CHECCA Contème: come alo fatto tutti sti debiti?

LUCIETTA Colla boria, col malgoverno, per segondar quella cara zoggia de so muggier.

CHECCA Xe quindese zorni che el xe maridà...

LUCIETTA Oh cara ela, cossa crédela? Xe do anni che el ghe fa l'amor, e che el ghe pratica per casa, e che el spende e che el spande, e che el se precipita.

ROSINA Gh'ala dà gnente de dota?

LUCIETTA Gnente a sto mondo.

CHECCA Xela mo quella gran signora che i dise?

LUCIETTA Oh giusto! M'ha contà a mi una donna che xe stada in casa sóa quindes'anni, che tante volte, se i paroni voleva magnar, bisognava che la ghe imprestasse i manini.[2]

ROSINA Xe assae che sta serva dopo quindes'anni l'abbia avudo cuor de andar via.

LUCIETTA La xe andada via, perché no i ghe dava el salario. Eh lustrissima benedeta! le donne no le xe miga tutte co fa mi, la veda. Sette mesi xe che no i me dà gnente, e taso, e per i mi paroni me farave squartar.

ROSINA (Eh sì, sì, anca ti ti xe una bella zoggia.)

TONI Lustrissima, la xe domandada.[3]

CHECCA Chi xe?

TONI Xe el lustrissimo sior Lorenzin con un vecchio.

ROSINA El sarà sior Cristofolo.

LUCIETTA El barba della mia parona?

CHECCA Sì, giusto elo. Fe una cossa, fia, andè da basso, tirè da banda siora Meneghina, e disèghe che la vegna da mi.

LUCIETTA Lustrissima sì, subito.

1 *strassecolar*: stupire, davvero.
2 *manini*: smaniglie d'oro, che portano quasi tutte le donne in Venezia (Goldoni).
3 *la xe domandada*: chiedono di lei.

CHECCA Ma vardè ben che nissun ve senta.

LUCIETTA La lassa far a mi. (*in atto di partire*)

ROSINA No lo stessi a dir a nissun, vedè.

LUCIETTA Oh, cossa dìsela? Gnanca l'aria lo saverà. (*come sopra*)

CHECCA Vardè ben, che se tratta da assae.[1]

LUCIETTA In verità, lustrissima, che la me fa torto. Soggio qualche pettegola? Co bisogna, so tàser, e a mi no i me cava celegati[2] de bocca. Strissime. (*parte*)

CHECCA Disèghe a quel signor che el vegna: e disèghe a sior Lorenzin che el vaga, e che el torna, o che l'aspetta de là. (*a Toni*)

TONI Lustrissima sì. (*parte*)

Scena terza *Checca, Rosina, poi Cristofolo.*

CHECCA E vu, vedèu? Fin che parlo cò sior Cristofolo, andè de là, che no xe ben che ghe siè.

ROSINA Quanto che pagherave a sentir.

CHECCA Mo za, vu sè la mare[3] della curiosità.

ROSINA E vu gnente.

CHECCA Mi ascolto quel che xe da ascoltar.

ROSINA E mi no sento quel che no xe da sentir. (*parte*)

CRISTOFOLO Patrona reverita.

CHECCA Strissima, sior Cristofolo.

CRISTOFOLO No, cara ela, no la me staga a lustrar.

CHECCA No la vol che fazza el mio debito?

CRISTOFOLO Mi no gh'ho bisogno d'esser lustrà; non ho mai ambìo[4] sta sorte de affettazion. Son un galantomo. Per grazia del cielo, no gh'ho bisogno de nissun, ma sti titoli ghe li dono.

CHECCA Via, quel che la comanda. (El xe ben all'antiga dasseno.) La prego de perdonarme, se l'ho incomodada.

1 *de assae*: di una faccenda molto importante.

2 *celegati*: celegati vuol dire passerotti: la frase è comune, e significa: non mi faranno parlare (Goldoni).

3 *mare*: madre.

4 *ambìo*: desiderato.

CRISTOFOLO Son qua, son a servirla; dove che posso, la me comanda.

CHECCA La se senta.[1]

CRISTOFOLO Volentiera. Cossa fa sior Fortunato? quando l'aspèttela?

CHECCA Ho avù lettera giusto gieri. El doverave esser qua al fin della settimana.

CRISTOFOLO Sior sì, pol esser che el vegna vènere[2] col corrier de Bologna.

CHECCA Se la savesse! no vedo l'ora.

CRISTOFOLO Ma co se gh'ha un bon mario, el se vorave sempre darente, nevvero?

CHECCA Co son senza de elo, me par de esser persa. No gh'ho voggia de gnente. Mi no teatri, mi no maschere, mi no... gnente, co che digo gnente.

CRISTOFOLO Cussì fa le donne de garbo.

CHECCA (No so da che cao prencipiar.)[3] (*da sé*)

CRISTOFOLO E cussì, siora Checca, cossa gh'ala da comandarme?

CHECCA Cara ela, la compatissa se m'ho tolto sta libertà.

CRISTOFOLO Mo con mi no l'ha da far cerimonie. Son bon amigo de so mario, e la me comanda con libertà.

CHECCA Me dala licenza, che ghe parla de una persona?

CRISTOFOLO De chi?

CHECCA De una persona.

CRISTOFOLO Basta che no la me parla de mio nevodo, la me parla de chi la vol.

CHECCA Oh, mi no me n'impazzo con so nevodo.

CRISTOFOLO Che soggio mi. So che sto furbazzo el xe vegnù a star de sotto de ela, e squasi squasi me son intaggià,[4] che la me voggia parlar de elo, e gh'ha mancà poco che no cometta un'inciviltà, e che no vegna.

CHECCA Oh, sior Cristofolo el xe un signor tanto compito!

CRISTOFOLO Se la savesse! gh'ho el figà troppo marzo[5] con quel desgrazià.

CHECCA E so sorela, poverazza?

1 *La se senta*: si sieda.
2 *vènere*: venerdì.
3 *da... prencipiar*: da dove principiare (Goldoni).
4 *me son intaggià*: ho dubitato (Goldoni).
5 *el figà troppo marzo*: il fegato guasto (Goldoni).

CRISTOFOLO So sorela la xe una matta anca ela. Co xe morta so mare, la voleva tor in casa co mi, e no la gh'ha volesto vegnir. L'ha volesto star con so fradelo, per aver un poco de libertà, perché da so barba se va in letto a bonora, perché no se va in maschera, perché no se va alla commedia. Frasconazza, che la toga suso,[1] che la varda cossa che l'ha avanzà.[2]

CHECCA Se la savesse, poverazza! in che desgrazie che la se trova.

CRISTOFOLO So tutto. Crédela che no sappia tutto? So tutto. So che el xe pien de debiti, so che in do anni l'averà buttà via diese mille ducati, tra zogai, dizzipai,[3] e messi intorno a quella cara zoggia de so muggier. La xe stada el so precipizio.[4] Dopo che l'ha scomenzà a praticar in quella maledetta casa, nol xe stà più elo. No l'ha più fatto conto de mi; nol se degnava gnanca de vegnirme a trovar. Se el me incontrava per strada, el procurava de schivarme, perché no gh'ho i abiti gallonai, perché no gh'ho i manegetti. So che l'ha abuo da dir quella lustrissima de favetta,[5] che ghe fazzo stomego, che ghe fazzo vergogna, che no la me dirà mai barba ai so zorni.[6] Aspetta che mi te diga nezza,[7] temeraria, sporca, pezzente.

CHECCA (Mi debotto no ghe digo gnente.)

CRISTOFOLO La compatissa, cara ela. La còlera me fa parlar. E cussì, cossa me volévela dir?

CHECCA Caro sior Cristofolo, de tutte ste cosse che colpa ghe n'ha quella povera putta?

CRISTOFOLO La diga, cara siora Checca. Parlémose schietto. Per cossa m'ala mandà a chiamar?

CHECCA Per un interesse.

CRISTOFOLO Xelo sóo sto interesse?

CHECCA Anca mio, se la vol. Se tratta de un mio zerman.

CRISTOFOLO Oh, co se tratta de ela, o del so parentà, son qua

1 *che la toga suso*: prenda pure su, ora è servita.
2 *cossa... avanzà*: cosa ci ha guadagnato.
3 *tra zogai, dizzipai*: tra gioco e sperperi.
4 *el so precipizio*: la sua rovina.
5 *lustrissima de favetta*: nobildonna dei miei stivali.
6 *ai so zorni*: per tutta la vita.
7 *nezza*: nipote.

a servirla in tutto e per tutto; basta che no la me parla de mio nevodo.

CHECCA E de so sorela?

CRISTOFOLO Gnanca de ela. (*forte, con sdegno*)

CHECCA (Uh poveretta mi!) Cussì, come che ghe diseva, gh'ho da parlar per sto mio zerman.

CRISTOFOLO Chi xelo?

CHECCA El xe quel putto che xe vegnù a chiamarlo da parte mia.

CRISTOFOLO Sì, sì, vedo.

CHECCA Lo cognóssela?

CRISTOFOLO Mi no l'ho più[1] visto.

CHECCA Xe poco che el xe vegnù fora de collegio.

CRISTOFOLO Bisogna che mi el me cognossa, perché el m'ha trovà a Rialto, e el m'ha fermà, e el m'ha compagnà qua da ela.

CHECCA Oh, el lo conosse certo.

CRISTOFOLO E cussì, cossa voràvelo? cossa ghe bisogna?

CHECCA Cossa ghe par de quel putto?

CRISTOFOLO El me par un putto de sesto.[2]

CHECCA In verità, el xe una copa d'oro.

CRISTOFOLO Se vede, el gh'ha bona indole. Cossa falo? Gh'alo nissun impiego?

CHECCA El se vorave impiegar.

CRISTOFOLO Gh'ho dei patroni, gh'ho dei amici, se poderave dar che ghe podesse giovar.

CHECCA Magari.

CRISTOFOLO M'ala mandà a chiamar per questo?

CHECCA Sior sì, anca per questo.

CRISTOFOLO E per coss'altro?

CHECCA La sappia che sto putto se voria maridar.

CRISTOFOLO Bravo! pulito! no l'ha fenìo de cresser, e el se vol maridar. Nol gh'ha impiego, e el vol una fameggia da mantegnir! Ghe perdo el concetto, no lo stimo più né bezzo, né bagatin.[3]

1 *più*: mai.
2 *de sesto*: a modo, educato.
3 *né bezzo, né bagatin*: assolutamente niente. *Bezzo* e *bagatin* stanno per: monete di poco valore.

CHECCA (Adesso stemo ben.) E se el trovasse una bona dota?

CRISTOFOLO Se po el trovasse una bona dota...

CHECCA E che el se podesse comprar una carica?

CRISTOFOLO In quel caso...

CHECCA In quel caso nol farave mal.

CRISTOFOLO In quel caso nol gh'ha bisogno de mi.

CHECCA Mo el gh'ha giusto bisogno de elo lu.

CRISTOFOLO De mi? Mi no la capisso.

CHECCA (Adessadesso ghe la squaquero.) [1]

CRISTOFOLO (La me fa certi discorsi confusi, che no so dove che i voggia andar a fenir.)

CHECCA Crédela, sior Cristofolo, che mio zerman possa sperar de trovar una putta civil con un poco de dota?

CRISTOFOLO Gh'alo intrade? [2]

CHECCA El gh'ha qualcosetta, e po se el gh'avesse una carica...

CRISTOFOLO Siora sì, el putto xe de bon sesto,[3] e el la troverà.

CHECCA El diga, caro elo. Se el gh'avesse una so fia, ghe la daràvelo?

CRISTOFOLO Mi no son maridà. Putte mi no ghe n'ho, e xe superfluo che ghe diga né sì, né no.

CHECCA El diga, caro elo. E so nezza ghe la daràvelo?

CRISTOFOLO Orsù, siora Checca, no l'ha da far né co un sordo, né con un orbo. Capisso benissimo dove che la vol tirar el discorso, e me maraveggio de ela, che la me vegna co ste dretture.[4] Gh'ho ditto che no ghe ne vôi sentir a parlar. E se no la vol altro da mi, patrona. (*s'alza*)

CHECCA La senta...

CRISTOFOLO No vôi sentir altro.

CHECCA Non intendo miga...

CRISTOFOLO De quella zente no ghe ne vôi sentir a parlar.

CHECCA Gnanca de so nezza?

CRISTOFOLO Mi no gh'ho nezze.

1 *squaquero*: dico tutto (Goldoni). Letteralmente: squaderno.
2 *Gh'alo intrade*: ha delle entrate, gode di rendite.
3 *xe de bon sesto*: è di buona formazione.
4 *dretture*: furberie, astuzie.

Scena quarta *Meneghina e detti.*

MENEGHINA Oh sior barba.

CRISTOFOLO Coss'è st'insolenza? (*a Meneghina*) Coss'è sto ingannar i galantomeni in sta maniera? (*a Checca*)

CHECCA Coss'è sti inganni? coss'è sto parlar? Ghe vorli tor la borsa fora de scarsela? Se l'ho fatto, l'ho fatto per un'opera de pietà. Voggia o no voggia, quella xe so nezza, e la xe tradida da so fradelo, e la xe in miseria, e una putta desperada no se sa quel che la possa far. Se la gh'ha occasion de logarse, l'onor, la carità, el sangue, la reputazion ha da mover un barba a soccorrerla, a darghe stato da par sóo, e coi debiti modi. E se no ghe piase, che el lassa star. Mi ho fatto da bona amiga; e lu che el fazza da quel che el vol.

CRISTOFOLO Ala fenìo, patrona?

CHECCA Ho fenìo, perché ho volesto fenir, da resto ghe ne dirave de belle.

CRISTOFOLO No la se incomoda, che ho inteso tanto che basta. E vu, siora, cossa pretendeu da mi? (*a Meneghina*)

MENEGHINA Caro sior barba, mi no pretendo gnente. Cossa vorlo che mi pretenda? Son una povera putta desfortunada. I desordeni [1] de mio fradelo xe cascai adosso de mi.

CRISTOFOLO Perché no seu vegnua a star con mi?

MENEGHINA Perché son stada una senza giudizio. Perché m'ho lassà lusingar da mio fradelo. Caro sior barba, ghe domando perdon.

CHECCA De diana! la farave pianzer i sassi.

CRISTOFOLO Eh cara siora! la compassion xe bella e bona, ma bisogna usarla con chi la merita, e no co quelli che se ne abusa. (*a Checca*)

MENEGHINA Poveretta mi! se elo no me agiuta,[2] un de sti zorni no gh'averò più né casa, né tetto. No saverò gnanca dove andar a dormir.

CRISTOFOLO Cossa disèu? Seu matta? Vostro fradelo no alo tolto un palazzo? No alo cressù sessanta ducati de fitto?

MENEGHINA Eh caro sior, el me mortifica, che el gh'ha rason.

1 *desordini*: errori: le disavvedutezze, le sregolatezze.
2 *agiuta*: aiuta.

El palazzo xe cussì, che no l'ha gnancora pagà el fitto, e ancuo o deman, i ne butta la roba in mezzo la strada.

CRISTOFOLO A sto stato el xe ridotto quel desgrazià?

MENEGHINA E i gh'ha bolà la roba in quell'altra casa, e no gh'ho gnanca vesta e zendà d'andàr fora della porta.

CHECCA Mi no so, se se possa dar al mondo un caso più doloroso de questo.

CRISTOFOLO E cossa dìsela quella cara novizza?

MENEGHINA Mi no so gnente, sior; so che per zonta[1] delle mie desgrazie, me tocca anca soffrir da ela dei strapazzi, e delle mortificazion.

CRISTOFOLO La gh'ha tanto coraggio de mortificarve?

CHECCA Oh sì po, ve so dir mi che la la tratta pezo de una maregna.[2]

CRISTOFOLO (El sangue no xe acqua, la me fa compassion.) E cussì, patrona, cossa intenderessi de far?

MENEGHINA Tutto quello che el vol, sior barba. Son qua, m'inzenocchio davanti de elo; son in te le so man.

CRISTOFOLO (*si asciuga gli occhi*)

CHECCA (Via, via, debotto semo a segno.)

CRISTOFOLO Levève suso. No lo meritè, ma vederò de agiutarve. Quala sarave la vostra intenzion?

MENEGHINA Ah, sìelo benedetto. El m'ha elo da comandar.

CHECCA Caro sior Cristofolo, la xe in ti anni;[3] a elo no ghe convien tegnir una putta in casa; za che la gh'ha occasion de maridarse, perché no la destrìghelo?

CRISTOFOLO Dov'èla sta occasion?

CHECCA Mio zerman.

CRISTOFOLO Che modo gh'alo de mantegnirla?

CHECCA El gh'hà un pochetto d'intrada. Che el ghe compra una carica.

CRISTOFOLO Voggio sentir, voggio véder, voggio parlar con elo.

CHECCA Vorla che lo chiamemo?

CRISTOFOLO Dov'èlo?

CHECCA El sarà de là.

CRISTOFOLO Ah sì, adesso intendo. El sarà de là. El xe quello

1 *per zonta*: in aggiunta.
2 *maregna*: matrigna.
3 *la xe in ti anni*: è in età di sposarsi.

che me xe vegnù a cercar. El sarà de là, el sarà sconto.[1] L'aspetterà che el se chiama. Accordi fatti, inganni premeditai, per torme in mezzo mi,[2] per farme far el latin a cavallo;[3] no so gnente, no vôi far gnente, no ghe ne voggio saver. (*parte*)

CHECCA Eh, no lo lasso andar via, se nol dise de sì. (*parte*)

Scena quinta *Meneghina, poi Rosina.*

MENEGHINA Oh poveretta mi!

ROSINA Siora Meneghina, no la se perda de ànemo.

MENEGHINA Cossa vorla che fazza?

ROSINA Ho visto tutto da drio quella porta. Brava, pulito, la torna a far quel che l'ha fatto. La se butta in zenocchion, la pianza, la se despiera, la fazza finta de tirarse i cavei.[4] Lorenzin, poverazzo, se raccomanda, el mor, nol pol più.

MENEGHINA Povero putto! cossa no faravio per elo? ghe baserò le man a mio barba, ghe baserò i pie, me butterò colla bocca per terra. (*parte*)

ROSINA Eh per diana! nualtre, co volemo, volemo; val più le nostre lagreme, che no val le spade e i spontoni.[5] (*parte*)

Scena sesta *Camera nella casa nova. Cecilia, il Conte e Fabrizio.*

CONTE Eh via, signora, non si abbandoni ad una sì fatta melanconia.

CECILIA Eh sior Conte. Chi no ghe xe drento, facilmente pol far l'omo de garbo, e dir delle belle parole per consolar. Pazenzia, la m'ha toccà a mi sta volta. (*si getta sopra una sedia*)

FABRIZIO Dice il proverbio: a tutto si rimedia, fuor che all'osso del collo.

1 *sconto*: nascosto.
2 *per torme... mi*: per ingannarmi.
3 *per... cavallo*: per forzarmi a fare ciò che non vorrei.
4 *cavei*: capelli.
5 *spontoni*: lance (letteralmente: le punte delle picche).

CECILIA Matta, bestia che mi son stada. Gh'aveva tante occasion de maridarme coi primi soggettoni de qua, e de via de qua, che sarave coverta de oro da cao a pìe, e son andada a intrigarme con uno, che me vol far suspirar.

CONTE Vedrà che il male non sarà poi sì grande, come si dice.

FABRIZIO Io spero che le cose si accomoderanno.

CONTE Per un po' di debiti una famiglia non si ha da mettere in disperaziòne.

CECILIA (*si alza*) Gran destin per altro del povero mio mario! che el se fa magnar el sóo da tanti, e in t'un caso de bisogno,[1] nol trova un amigo che ghe voggia far un servizio.[2] (*passeggia*)

FABRIZIO (Dice a voi.) (*piano al Conte*)

CONTE (Eh, io credo che parli con voi.) (*piano a Fabrizio*)

CECILIA Ma! una donna della mia, sorte, arlevada in tel bombaso![3] avvezza a nuar[4] in te l'abbondanza! servida co fa una prencipessa; respettada co fa una regina! (*si getta sopra un'altra sedia*)

CONTE Sarà sempre servita e rispettata la signora Cecilia.

CECILIA Eh caro sior Conte, (*si alza*) co no se xe più in stato de dar da disnar, pochi se incomoda a favorir. (*passeggia*)

CONTE (Ora ha parlato con voi.) (*a Fabrizio*)

FABRIZIO (Averà parlato con tutti due.) (*al Conte*)

CECILIA Dove diavolo xelo sto sior Anzoletto? S'alo sconto? S'alo retirà? M'alo lassà mi in te le péttole?[5] Per diana dè dia, la mia roba i la lasserà star. (*passeggia*)

CONTE Signora, io la consiglierei di fare un'assicurazione di dote.

CECILIA Come se fala?

FABRIZIO La serviremo noi, se comanda.

CONTE Andremo noi dove spetta, e faremo quel che va fatto.

CECILIA Via donca; le me fazza almanco sto piccolo servizietto.

1 *in t'un... bisogno*: nella necessità.
2 *servizio*: favore.
3 *in tel bombaso*: nel cotone (Goldoni).
4 *a nuar*: a nuotare (Goldoni).
5 *in te le péttole*: negl'impicci (Goldoni).

FABRIZIO Ci lasci vedere il suo istrumento dotale.[1]

CECILIA Ghe xe bisogno dell'istrumento?

CONTE Sì, certo, vi vuole il contratto, o pubblico, o privato, com'è.

CECILIA Orsù, no voggio che i diga, che fazzo fallir mio mario; de ste cosse nissun dei mii ghe n'ha fatto, e no voggio farghene gnanca mi. (*passeggia*)

FABRIZIO (Ehi, nol sapete che non ha niente di dote?) (*al Conte*)

CONTE (Lo so meglio di voi.) (*a Fabrizio*)

CECILIA E dove xe mia cugnada? Xela andada via? M'ala impiantà anca ela? No vedo nissun. Nissun me vien in ti versi?[2] Vorli che me daga alla desperazion? (*siede*)

CONTE Signora, ci siamo noi.

FABRIZIO Eccoci qui. Nasca quel che sa nascere, noi non l'abbandoniamo.

CONTE Per amor del cielo, signora, si dia coraggio.

FABRIZIO Sono tre ore che è sonato il mezzogiorno, io la consiglierei di prendere un poco di cibo.

CECILIA Gh'ho altro in testa che magnar. Magnerave tanto velen.

CONTE Bene, mangierà più tardi; quando ne avrà più voglia.

FABRIZIO Noi siamo qui, non partiamo. Quegli altri che erano venuti per pranzare, hanno sentiti i disordini, e se ne sono andati; noi siamo i più fedeli, i più costanti. terremo compagnia alla signora Cecilia.

CONTE Ma, signora mia, il di lei stomaco patirà, preme[3] la di lei salute.

FABRIZIO Vuole ch'io dica al cuoco, che le sbatta una cioccolata?

CECILIA No voggio gnente. (*alzandosi con sdegno*) Non credeva mai che sior Anzoletto me usasse sto tradimento! No dirme gnente? No confidarme mai i fatti sói? Darme da intender delle grandezze?[4] Farme creder quel che no giera? Con mi nol doveva trattar cussì. El m'ha tradio, el m'ha sassinà. (*si getta a sedere*)

1 *istrumento dotale*: l'atto notarile della dote.
2 *me vien... versi*: mi viene incontro.
3 *preme*: sottinteso: a lei; deve cioè badare.
4 *grandezze*: grandiosità, lusso.

CONTE Signora, ella è troppo agitata.

FABRIZIO Non vorrei che la nostra presenza l'inquietasse d'avvantaggio.[1]

Scena settima *Anzoletto e detti.*

ANZOLETTO (Povera muggier!)

CECILIA (*s'alza con impeto contro Anzoletto*) Andème via de qua, no me vegnì tra i pìe.

ANZOLETTO Tolè, tolè sto cortèlo, e mazzème.[2]

CECILIA Sior omo senza giudizio, senza reputazion. (*prende il coltello e lo getta via*)

ANZOLETTO Cara muggier, vedè in che stato che son. Se tutti me strapazza, almanco abbième vu carità. Se ho fatto dei debiti, savè che per soddisfarve...

CECILIA Cossa? Ardiressi de dir che avè fatto dei debiti per causa mia? Cossa avèu speso per mi? Dov'èle ste zogge che m'avè fatto? Avèu fatto altro per mi che quattro strazzi de abiti, e tor sta maledetta casa, che[3] gnanca no avè paga el fitto? Ah? cossa avèu speso per mi? Cossa avèu buttà via? Che debiti v'oggio fatto far?

ANZOLETTO Gnente, fia mia, gh'avè rason. Non ho fatto gnente, non ho speso gnente. Ho tolto i ducati, e ho fatto dei passarini in canal.[4]

CECILIA Se ve sento mai più a dir ste cosse, poveretto vu.

ANZOLETTO No, fia, no ve dirò più gnente. (Za xe tutt'un.)

CONTE (Povero paziente.) (*a Fabrizio*)

FABRIZIO (Se lo merita. Sapeva chi era?) (*al Conte*)

ANZOLETTO Dove xe mia sorela?

CECILIA Cossa soggio mi? Xe do ore che no la vedo.

ANZOLETTO No vorave che la fusse andada...

CECILIA Dove?

1 *d'avvantaggio*: di più.
2 *mazzème*: uccidetemi.
3 *che*: di cui.
4 *ho fatto... canal*: si dice « far passerini », quando si gettano con arte dei sassi piatti e sottili in acqua, e si fanno balzare a tre o quattro riprese. Dice Angioletto, per ironia, aver fatto così dei ducati (Goldoni).

ANZOLETTO Da mio barba.

CECILIA In sto caso, no so cossa dir. Se la fusse andada, l'averia fatto ben, e ghe doveressi andar anca vu.

ANZOLETTO Mi? No vago a umiliarme a mio barba, se credo de andar in preson.

CECILIA Eh fio caro, co se xe in sta sorte de casi, bisogna spuar dolce, e inghiottir amaro.[1]

CONTE Dice bene la signora Cecilia.

CECILIA Che el tasa, e in ti fatti nostri sol se ne staga a impazzar.[2] (*al Conte*)

FABRIZIO Signori, noi siamo buoni servitori ed amici.

CECILIA I boni amici i se cognosse in te le occasion. In tel stato semo, no gh'avemo bisogno de chiaccole, ma de fatti.

CONTE Quando la mia persona l'inquieta, servitor umilissimo di lor signori. (*parte*)

FABRIZIO Li riverisco divotamente. (*parte*)

Scena ottava *Cecilia e Anzoletto.*

CECILIA Vedèu che sorte d'amici?

ANZOLETTO A mi me lo disè? Questa xe zente che ho cognossuo per causa vostra.

CECILIA Oh via, no parlemo altro. Da vostro barba no volè ricorrer?

ANZOLETTO Mi no; e po no gh'ho coraggio d'andarghe, e po son certo che, se ghe vago, el me scazza da elo co fa un baron.[3]

CECILIA Se podesse parlarghe mi...

ANZOLETTO No faressi gnente.

CECILIA Perché no faravio gnente?

ANZOLETTO Perché giusto con vu el la gh'ha suso[4] più che con mi.

CECILIA Credème, che me darave l'ànemo de placarlo.

1 *spuar... amaro*: sputar dolce ed ingoiar l'amaro, metafora (Goldoni).
2 *in ti fatti... impazzar*: non si impicci delle nostre faccende.
3 *baron*: malandrino.
4 *el la gh'ha suso*: ce l'ha, è offeso e adirato.

ANZOLETTO Vu placarlo? Con quel boccon de caldo [1] che gh'avè, voressi placarlo?

CECILIA Eh, conosso che adesso no xe più tempo de caldo.

ANZOLETTO Con mi per altro el ve dura.[2]

CECILIA E gh'avè cuor de mortificarme in sto boccon de travaggio che son? Mo andè là, che sè un gran can.

ANZOLETTO Via, no digo altro, andè là, fe quel che volè, montè in barca, e andèlo a trovar: regolève come ve par.

CECILIA Vegnì anca vu.

ANZOLETTO Oh, mi no certo.

CECILIA Sè un gran omo de poco spirito.[3] Fe che vegna con mi vostra sorela.

ANZOLETTO Se la vorà vegnir.

CECILIA Bisognerà ben che la vegna.

ANZOLETTO Adesso saveremo dove che la xe. Lucietta.

Scena nona *Lucietta e detti.*

LUCIETTA Lustrissimo. (*di dentro*)

ANZOLETTO Vegnì qua mo.

LUCIETTA La servo. (*di dentro*)

CECILIA Xe ben che vegna vostra sorela con mi, prima perché sior Cristofolo no me cognosse, nol m'ha visto, e po anca ela farà la so parte. Lassè pur far a mi, ghe insegnerò ben in barca quel che l'ha da dir.

ANZOLETTO Dove xe mia sorela?

LUCIETTA No so. (*confondendosi*)

CECILIA Come no so? (*come sopra*)

LUCIETTA No dasseno.

ANZOLETTO Ànemo,[4] vôi saver dove che la xe.

LUCIETTA Ghe lo dirò, lustrissimo, ma no la diga gnente che ghe l'abbia ditto mi.

ANZOLETTO No, no, no dirò gnente.

CECILIA Sentimo sta bella novità.

LUCIETTA La xe da ste lustrissime sora de nu.

1 *con quel... caldo*: con quel po' po' di collera.
2 *el ve dura*: continuate ad essere adirata.
3 *un gran... spirito*: *gran* e *poco* sono calcolatamente contrapposti.
4 *Ànemo*: orsù.

CECILIA Cossa xela andada a far?

ANZOLETTO Xela andada fursi a contarghe tutto?

LUCIETTA Ghe dirò mi ma, cara ela, no la diga gnente.

ANZOLETTO Via, no parlo.

LUCIETTA Sala chi ghe xe qua de sora?[1]

CECILIA Ghe, sarà quel sporco[2] de Lorenzin.

LUCIETTA Eh, se gh'intende. Ma ghe xe un altro.

ANZOLETTO Chi xelo?

LUCIETTA Sior Cristofolo.

ANZOLETTO Mio barba?

CECILIA Qua de suso ghe xe so barba?

LUCIETTA Lustrissima sì, ma zitto.

CECILIA Animo, vegnì con mi. (*a Anzoletto*)

ANZOLETTO Dove?

CECILIA Vegnì con mi, ve digo.

ANZOLETTO Mi no ghe voggio vegnir.

CECILIA Vegnì, sior pampalugo,[3] e vederè chi xe vostra muggier. (*lo prende per un braccio, e lo conduce via*)

LUCIETTA Za che l'ho fatta, me la voggio gòder. Voggio andar anca mi. (*parte*)

Scena decima *Camera della signora Checca. Checca, Meneghina, Cristofolo e Lorenzino.*

CHECCA E viva sior Cristofolo! Viva el so bon cuor, el so bon amor, la so carità, e el cielo ghe daga del ben, per el ben che l'ha fatto a sta povera putta.

MENEGHINA Certo che per grazia sóa son tornada da morte a vita.

LORENZINO Anca mi de tutto el ben che gh'averò a sto mondo, gh'averò sempre l'obligazion a sior barba.

CRISTOFOLO Adasio, sior. No v'infuriè tanto a dirme barba, che no son gnancora vostro barba. (*a Lorenzino*)

CHECCA Oh via, se nol l'ha sposada, el la sposerà. Se nol xe so barba ancuo, el sarà so barba doman.

MENEGHINA Mo via, che nol me fazza tremar el cuor.

1 *de sora*: nell'appartamento soprastante.
2 *quel sporco*: quel porcaccione.
3 *pampalugo*: sciocco, scimunito (Goldoni).

LORENZINO A mi me basta quel che el m'ha ditto. Un omo de la so sorte no xe capace de tirar indrio.[1]

CHECCA No sarave ben che fessimo do righe de scritturetta?

CRISTOFOLO Quel che ho ditto, ho ditto, e quel che ho ditto, mantegno. La putta ghe la darò. La carica ghe la comprerò: ma avanti de' serar[2] el contratto, vôi saver dove ce xe andada la roba de so padre. I fidecomessi no se pol magnar; l'ha d'aver la so parte; se so fradelo ghe l'ha ipotecada, per giustizia l'avemo da liberar. Vôi far quel che posso, vôi darghe del mio, se bisogna, ma no vôi passar per minchion.

CHECCA No so cossa dir; in questo no ghe posso dar torto.

MENEGHINA Ih, ih, chi sa quanto ghe vorà donca!

LORENZINO Ste cosse no le se pol far anca dopo?

CRISTOFOLO Sè zoveni, no savè gnente. Lassème operar[3] a mi.

Scena undicesima *Rosina e detti.*

ROSINA Siora Checca, una parola.

CHECCA Vegno, fia, con grazia. (*si accosta a Rosina, e parlano piano fra di loro, e Checca si fa delle maraviglie*)

MENEGHINA In tanto dove storaggio,[4] sior barba?

CRISTOFOLO Vegnirè da mi.

LORENZINO Poderoggio vegnirla a trovar?

CRISTOFOLO Co ghe sarò mi, sior sì.

MENEGHINA (Oh che boccon de suggizion che gh'averò!)

CHECCA (Cossa se pol far? Za che ghe semo, bisogna far anca questa. La me fa tanto peccà, che no posso dirghe de no.) Siora Meneghina, la me fazza una finezza, la vaga un pochetto de là con mia sorela, che gh'ho un interessetto co sior Cristofolo.

MENEGHINA Volentiera. (La varda de farlo risolver subito.) (*a Checca*) (Oh, son segura che la lo farà.) (*da sé, e parte*)

CHECCA Sior Lorenzin, me faressi un servizio?

LORENZIN Son qua, la comandi.

CHECCA Caro vu, andè alla posta a véder se ghe xe lettere de mio mario.

1 *tirar indrio*: tirarsi indietro, non mantenere la parola data.
2 *serar*: stringere: cioè, firmare.
3 *operar*: è più di *fare, agire*: dar opera.
4 *storaggio*: starò.

LORENZINO Adesso la vol che vaga?

CHECCA Andè, i xe do passi.[1] Andè, e tornè subito.

LORENZINO Sior barba anderalo via?

CHECCA Finché tornè, no l'anderà via.

LORENZINO Vago e torno donca. (*corre via*)

Scena dodicesima *Checca e Cristofolo.*

CRISTOFOLO Ma mi bisogna che vaga via. Son vecchio. Son avezzo a magnar alle mie ore; e ancuo per sti negozi non ho gnancora disnà.

CHECCA Caro sior Cristofolo, za che el xe[2] tanto bon, el gh'abbia pazenzia un altro poco. El me fazza una grazia, una finezza; l'ascolta do parole da un'altra persona.

CRISTOFOLO Cospetto de diana! se el xe mio nevodo, no lo voggio ascoltar.

CHECCA Nol xe so nevodo.

CRISTOFOLO Chi xe donca?

CHECCA Caro elo, nol vaga in còlera. La xe la novizza de so nevodo.

CRISTOFOLO Cossa vorla da mi? (*con sdegno*)

CHECCA Mi no so dasseno.

CRISTOFOLO Cospetto de diana! sto incontro fursi fursi el desiderava, ma no ghe prometto de contegnirme. Gh'ho el gosso[3] pien, e se me sfogo, no la diga che ghe perdo el respetto alla casa.

CHECCA Oh in questo po che el se comoda, e che el ghe diga tutto quello che el vol. (*parte*)

Scena tredicesima *Cristofolo, poi Cecilia.*

CRISTOFOLO Sta signora che la dise che ghe fazzo stomego, la se degnerave de mi, se ghe dasse un pochetto dei mi bezzi da buttar via. Ma no la farà gnente. Gh'ho gusto de véderla per dirghe l'ànemo mio.[4] (*siede*)

1 *i xe do passi*: sono due passi.
2 *za che el xe*: dal momento che siete.
3 *el gosso*: il gozzo (Goldoni). Cioè: sono colmo d'ira.
4 *l'ànemo mio*: ciò che penso davvero, nel cuor mio.

CECILIA (Oh l'è duro sto passo, ma bisogna farlo.)

CRISTOFOLO (Ih ih, una nave da guerra.)[1]

CECILIA Serva umilissima.

CRISTOFOLO Patrona.

CECILIA Me permettela, che gh'abbia l'onor de reverirla?

CRISTOFOLO Patrona.

CECILIA Se conténtela, che gh'abbia l'onor de sentàrmeghe arente?[2]

CRISTOFOLO La se senta pur. (*si ritira lui colla sua sedia*)

CECILIA Perché se tìrelo in là?

CRISTOFOLO Acciò che no la senta l'odor de persutto.[3]

CECILIA Mo via, caro elo, nol me mortifica davantazo, che son mortificada abbastanza. Me falo la finezza de voltarse da mi?

CRISTOFOLO No, la veda, no voria farghe stomego.[4]

CECILIA Caro sior barba...

CRISTOFOLO Coss'è sto barba? (*si volta con impeto*)

CECILIA No l'alza la ose, no se femo nasar.[5] Mi no son vegnua qua per criar; no ghe vegno a domandar gnente: vegno per usarghe un atto de umiltà, un atto de respetto; e se el se supponesse anca, che sto atto fusse interessà, e con tutte le rason che el pol aver de esser malcontento de mi, quando una donna civil se umilia, prega, e domanda perdon, ogni galantomo s'ha da calmar, e el s'ha da degnar de ascoltarla. Mi no vôi altro, se no che el m'ascolta. No ghe domando gnente, no merito gnente, no voggio gnente. Saralo cussì scortese de no volerme ascoltar?

CRISTOFOLO La parla pur, siora, la diga, che po dirò anca mi. (Lassa pur che la diga, me voggio dar una sfogada come che va.)

CECILIA Mi no anderò per le longhe, perché poco ghe manca a sera, e per le mie disgrazie tutti i momenti xe preziosi. Mi son muggier de so nevodo. So nevodo xe fio de un so fradelo, onde più parenti de cussì no podemo esser. So che

1 *una nave da guerra*: espressione ironica: forse per il guardinfante di Cecilia.

2 *sentàrmeghe arente*: sedermi vicino.

3 *persutto*: prosciutto.

4 *farghe stomego*: provocare il suo ribrezzo.

5 *no se femo nasar*: non ci facciamo scorgere (Goldoni).

el xe desgustà de mi e de mio mario, e ghe dago rason, e el gh'ha mille rason. Ma la me varda, son zovene, e no me vergogno a dirlo, che fin adesso ho avù la testa da zovene, e per mia desgrazia non ho avudo nissun che me avvertissa e che me coreza. In casa mia, dirò cussì, i m'ha volesto troppo ben, ma de quel ben che a cao viazo[1] fa mal. Mio mario, la cognosse meggio de mi, poverazzo, el xe de bon cuor, e per el tropo bon cuor el s'ha rovinà. Mi senza saver quel che fasse, domandava più de quel che doveva, e lu, per no desgustarme, el fava più de quel che el podeva. Ho parlà mal de sior barba, xe vero, ho parlà malissimo. Ma la varda in che figura[2] che son. Chi m'ha messo in sta pompa, chi m'ha tolerà co sta gala, m'ha insinuà delle massime contrarie al so sistema, alla so prudenza, alla so direzion; e se mio padre fusse andà vestio co fa elo, averave ditto mal de mio padre istesso. Tutt'effetto dell'educazion; tutto effetto della tenerezza de mio mario, dell'ambizion delle donne, e del poco giudizio della zoventù. Cossa ghe ne xe derivà da sti cattivi prencìpi? Oimè, bisognerave che pianzesse a lagreme de sangue pensando in che stato che mi e el povero mario mio se trovemo. Oh quanti debiti! oh quante desgrazie! oh quante miserie! I stabili ipotecai, i mobili bolai, citazion, sequestri, cartoline fora,[3] sior barba, cartoline fora. El mio povero mario no xe seguro de caminar. Co vago a casa, e co me cavo sto abito, aspetto de vedermelo a portar via. No gh'ho altro a sto mondo. Doman semo senza casa. No gh'averemo un pan da metterse alla bocca. Tutti ne burla, tutti ne desprezza: mio mario xe deventà el ludibrio de sto paese. E chi xelo alla fin mio mario? El xe Anzoletto Argagni, el xe de quel sangue de quei onorati galantomeni, che xe stai e che xe el specchio della pontualità, della onoratezza. El xe nevodo de sior Cristofolo, e mi son so nezza: do poveri sfortunai, che s'ha precipità[4] per mala condotta; ma che illuminai dalle so desgrazie, desidera de muar vita, e per poderlo far, domanda a un barba pietoso perdon, carità, soccorso, col cuor in

1 *a cao viazo*: al fin dei conti (Goldoni).
2 *figura*: condizione.
3 *cartoline fora*: ordini di carcerazione (Goldoni).
4 *s'ha precipità*: si sono rovinati.

bocca, co le lagrime ai occhi, e co la più perfetta sincerità.

CRISTOFOLO (No ghe posso miga responder gnente.)

CECILIA Adesso che con tanta bontà l'ha sofferto che parla mi, el parla elo, el se sfoga, el se vendica, che el gh'ha rason.

CRISTOFOLO Bisognerave che disesse assae... Savè [1] che gh'ho rason... manco mal che savè che gh'ho rason.

CECILIA (El me dà del vu, xe bon segno.)

CRISTOFOLO Se fusse vero tutto quello che avè ditto...

CECILIA Nol crede che siémo in te le afflizion, in te le miserie?...

CRISTOFOLO No digo de questo; digo, se fusse vero che vu e vostro mario fussi pentii, e che scambiessi modo de viver, siben che mi no gh'ho obligazion, che [2] quel che gh'ho me l'ho fatto col mio, son de bon cuor, e sarave fursi in stato de farve del ben.

CECILIA La senta. A mi no voggio che la me creda. Son donna, son zovene. Ancuo penso cussì, me poderave un zorno scambiar. La senta mio mario. La se fazza dar parola da elo. Col mario vol, la muggier gh'ha da star,[3] e sarave una donna indegna, se cercasse una segonda volta de ruvinarlo.

CRISTOFOLO (La gh'ha un discorso che incanta.) Dov'èlo quel poco de bon?

CECILIA Vegnì, vegnì, mario, che la providenza no manca mai.

CRISTOFOLO (El xe qua anca elo. Questa xe la casa de la compassion.)

Scena quattordicesima *Anzoletto e detti.*

ANZOLETTO Sior barba, no gh'ho coraggio de comparirghe davanti.

CRISTOFOLO Alle curte. Una nota dei vostri debiti. Una cession a mi dei vostri beni. Una ressoluzion de far ben, e vostro barba, sior omo ingrato, gh'averà per vu quelle viscere de pietà che no meritè, ma che suggerisse el mio cuor.

ANZOLETTO Ghe prometto, ghe zuro, no me slontanerò dai so conseggi, dai so voleri.

1 *Savè*: dunque sapete, ammettete dunque.
2 *che*: dal momento che, giacché.
3 *la muggier... star*: la moglie deve accondiscendere.

CRISTOFOLO Pagherò mi el fitto de la casa nova che avevi tolto, ma licenzièla, che no la xe casa per vu.

CECILIA Caro sior barba, el ne daga una cameretta in casa con elo.

CRISTOFOLO Mi no gh'ho logo.

CECILIA Caro elo, almanco fin che se provedemo.

CRISTOFOLO Eh galiotta, la savè longa. Vegnì in casa, ma de quei abiti no ghe ne voggio. Civiltà, pulizia, sior sì, ma con modestia; e arecordève ben sora tutto, serventi [1] in casa mia no ghe ne ha da vegnir.

CECILIA Oh, ghe protesto [2] che i m'ha tanto stomegà quei che vegniva da mi, che no gh'è pericolo che me lassa più burlar da nissun.

Scena ultima *Checca e detti, poi Meneghina, Rosina, Lorenzino, poi Lucietta.*

CHECCA E cussì xela giustada?

ANZOLETTO Per grazia del cielo, e del mio caro barba, xe giustà tutto.

MENEGHINA E mi, sior barba, vegnirò a star con elo.

CECILIA E anca mi vegnirò a star co sior barba.

MENEGHINA Anca ela? (*mortificata*)

CRISTOFOLO (Ho capio. No vorave che do donne in casa me fasse deventar matto. Xe meggio che me destriga [3] de una.) Siora Checca, se ho fatto qualcossa per ela, me faràvela una grazia anca a mi?

CHECCA De diana! la me pol comandar.

CRISTOFOLO Soffriràvela l'incomodo,[4] che se fasse in casa sóa le nozze de mia nezza Meneghina co sior Lorenzin?

CHECCA Magari.

LORENZIN Nozze, nozze. (*saltando*)

MENEGHINA Per mi nozze? (*saltando*)

CHECCA Fémole adesso.

CRISTOFOLO Anca adesso.

1 *serventi*: cicisbei.
2 *protesto*: assicuro di tutto cuore, faccio ferma promessa.
3 *me destriga*: mi liberi, mi disbrighi.
4 *Soffriràvela l'incomodo*: sopporterebbe il disturbo.

CHECCA Putti, deve la man.

MENEGHINA Se conténtelo, sior barba?

CRISTOFOLO Mi son contento. Domandèghelo anca a vostro fradelo.

MENEGHINA Seu contento? (*a Anzoletto*)

ANZOLETTO Siora sì, quel che fa sior barba, ha da esser ben fatto.

CECILIA Donca nol xe quel spiantà che disevi! (*a Anzoletto*)

ANZOLETTO Cara fia, diseva cussì, perché no saveva come far a darghe la dota. (*a Cecilia*)

CHECCA Via, deve la man.

LORENZINO Questa xe mia muggier.

MENEGHINA Questo xe mio mario. (*si danno la mano*)

ROSINA Me consolo, siora Meneghina.

MENEGHINA Grazie, siora Rosina.

CRISTOFOLO E vualtri vegnì con mi, e se gh'averè giudizio, sarà meggio per vu. (*a Cecilia e Anzoletto*)

ANZOLETTO Cara muggier, sta fortuna la reconosso da vu.[1]

CECILIA Se son stada causa mi de qualche desordene, xe ben che gh'abbia savesto[2] remediar. Tra i altri spropositi fatti per causa mia, uno xe stà quello de sta casa nova, ma anca da sto mal per accidente ghe ne avemo recavà un ben. Senza sta casa no fevimo sta amicizia de ste signore, no nasseva quel che xe nato. Lodemo donca la Casa nova; ma no, no la lodemo nu, lassemo che la loda, e che la biasema, chi pol, chi sa, e chi xe pieni per nu de bontà, de gentilezza e d'amor.

1 *la reconosso da vu*: la debbo a voi.
2 *savesto*: saputo.

LE SMANIE
PER LA VILLEGGIATURA

La sera del 5 ottobre 1761, recitando le ottave di introduzione alla stagione autunnale, l'attrice Caterina Bresciani annunciava al pubblico dei patiti goldoniani: « Tre commedie ha formate un sol pensiero — di cui presti ad espor la prima siamo ». La prima serata in cui furono allestite *Le smanie per la villeggiatura* al Teatro San Luca, registrò una folta presenza di pubblico: in minor numero furono gli spettatori alla seconda e scarsi alla terza. Goldoni si lamentò che per questa commedia tutta d'interni le vaste proporzioni della sala del San Luca riuscissero particolarmente infauste: è più probabile che il vigore polemico con cui il tema veniva affrontato disturbasse gran parte del pubblico che si sentiva direttamente implicato nella vicenda. Miglior successo arrise alle *Avventure della villeggiatura*, replicate per sette sere di seguito; quattro volte fu allestito *Il ritorno dalla villeggiatura* la sera del 28 novembre 1761, dopo il tradizionale rientro dei villeggianti, previsto per la sera di santa Caterina (25 novembre).

Celebre la messinscena-riduzione della trilogia che Giorgio Strehler offrì agli spettatori del Piccolo Teatro della Città di Milano. Una recente ed originale riduzione della trilogia per la televisione reca la firma di Mario Missiroli.

L'innocente divertimento della campagna è divenuto a' dì nostri una passione, una manìa, un disordine. Virgilio, il Sannazzaro,[1] e tanti altri panegiristi della vita campestre, hanno innamorato[2] gli Uomini dell'amena tranquillità del ritiro; ma l'ambizione ha penetrato nelle foreste: i villeggianti portano seco loro in campagna la pompa[3] ed il tumulto delle Città, ed hanno avvelenato il piacere dei villici e dei pastori, i quali dalla superbia de' loro padroni apprendono la loro miseria. Quest'argomento è sì fecondo di ridicolo e di stravaganze, che mi ha fornito materia per comporre cinque Commedie, le quali sono fondate tutte sulla verità: eppure non si somigliano. Dopo aver dato al pubblico i *Malcontenti* e la *Villeggiatura*, la prima nel Tomo terzo, la seconda nel Tomo quarto del mio *Teatro Comico* dell'edizion del Pitteri; ho trovato ancora di che soddisfarmi e di che fornire, non so s'io dica il mio capriccio o il mio zelo, contro un simile fanatismo. Ho concepita nel medesimo tempo l'idea di tre Commedie consecutive. La prima intitolata: *Le Smanie per la Villeggiatura*; la seconda: *Le Avventure della Villeggiatura*; la terza: *Il Ritorno dalla Villeggiatura.* Nella prima si vedono i pazzi preparativi: nella seconda la folle condotta: nella terza le conseguenze dolorose che ne provengono. I Personaggi principali di queste tre rappresentazioni, che sono sempre gli stessi, sono di quell'ordine di persone che ho voluto prendere precisamente di mira; cioè di un rango civile, non nobile e non ricco; poiché i nobili e ricchi sono autorizzati dal grado e dalla fortuna a fare qualche cosa di più degli altri. L'ambizione de' piccioli vuol figurare[4]

1 *il Sannazzaro*: il Goldoni allude all'*Arcadia*, il capolavoro pastorale di Iacopo Sannazzaro (1456-1530).
2 *hanno innamorato*: hanno fatto innamorare.
3 *pompa*: vanagloria.
4 *figurare*: misurarsi.

coi grandi, e questo è il ridicolo ch'io ho cercato di porre in veduta,[5] per correggerlo, se fia possibile.

Queste tre Commedie, fortunate egualmente pel loro incontro, e per l'universale aggradimento del pubblico, sono state separatamente rappresentate con una distanza di qualche tempo dall'una all'altra, essendo con tal arte composte, che ciascheduna può figurare da sé, e tutte e tre insieme si uniscono perfettamente. Poteva io dunque per la stessa ragione separarle ne' Tomi della mia novella edizione, contentandomi di dare una Commedia inedita per ciascheduno, a tenore della promessa. Ma ho esaminato il fondo che ho ancora delle cose inedite: veggo che posso abbondare senza timor che mi manchino, ed ho piacere di dar unito un quadro, che piacerà davantaggio.

Osserverà meglio così il Leggitore[6] la continuazion de' caratteri[7] sostenuti in tre differenti azioni; e se una delle difficoltà del Dramma consiste nel sostenere i caratteri in un'opera sola, piacerà ancor più vederli in tre sostenuti.

5 *in veduta*: in rilievo
6 *Leggitore*: lettore.
7 *la continuazion de' caratteri*: la continuità dei ruoli.

PERSONAGGI

FILIPPO *cittadino, vecchio e gioviale*
GIACINTA *figliuola di Filippo*
LEONARDO *amante di Giacinta*
VITTORIA *sorella di Leonardo*
FERDINANDO *scrocco* [1]
GUGLIELMO *amante di Giacinta*
FULGENZIO *attempato amico di Filippo*
PAOLO *cameriere di Leonardo*
BRIGIDA *cameriera di Giacinta.*
CECCO } *servitori di Leonardo.*
BERTO }

La scena si rappresenta a Livorno, parte in casa di Leonardo, e parte in quella di Filippo.

1 *scrocco*: parassita, scroccone.

Scena prima *Camera in casa di Leonardo. Paolo che sta riponendo degli abiti e della biancheria in un baule, poi Leonardo.*

LEONARDO Che fate qui in questa camera? Si han da far cento cose, e voi perdete il tempo, e non se ne eseguisce nessuna. (*a Paolo*)

PAOLO Perdoni, signore. Io credo che allestire [1] il baule sia una delle cose necessarie da farsi.

LEONARDO Ho bisogno di voi per qualche cosa di più importante. Il baule fatelo riempir dalle donne.

PAOLO Le donne stanno intorno della [2] padrona; sono occupate per essa, e non vi è caso di [3] poterle nemmen vedere.

LEONARDO Quest'è il difetto di mia sorella. Non si contenta mai. Vorrebbe sempre la servitù occupata per lei. Per andare in villeggiatura non le basta un mese per allestirsi. Due donne impiegate un mese per lei. È una cosa insoffribile.

PAOLO Aggiunga, che non bastandole le due donne, ne ha chiamate due altre ancora in aiuto.

LEONARDO E che fa ella di tanta gente? Si fa fare in casa qualche nuovo vestito?

PAOLO Non signore. Il vestito nuovo glielo fa il sarto. In casa da queste donne fa rinnovare i vestiti usati. Si fa fare delle *mantiglie*, de' *mantiglioni*,[4] delle cuffie da giorno, delle cuffie

1 *allestire*: preparare.
2 *della*: alla.
3 *e non vi è caso di*: e non è possibile.
4 *mantiglie... mantiglioni*: spagnolismo — *mantilla* —, scialli o mantelle di seta; corrispondenti al *tabarin* veneziano, indossato ne *I rusteghi* da donna Felice.

da notte, una quantità di forniture di pizzi, di nastri, di fioretti,[1] un arsenale di roba; e tutto questo per andare in campagna. In oggi[2] la campagna è di maggior soggezione della città.

LEONARDO Sì, è pur troppo vero, chi vuol figurare nel mondo, convien che faccia quello che fanno gli altri. La nostra villeggiatura di Montenero[3] è una delle più frequentate, e di maggior impegno dell'altre. La compagnia, con cui si ha da andare, è di soggezione.[4] Sono io pure in necessità di[5] far di più di quello che far vorrei. Però ho bisogno di voi. Le ore passano, si ha da partir da Livorno innanzi sera, e vo' che tutto sia lesto,[6] e non voglio che manchi niente.

PAOLO Ella comandi, ed io farò tutto quello che potrò fare.

LEONARDO Prima di tutto, facciamo un poco di scandaglio[7] di quel che c'è, e di quello che ci vorrebbe. Le posate ho timore che siano poche.

PAOLO Due dozzine dovrebbero essere sufficienti.

LEONARDO Per l'ordinario lo credo anch'io. Ma chi mi assicura che non vengano delle truppe[8] d'amici? In campagna si suol tenere tavola aperta.[9] Convien esser preparati. Le posate si mutano frequentemente, e due coltelliere[10] non bastano.

PAOLO La prego perdonarmi, se parlo troppo liberamente. Vossignoria non è obbligata di fare tutto quello che fanno i marchesi fiorentini,[11] che hanno feudi, e tenute grandissime, e cariche, e dignità grandiose.

LEONARDO Io non ho bisogno che il mio cameriere mi venga a fare il pedante.[12]

1 *fioretti*: fiori di velluto o di seta per acconciature.
2 *In oggi*: al giorno d'oggi.
3 *Montenero*: località turistica presso Livorno.
4 *di soggezione*: di tutto riguardo.
5 *Sono... in necessità di*: sono costretto anch'io a.
6 *lesto*: pronto.
7 *facciamo... scandaglio*: vediamo un po'.
8 *truppe*: gruppi, comitive.
9 *tavola aperta*: vale a dire, sempre apparecchiata e predisposta a ricevere eventuali ospiti.
10 *coltelliere*: servizi di posate.
11 *marchesi fiorentini*: in effetti, i nobili veneziani.
12 *pedante*: pedagogo.

PAOLO Perdoni; non parlo più.

LEONARDO Nel caso in cui sono, ho da eccedere le bisogna.[1] Il mio casino[2] di campagna è contiguo a quello del signor Filippo. Egli è avvezzo a trattarsi bene; è uomo splendido, generoso; le sue villeggiature sono magnifiche, ed io non ho da farmi scorgere,[3] non ho da scomparire in faccia di lui.

PAOLO Faccia tutto quello che le detta la sua prudenza.

LEONARDO Andate da monsieur Gurland, e pregatelo per parte mia, che mi favorisca prestarmi due coltelliere, quattro sottocoppe, e sei candelieri d'argento.

PAOLO Sarà servita.

LEONARDO Andate poscia dal mio droghiere, fatevi dare dieci libbre di caffè, cinquanta libbre di cioccolata, venti libbre di zucchero, e un sortimento[4] di spezierie per cucina.

PAOLO Si ha da pagare?

LEONARDO No, ditegli che lo pagherò al mio ritorno.

PAOLO Compatisca; mi disse l'altrieri che sperava, prima che ella andasse in campagna, che lo saldasse del conto vecchio.

LEONARDO Non serve. Ditegli che lo pagherò al mio ritorno.

PAOLO Benissimo.

LEONARDO Fate che vi sia il bisogno[5] di carte da giuoco con quel che può occorrere per sei o sette tavolini, e soprattutto che non manchino candele di cera.[6]

PAOLO Anche la cereria di Pisa, prima di far conto nuovo, vorrebbe esser pagata del vecchio.

LEONARDO Comprate della cera di Venezia. Costa più, ma dura più, ed è più bella.

PAOLO Ho da prenderla coi contanti?

LEONARDO Fatevi dare il bisogno; si pagherà al mio ritorno.

PAOLO Signore, al suo ritorno ella avrà una folla di creditori che l'inquieteranno.[7]

1 *eccedere le bisogna*: strafare, fare il passo più lungo della gamba.

2 *casino*: villa.

3 *farmi scorgere*: apparire da meno.

4 *sortimento*: assortimento.

5 *il bisogno*: una sufficiente scorta.

6 *candele di cera*: necessarie per la consuetudine di giocare fino a tardi.

7 *l'inquieteranno*: non lo lasceranno in pace.

LEONARDO Voi m'inquietate più di tutti. Sono dieci anni che siete meco, e ogni anno diventate più impertinente. Perderò la pazienza.

PAOLO Ella è padrona di mandarmi via; ma io, se parlo, parlo per l'amore che le professo.

LEONARDO Impiegate il vostro amore a servirmi, e non a seccarmi. Fate quel che vi ho detto, e mandatemi Cecco.

PAOLO Sarà obbedita. (Oh! vuol passar [1] poco tempo, che le grandezze di villa [2] lo vogliono ridurre miserabile nella città.) (*parte*)

Scena seconda *Leonardo, poi Cecco.*

LEONARDO Lo veggo anch'io, che faccio più di quello che posso fare; ma lo fanno gli altri, e non voglio esser di meno. Quell'avaraccio di mio zio [3] potrebbe aiutarmi, e non vuole. Ma se i conti non fallano,[4] ha da crepare prima di me, e se non vuol fare un'ingiustizia al suo sangue, ho da esser io l'erede delle sue facoltà.

CECCO Comandi.

LEONARDO Va dal signor Filippo Ghiandinelli; se è in casa, fagli i miei complimenti, e digli che ho ordinato i cavalli di posta, e che verso le ventidue [5] partiremo insieme. Passa poi all'appartamento della signora Giacinta di lui figliuola; dille, o falle dir dalla cameriera, che mando a riverirla, e ad intendere [6] come ha riposato la scorsa notte, e che da qui a qualche ora sarò da lei. Osserva frattanto se vi fosse per avventura il signor Guglielmo, e informati bene dalla gente di casa, se vi sia stato, se ha mandato, e se credono ch'ei possa andarvi. Fa bene tutto, e torna colla risposta.

CECCO Sarà obbedita. (*parte*)

1 *vuol passar*: passerà.
2 *le grandezze di villa*: le pazze spese in campagna.
3 *mio zio*: è lo zio Bernardino dell'ultima commedia della trilogia, *Il ritorno dalla villeggiatura.*
4 *non fallano*: non sbagliano, sono esatti.
5 *verso le ventidue*: due ore prima del tramonto.
6 *ad intendere*: a sapere.

Scena terza *Leonardo, poi Vittoria.*

LEONARDO Non posso soffrire che la signora Giacinta tratti[1] Guglielmo. Ella dice che dee tollerarlo per compiacere il padre; che è un amico di casa, che non ha veruna inclinazione per lui; ma io non sono in obbligo[2] di creder tutto, e questa pratica[3] non mi piace. Sarà bene che io medesimo solleciti di terminare il baule.

VITTORIA Signor fratello, è egli vero che avete ordinato i cavalli di posta, e che si ha da partir questa sera?

LEONARDO Sì certo. Non si stabilì così fin da ieri?

VITTORIA Ieri vi ho detto che sperava di poter essere all'ordine[4] per partire; ma ora vi dico che non lo sono, e mandate a sospendere l'ordinazion dei cavalli, perché assolutamente per oggi non si può partire.

LEONARDO E perché per oggi non si può partire?

VITTORIA Perché il sarto non mi ha terminato il mio *mariage.*

LEONARDO Che diavolo è questo *mariage*?

VITTORIA È un vestito all'ultima moda.

LEONARDO Se non è finito, ve lo potrà mandare in campagna.

VITTORIA No certo. Voglio che me lo provi, e lo voglio veder finito.

LEONARDO Ma la partenza non si può differire. Siamo in concerto[5] d'andar insieme col signor Filippo e colla signora Giacinta, e si ha detto di partir oggi.

VITTORIA Tanto peggio. So che la signora Giacinta è di buon gusto, e non voglio venire col pericolo di scomparire[6] in faccia di lei.

LEONARDO Degli abiti ne avete in abbondanza; potete comparire al par di chi che sia.

VITTORIA Io non ho che delle anticaglie.

LEONARDO Non ve ne avete fatto uno nuovo anche l'anno passato?

VITTORIA Da un anno all'altro gli abiti non si possono più

1 *tratti*: mantenga dei rapporti amichevoli con.
2 *in obbligo*: obbligato.
3 *pratica*: relazione.
4 *all'ordine*: pronto.
5 *in concerto*: d'accordo.
6 *scomparire*: sfigurare.

dire alla moda. È vero che li ho fatti rifar quasi tutti; ma un vestito nuovo ci vuole, è necessario, e non si può far senza.

LEONARDO Quest'anno corre [1] il *mariage* dunque.

VITTORIA Sì, certo. L'ha portato in Torino madama Granon.[2] Finora in Livorno non credo che se ne siano veduti, e spero d'esser io delle prime.

LEONARDO Ma che abito è questo? Vi vuol tanto a farlo?

VITTORIA Vi vuol pochissimo. È un abito di seta di un color solo, colla guarnizione [3] intrecciata di due colori. Tutto consiste nel buon gusto di scegliere colori buoni,[4] che si uniscano bene, che risaltino, e non facciano confusione.[5]

LEONARDO Orsù, non so che dire. Mi spiacerebbe di vedervi scontenta; ma in ogni modo s'ha da partire.

VITTORIA Io non vengo assolutamente.

LEONARDO Se non ci verrete voi, ci anderò io.

VITTORIA Come! Senza di me? Avrete cuore di lasciarmi in Livorno?

LEONARDO Verrò poi a pigliarvi.

VITTORIA No, non mi fido. Sa il cielo quando verrete, e se resto qui senza di voi, ho paura che quel tisico [6] di nostro zio mi obblighi a restar in Livorno con lui; e se dovessi star qui, in tempo [7] che l'altre vanno in villeggiatura, mi ammalerei di rabbia, di disperazione.

LEONARDO Dunque risolvetevi di venire.

VITTORIA Andate dal sarto, ed obbligatelo a lasciar tutto, ed a terminare il mio *mariage*.

LEONARDO Io non ho tempo da perdere. Ho da far cento cose.

VITTORIA Maledetta la mia disgrazia!

LEONARDO Oh gran disgrazia invero! Un abito di meno è una disgrazia lacrimosa, intollerabile, estrema. (*ironico*)

VITTORIA Sì, signore, la mancanza di un abito alla moda può

1 *corre*: è di moda.
2 *madama Granon*: il nome francese serve a Vittoria per sottolineare il suo aggiornamento in fatto di moda parigina.
3 *guarnizione*: ornamento di nastri, fregi e fiocchi.
4 *buoni*: intonati, adatti.
5 *non... confusione*: non stonino.
6 *tisico*: avaro, spilorcio.
7 *in tempo*: nella stagione.

far perdere il credito a chi ha fama di essere di buon gusto.

LEONARDO Finalmente[1] siete ancora fanciulla, e le fanciulle non s'hanno a mettere colle maritate.

VITTORIA Anche la signora Giacinta è fanciulla, e va con[2] tutte le mode, con tutte le gale delle maritate. E in oggi non si distinguono le fanciulle dalle maritate, e una fanciulla che non faccia quello che fanno l'altre, suol passare per zotica, per anticaglia;[3] e mi maraviglio che voi abbiate di queste massime,[4] e che mi vogliate avvilita e strapazzata a tal segno.

LEONARDO Tanto fracasso per un abito?

VITTORIA Piuttosto che restar qui, o venir fuori senza il mio abito, mi contenterei d'avere una malattia.

LEONARDO Il cielo vi conceda la grazia.

VITTORIA Che mi venga una malattia? (*con isdegno*)

LEONARDO No, che abbiate l'abito, e che siate contenta.

Scena quarta *Berto e detti.*

BERTO Signore, il signor Ferdinando desidera riverirla. (*a Leonardo*)

LEONARDO Venga, venga, è padrone.

VITTORIA Sentimi. Va immediatamente dal sarto, da monsieur de la Réjouissance, e digli che finisca subito il mio vestito, che lo voglio prima ch'io parta per la campagna, altrimenti me ne renderà conto, e non farà più il sarto in Livorno.

BERTO Sarà servita. (*parte*)

LEONARDO Via, acchetatevi, e non vi fate scorgere dal signor Ferdinando.

VITTORIA Che importa a me del signor Ferdinando? Io non mi prendo soggezione di lui. M'immagino che anche quest'anno verrà in campagna a piantare il bordone[5] da noi.

1 *Finalmente*: ma insomma.
2 *va con*: segue.
3 *anticaglia*: per un pezzo d'antiquariato, diremmo oggi.
4 *massime*: concetti.
5 *piantare il bordone*: « andare a mangiare in casa d'altri senza spendere. » (Boerio)

LEONARDO Certo, mi ha dato speranza di venir con noi, e intende di farci una distinzione;[1] ma siccome è uno di quelli che si cacciano da per tutto, e si fanno merito rapportando[2] qua e là i fatti degli altri, convien guardarsene e non fargli sapere ogni cosa; perché se sapesse le vostre smanie per l'abito, sarebbe capace di porvi in ridicolo in tutte le compagnie, in tutte le conversazioni.[3]

VITTORIA E perché dunque volete condur con noi questo canchero,[4] se conoscete il di lui carattere?

LEONARDO Vedete bene: in campagna è necessario aver della compagnia. Tutti procurano d'aver più gente che possono; e poi si sente dire: il tale ha dieci persone, il tale ne ha sei, il tale otto, e chi ne ha più, è più stimato. Ferdinando poi è una persona che comoda[5] infinitamente. Gioca a tutto, è sempre allegro, dice delle buffonerie, mangia bene, fa onore alla tavola, soffre[6] la burla, e non se ne ha a male di niente.

VITTORIA Sì, sì, è vero; in campagna questi caratteri sono necessari. Ma che fa, che non viene?

LEONARDO Eccolo lì, ch'esce dalla cucina.

VITTORIA Che cosa sarà andato a fare in cucina?

LEONARDO Curiosità. Vuol saper tutto. Vuol saper quel che si fa, quel che si mangia, e poi lo dice per tutto.

VITTORIA Manco male, che di noi non potrà raccontare miserie.

Scena quinta *Ferdinando e detti.*

FERDINANDO Padroni miei riveriti. Il mio rispetto alla signora Vittoria.

VITTORIA Serva, signor Ferdinando.

LEONARDO Siete, amico, siete dei nostri?

1 *distinzione*: riguardo, favore.
2 *rapportando*: riferendo.
3 *conversazioni*: salotti.
4 *canchero*: noioso, inopportuno.
5 *comoda*: fa comodo.
6 *soffre*: sopporta.

FERDINANDO Sì, sarò con voi. Mi sono liberato da quel seccatore del conte Anselmo, che mi voleva seco per forza.

VITTORIA Il conte Anselmo non fa una buona villeggiatura?

FERDINANDO Sì, si tratta bene, fa una buona tavola; ma da lui si fa una vita troppo metodica. Si va a cena a quattr'ore, e si va a letto alle cinque.[1]

VITTORIA Oh! io non farei questa vita per tutto l'oro del mondo. Se vado a letto prima dell'alba, non è possibile ch'io prenda sonno.

LEONARDO Da noi sapete come si fa. Si gioca, si balla; non si va mai a cena prima delle otto; e poi col nostro carissimo *faraoncino*[2] il più delle volte si vede il sole.

VITTORIA Questo si chiama vivere.

FERDINANDO E per questo ho preferito la vostra villeggiatura a quella del conte Anselmo. E poi quell'anticaglia di sua moglie è una cosa insoffribile.

VITTORIA Sì, sì, vuol fare ancora la giovinetta.

FERDINANDO L'anno passato, i primi giorni sono stato io il cavalier servente; poi è capitato un giovanetto di ventidue anni, e ha piantato me per attaccarsi a lui.

VITTORIA Oh! che ti venga il bene. Con un giovanetto di ventidue anni?

FERDINANDO Sì, e mi piace di dire la verità: era un biondino, ben cincinnato,[3] bianco e rosso come una rosa.

LEONARDO Mi maraviglio di lui, che avesse tal sofferenza.[4]

FERDINANDO Sapete com'è? È uno di quelli che non hanno il modo,[5] che si appoggiano qua e là, dove possono; e si attaccano ad alcuna di queste signore antichette, le quali pagano loro le poste,[6] e danno loro qualche zecchino[7] ancor[8] per giocare.

1 *quattr'ore... alle cinque*: vale a dire, quattro o cinque ore dopo il tramonto.

2 *faraoncino*: era un gioco d'azzardo molto diffuso; se ne discorre anche ne *La bottega del caffè*.

3 *cincinnato*: azzimato.

4 *sofferenza*: sopportazione.

5 *non hanno il modo*: una rendita finanziaria sufficiente.

6 *poste*: viaggi.

7 *zecchino*: moneta d'oro che valeva 8 lire venete.

8 *ancor*: anche.

VITTORIA (È una buona lingua per altro.)

FERDINANDO A che ora si parte?

VITTORIA Non si sa ancora. L'ora non è stabilita.

FERDINANDO M'immagino che anderete in una carrozza da quattro posti.

LEONARDO Io ho ordinato un calesso [1] per mia sorella e per me, ed un cavallo per il mio cameriere.

FERDINANDO Ed io come vengo?

LEONARDO Come volete.

VITTORIA Via, via. Il signor Ferdinando verrà con me, voi anderete nello sterzo [2] col signor Filippo e la signora Giacinta. (*a Leonardo*) (Farò meglio figura a andar in calesso con lui, che con mio fratello.)

LEONARDO Ma siete poi risoluta [3] di voler partire? (*a Vittoria*)

FERDINANDO Che? Ci ha qualche difficoltà?

VITTORIA Vi potrebbe essere una picciola difficoltà.

FERDINANDO Se non siete sicuri di partire, ditemelo liberamente. Se non vado con voi, andrò con qualchedun altro. Tutti vanno in campagna, e non voglio che dicano, ch'io resto a far la guardia a Livorno.

VITTORIA (Sarebbe anche per me una grandissima mortificazione.)

Scena sesta *Cecco e detti.*

CECCO Son qui, signore... (*a Leonardo*)

LEONARDO Accostati. (*a Cecco*) Con licenza. (*a Ferdinando*)

CECCO (Il signor Filippo la riverisce, e dice che circa ai cavalli da posta, riposa sopra [4] di lei. La signora Giacinta sta bene; lo sta attendendo, e lo prega sollecitare, perché di notte non ha piacer di viaggiare.)

LEONARDO (E di Guglielmo mi sai dir niente?)

CECCO (Mi assicurano che questa mattina non si è veduto.)

LEONARDO (Benissimo: son contento.) Andrai ad avvisare il fat-

1 *calesso*: carrozza a due ruote e a un cavallo.
2 *sterzo*: carrozzino scoperto a quattro ruote.
3 *risoluta*: decisa.
4 *riposa sopra*: si fida.

tore della posta, che siano lesti[1] i cavalli per ventun'ora.[2]

VITTORIA Ma se quell'affare non fosse in ordine?...

LEONARDO Ci sia, o non ci sia; venite, o non venite, io vo' partire alle ventun'ora...

FERDINANDO Ed io per le ventuna sarò qui preparato.

VITTORIA Vorrei vedere ancor questa...

LEONARDO Sono in impegno, e per una scioccheria voi non mi farete mancare. Se vi fossero delle buone ragioni, pazienza; ma per uno straccio d'abito non si ha da restare. (*a Vittoria, e parte*)

Scena settima *Vittoria, Ferdinando e Cecco.*

VITTORIA (Povera me, in che condizione miserabile che mi trovo! Non son padrona di me; ho da dipendere dal fratello. Non veggo l'ora di maritarmi; niente per altro,[3] che per poter fare a mio modo.)

FERDINANDO Ditemi in confidenza, signora, se si può dire: che cosa vi mette in dubbio di partire o di non partire?

VITTORIA Cecco.

CECCO Signora.

VITTORIA Sei tu stato dalla signora Giacinta?

CECCO Sì, signora.

VITTORIA L'hai veduta?

CECCO L'ho veduta.

VITTORIA E che cosa faceva?

CECCO Si provava un abito.

VITTORIA Un abito nuovo?

CECCO Nuovissimo.

VITTORIA (Oh maledizione! Se non ho il mio, non parto assolutamente.)

FERDINANDO (E che sì,[4] ch'ella pure vorrebbe un vestito nuovo, e non ha denari per farselo? Già tutti lo dicono: fratello e sorella sono due pazzi. Spendono più di quello che possono, e consumano in un mese a Montenero quello che basterebbe loro un anno in Livorno.)

1 *lesti*: pronti.
2 *ventun'ora*: cioè, tre ore prima del tramonto.
3 *niente per altro*: se non altro, non foss'altro.
4 *E che sì*: certo che è proprio così.

VITTORIA Cecco.

CECCO Signora.

VITTORIA E com'è quest'abito della signora Giacinta?

CECCO Per dir la verità, non ci ho molto badato, ma credo sia un vestito da sposa.

VITTORIA Da sposa? Hai tu sentito dire, che si faccia la sposa? [1]

CECCO Non l'ho sentito dire precisamente. Ma ho inteso una parola francese che ha detto il sarto, che mi par di capirla.

VITTORIA Intendo anch'io il francese. Che cosa ha detto?

CECCO Ha detto *mariage*.

VITTORIA (Ah! sì, ora ho capito; si fa ella pure il *mariage*: mi pareva impossibile che non lo facesse.) Dov'è Berto? Guarda se trovi Berto. Se non c'è, corri dal mio sartore, digli che assolutamente, in termine di tre ore, vo' che mi porti il mio *mariage*.

CECCO *Mariage* non vuol dir matrimonio?

VITTORIA Il diavolo che ti porti. Va subito, corri. Fa quel che ti dico, e non replicare.

CECCO Sì, signora, subito corro. (*parte*)

Scena ottava *Vittoria e Ferdinando.*

FERDINANDO Signora, dite la verità, sareste in dubbio di partire per la mancanza dell'abito?

VITTORIA E bene? Mi dareste il torto per questo?

FERDINANDO No, avete tutte le ragioni del mondo: è una cosa necessarissima. Lo fanno tutte, lo fanno quelle che non lo potrebbono fare. Conoscete la signora Aspasia?

VITTORIA La conosco.

FERDINANDO Se n'è fatto uno ella pure, e ha preso il drappo in credenza [2] per pagarlo uno scudo [3] al mese. E la signora Costanza? La signora Costanza, per farsi l'abito nuovo, ha venduto due paia di lenzuola ed una tovaglia di Fiandra e ventiquattro salviette.

VITTORIA E per qual impegno, per qual premura [4] hanno fatto questo?

1 *che... la sposa*: che ci sia qualche matrimonio in previsione.
2 *in credenza*: a credito.
3 *scudo*: moneta d'argento del valore di 12 lire venete e 8 soldi.
4 *premura*: motivo urgente.

FERDINANDO Per andare in campagna.

VITTORIA Non so che dire, la campagna è una gran passione, le compatisco; se fossi nel caso loro, non so anch'io che cosa farei. In città non mi curo di far gran cose; ma in villa ho sempre paura di non comparire bastantemente... Fatemi un piacere, signor Ferdinando, venite con me.

FERDINANDO Dove abbiamo d'andare?

VITTORIA Dal sarto, a gridare, a strapazzarlo ben bene.

FERDINANDO No, volete ch'io v'insegni a farlo sollecitare? [1]

VITTORIA E come direste voi che io facessi? [2]

FERDINANDO Perdonate: lo pagate subito?

VITTORIA Lo pagherò al mio ritorno.

FERDINANDO Pagatelo presto, e sarete servita presto.

VITTORIA Lo pago quando voglio, e vo' che mi serva quando mi pare. (*parte*)

FERDINANDO Bravissima, bel costume! Far figura in campagna, e farsi maltrattare in città. (*parte*)

Scena nona *Camera in casa di Filippo. Filippo e Guglielmo incontrandosi.*

FILIPPO Oh, signor Guglielmo, che grazie, che finezze [3] son queste?

GUGLIELMO Il mio debito,[4] signor Filippo; il mio debito, e niente più. So che oggi ella va in campagna, e sono venuto ad augurarle buon viaggio e buona villeggiatura.

FILIPPO Caro amico, sono obbligato all'amor vostro, alla vostra attenzione; oggi finalmente si anderà in campagna. In quanto a me ci sarei che sarebbe un mese,[5] e ai miei tempi, quando ero giovane, si anticipavano le villeggiature, e si anticipava il ritorno. Fatto il vino, si ritornava in città; ma allora si andava per fare il vino, ora si va per divertimento, e si sta in campagna col freddo, e si vedono seccar le foglie sugli alberi.

1 *sollecitare*: smuovere.
2 *E come... facessi?*: e come mi consigliereste d'agire?
3 *finezze*: cortesie, attenzioni.
4 *debito*: dovere.
5 *che sarebbe un mese*: già da un mese.

GUGLIELMO Ma non siete voi il padrone? Perché non andate quando vi pare, e non tornate quando vi comoda?

FILIPPO Sì, dite bene, lo potrei fare; ma sono stato sempre di buon umore; mi ha sempre piaciuto la compagnia, e nell'età in cui sono, mi piace vivere, mi piace ancora godere un poco di mondo. Se dico d'andar in villa il settembre,[1] non c'è un can che mi seguiti, nessuno vuol venire con me a sagrificarsi. Anche mia figlia alza il grugno,[2] e non ho altri al mondo che la mia Giacinta, e desidero soddisfarla. Si va quando vanno gli altri, ed io mi lascio regolar dagli altri.

GUGLIELMO Veramente quello che si fa dalla maggior parte, si dee credere che sia sempre il meglio.

FILIPPO Non sempre, non sempre, ci sarebbe molto che dire.[3] Voi dove fate quest'anno la vostra villeggiatura?

GUGLIELMO Non so; non ho ancora fissato. (Ah! se potessi andare con lui; se potessi villeggiare coll'amabile sua figliuola!)

FILIPPO Vostro padre era solito villeggiare sulle colline di Pisa.

GUGLIELMO È verissimo. Colà sono situati i nostri poderi, e vi è un'abitazione passabile. Ma io son solo, e dirò, come dite voi, star solo in campagna è un morir di malinconia.

FILIPPO Volete venir con noi?

GUGLIELMO Oh! signor Filippo, io non ho alcun merito, né oserei di dare a voi questo incomodo.

FILIPPO Io non son uomo di ceremonie. Posso adattarmi allo stile moderno in tutt'altro fuor[4] che nell'uso de' complimenti. Se volete venire, vi esibisco[5] un buon letto, una mediocre tavola, ed un cuore sempre aperto agli amici, e sempre eguale con tutti.

GUGLIELMO Non so che dire. Siete così obbligante, che io non posso ricusare le grazie vostre.

FILIPPO Così va fatto.[6] Venite, e stateci fin che vi pare; non pregiudicate i vostri interessi, e stateci fin che vi pare.

1 *il settembre*: cioè, fuori dalla stagione turistica autunnale, che andava dal mese di ottobre fino alla prima quindicina di novembre.
2 *alza il grugno*: fa il broncio, si indispettisce; ma l'espressione è popolare.
3 *che dire*: da ridire.
4 *fuor*: eccetto.
5 *vi esibisco*: vi offro.
6 *Così va fatto*: così va bene.

GUGLIELMO A che ora destinate [1] voi di partire?

FILIPPO Non lo so; intendetevi [2] col signor Leonardo.

GUGLIELMO Viene con voi il signor Leonardo?

FILIPPO Sì, certo, abbiamo destinato d'andare insieme con lui e con sua sorella. Le nostre case di villa sono vicine, siamo amici, e anderemo insieme.

GUGLIELMO (Questa compagnia mi dispiace. Ma né anche per ciò voglio perdere l'occasione favorevole di essere in compagnia di Giacinta.)

FILIPPO Ci avete delle difficoltà?

GUGLIELMO Non signore. Pensava ora se dovea prendere un calesso, o, essendo solo, un cavallo da sella.

FILIPPO Facciamo così. Noi siamo in tre ed abbiamo un legno da quattro; venite dunque con noi.

GUGLIELMO Chi è il quarto, se è lecito?

FILIPPO Una mia cognata vedova, che viene con noi per custodia [3] di mia figliuola; non già ch'ella abbia bisogno di essere custodita, ché ha giudizio da sé, ma per il mondo,[4] non avendo madre, è necessario che vi sia una donna attempata.

GUGLIELMO Va benissimo. (Procurerò ben io di cattivarmi l'animo della vecchia.)

FILIPPO E così? Vi comoda [5] di venir con noi?

GUGLIELMO Anzi è la maggior finezza che io possa ricevere.

FILIPPO Andate dunque dal signor Leonardo, e ditegli che non s'impegni con altri per il posto che è destinato per voi.

GUGLIELMO Non potreste farmi voi il piacere di mandar qualcheduno?

FILIPPO I miei servitori sono tutti occupati. Scusatemi, non mi pare di darvi sì grande incomodo.[6]

GUGLIELMO Non dico diversamente. Aveva un certo picciolo affare. Basta, non occorr'altro. Anderò io ad avvisarlo. (Dica Leonardo quel che sa dire, prenda la cosa come gli pare, ci penso poco, e non ho soggezione di lui.) Signor Filippo, a buon rivederci.

1 *destinate*: decidete.
2 *intendetevi*: mettetevi d'accordo.
3 *per custodia*: per accompagnare e « controllare ».
4 *per il mondo*: perché la gente non pettegoli.
5 *comoda*: fa piacere.
6 *incomodo*: disturbo.

FILIPPO Non vi fate aspettare.

GUGLIELMO Sarò sollecito. Ho degli stimoli che mi faranno sollecitare.[1] (*parte*)

Scena decima *Filippo, poi Giacinta e Brigida.*

FILIPPO Or che ci penso. Non vorrei che mi criticassero, invitando un giovane a venir con noi, avendo una figliuola da maritare. Ma, diacine,[2] è una cosa che in oggi si accostuma da tanti, perché hanno da criticare me solo? Potrebbono anche dire del signor Leonardo, che viene con noi, e di me, che vado con sua sorella, che sono vecchio, è vero, ma non sono poi sì vecchio, che non potessero sospettare. Eh! al giorno d'oggi non vi è malizia. Pare che l'innocenza della campagna si comunichi ai cittadini. Non si usa in villa quel rigore che si pratica nelle città; e poi in casa mia so quanto mi posso compromettere;[3] mia figlia è savia, è bene educata. Eccola, che tu sia benedetta!

GIACINTA Signor padre, mi favorisca altri sei zecchini.

FILIPPO E per che fare, figliuola mia?

GIACINTA Per pagare la sopravveste di seta da portar per viaggio per ripararsi dalla polvere.

FILIPPO (Poh! non si finisce mai.) Ed è necessario che sia di seta?

GIACINTA Necessarissimo. Sarebbe una villania portare la *polverina*[4] di tela; vuol[5] essere di seta, e col cappuccietto.

FILIPPO Ed a che fine il cappuccietto?

GIACINTA Per la notte, per l'aria, per l'umido, per quando è freddo.

FILIPPO Ma non si usano i cappellini? I cappellini non riparano meglio?

GIACINTA Oh, i cappellini!

BRIGIDA Oh, oh, oh, i cappellini!

1 *Ho... sollecitare*: ho delle buone e interessanti ragioni che mi faranno essere puntuale.

2 *diacine*: diamine.

3 *compromettere*: fidare.

4 *la polverina*: vestito leggero, a mo' di spolverino usato in viaggio.

5 *vuol*: deve.

GIACINTA Che ne dici eh, Brigida? I cappellini!

BRIGIDA Fa morir di ridere il signor padrone. I cappellini!

FILIPPO Che! ho detto qualche sproposito? Qualche bestialità? A che far tante maraviglie? Non si usavano forse i cappellini?

GIACINTA Goffaggini, goffaggini.

BRIGIDA Anticaglie, anticaglie.

FILIPPO Ma quanto sarà, che non si usano più i cappellini?

GIACINTA Oh! due anni almeno.

FILIPPO E in due anni sono venuti [1] anticaglie?

BRIGIDA Ma non sapete, signore, che quello che si usa un anno, non si usa l'altro?

FILIPPO Sì, è vero. Ho veduto in pochissimi anni cuffie, cuffiotti, cappellini, cappelloni; ora corrono i cappuccietti; m'aspetto che l'anno venturo vi mettiate in testa una scarpa.

GIACINTA Ma voi che vi maravigliate tanto delle donne, ditemi un poco, gli uomini non fanno peggio di noi? Una volta, quando viaggiavano per la campagna, si mettevano il loro buon giubbone di panno, le gambiere di lana, le scarpe grosse: ora portano anch'eglino la *polverina*, gli scappinetti [2] colle fibbie di brilli,[3] e montano in calesso colle calzoline di seta.

BRIGIDA E non usano più il bastone.

GIACINTA Ed usano il palossetto [4] ritorto.

BRIGIDA E portano l'ombrellino per ripararsi dal sole.

GIACINTA E poi dicono di noi.

BRIGIDA Se fanno peggio di noi!

FILIPPO Io non so niente di tutto questo. So che come s'andava cinquant'anni sono, vado ancora presentemente.

GIACINTA Questi sono discorsi inutili. Favoritemi sei zecchini.

FILIPPO Sì, veniamo alla conclusione; lo spendere è sempre stato alla moda.

GIACINTA Mi pare di essere delle più discrete.

BRIGIDA Oh! signore, non sapete niente. Date un'occhiata in villa a quel che fanno le altre, e me la saprete poi raccontare.

1 *sono venuti*: sono diventati.
2 *scappinetti*: scarpette morbide e leggere.
3 *brilli*: pietruzze brillanti.
4 *palossetto*: spada corta, a lama larga e di un solo taglio. È un diminutivo dal veneziano « paloscio ».

FILIPPO Sicché dunque devo ringraziare la mia figliuola, che mi fa la finezza di farmi risparmiare moltissimo.

BRIGIDA Vi assicuro che una fanciulla più economa non si dà.[1]

GIACINTA Mi contento del puro puro bisognevole,[2] e niente più.

FILIPPO Figliuola mia, sia bisognevole, o non sia bisognevole, sapete ch'io desidero soddisfarvi; e i sei zecchini venite a prenderli nella mia camera, che ci saranno. Ma circa all'economia, studiatela un poco più, perché, se vi maritate, sarà difficile che troviate un marito del carattere di vostro padre.

GIACINTA A che ora si parte?

FILIPPO (A proposito.) Io penso verso le ventidue.

GIACINTA Oh! credo che si partirà prima. E chi viene in carrozza con noi?

FILIPPO Ci verrò io, ci verrà vostra zia, e per quarto un galantuomo, un mio amico che conoscete anche voi.

GIACINTA Qualche vecchio forse?

FILIPPO Vi dispiacerebbe che fosse un vecchio?

GIACINTA Oh! non signore. Non ci penso, basta che non sia una marmotta. Se è anche vecchio, quando[3] sia di buon umore, son contentissima.

FILIPPO È un giovane.

BRIGIDA Tanto meglio.

FILIPPO Perché tanto meglio?

BRIGIDA Perché la gioventù naturalmente è più vivace, è più spiritosa. Starete allegri; non dormirete per[4] viaggio.

GIACINTA E chi è questo signore?

FILIPPO È il signor Guglielmo.

GIACINTA Sì, sì, è un giovane di talento.

FILIPPO Il signor Leonardo, mi figuro, andrà in calesso con sua sorella.

GIACINTA Probabilmente.

BRIGIDA Ed io, signore, con chi anderò?

FILIPPO Tu andrai come sei solita andare: per mare, in una

1 *non si dà*: non si trova.
2 *bisognevole*: necessario.
3 *quando*: basta che.
4 *non dormirete per*: non vi annoiérete durante.

feluca,[1] colla mia gente e con quella del signor Leonardo.

BRIGIDA Ma, signore, il mare mi fa sempre male, e l'anno passato ho corso pericolo d'annegarmi, e quest'anno non ci vorrei andare.

FILIPPO Vuoi ch'io ti prenda un calesso apposta?

BRIGIDA Compatitemi, con chi va il cameriere del signor Leonardo?

GIACINTA Appunto: il suo cameriere lo suol condurre per terra. Povera Brigida, lasciate che ella vada con esso lui.

FILIPPO Col cameriere?

GIACINTA Sì, cosa avete paura? Ci siamo noi; e poi sapete che Brigida è una buona fanciulla.

BRIGIDA In quanto a me, vi protesto,[2] monto in sedia,[3] mi metto a dormire, e non lo guardo in faccia nemmeno.

GIACINTA È giusto ch'io abbia meco la mia cameriera.

BRIGIDA Tutte le signore la conducono presso di loro.

GIACINTA Per viaggio mi possono abbisognar cento cose.

BRIGIDA Almeno son lì pronta per assistere, per servir la padrona.

GIACINTA Caro signor padre.

BRIGIDA Caro signor padrone.

FILIPPO Non so che dire; non so dir di no, non son capace di dir di no, e non dirò mai di no. (*parte*)

Scena undicesima *Giacinta e Brigida.*

GIACINTA Sei contenta?

BRIGIDA Brava la mia padrona.

GIACINTA Oh! io poi ho questo di buono: faccio far alla gente tutto quello che io voglio.

BRIGIDA Ma, come andrà la faccenda col signor Leonardo?

GIACINTA Su che proposito?

BRIGIDA Sul proposito del signor Guglielmo: sapete quanto è geloso; e se lo vede in carrozza con voi...

1 *feluca*: piccola barca a remi o a vela. Al Goldoni sfugge, però, che a Montenero non si giunge per mare.
2 *vi protesto*: vi assicuro.
3 *in sedia*: in carrozza.

GIACINTA Converrà che lo soffra.

BRIGIDA Io ho paura che si disgusterà.[1]

GIACINTA Con chi?

BRIGIDA Con voi.

GIACINTA Eh! per appunto. Gliene ho fatte soffrir di peggio.

BRIGIDA Compatitemi, signora padrona, il poverino vi vuol troppo bene.

GIACINTA Ed io non gli voglio male.

BRIGIDA Ei si lusinga, che siate un giorno la di lui sposa.

GIACINTA E può anche essere che ciò succeda.

BRIGIDA Ma se avesse questa buona intenzione, procurate un poco più di renderlo soddisfatto.

GIACINTA Anzi per lo contrario,[2] prevedendo ch'ei possa un giorno essere mio marito, vo' avvezzarlo per tempo a non esser geloso, a non esser sofistico,[3] a non privarmi dell'onesta mia libertà. Se principia ora a pretendere, a comandare, se gli riesce ora d'avvilirmi, di mettermi in soggezione, è finita: sarò schiava perpetuamente. O mi vuol bene, o non mi vuol bene. Se mi vuol bene, s'ha da fidare, se non mi vuol bene, che se ne vada.

BRIGIDA Dice per altro il proverbio: chi ama, teme; e se dubita, dubiterà per amore.

GIACINTA Questo è un amore che non mi comoda.

BRIGIDA Diciamola fra di noi: voi l'amate pochissimo il signor Leonardo.

GIACINTA Io non so quanto l'ami; ma so che l'amo più di quello ch'io abbia amato nessuno; e non avrei difficoltà a sposarlo, ma non a costo di essere tormentata.

BRIGIDA Compatitemi, questo non è vero amore.

GIACINTA Non so che fare. Io non ne conosco di meglio.

BRIGIDA Mi pare di sentir gente.

GIACINTA Va a vedere chi è.

BRIGIDA Oh! appunto è il signor Leonardo.

GIACINTA Che vuol dir che non viene innanzi?

BRIGIDA E che sì, che ha saputo del signor Guglielmo?

GIACINTA O prima, o dopo, l'ha da sapere.

1 *si disgusterà*: rimarrà male e si offenderà.
2 *per lo contrario*: al contrario.
3 *sofistico*: pedante, schizzinoso.

BRIGIDA Non viene. C'è del male. Volete che io vada a vedere?

GIACINTA Sì, va a vedere, fallo venire innanzi.

BRIGIDA (Capperi, non mi preme per lui, mi preme per il cameriere.) (*parte*)

Scena dodicesima *Giacinta e Leonardo.*

GIACINTA Sì, lo amo, lo stimo, lo desidero, ma non posso soffrire la gelosia.

LEONARDO Servitore suo, signora Giacinta. (*sostenuto*)

GIACINTA Padrone, signor Leonardo. (*sostenuta*)

LEONARDO Scusi se son venuto ad incomodarla.

GIACINTA Fa grazia, signor ceremoniere, fa grazia. (*con ironia*)

LEONARDO Sono venuto ad augurarle buon viaggio.

GIACINTA Per dove?

LEONARDO Per la campagna.

GIACINTA E ella non favorisce?[1]

LEONARDO Non signora.

GIACINTA Perché, se è lecito?

LEONARDO Perché non le vorrei essere di disturbo.

GIACINTA Ella non incomoda mai; favorisce[2] sempre. È così grazioso,[3] che favorisce sempre. (*con ironia*)

LEONARDO Non sono io il grazioso. Il grazioso lo averà seco lei nella sua carrozza.

GIACINTA Io non dispongo,[4] signore. Mio padre è il padrone, ed è padrone di far venire chi vuole.

LEONARDO Ma la figliuola si accomoda[5] volentieri.

GIACINTA Se volentieri, o malvolentieri, voi non avete da far l'astrologo.[6]

LEONARDO Alle corte, signora Giacinta. Quella compagnia non mi piace.

GIACINTA È inutile che a me lo diciate.

LEONARDO E a chi lo devo dire?

1 *favorisce*: viene con noi.
2 *favorisce*: è gradito.
3 *grazioso*: gentile, amabile.
4 *Io non dispongo*: non dipende da me.
5 *si accomoda*: si accontenta.
6 *non avete... l'astrologo*: non tocca a voi giudicare.

GIACINTA A mio padre.

LEONARDO Con lui non ho libertà di spiegarmi.

GIACINTA Né io ho l'autorità di farlo fare a mio modo.

LEONARDO Ma se vi premesse la mia amicizia, trovereste la via di non disgustarmi.

GIACINTA Come? Suggeritemi voi la maniera.

LEONARDO Oh! non mancano pretesti, quando si vuole.

GIACINTA Per esempio?

LEONARDO Per esempio si fa nascere una novità che differisca l'andata, e si acquista tempo; e quando preme, si tralascia d'andare, piuttosto che disgustare una persona per cui si ha qualche stima.

GIACINTA Sì, per farsi ridicoli, questa è la vera strada.

LEONARDO Eh! dite che non vi curate di me.

GIACINTA Ho della stima, ho dell'amore per voi; ma non voglio per causa vostra fare una trista[1] figura in faccia del mondo.[2]

LEONARDO Sarebbe un gran male, che non andaste un anno in villeggiatura?

GIACINTA Un anno senza andare in villeggiatura! Che direbbero di me a Montenero? Che direbbero di me a Livorno? Non avrei più ardire di mirar in faccia nessuno.

LEONARDO Quand'è così, non occorr'altro. Vada, si diverta, e buon pro le faccia.

GIACINTA Ma ci verrete anche voi.

LEONARDO Non signora, non ci verrò.

GIACINTA Eh! sì, che verrete. (*amorosamente*)

LEONARDO Con colui non ci voglio andare.

GIACINTA E che cosa vi ha fatto colui?

LEONARDO Non lo posso vedere.

GIACINTA Dunque l'odio che avete per lui, è più grande dell'amore che avete per me.

LEONARDO Io l'odio appunto per causa vostra.

GIACINTA Ma per qual motivo?

LEONARDO Perché, perché... non mi fate parlare.

GIACINTA Perché ne siete geloso?

LEONARDO Sì, perché ne sono geloso.

1 *trista*: brutta, meschina.
2 *in faccia... mondo*: davanti alla gente, gli altri villeggianti.

GIACINTA Qui vi voleva. La gelosia che avete di lui, è un'offesa che fate a me, e non potete essere di lui geloso, senza credere me una frasca,[1] una civetta, una banderuola. Chi ha della stima per una persona, non può nutrire tai sentimenti, e dove non vi è stima, non vi può essere amore; e se non mi amate, lasciatemi, e se non sapete amare, imparate. Io vi amo, e son fedele, e son sincera, e so il mio dovere, e non vo' gelosie, e non voglio dispetti, e non voglio farmi ridicola per nessuno, e in villa ci ho d'andare, ci devo andare, e ci voglio andare. (*parte*)

LEONARDO Va, che il diavolo ti strascini.[2] Ma no; può essere che tu non ci vada. Farò tanto forse, che non ci anderai. Maladetto sia il villeggiare. In villa ha fatto quest'amicizia. In villa ha conosciuto costui. Si sagrifichi tutto: dica il mondo quel che sa dire; dica mia sorella quel che vuol dire. Non si villeggia più, non si va più in campagna. (*parte*)

1 *frasca*: donna leggera, volubile.
2 *che... ti strascini*: è una trasposizione in lingua di una espressione veneziana; ma il tono familiare che la caratterizza, la priva della carica volgare.

Scena prima *Camera di Leonardo. Vittoria e Paolo.*

VITTORIA Via, via, non istate più a taroccare.[1] Lasciate che le donne finiscano di fare quel che hanno da fare, e piuttosto v'aiuterò a terminare il baule per mio fratello.

PAOLO Non so che dire. Siamo tanti in casa, e pare ch'io solo abbia da fare ogni cosa.

VITTORIA Presto, presto. Facciamo, che quando torna il signor Leonardo, trovi tutte le cose fatte. Ora son contentissima, a mezzogiorno avrò in casa il mio abito nuovo.

PAOLO Gliel'ha poi finito il sarto?

VITTORIA Sì, l'ha finito; ma da colui non mi servo più.

PAOLO E perché, signora? Lo ha fatto male?

VITTORIA No, per dir la verità, è riuscito bellissimo. Mi sta bene, è un abito di buon gusto, che forse forse farà la prima figura, e farà crepar qualcheduno d'invidia.

PAOLO E perché dunque è sdegnata col sarto?

VITTORIA Perché mi ha fatto un'impertinenza.[2] Ha voluto i danari subito per la stoffa e per la fattura.

PAOLO Perdoni, non mi par che abbia gran torto. Mi ha detto più volte che ha un conto lungo, e che voleva esser saldato.

VITTORIA E bene, doveva aggiungere alla lunga polizza[3] anche questo conto, e sarebbe stato pagato di tutto.

PAOLO E quando sarebbe stato pagato?

VITTORIA Al ritorno della villeggiatura.

PAOLO Crede ella di ritornar di campagna con dei quattrini?

VITTORIA È facilissimo. In campagna si gioca. Io sono piuttosto fortunata nel gioco, e probabilmente l'avrei pagato senza

1 *taroccare*: brontolare.
2 *impertinenza*: villania, insolenza.
3 *polizza*: lista dei conti.

sagrificare quel poco che mio fratello mi passa per il mio vestito.

PAOLO A buon conto quest'abito è pagato, e non ci ha più da pensare.

VITTORIA Sì, ma sono restata senza quattrini.

PAOLO Che importa? Ella non ne ha per ora da spendere.

VITTORIA E come ho da far a giocare?

PAOLO Ai giochetti si può perder poco.

VITTORIA Oh! io non gioco a giochetti. Non ci ho piacere, non vo' applicare.[1] In città gioco qualche volta per compiacenza; ma in campagna il mio divertimento, la mia passione, è il faraone.

PAOLO Per quest'anno le converrà aver pazienza.

VITTORIA Oh, questo poi no. Vo' giocare, perché mi piace giocare, perché ho bisogno di vincere, ed è necessario che io giochi, per non far dire di me la conversazione.[2] In ogni caso io mi fido, io mi comprometto[3] di voi.

PAOLO Di me?

VITTORIA Sì, di voi. Sarebbe gran cosa che mi anticipaste qualche danaro, a conto del mio vestiario dell'anno venturo?

PAOLO Perdoni. Mi pare che ella lo abbia intaccato della metà almeno.

VITTORIA Che importa? Quando l'ho avuto, l'ho avuto. Io non credo che vi farete pregare per questo.

PAOLO Per me la servirei volentieri, ma non ne ho. È vero che quantunque io non abbia che il titolo ed il salario di cameriere, ho l'onor di servire il padrone da fattore e da mastro di casa. Ma la cassa ch'io tengo è così ristretta, che non arrivo mai a poter pagare quello che alla giornata si spende; e per dirle la verità, sono indietro anch'io di sei mesi del mio onorario.

VITTORIA Lo dirò a mio fratello, e mi darà egli il bisogno.

PAOLO Signora, si accerti[4] che ora è più che mai in ristrettezze grandissime, e non si lusinghi, perché non le può dar niente.

VITTORIA Ci sarà del grano in campagna.

1 *non vo' applicare*: non mi sfiora neppure il pensiero di provare.
2 *conversazione*: la gente che mi conosce.
3 *mi comprometto*: conto su.
4 *si accerti*: si deve rendere conto.

PAOLO Non ci sarà nemmeno il bisogno[1] per far il pane che occorre.

VITTORIA L'uva non sarà venduta.

PAOLO È venduta anche l'uva.

VITTORIA Anche l'uva?

PAOLO E se andiamo di questo passo, signora...

VITTORIA Non sarà così di mio zio.

PAOLO Oh! quello ha il grano, il vino e i danari.

VITTORIA E non possiamo noi prevalerci[2] di qualche cosa?

PAOLO Non signora. Hanno fatto le divisioni. Ciascheduno conosce il suo. Sono separate le fattorie. Non vi è niente da sperare da quella parte.

VITTORIA Mio fratello dunque va in precipizio.

PAOLO Se non ci rimedia.

VITTORIA E come avrebbe da rimediarci?

PAOLO Regolar le spese. Cambiar sistema di vivere. Abbandonar soprattutto la villeggiatura.

VITTORIA Abbandonar la villeggiatura? Si vede bene che siete un uomo da niente. Ristringa le spese in casa. Scemi la tavola[3] in città, minori[4] la servitù; le dia meno salario. Si vesta con meno sfarzo, risparmi quel che getta[5] in Livorno. Ma la villeggiatura si deve fare, e ha da essere da par nostro, grandiosa secondo il solito, e colla solita proprietà.[6]

PAOLO Crede ella che possa durar lungo tempo?

VITTORIA Che duri fin che io ci sono. La mia dote è in deposito, e spero che non tarderò a maritarmi.

PAOLO E intanto?...

VITTORIA E intanto terminiamo il baule.

PAOLO Ecco il padrone.

VITTORIA Non gli diciamo niente per ora. Non lo mettiamo in melanconia. Ho piacere che sia di buon animo, che si parta con allegria. Terminiamo di empir il baule. (*si affrettano tutti e due a riporre il baule*)

1 *il bisogno*: il minimo indispensabile.
2 *prevalerci*: servirci, approfittare.
3 *Scemi la tavola*: riduca i banchetti e gli invitati.
4 *minori*: diminuisca.
5 *getta*: spende inutilmente.
6 *proprietà*: decoro.

Scena seconda *Leonardo e detti.*

LEONARDO (Ah! vorrei nascondere la mia passione, ma non so se sarà possibile. Sono troppo fuor di me stesso.)

VITTORIA Eccoci qui, signor fratello, eccoci qui a lavorare per voi.

LEONARDO Non vi affrettate. Può essere che la partenza si differisca.

VITTORIA No, no, sollecitatela pure. Io sono in ordine, il mio *mariage* è finito. Son contentissima, non vedo l'ora d'andarmene.

LEONARDO Ed io, sul supposto [1] di far a voi un piacere, ho cambiato disposizione, e per oggi non si partirà.

VITTORIA E ci vuol tanto a rimettere le cose in ordine per partire?

LEONARDO Per oggi, vi dico, non è possibile.

VITTORIA Via, per oggi pazienza. Si partirà domattina pel fresco; [2] non è così?

LEONARDO Non lo so. Non ne son sicuro.

VITTORIA Ma voi mi volete far dare alla disperazione.[3]

LEONARDO Disperatevi quanto volete, non so che farvi.

VITTORIA Bisogna dire che vi siano dei gran motivi.

LEONARDO Qualche cosa di più della mancanza d'un abito.

VITTORIA E la signora Giacinta va questa sera?

LEONARDO Può essere ch'ella pure non vada.

VITTORIA Ecco la gran ragione. Eccolo il gran motivo. Perché non parte la bella, non vorrà partire l'amante. Io non ho che fare con lei, e si può partire senza di lei.

LEONARDO Partirete, quando a me parerà di partire.

VITTORIA Questo è un torto, questa è un'ingiustizia che voi mi fate. Io non ho da restar in Livorno, quando tutti vanno in campagna, e la signora Giacinta mi sentirà se resterò a Livorno per lei.

LEONARDO Questo non è ragionare da fanciulla propria [4] e, civile, come voi siete. E voi che fate colà ritto, ritto, come una statua? (*a Paolo*)

1 *sul supposto*: credendo.
2 *pel fresco*: di buon'ora.
3 *far... disperazione*: fare impazzire.
4 *propria*: garbata, educata.

PAOLO Aspetto gli ordini. Sto a veder, sto a sentire. Non so s'io abbia a seguitar a fare, o a principiar a disfare.

VITTORIA Seguitate a fare.

LEONARDO Principiate a disfare.

PAOLO Fare e disfare è tutto lavorare. (*levando dal baule*)

VITTORIA Io butterei volentieri ogni cosa dalla finestra.

LEONARDO Principiate a buttarvi il vostro *mariage*.

VITTORIA Sì, se non vado in campagna, lo straccio in centomila pezzi.

LEONARDO Che cosa c'è in questa cassa? (*a Paolo*)

PAOLO Il caffè, la cioccolata, lo zucchero, la cera e le spezierie.

LEONARDO M'immagino che niente di ciò sarà stato pagato.

PAOLO Con che vuol ella ch'io abbia pagato? So bene che per aver questa roba a credito, ho dovuto sudare; e i bottegai mi hanno maltrattato, come se io l'avessi rubata.

LEONARDO Riportate ogni cosa a chi ve l'ha data, e fate che depennino [1] la partita.

PAOLO Sì, signore. Ehi! chi è di là? Aiutatemi. (*vien servito*)

VITTORIA (Oh povera me! La villeggiatura è finita.)

PAOLO Bravo, signor padrone: così va bene. Far manco [2] debiti che si può.

LEONARDO Il malan che vi colga. Non mi fate il dottore, che perderò la pazienza.

PAOLO (Andiamo, andiamo, prima che si penta. Si vede che non lo fa per economia, lo fa per qualche altro diavolo che ha per il capo.) (*porta via la cassetta, e parte*)

Scena terza *Vittoria e Leonardo.*

VITTORIA Ma si può sapere il motivo di questa vostra disperazione?

LEONARDO Non lo so nemmen io.

VITTORIA Avete gridato [3] colla signora Giacinta?

LEONARDO Giacinta è indegna dell'amor mio, è indegna del-

1 *depennino*: cancellino.
2 *manco*: meno.
3 *gridato*: litigato.

l'amicizia della mia casa, e ve lo dico, e ve lo comando, non vo' che la pratichiate.

VITTORIA Eh! già, quando penso una cosa, non fallo mai. L'ho detto, e così è. Non si va più in campagna per ragione di quella sguaiata, ed ella ci anderà, ed io non ci potrò andare; e si burleranno di me.

LEONARDO Eh! corpo del diavolo, non ci anderà nemmen ella. Farò tanto che non ci anderà.

VITTORIA Se non ci andasse Giacinta, mi pare che mi spiacerebbe meno di non andar io. Ma ella sì, ed io no? Ella a far la graziosa in villa, ed io restar in città? Sarebbe una cosa, sarebbe una cosa da dar la testa nelle muraglie.[1]

LEONARDO Vedrete che ella non anderà. Per conto mio, ho levato l'ordine de' cavalli.

VITTORIA Oh sì, peneranno assai a mandar eglino alla posta!

LEONARDO Eh! ho fatto qualche cosa di più. Ho fatto dir delle cose al signor Filippo, che se non è stolido, se non è un uomo di stucco,[2] non condurrà per ora la sua figliuola in campagna.

VITTORIA Ci ho gusto. Anch'ella sfoggierà il suo grand'abito in Livorno. La vedrò a passeggiar sulle mura. Se l'incontro, le vo' dar la baia[3] a dovere.

LEONARDO Io non voglio che le parliate.

VITTORIA Non le parlerò, non le parlerò. So corbellare[4] senza parlare.

Scena quarta *Ferdinando, da viaggio, e detti.*

FERDINANDO Eccomi qua, eccomi lesto, eccomi preparato pel viaggio.

VITTORIA Oh! sì, avete fatto bene ad anticipare.

LEONARDO Caro amico, mi dispiace infinitamente, ma sappiate che per un mio premuroso affare, per oggi non parto più.

FERDINANDO Oh cospetto di bacco! Quando partirete? Domani?

1 *da dar... muraglie*: da sbattersi la testa al muro.
2 *di stucco*: di pastafrolla.
3 *dar la baia*: beffare.
4 *corbellare*: canzonare.

LEONARDO Non so, può essere che differisca per qualche giorno, e può anche essere, che per quest'anno i miei interessi m'impediscano di villeggiare.

FERDINANDO (Povero diavolo! Sarà per mancanza di calor naturale.)[1]

VITTORIA (Quando ci penso, per altro, mi vengono i sudori freddi.)

LEONARDO Voi potrete andare col conte Anselmo.

FERDINANDO Eh! a me non mancano villeggiature. Il conte Anselmo l'ho licenziato; fo il mio conto, che andrò col signor Filippo e colla signora Giacinta.

VITTORIA Oh! la signora Giacinta per quest'anno potrebbe anch'ella morir colla voglia in corpo.

FERDINANDO Io vengo di là in questo punto,[2] e ho veduto che sono in ordine per partire, ed ho sentito che hanno mandato a ordinare i cavalli per ventun'ora.

VITTORIA Sente, signor Leonardo?

LEONARDO (Il signor Fulgenzio non avrà ancora parlato al signor Filippo.)

FERDINANDO Eh, in quella casa non tremano.[3] Il signor Filippo si tratta da gran signore, e non ha impicci in Livorno, che gl'impediscano la sua magnifica villeggiatura.

VITTORIA Sente, signor Leonardo?

LEONARDO Sento, sento, ed ho sentito ed ho sofferto abbastanza. Mi è noto il vostro stile satirico. In casa mia, in città e fuori, siete stato più volte, e non siete morto di fame; e se non vado in villa, ho i miei motivi per non andarvi, e non ho da render conto di me a nessuno. Andate da chi vi pare, e non vi prenderete più l'incomodo di venir da me. (Scrocchi[4] insolenti, mormoratori indiscreti!) (*parte*)

Scena quinta *Vittoria e Ferdinando.*

FERDINANDO È impazzito vostro fratello? Che cosa ha egli con me? Di che può lamentarsi dei fatti miei?

1 *calor naturale*: cioè, metaforicamente, denaro (che scalda).
2 *in... punto*: proprio ora.
3 *non tremano*: non temono a spendere.
4 *Scrocchi*: parassiti.

VITTORIA Veramente pare dal vostro modo di dire, che noi non possiamo andare in campagna per mancanza del bisognevole.

FERDINANDO Io? Mi maraviglio. Per gli amici mi farei ammazzare: difenderei la vostra riputazione colla spada alla mano. Se ha degli affari in Livorno, chi l'obbliga a andar in villa? Se ho detto che il signor Filippo non ha interessi che lo trattengano, m'intesi dire, perché il signor Filippo è un vecchio pazzo, che trascura gli affari suoi per tripudiare, per scialacquare; e la sua figliuola ha meno giudizio di lui, che gli fa spendere l'osso del collo in centomila corbellerie.[1] Io stimo la prudenza del signor Leonardo, e stimo la prudenza vostra, che sa adattarsi alle congiunture; e si fa quello che si può, e che si rovinino quelli che si vogliono rovinare.

VITTORIA Ma siete curioso[2] per altro. Mio fratello non resta in Livorno per il bisogno.

FERDINANDO Lo so; ci resta per la necessità.

VITTORIA Necessità di che?

FERDINANDO Di accudire agli affari suoi.

VITTORIA E la signora Giacinta credete voi che ci vada in campagna?

FERDINANDO Senz'altro.

VITTORIA Sicuro?

FERDINANDO Infallibilmente.

VITTORIA (Io ho paura che mio fratello me la voglia dare ad intendere. Che dica di non andare, e poi mi pianti, e se ne vada da sé.)

FERDINANDO Ho veduto l'abito della signora Giacinta.

VITTORIA È bello?

FERDINANDO Bellissimo.

VITTORIA Più del mio?

FERDINANDO Più del vostro non dico; ma è bello assai; e in campagna ha da fare una figura strepitosissima.[3]

VITTORIA (Ed io ho da restare col mio bell'abito a spazzar le strade in Livorno?)

FERDINANDO Quest'anno io credo che si farà a Montenero una bellissima villeggiatura.

VITTORIA Per qual ragione?

1 *corbellerie*: sciocchezze.
2 *curioso*: singolare, sconcertante.
3 *strepitosissima*: destinata a sollevare molto rumore.

FERDINANDO Vi hanno da essere delle signore di più,[1] delle spose novelle, tutte magnifiche, tutte in gala, e le donne traggono seco gli uomini, e dove vi è della gioventù, tutti corrono. Vi sarà gran gioco, gran feste di ballo. Ci divertiremo infinitamente.

VITTORIA (Ed io ho da stare in Livorno?)

FERDINANDO (Si rode, si macera. Ci ho un gusto pazzo.)

VITTORIA (No, non ci voglio stare; se credessi cacciarmi[2] per forza con qualche amica.)

FERDINANDO Signora Vittoria, a buon riverirla.

VITTORIA La riverisco.

FERDINANDO A Montenero comanda niente?

VITTORIA Eh! può essere che ci vediamo.

FERDINANDO Se verrà, ci vedremo. Se non verrà, le faremo un brindisi.

VITTORIA Non vi è bisogno ch'ella s'incomodi.

FERDINANDO Viva il bel tempo! Viva l'allegria, viva la villeggiatura! Servitore umilissimo.

VITTORIA La riverisco divotamente.

FERDINANDO (Se non va in campagna, ella crepa prima che termini questo mese.) (*parte*)

Scena sesta *Vittoria sola.*

VITTORIA Ma! La cosa è così pur troppo. Quando si è sul candeliere,[3] quando si è sul piede di seguitare il gran mondo, una volta che non si possa, si attirano gli scherni e le derisioni. Bisognerebbe non aver principiato. Oh! costa molto il dover discendere. Io non ho tanta virtù che basti. Sono in un'afflizione[4] grandissima, e il mio maggior tormento è l'invidia. Se le altre non andassero in villa, non ci sarebbe pericolo ch'io mi rammaricassi per non andarvi. Ma chi sa mai, se Giacinta ci vada o non ci vada? Ella mi sta sul cuore più delle altre. Vo' assicurarmene, lo vo' sapere di certo. Vo' andar io medesima a ritrovarla. Dica mio fratello quel che sa

1 *di più*: nuove.
2 *se... cacciarmi*: a costo di dovermi aggregare.
3 *sul candeliere*: in vista.
4 *afflizione*: tristezza.

dire. Questa curiosità vo' cavarmela. Nasca quel che sa nascere, vo' soddisfarmi. Son donna, son giovane. Mi hanno sempre lasciato fare a mio modo, ed è difficile tutt'ad un tratto farmi cambiar costume,[1] farmi cambiare temperamento. (*parte*)

Scena settima *Camera in casa di Filippo. Filippo e Brigida.*

BRIGIDA Sicché dunque il signor Leonardo ha mandato a dire che non può partire per ora?

FILIPPO Sì certo, l'ha mandato a dire. Ma ciò non sarebbe niente. Può essergli sopraggiunto qualche affare d'impegno. Non stimo niente.[2] Mi fa specie che ha mandato alla posta a levar l'ordine dei cavalli per lui e dei cavalli per me, come s'egli avesse paura ch'io non pagassi, e che dovesse toccar a lui a pagare.

BRIGIDA (L'ho detto io, l'ho detto. La padrona vuol far di sua testa, che il cielo la benedica.)

FILIPPO Io non mi aspettava da lui questo sgarbo.

BRIGIDA E così, signor padrone, come avete pensato di fare?

FILIPPO Ho pensato che posso avere i cavalli senza di lui, e li ho mandati a ordinare per oggi.

BRIGIDA Se è lecito, quanti cavalli avete ordinato?

FILIPPO Quattro, secondo il solito, per il mio carrozzino.

BRIGIDA E per me, poverina?

FILIPPO Bisognerà che tu ti accomodi a andar per mare.

BRIGIDA Oh! per mare non ci vado assolutamente.

FILIPPO E come vorresti tu ch'io facessi? Ch'io levassi per te una sedia?[3] Fino che ci fosse stato il cameriere del signor Leonardo, per una metà avrei supplito alla spesa, ma per l'intiero sarebbe troppo, e mi maraviglio che tu abbia tanta indiscretezza per domandarlo.

BRIGIDA Io non lo domando, io mi accomodo a tutto. Ma fatemi grazia: il signor Ferdinando non viene anch'egli con voi?

1 *costume*: abitudini.
2 *Non stimo niente*: venezianismo, non mi stupisco.
3 *levassi... una sedia?*: noleggiassi una carrozza appositamente per te?

FILIPPO Sì, è vero: doveva andar col signor Leonardo, ed è venuto poco fa a dirmi che verrà con me.

BRIGIDA Bisognerà che pensiate voi a condurlo.

FILIPPO E perché ci ho da pensar io?

BRIGIDA Perché egli intende di venire per farvi grazia. Perché egli è solito andar in campagna, non per divertimento, ma per mestiere. Se conduceste con voi l'architetto, il pittore, l'agrimensore, per impiegarli in servizio vostro, non dovreste loro pagare il viaggio? Lo stesso dovete fare col signor Ferdinando che vien con voi per fare onore alla vostra tavola, e per divertire la compagnia. E se conducete lui, non sarebbe gran cosa che conduceste anche me; e se non vado in calesso col cameriere del signor Leonardo, posso andare in calesso col signor cavaliere del dente.[1]

FILIPPO Brava, io non ti credeva sì spiritosa. Hai fatto un bel panegirico al signor Ferdinando. Basta, se sarò costretto a pagar il viaggio al signor cavaliere del dente, sarà servita la signora contessa della buona lingua.

BRIGIDA Sarà per sua grazia, non per mio merito.

FILIPPO Chi c'è in sala?

BRIGIDA C'è gente.

FILIPPO Guarda un poco.

BRIGIDA È il signor Fulgenzio. (*dopo averlo osservato*)

FILIPPO Domanda di me forse?

BRIGIDA Probabilmente.

FILIPPO Va a vedere cosa vuole.

BRIGIDA Subito. Chi sa che non sia un altro ospite rispettoso, che venga ad esibirvi[2] la sua umile servitù in campagna?

FILIPPO Padrone. Mi farebbe piacere. Con lui ho delle obbligazioni non poche, e poi in campagna io non ricuso nessuno.

BRIGIDA Non ci dubitate, signore, non vi mancherà compagnia. Dove c'è miglio, gli uccelli volano, e dove c'è buona tavola, gli scrocchi fioccano. (*parte*)

1 *del dente*: così si chiamano gli scrocchi, per derisione (Goldoni).
2 *esibirvi*: offrirvi.

Scena ottava *Filippo, poi Giacinta.*

GIACINTA A quest'ora, signore, vi potrebbero risparmiare le seccature. Vien tardi, a ventun'ora si ha da partire. Mi ho da vestir da viaggio da capo a piedi, e abbiamo ancora da desinare.

FILIPPO Ma io ho da sentire che cosa vuole il signor Fulgenzio.

GIACINTA Fategli dire che avete che fare,[1] che avete premura, che non potete...

FILIPPO Voi non sapete quello che vi diciate, ho con lui delle obbligazioni,[2] non lo deggio trattare villanamente.

GIACINTA Spicciatevi presto dunque.

FILIPPO Più presto che si potrà.

GIACINTA È un seccatore, non finirà sì presto.

FILIPPO Eccolo che viene.

GIACINTA Vado, vado. (Non lo posso soffrire. Ogni volta che viene qui, ha sempre qualche cosa da dire sul vivere, sull'economia, sul costume. Vo'[3] un po' star a sentire, se dice qualche cosa di me.) (*parte*)

Scena nona *Filippo, poi Fulgenzio.*

FILIPPO Gran cosa di queste ragazze! Quel giorno che hanno d'andar in campagna, non sanno quel che si facciano, non sanno quel che si dicano, sono fuori di lor medesime.

FULGENZIO Buon giorno, signor Filippo.

FILIPPO Riverisco il mio carissimo signor Fulgenzio. Che[4] buon vento vi conduce da queste parti?

FULGENZIO La buona amicizia, il desiderio di rivedervi prima che andiate in villa, e di potervi dare il buon viaggio.

FILIPPO Son obbligato al vostro amore, alla vostra cordialità, e mi fareste una gran finezza,[5] se vi compiaceste di venir con me.

FULGENZIO No, caro amico, vi ringrazio. Sono stato in cam-

1 *che... fare*: che siete occupato.
2 *obbligazioni*: obblighi morali, di comportamento.
3 *Vo'*: voglio.
4 *Che*: qual.
5 *finezza*: gentilezza, cortesia.

pagna alla raccolta del grano, ci sono stato alla semina, sono tornato per le biade minute, e ci anderò per il vino. Ma son solito di andar solo, e di starvi quanto esigono i miei interessi, e non più.

FILIPPO Circa agl'interessi della campagna, poco più, poco meno, ci abbado anch'io, ma solo non ci posso stare. Amo la compagnia, ed ho piacere nel tempo medesimo di agire,[1] e di divertirmi.

FULGENZIO Benissimo, ottimamente. Dee ciascuno operare secondo la sua inclinazione. Io amo star solo, ma non disapprovo chi ama la compagnia. Quando però la compagnia sia buona, sia conveniente, e non dia occasione al mondo di mormorare.

FILIPPO Me lo dite in certa maniera, signor Fulgenzio, che pare abbiate intenzione di dare a me delle staffilate.[2]

FULGENZIO Caro amico, noi siamo amici da tanti anni. Sapete se vi ho sempre amato, se nelle occasioni vi ho dati dei segni di cordialità.

FILIPPO Sì, me ne ricordo, e ve ne sarò grato fino ch'io viva. Quando ho avuto bisogno di denari, me ne avete sempre somministrato senz'alcuna difficoltà. Ve li ho per altro restituiti, e i mille scudi che l'altro giorno mi avete prestati, li avrete, come mi sono impegnato, da qui a tre mesi.

FULGENZIO Di ciò son sicurissimo, e prestar mille scudi ad un galantuomo, io lo calcolo[3] un servizio da nulla. Ma permettetemi che io vi dica un'osservazione che ho fatta. Io veggo che voi venite a domandarmi denaro in prestito quasi ogni anno, quando siete vicino alla villeggiatura. Segno evidente che la villeggiatura v'incomoda;[4] ed è un peccato che un galantuomo, un benestante come voi siete, che ha il suo bisogno per il suo mantenimento, s'incomodi e domandi denari in prestito per ispenderli malamente. Sì, signore, per ispenderli malamente, perché le persone medesime che vengono a mangiare il vostro, sono le prime a dir male di voi, e fra quelli che voi trattate amorosamente, vi è qualcheduno che pregiudica al vostro decoro ed alla vostra riputazione.

1 *agire*: pensare ai miei interessi.
2 *staffilate*: forti rimproveri.
3 *lo calcolo*: lo ritengo.
4 *v'incomoda*: vi procura dei problemi finanziari.

FILIPPO Cospetto! voi mi mettete in un'agitazione grandissima. Rispetto allo spendere qualche cosa di più, e farmi mangiare il mio malamente, ve l'accordo, è vero, ma sono avvezzato così, e finalmente[1] non ho che una sola figlia. Posso darle una buona dote, e mi resta da viver bene fino ch'io campo. Mi fa specie[2] che voi diciate, che vi è chi pregiudica al mio decoro, alla mia riputazione. Come potete dirlo, signor Fulgenzio?

FULGENZIO Lo dico con fondamento, e lo dico appunto riflettendo che avete una figliuola da maritare. Io so che vi è persona che la vorrebbe per moglie, e non ardisce di domandarvela, perché voi la lasciate troppo addomesticar[3] colla gioventù, e non avete riguardo di ammettere zerbinotti[4] in casa, e fino di accompagnarli in viaggio con essolei.

FILIPPO Volete voi dire del signor Guglielmo?

FULGENZIO Io dico di tutti, e non voglio dir di nessuno.

FILIPPO Se parlaste del signor Guglielmo, vi accerto che è un giovane il più savio, il più dabbene del mondo.

FULGENZIO Ella è giovane.

FILIPPO Eh mia figlia è una fanciulla prudente.

FULGENZIO Ella è donna.

FILIPPO E vi è mia sorella, donna attempata...

FULGENZIO Eh vi sono delle vecchie più pazze assai delle giovani.

FILIPPO Era venuto anche a me qualche dubbio su tal proposito, ma ho pensato poi, che tanti altri si conducono[5] nella stessa maniera...

FULGENZIO Caro amico, de' casi ne avete mai veduti a succedere? Tutti quelli che si conducono come voi dite, si sono poi trovati della loro condotta contenti?

FILIPPO Per dire la verità, chi sì e chi no.

FULGENZIO E voi siete sicuro del sì? Non potete dubitare del no?

FILIPPO Voi mi mettete delle pulci nel capo. Non veggo l'ora

1 *finalmente*: in fin dei conti.
2 *Mi fa specie*: mi meraviglia moltissimo il fatto.
3 *addomesticar*: intrattenere facilmente.
4 *zerbinotti*: bellimbusti.
5 *si conducono*: si comportano.

di liberarmi di questa figlia. Caro amico, e chi è quegli che dite voi, che la vorrebbe in consorte?

FULGENZIO Per ora non posso dirvelo.

FILIPPO Ma perché?

FULGENZIO Perché per ora non vuol essere nominato. Regolatevi diversamente, e si spiegherà.

FILIPPO E che cosa dovrei fare? Tralasciar d'andare in campagna? È impossibile; son troppo avvezzo.

FULGENZIO Che bisogno c'è, che vi conduciate la figlia?

FILIPPO Cospetto di bacco! se non la conducessi, ci sarebbe il diavolo in casa.

FULGENZIO Vostra figlia dunque può dire anch'ella la sua ragione.

FILIPPO L'ha sempre detta.

FULGENZIO E di chi è la colpa?

FILIPPO È mia, lo confesso, la colpa è mia. Ma son di buon cuore.

FULGENZIO Il troppo buon cuore del padre fa essere di cattivo cuore le figlie.

FILIPPO E che vi ho da fare presentemente?[1]

FULGENZIO Un poco di buona regola. Se non in tutto, in parte. Staccatele dal fianco la gioventù.

FILIPPO Se sapessi come fare a liberarmi dal signor Guglielmo!

FULGENZIO Alle corte: questo signor Guglielmo vuol essere il suo malanno. Per causa sua il galantuomo che la vorrebbe, non si dichiara. Il partito è buono, e se volete che se ne parli, e che si tratti, fate a buon conto[2] che non si veda questa mostruosità, che una figliuola abbia da comandar più del padre.

FILIPPO Ma ella in ciò non ne ha parte[3] alcuna. Sono stato io che l'ho invitato a venire.

FULGENZIO Tanto meglio. Licenziatelo.

FILIPPO Tanto peggio; non so come licenziarlo.

FULGENZIO Siete uomo, o che cosa siete?

FILIPPO Quando si tratta di far malegrazie, io non so come fare.

1 *presentemente*: adesso: o meglio, d'ora innanzi.
2 *a buon conto*: in modo.
3 *parte*: colpa.

FULGENZIO Badate che non facciano a voi delle malegrazie che puzzino.[1]

FILIPPO Orsù, bisognerà ch'io lo faccia.

FULGENZIO Fatelo, che ve ne chiamerete contento.

FILIPPO Potreste ben farmi la confidenza di dirmi chi sia l'amico che aspira alla mia figliuola.

FULGENZIO Per ora non posso, compatitemi. Deggio andare per un affare di premura.

FILIPPO Accomodatevi, come vi pare.

FULGENZIO Scusatemi della libertà che mi ho preso.

FILIPPO Anzi vi ho tutta l'obbligazione.

FULGENZIO A buon rivederci.

FILIPPO Mi raccomando alla grazia vostra.

FULGENZIO (Credo di aver ben servito il signor Leonardo. Ma ho inteso di servire alla verità, alla ragione, all'interesse e al decoro dell'amico Filippo.) (*parte*)

Scena decima *Filippo, poi Giacinta.*

FILIPPO Fulgenzio mi ha dette delle verità irrefragabili,[2] e non sono sì sciocco ch'io non le conosca, e non le abbia conosciute anche prima d'ora. Ma non so che dire, il mondo ha un certo incantesimo, che fa fare di quelle cose che non si vorrebbono fare. Dove però si tratta di dar nell'occhio, bisogna usare maggior prudenza. Orsù, in ogni modo mi convien licenziare il signor Guglielmo, a costo di non andare in campagna.

GIACINTA Mi consolo, signore, che la seccatura è finita.

FILIPPO Chiamatemi un servitore.

GIACINTA Se volete che diano[3] in tavola, glielo posso dire io medesima.

FILIPPO Chiamatemi un servitore. L'ho da mandare in un loco.

GIACINTA Dove lo volete mandare?

FILIPPO Siete troppo curiosa. Lo vo' mandare dove mi pare.

1 *che puzzino*: che diano adito a scandali.
2 *irrefragabili*: inconfutabili.
3 *diano*: mettano.

GIACINTA Per qualche interesse[1] che vi ha suggerito il signor Fulgenzio?

FILIPPO Voi vi prendete con vostro padre più libertà di quello che vi conviene.

GIACINTA Chi ve l'ha detto, signore? Il signor Fulgenzio?

FILIPPO Finitela, e andate via, vi dico.

GIACINTA Alla vostra figliuola? Alla vostra cara Giacinta?

FILIPPO (Non sono avvezzo a far da cattivo, e non lo so fare.)

GIACINTA (Ci scommetterei la testa, che Leonardo si è servito del signor Fulgenzio per ispuntarla. Ma non ci riuscirà.)

FILIPPO C'è nessuno di là? C'è nessun servitore?

GIACINTA Ora, ora, acchetatevi un poco. Anderò io a chiamar qualcheduno.

FILIPPO Fate presto.

GIACINTA Ma non si può sapere, che cosa vogliate fare del servitore?

FILIPPO Che maledetta curiosità! Lo voglio mandare dal signor Guglielmo.

GIACINTA Avete paura che egli non venga? Verrà pur troppo. Così non venisse.

FILIPPO Così non venisse?

GIACINTA Sì, signore, così non venisse. Godremmo più libertà, e potrebbe venire con noi quella povera Brigida, che si raccomanda.

FILIPPO E non avreste piacere d'aver in viaggio una compagnia da discorrere, da divertirvi?

GIACINTA Io non ci penso, e non v'ho mai pensato. Non siete stato voi che l'ha invitato? Ho detto niente io, perché lo facciate venire?

FILIPPO (Mia figliuola ha più giudizio di me.) Ehi, chi è di là? Un servitore.

GIACINTA Subito lo vado io a chiamare. E che volete far dire al signor Guglielmo?

FILIPPO Che non s'incomodi, e che non lo possiamo servire.

GIACINTA Oh bella scena! bella, bella, bellissima scena. (*con ironia*)

FILIPPO Glielo dirò con maniera.

GIACINTA Che buona ragione gli saprete voi dire?

1 *interesse*: faccenda.

FILIPPO Che so io?... Per esempio... che nella carrozza ha da venire la cameriera, e che non c'è loco per lui.

GIACINTA Meglio, meglio, e sempre meglio. (*come sopra*)

FILIPPO Vi burlate di me, signorina?

GIACINTA Io mi maraviglio certo di voi, che siete capace di una simile debolezza. Che cosa volete ch'ei dica? Che cosa volete che dica il mondo? Volete essere trattato da uomo incivile, da malcreato?

FILIPPO Vi pare cosa ben fatta, che un giovane venga in sterzo con voi?

GIACINTA Sì, è malissimo fatto, e non si può far peggio; ma bisognava pensarvi prima. Se l'avessi invitato io, potreste dir non lo voglio; ma l'avete invitato voi.

FILIPPO E bene, io ho fatto il male, ed io ci rimedierò.

GIACINTA Basta che il rimedio non sia peggiore del male. Finalmente,[1] s'ei viene con me, c'è la zia, ci siete voi: è male; ma non è gran male. Ma se dite ora di non volerlo, se gli fate la mal'azione di licenziarlo, non arriva domani, che voi ed io per Livorno e per Montenero siamo in bocca di tutti: si alzano sopra di noi delle macchine, si fanno degli almanacchi.[2] Chi dirà: erano innamorati, e si son disgustati. Chi dirà: il padre si è accorto di qualche cosa. Chi sparlerà di voi, chi sparlerà di me; e per non fare una cosa innocente, ne patirà la nostra riputazione.

FILIPPO (Quanto pagherei che ci fusse Fulgenzio che la sentisse!) Non sarebbe meglio che lasciassimo stare d'andar in campagna?

GIACINTA Sarebbe meglio per una parte; ma per l'altra poi si farebbe peggio. Figurarsi! quelle buone lingue di Montenero che cosa direbbono de' fatti nostri! Il signor Filippo non villeggia più, ha finito, non ha più il modo.[3] La sua figliuola, poveraccia! ha terminato presto di figurare. La dote è fritta: chi l'ha da prendere? chi l'ha da volere? Dovevano mangiar meno, dovevano trattar[4] meno. Quello che si vedeva, era fumo, non era arrosto. Mi par di sentirle; mi vengono i sudori freddi.

1 *Finalmente*: insomma.
2 *macchine... almanacchi*: calunnie... pettegolezzi.
3 *non... il modo*: non ne ha più i mezzi.
4 *trattar*: spendere in feste e pranzi.

FILIPPO Che cosa dunque abbiamo da fare?

GIACINTA Tutto quel che volete.

FILIPPO S'io fuggo dalla padella, ho paura di cader nelle bragie.[1]

GIACINTA E le bragie scottano, e convien salvar la riputazione.

FILIPPO Vi parrebbe dunque meglio fatto, che il signor Guglielmo venisse con noi?

GIACINTA Per questa volta, giacché è fatta. Ma mai più, vedete, mai più. Vi serva di regola, e non lo fate mai più.

FILIPPO (È una figliuola di gran talento.)

GIACINTA E così? Volete che chiami il servitore, o che non lo chiami?

FILIPPO Lasciamo stare, giacché è fatta.

GIACINTA Sarà meglio, andiamo a pranzo.

FILIPPO E in villa abbiamo da tenerlo in casa con noi?

GIACINTA Che impegni avete presi con lui?

FILIPPO Io l'ho invitato, per dirla.[2]

GIACINTA E come volete fare a mandarlo via?

FILIPPO Ci dovrà stare dunque.

GIACINTA Ma mai più, vedete, mai più.

FILIPPO Mai più, figliuola, che tu sia benedetta, mai più! (*parte*)

Scena undicesima *Giacinta, poi Brigida.*

GIACINTA Nulla mi preme del signor Guglielmo. Ma non voglio che Leonardo si possa vantare d'averla vinta. Già son sicura che gli passerà, son sicura che tornerà, che conoscerà non essere questa una cosa da prendere con tanto caldo.[3] E se mi vuol bene davvero, com'egli dice, imparerà a regolarsi per l'avvenire con più discrezione, ché non sono nata una schiava, e non voglio essere schiava.

BRIGIDA Signora, una visita.

GIACINTA E chi è a quest'ora?

BRIGIDA La signora Vittoria.

1 *S'io... bragie*: temo di finire di male in peggio.
2 *per dirla*: per essere precisi.
3 *caldo*: puntigliosa passione.

GIACINTA Le hai detto che ci sono?

BRIGIDA Come voleva ch'io dicessi, che non ci è?

GIACINTA Ora mi viene in tasca[1] davvero: e dov'è?

BRIGIDA Ha mandato il servitore innanzi. È per la strada che viene.

GIACINTA Valle incontro. Converrà ch'io la soffra. Ho anche curiosità di sapere se viene o se non viene in campagna; se vi è novità veruna. Venendo ella a quest'ora, qualche cosa ci avrebbe a essere.

BRIGIDA Ho saputo una cosa.

GIACINTA E che cosa?

BRIGIDA Ch'ella pure si è fatto un vestito nuovo, e non lo poteva avere dal sarto, perché credo che il sarto volesse esser pagato; e c'è stato molto che dire, e se non aveva il vestito, non voleva andare in campagna. Cose, cose veramente da mettere nelle gazzette.[2] (*parte*)

Scena dodicesima *Giacinta, poi Vittoria.*

GIACINTA È ambiziosissima. Se vede qualche cosa di nuovo ad una persona, subito le vien la voglia di averla. Avrà saputo ch'io mi ho fatto il vestito nuovo, e l'ha voluto ella pure. Ma non avrà penetrato[3] del *mariage*. Non l'ho detto a nessuno; non avrà avuto tempo a saperlo.

VITTORIA Giacintina, amica mia carissima.

GIACINTA Buon dì, la mia cara gioia. (*si baciano*)

VITTORIA Che dite eh? È una bell'ora questa da incomodarvi?

GIACINTA Oh! incomodarmi? Quando vi ho sentita venire, mi si è allargato il core d'allegrezza.

VITTORIA Come state? State bene?

GIACINTA Benissimo. E voi? Ma è superfluo il domandarvi, siete grassa e fresca, il cielo vi benedica, che consolate.

VITTORIA Voi, voi avete una ciera che innamora.

GIACINTA Oh! cosa dite mai? Sono levata questa mattina per

1 *mi vien in tasca*: arriva proprio al momento giusto; ironicamente.
2 *nelle gazzette*: sui giornali.
3 *non avrà penetrato*: non avrà saputo esattamente il segreto...

tempo, non ho dormito, mi duole lo stomaco, mi duole il capo, figurarsi che buona ciera ch'io posso avere.

VITTORIA Ed io non so cosa m'abbia, sono tanti giorni che non mangio niente: niente, niente, si può dir quasi niente. Io non so di che viva, dovrei essere come uno stecco.

GIACINTA Sì, sì, come uno stecco! Questi bracciotti non sono stecchi.

VITTORIA Eh! a voi non vi si contano l'ossa.

GIACINTA No, poi. Per grazia del cielo, ho il mio bisognetto.

VITTORIA Oh cara la mia Giacinta!

GIACINTA Oh benedetta la mia Vittorina! (*si baciano*) Sedete, gioia; via, sedete.

VITTORIA Aveva tanta voglia di vedervi. Ma voi non vi degnate mai di venir da me. (*siedono*)

GIACINTA Oh! caro il mio bene, non vado in nessun loco. Sto sempre in casa.

VITTORIA E io? Esco un pochino la festa, e poi sempre in casa.

GIACINTA Io non so come facciano quelle che vanno tutto il giorno a girone [1] per la città.

VITTORIA (Vorrei pur sapere se va o se non va a Montenero, ma non so come fare.)

GIACINTA (Mi fa specie, che non mi parla niente della campagna.)

VITTORIA È molto che non vedete mio fratello?

GIACINTA L'ho veduto questa mattina.

VITTORIA Non so cos'abbia. È inquieto, è fastidioso.

GIACINTA Eh! non lo sapete? Tutti abbiamo le nostre ore buone e le nostre ore cattive.

VITTORIA Credeva quasi che avesse gridato [2] con voi.

GIACINTA Con me? Perché ha da gridare con me? Lo stimo e lo venero, ma egli non è ancora in grado di poter gridare con me. (Ci gioco io, che l'ha mandata qui suo fratello.)

VITTORIA (È superba quanto un demonio.)

GIACINTA Vittorina, volete restar a pranzo con noi?

VITTORINA Oh! no, vita mia, non posso. Mio fratello mi aspetta.

GIACINTA Glielo manderemo a dire.

VITTORIA No, no, assolutamente non posso.

1 *a girone*: a zonzo.
2 *gridato*: litigato.

GIACINTA Se volete favorire, or ora qui da noi si dà in tavola.

VITTORIA (Ho capito. Mi vuol mandar via.) Così presto andate a desinare?

GIACINTA Vedete bene. Si va in campagna, si parte presto, bisogna sollecitare.

VITTORIA (Ah! maledetta la mia disgrazia.)

GIACINTA M'ho da cambiar di tutto, m'ho da vestire da viaggio.

VITTORIA Sì, sì, è vero; ci sarà della polvere. Non torna il conto [1] rovinare un abito buono. (*mortificata*)

GIACINTA Oh! in quanto a questo poi, me ne metterò uno meglio di questo. Della polvere non ho paura. Mi ho fatto una sopravveste di cambellotto [2] di seta col suo cappuccietto, che non vi è pericolo che la polvere mi dia fastidio.

VITTORIA (Anche la sopravveste col cappuccietto! La voglio anch'io, se dovessi vendere de' miei vestiti.)

GIACINTA Voi non l'avete la sopravveste col cappuccietto?

VITTORIA Sì, sì, ce l'ho ancor io; me l'ho fatta fin dall'anno passato.

GIACINTA Non ve l'ho veduta l'anno passato.

VITTORIA Non l'ho portata, perché, se vi ricordate, non c'era polvere.

GIACINTA Sì, sì, non c'era polvere. (È propriamente ridicola.)

VITTORIA Quest'anno mi ho fatto un abito.

GIACINTA Oh! io me ne ho fatto un bello.

VITTORIA Vedrete il mio, che non vi dispiacerà.

GIACINTA In materia di questo, vedrete qualche cosa di particolare.

VITTORIA Nel mio non vi è né oro, né argento, ma per dir la verità, è stupendo.

GIACINTA Oh! moda, moda. Vuol esser moda.

VITTORIA Oh! circa la moda, il mio non si può dir che non sia alla moda.

GIACINTA Sì, sì, sarà alla moda. (*sogghignando*)

VITTORIA Non lo credete?

1 *Non torna il conto*: non conviene.
2 *cambellotto*: in origine, stoffa di pelo di cammello; quindi, di pelo di capra.

GIACINTA Sì, lo credo. (Vuol restare[1] quando vede il mio *mariage*.)

VITTORIA In materia di mode poi, credo di essere stata sempre io delle prime.

GIACINTA E che cos'è il vostro abito?

VITTORIA È un *mariage*.

GIACINTA *Mariage!* (*maravigliandosi*)

VITTORIA Sì, certo. Vi par che non sia alla moda?

GIACINTA Come avete voi saputo, che sia venuta di Francia la moda del *mariage*?

VITTORIA Probabilmente, come l'avrete saputo anche voi.

GIACINTA Chi ve l'ha fatto?

VITTORIA Il sarto francese monsieur de la Réjouissance.

GIACINTA Ora ho capito. Briccone! Me la pagherà. Io l'ho mandato a chiamare. Io gli ho dato la moda del *mariage*. Io che aveva in casa l'abito di madama Granon.

VITTORIA Oh! madama Granon è stata da me a farmi visita il secondo giorno che è arrivata a Livorno.

GIACINTA Sì, sì, scusatelo. Me l'ha da pagare senz'altro.

VITTORIA Vi spiace ch'io abbia il *mariage*?

GIACINTA Oibò, ci ho gusto.

VITTORIA Volevate averlo voi sola?

GIACINTA Perché? Credete voi ch'io sia una fanciulla invidiosa? Credo che lo sappiate, che io non invidio nessuno. Bado a me, mi faccio quel che mi pare, e lascio che gli altri facciano quel che vogliono. Ogni anno un abito nuovo certo. E voglio esser servita subito, e servita bene, perché pago, pago puntualmente, e il sarto non lo faccio tornare più d'una volta.

VITTORIA Io credo che tutte paghino.

GIACINTA No, tutte non pagano. Tutte non hanno il modo o la delicatezza che abbiamo noi. Vi sono di quelle che fanno aspettare degli anni, e poi se hanno qualche premura, il sarto s'impunta. Vuole i danari sul fatto, e nascono delle baruffe. (Prendi questa, e sappiatemi dir se è alla moda.)

VITTORIA (Non crederei che parlasse di me. Se potessi credere che il sarto avesse parlato, lo vorrei trattar come merita.)

GIACINTA E quando ve lo metterete questo bell'abito?

1 *Vuol restare*: rimarrà a bocca aperta.

VITTORIA Non so, può essere che non me lo metta nemmeno. Io son così; mi basta d'aver la roba, ma non mi curo poi di sfoggiarla.

GIACINTA Se andate in campagna, sarebbe quella l'occasione di metterlo. Peccato, poverina, che non ci andiate in quest'anno.

VITTORIA Chi v'ha detto che io non ci vada?

GIACINTA Non so: il signor Leonardo ha mandato a licenziar i cavalli.

VITTORIA E per questo? Non si può risolvere da un momento all'altro? E lo credete che non possa andare senza di lui? Credete ch'io non abbia delle amiche, delle parenti da poter andare?

GIACINTA Volete venire con me?

VITTORIA No, no, vi ringrazio.

GIACINTA Davvero, vi vedrei[1] tanto volentieri.

VITTORIA Vi dirò, se posso ridurre una mia cugina a venire con me a Montenero, può essere che ci vediamo.

GIACINTA Oh! che l'avrei tanto a caro.

VITTORIA A che ora partite?

GIACINTA A ventun'ora.

VITTORIA Oh! dunque c'è tempo. Posso trattenermi qui ancora un poco. (Vorrei vedere questo abito, se potessi.)

GIACINTA Sì, sì ho capito. Aspettate un poco. (*verso la scena*)

VITTORIA Se avete qualche cosa da fare, servitevi.[2]

GIACINTA Eh! niente. M'hanno detto che il pranzo è all'ordine,[3] e che mio padre vuol desinare.

VITTORIA Partirò dunque.

GIACINTA No, no, se volete restare, restate.

VITTORIA Non vorrei che il vostro signor padre si avesse a inquietare.

GIACINTA Per verità, è fastidioso un poco.

VITTORIA Vi leverò l'incomodo. (*s'alza*)

GIACINTA Se volete restar con noi, mi farete piacere. (*s'alza*)

VITTORIA (Quasi, quasi, ci resterei, per la curiosità di quest'abito.)

1 *vedrei*: ospiterei.
2 *servitevi*: fate con comodo.
3 *all'ordine*: pronto, servito.

GIACINTA Ho inteso; non vedete? Abbiate creanza. (*verso la scena*)

VITTORIA Con chi parlate?

GIACINTA Col servitore che mi sollecita. Non hanno niente [1] di civiltà costoro.

VITTORIA Io non ho veduto nessuno.

GIACINTA Eh, l'ho ben veduto io.

VITTORIA (Ho capito.) Signora Giacinta, a buon rivederci.

GIACINTA Addio, cara. Vogliatemi bene, ch'io vi assicuro che ve ne voglio.

VITTORIA Siate certa, che siete corrisposta di cuore.

GIACINTA Un bacio almeno.

VITTORIA Sì, vita mia.

GIACINTA Cara la mia gioia. (*si baciano*)

VITTORIA Addio.

GIACINTA Addio.

VITTORIA (Faccio de' sforzi a fingere, che mi sento crepare.) [2] (*parte*)

GIACINTA Le donne invidiose io non le posso soffrire. (*parte*)

1 *niente*: un minimo.

2 *crepare*: il verbo, nel linguaggio domestico del Settecento, era meno forte che oggi. Valeva l'odierno « scoppiare ».

Scena prima *Camera di Leonardo. Leonardo e Fulgenzio.*

LEONARDO Voi mi date una nuova, signor Fulgenzio, che mi consola infinitamente. Ha dunque dato parola il signor Filippo di liberarsi dall'impegno che aveva col signor Guglielmo?

FULGENZIO Sì, certo, mi ha promesso di farlo.

LEONARDO E siete poi sicuro che non vi manchi?[1]

FULGENZIO Son sicurissimo. Passano delle cose fra lui e me, che mi rendono certo della sua parola; e poi l'ho trovato assai pontuale in affari di rimarco.[2] Non dubito di ritrovarlo tale anche in questo.

LEONARDO Dunque Guglielmo non andrà in campagna colla signora Giacinta.

FULGENZIO Questo è certissimo.

LEONARDO Son contentissimo. Ora ci andrò io volentieri.

FULGENZIO Ho detto tanto, ho fatto tanto, che quel buon uomo si è illuminato. Egli ha un ottimo cuore. Non crediate ch'ei manchi[3] per malizia; manca qualche volta per troppa bontà.

LEONARDO E credo che la sua figliuola lo faccia fare a suo modo.

FULGENZIO No, non è cattiva fanciulla. Mi ha confessato il signor Filippo, ch'ella non avea parte alcuna nell'invito del signor Guglielmo; e ch'egli l'avea anzi pregato d'andar con loro, per quella passione ch'egli ha d'aver compagnia e di farsi mangiare il suo.

LEONARDO Ho piacere che la signora Giacinta non ne abbia

1 *che... manchi?*: che mantenga fede alla parola data?
2 *di rimarco*: importanti.
3 *manchi*: sbagli.

parte. Mi pareva quasi impossibile, sapendo quel che è passato fra lei e me.

FULGENZIO E che cosa è passato fra lei e voi?

LEONARDO Delle parole che l'assicurano ch'io l'amo, e che mi fanno sperare ch'ella mi ami.

FULGENZIO E il padre suo non sa niente?

LEONARDO Per parte mia non lo sa.

FULGENZIO E convien credere ch'ei non lo sappia, perché dicendogli che vi sarebbe un partito per sua figliuola, non gli è caduto in mente di domandarmi di voi.

LEONARDO Non lo saprà certamente.

FULGENZIO Ma è necessario ch'egli lo sappia.

LEONARDO Un giorno glielo faremo sapere.

FULGENZIO E perché non adesso?

LEONARDO Adesso si sta per andare in campagna.

FULGENZIO Amico, parliamo chiaro. Io vi ho servito assai volentieri presso il signor Filippo, per far ch'ei staccasse da sua figliuola una compagnia un poco pericolosa, perché mi parve che l'onestà l'esigesse, e perché mi avete assicurato di aver buona intenzione sopra di lei, e che ottenuta questa soddisfazione, l'avreste chiesta in isposa. Ora non vorrei che seguitasse la tresca [1] senza conclusione veruna, ed essere stato io cagione di un mal peggiore. Finalmente col signor Guglielmo potea essere che non ci fosse malizia, ma di voi non si può dire così. Siete avviticchiati,[2] per quel ch'io sento, e poiché mi avete fatto entrare in cotesta danza, non ne voglio uscire con disonore. Una delle due dunque, o dichiaratevi col signor Filippo, o gli farò, riguardo a voi, quella lezione medesima che gli ho fatto rispetto al signor Guglielmo.

LEONARDO E che cosa mi consigliate di fare?

FULGENZIO O chiederla a drittura, o ritirarvi dalla sua conversazione.[3]

LEONARDO E come ho da fare a chiederla in questi brevi momenti?

FULGENZIO Questa è una cosa che si fa presto. Mi esibisco io di servirvi.

1 *tresca*: vale a dire, schermaglia amorosa.
2 *avviticchiati*: in saldi rapporti amorosi.
3 *ritirarvi... conversazione*: smettere di frequentarla.

LEONARDO Non si potrebbe aspettare al ritorno dalla campagna?

FULGENZIO Eh! in una villeggiatura non si sa quel che possa accadere. Sono stato giovane anch'io; per grazia del cielo, pazzo non sono stato, ma ho veduto delle pazzie. L'obbligo mio vuol ch'io parli chiaro all'amico, o per domandargli la figlia, o per avvertirlo che si guardi da voi.

LEONARDO Quand'è così, domandiamola dunque.

FULGENZIO Con che condizione volete voi ch'io gliela domandi?

LEONARDO Circa alla dote, si sa che le ha destinato ottomila scudi e il corredo.

FULGENZIO Siete contento?

LEONARDO Contentissimo.

FULGENZIO Quanto tempo volete prendere per isposarla?

LEONARDO Quattro, sei, otto mesi, come vuole il signor Filippo.

FULGENZIO Benissimo. Gli parlerò.

LEONARDO Ma avvertite[1] che oggi si dee partire per Montenero.

FULGENZIO Non si potrebbe differir qualche giorno?

LEONARDO Non c'è caso,[2] non si può differire.

FULGENZIO Ma l'affare di cui si tratta, merita che si sagrifichi qualche cosa.

LEONARDO Se si trattiene il signor Filippo, mi tratterrò ancor io, ma vedrete che sarà impossibile.

FULGENZIO E perché impossibile?

LEONARDO Perché tutti vanno, e il signor Filippo vorrà andare, e la signora Giacinta infallibilmente oggi vorrà partire, e mia sorella mi tormenta all'estremo per l'impazienza d'andare, e per cento ragioni io non mi potrò trattenere.

FULGENZIO Poh! fin dove è arrivata la passione del villeggiare! Un giorno pare un secolo. Tutti gli affari cedono;[3] via, anderò subito; vi servirò, vi soddisfarò. Ma, caro amico, soffrite[4] dalla mia sincerità due parole ancora. Maritatevi per far giudizio, e non per essere piucché mai rovinato. So che le cose vostre non vanno molto felicemente. Ottomila scudi

1 *avvertite*: tenete presente.
2 *Non c'è caso*: è impossibile.
3 *cedono*: passano in second'ordine.
4 *soffrite*: accettate pazientemente.

di dote vi possono rimediare;[1] ma non li spendete intorno di vostra moglie, non li sagrificate in villeggiatura; prudenza, economia, giudizio. Val più il dormir quieto, senza affanni di cuore, di tutti i divertimenti del mondo. Fin che ce n'è, tutti godono. Quando non ce n'è più, motteggi, derisioni, fischiate, Scusatemi. Vado a servirvi immediatamente. (*parte*)

Scena seconda *Leonardo, poi Cecco.*

LEONARDO Eh! dice bene; mi saprò regolare; metterò la testa a partito. Ehi, chi è di là?
CECCO Signore.
LEONARDO Va subito dal signor Filippo e dalla signora Giacinta. Di' loro che mi sono liberato da' miei affari, e che oggi mi darò l'onore di essere della loro partita per Montenero. Soggiungi che avrei una compagnia da dare a mia sorella in calesso, e che, se me lo permettono, andrò io nella carrozza con loro. Fa presto e portami la risposta.
CECCO Sarà obbedita.
LEONARDO Di' al cameriere che venga qui, e che venga subito.
CECCO Sì, signore. (Oh quante mutazioni[2] in un giorno!) (*parte*)

Scena terza *Leonardo, poi Paolo.*

LEONARDO Ora che nella carrozza loro non va Guglielmo, non ricuseranno la mia compagnia; sarebbe un torto manifesto che mi farebbono.[3] E poi, se il signor Fulgenzio gli parla, se il signor Filippo è contento di dare a me sua figliuola, come non dubito, la cosa va in forma;[4] nella carrozza ci ho d'andar io. Con mia sorella vedrò che ci vada il signor Ferdinando. Già so com'egli è fatto, non si ricorderà più di quello che gli ho detto.
PAOLO Eccomi a' suoi comandi.
LEONARDO Presto, mettete all'ordine quel che occorre, e fate

1 *vi possono rimediare*: vi possono riassestare, ponendo rimedio alla vostra situazione.
2 *mutazioni*: rivolgimenti: mutar di stati d'animo e di decisione.
3 *farebbono*: farebbero.
4 *va in forma*: arriva in porto.

ordinare i cavalli, che a ventun'ora s'ha da partire.

PAOLO Oh bella!

LEONARDO E spicciatevi.

PAOLO E il desinare?

LEONARDO A me non importa il desinare. Mi preme che siamo lesti per la partenza.

PAOLO Ma io ho disfatto tutto quello che aveva fatto.[1]

LEONARDO Tornate a fare.

PAOLO È impossibile.

LEONARDO Ha da esser possibile, e ha da esser fatto.

PAOLO (Maledetto sia il servire in questa maniera.)

LEONARDO E voglio il caffè, la cera, lo zucchero, la cioccolata.

PAOLO Io ho reso tutto ai mercanti.

LEONARDO Tornate a ripigliare ogni cosa.

PAOLO Non mi vorranno dar niente.

LEONARDO Non mi fate andar in collera.

PAOLO Ma signore...

LEONARDO Non c'è altro da dire. Spicciatevi.

PAOLO Vuole che gliela dica? Si faccia servire da chi vuole, ch'io non ho abilità per servirla.

LEONARDO No, Paolino mio, non mi abbandonate. Dopo tanti anni di servitù, non mi abbandonate. Si tratta di tutto.[2] Vi farò una confidenza non da padrone, ma da amico. Si tratta che il signor Filippo mi dia per moglie la sua figliuola con dodicimila scudi di dote. Volete ora ch'io perda il credito? Mi volete vedere precipitato? Credete ch'io sia in necessità di fare gli ultimi sforzi per comparire?[3] Avrete core ora di dirmi che non si può, che è impossibile, che non mi potete servire?

PAOLO Caro signor padrone, la ringrazio della confidenza che si è degnato di farmi; farò il possibile: sarà servita. Se credessi di far col mio, la non dubiti, sarà servita. (*parte*)

Scena quarta *Leonardo, poi Vittoria.*

LEONARDO È un buon uomo, amoroso, fedele; dice che farà, se credesse di far col suo. Ma m'immagino già che quel

1 *tutto... fatto*: cioè, tutti i bagagli.
2 *Si tratta di tutto*: Si tratta di cosa di capitale importanza.
3 *comparire*: far bella figura.

che ora è suo, una volta sarà stato mio. Frattanto vo' rimettere in ordine il mio baule.

VITTORIA Orsù, signor fratello, vengo a dirvi liberamente che da questa stagione in Livorno non ci sono mai stata, e non ci voglio stare, e voglio andare in campagna. Ci va la signora Giacinta, ci vanno tutti, e ci voglio andar ancor io. (*con caldo*)

LEONARDO E che bisogno c'è che mi venite ora a parlare con questo caldo? [1]

VITTORIA Mi scaldo, perché ho ragione di riscaldarmi, e andrò in campagna con mia cugina Lugrezia e con suo marito.

LEONARDO E perché non volete venire con me?

VITTORIA Quando?

LEONARDO Oggi.

VITTORIA Dove.

LEONARDO A Montenero.

VITTORIA Voi?

LEONARDO Io.

VITTORIA Oh!

LEONARDO Sì, da galantuomo.[2]

VITTORIA Mi burlate.

LEONARDO Dico davvero.

VITTORIA Davvero, davvero?

LEONARDO Non vedete ch'io fo il baule?

VITTORIA Oh! fratello mio, come è stata? [3]

LEONARDO Vi dirò: sappiate che il signor Fulgenzio...

VITTORIA Sì, sì, mi racconterete poi. Presto, donne, dove siete? Donne, le scatole, la biancheria, le scuffie, gli abiti, il mio *mariage*. (*parte*)

Scena quinta *Leonardo, poi Cecco.*

LEONARDO È fuor di sé dalla consolazione. Certo, che se restava in Livorno, non le si poteva dare una mortificazione maggiore. E io? Sarei stato per impazzire. Ma! il puntiglio fa fare delle gran cose. L'amore fa fare degli spropositi. Per un

1 *con... caldo*: in modo così impetuoso.
2 *da galantuomo*: parola d'onore.
3 *come è stata*: come è accaduto?

puntiglio, per una semplice gelosia, sono stato in procinto di abbandonare la villeggiatura.

CECCO Eccomi di ritorno.

LEONARDO E così, che hanno detto?

CECCO Li ho trovati, padre e figlia, tutti e due insieme. M'hanno detto di riverirla; che avranno piacere della di lei compagnia per viaggio, ma che circa il posto nella carrozza, abbia la bontà di compatire, che non lo possono servire, perché sono impegnati a darlo al signor Guglielmo.

LEONARDO Al signor Guglielmo?

CECCO Così m'hanno detto.

LEONARDO Hai tu capito bene? Al signor Guglielmo?

CECCO Al signor Guglielmo.

LEONARDO No, non può essere. Sei uno stolido,[1] sei un balordo.

CECCO Io le dico che ho capito benissimo, e in segno[2] della mia verità, quando io scendeva le scade, saliva il signor Guglielmo col suo servitore col valigino.

LEONARDO Povero me! non so dove mi sia. Mi ha tradito Fulgenzio, mi scherniscono tutti, son fuor di me. Sono disperato. (*siede*)

CECCO Signore.

LEONARDO Portami dell'acqua.

CECCO Da lavar le mani?

LEONARDO Un bicchier d'acqua, che tu sia maledetto. (*s'alza*)

CECCO Subito. (Non si va più in campagna.) (*parte*)

LEONARDO Ma come mai quel vecchio, quel maledetto vecchio, ha potuto ingannarmi? L'averanno ingannato. Ma se mi ha detto che Filippo ha con esso lui degli affari, in virtù dei quali non lo poteva ingannare; dunque il male[3] viene da lui; ma non può venire da lui. Verrà da lei, da lei; ma non può venire nemmeno da lei. Sarà stato il padre; ma se il padre ha promesso! Sarà stata la figlia; ma se la figlia dipende! Sarà dunque stato Fulgenzio; ma per qual ragione mi ha da tradire Fulgenzio? Non so niente, son io la bestia, il pazzo, l'ignorante...

CECCO (*viene coll'acqua*)

1 *stolido*: deficiente.
2 *in segno*: a conferma.
3 *il male*: qui nel senso di: la malvagia decisione.

LEONARDO Sì, pazzo, bestia. (*da sé, non vedendo Cecco*)
CECCO Ma! perché bestia?
LEONARDO Sì, bestia, bestia. (*prendendo l'acqua*)
CECCO Signore, io non sono una bestia.
LEONARDO Io, io sono una bestia, io. (*beve l'acqua*)
CECCO (Infatti le bestie bevono l'acqua, ed io bevo il vino.)
LEONARDO Va subito dal signor Fulgenzio. Guarda s'è in casa. Digli che favorisca venir da me, o che io andrò da lui.
CECCO Dal signor Fulgenzio, qui dirimpetto?
LEONARDO Sì, asino, da chi dunque?
CECCO Ha detto a me?
LEONARDO A te.
CECCO (Asino, bestia, mi pare che sia tutt'uno.) (*parte*)

Scena sesta *Leonardo, poi Paolo.*

LEONARDO Non porterò rispetto alla sua vecchiaia, non porterò rispetto a nessuno.
PAOLO Animo, animo, signore, stia allegro, che tutto sarà preparato.
LEONARDO Lasciatemi stare.
PAOLO Perdoni, io ho fatto il debito mio, e più del debito mio.
LEONARDO Lasciatemi stare, vi dico.
PAOLO Vi è qualche novità?
LEONARDO Sì, pur troppo.
PAOLO I cavalli sono ordinati.
LEONARDO Levate l'ordine.[1]
PAOLO Un'altra volta?
LEONARDO Oh! maledetta la mia disgrazia!
PAOLO Ma che cosa gli è accaduto mai?
LEONARDO Per carità, lasciatemi stare.
PAOLO (Oh! povero me! andiamo sempre di male in peggio.)

Scena settima *Vittoria con un vestito piegato, e detti.*

VITTORIA Fratello, volete vedere il mio *mariage*?
LEONARDO Andate via.

1 *Levate l'ordine*: annullate la « prenotazione ».

VITTORIA Che maniera è questa?
PAOLO (Lo lasci stare.) (*piano a Vittoria*)
VITTORIA Che diavolo avete?
LEONARDO Sì, ho il diavolo;[1] andate via.
VITTORIA E con questa bella allegria[2] si ha da andare in campagna?
LEONARDO Non vi è più campagna; non vi è più villeggiatura, non v'è più niente.
VITTORIA Non volete andare in campagna?
LEONARDO No, non ci vado io, e non ci anderete nemmeno voi.
VITTORIA Siete diventato pazzo?
PAOLO (Non lo inquieti di più, per amor del cielo.) (*a Vittoria*)
VITTORIA Eh! non mi seccate anche voi. (*a Paolo*)

Scena ottava *Cecco e detti.*

CECCO Il signor Fulgenzio non c'è. (*a Leonardo*)
LEONARDO Dove il diavolo se l'ha portato?
CECCO Mi hanno detto che è andato dal signor Filippo.
LEONARDO Il cappello e la spada. (*a Paolo*)
PAOLO Signore...
LEONARDO Il cappello e la spada. (*a Paolo, più forte*)
PAOLO Subito. (*va a prendere il cappello e la spada*)
VITTORIA Ma si può sapere? (*a Leonardo*)
LEONARDO Il cappello e la spada.
PAOLO Eccola servita. (*gli dà il cappello e la spada*)
VITTORIA Si può sapere che cosa avete? (*a Leonardo*)
LEONARDO Lo saprete poi. (*parte*)
VITTORIA Ma che cosa ha? (*a Paolo*)
PAOLO Non so niente. Gli vo' andar dietro alla lontana. (*parte*)
VITTORIA Sai tu che cos'abbia? (*a Cecco*)
CECCO Io so che m'ha detto asino; non so altro. (*parte*)

Scena nona *Vittoria, poi Ferdinando.*

VITTORIA Io resto di sasso, non so in che mondo mi sia. Vengo a casa, lo trovo allegro, mi dice: Andiamo in campagna. Vo di là, non passano tre minuti. Sbuffa, smania. Non si va più

1 *ho il diavolo*: sono indemoniato (dall'ira).
2 *con... allegria*: è detto ironicamente.

in campagna. Io dubito che abbia data la volta al cervello.[1] Ecco qui, ora sono più disperata che mai. Se questa di mio fratello è una malattia, addio campagna, addio Montenero. Va là tu pure, maledetto abito. Poco ci mancherebbe che non lo tagliassi in minuzzoli. (*getta il vestito sulla sedia*)

FERDINANDO Eccomi qui a consolarmi[2] colla signora Vittoria.

VITTORIA Venite anche voi a rompermi il capo?

FERDINANDO Come, signora? Io vengo qui per un atto di urbanità e voi mi trattate male?

VITTORIA Che cosa siete venuto a fare?

FERDINANDO A consolarmi che anche voi anderete in campagna.

VITTORIA Oh! se non fosse perché, perché... mi sfogherei con voi di tutte le consolazioni che ho interne.

FERDINANDO Signora, io sono compiacentissimo. Quando si tratta di sollevar l'animo di una persona, si sfoghi con me, che le do licenza.

VITTORIA Povero voi, se vi facessi provar la bile che mi tormenta.

FERDINANDO Ma cosa c'è? Cosa avete? Cosa v'inquieta? Confidatevi meco. Con me potete parlare con libertà. Siete sicura ch'io non lo dico a nessuno.

VITTORIA Sì, certo, confidatevi alla tromba della comunità.[3]

FERDINANDO Voi mi avete in mal credito, e non mi pare di meritarlo.

VITTORIA Io dico quello che sento dire da tutti.

FERDINANDO Come possono dire ch'io dica i falli degli altri? Ho mai detto niente a voi di nessuno?

VITTORIA Oh! mille volte: e della signora Aspasia, e della signora Flaminia, e della signora Francesca.

FERDINANDO Ho detto io?

VITTORIA Sicuro.

FERDINANDO Può essere che l'abbia fatto senza avvedermene.

VITTORIA Eh! già, quel che si fa per abito, non si ritiene.

FERDINANDO In somma, dunque siete arrabbiata, e non mi volete dire il perché?

1 *abbia... al cervello*: sia impazzito.
2 *consolarmi*: venezianismo, congratularmi.
3 *tromba della comunità*: il pettegolo per eccellenza del gruppo, diremmo noi.

VITTORIA No, non vi voglio dir niente.

FERDINANDO Sentite. O sono un galantuomo, o sono una mala lingua. Se sono un galantuomo, confidatevi, e non abbiate paura. Se fossi una mala lingua, sarebbe in arbitrio mio [1] interpretare le vostre smanie, e trarne quel ridicolo che più mi paresse.

VITTORIA Volete ch'io ve la dica? Davvero, davvero, siete un giovane spiritoso. (*ironica*)

FERDINANDO Son galantuomo, signora. E quando si può parlare, parlo, e quando s'ha da tacere, taccio.

VITTORIA Orsù, perché non crediate quel che non è, e non pensiate quel che vi pare, vi dirò che per me medesima non ho niente, ma mio fratello è inquietissimo, è fuor di sé, è delirante,[2] e per cagione sua divento peggio di lui.

FERDINANDO Si, sarà delirante per la signora Giacinta. È una frasca, è una civetta, dà retta a tutti, si discredita, si fa ridicola dappertutto.

VITTORIA Per altro voi non dite mal di nessuno.

FERDINANDO Dov'è il signor Leonardo?

VITTORIA Io credo che sia andato da lei.

FERDINANDO Con licenza.

VITTORIA Dove, dove?

FERDINANDO A ritrovare l'amico, a soccorrerlo, a consigliarlo. (A raccogliere qualche cosa per la conversazione di Montenero.) (*parte*)

VITTORIA Ed io, che cosa ho da fare? Ho da aspettar mio fratello, o ho da andare da mia cugina? Bisognerà che io l'aspetti, bisognerà ch'io osservi dove va a finire questa faccenda. Ma no, sono impaziente, vo' saper subito qualche cosa. Vo' tornar dal signor Filippo, vo' tornar da Giacinta. Chi sa ch'ella non faccia apposta perch'io non vada in campagna? Ma nasca [3] quel che sa nascere, ci voglio andare, e ci anderò a suo dispetto. (*parte*)

1 *sarebbe... mio*: dipenderebbe dalla mia sola volontà.
2 *delirante*: in preda al delirio dell'ira.
3 *nasca*: succeda.

Scena decima *Camera in casa del signor Filippo. Filippo e Fulgenzio.*

FILIPPO Per me, vi dico, son contentissimo. Il signor Leonardo è un giovane proprio, civile, di buona nascita, ed ha qualche cosa del suo. È vero che gli piace a spendere, e specialmente in campagna, ma si regolerà.

FULGENZIO Eh! per questa parte, non avete occasion di rimproverarlo.

FILIPPO Volete dire, perché faccio lo stesso anch'io. Ma vi è qualche differenza fra lui a me.

FULGENZIO Basta, non so che dire. Voi lo conoscete. Voi sapete il suo stato; dategliela, se vi pare; se non vi pare, lasciate.

FILIPPO Io gliela do volentieri. Basta ch'ella ne sia contenta.

FULGENZIO Eh! mi persuado che non dirà di no.

FILIPPO Sapete voi qualche cosa?

FULGENZIO Sì, so più di voi, e so quello che dovreste saper meglio voi. Un padre dee tener gli occhi aperti sulla sua famiglia, e voi che avete una figliuola sola, potreste farlo meglio di tanti altri. Non si lasciano praticar le figlie.[1] Capite? Non si lasciano praticare. Non ve lo diceva io? È donna. Oh, oh! mi dicevate: è prudente. Ed io vi diceva: è donna. Con tutta la sua saviezza, con tutta la sua prudenza, sono passati degli amoretti[2] fra lei e il signor Leonardo.

FILIPPO Oh! sono passati degli amoretti?

FULGENZIO Sì, e ringraziate il cielo che avete a che fare con un galantuomo; e dategliela, che farete bene.

FILIPPO Sicuramente. Gliela darò, ed ei l'ha da prendere, ed ella l'ha da volere. Fraschetta! Amoretti eh!

FULGENZIO Cosa credete? Che le ragazze siano di stucco? Quando si lasciano praticare[3]...

FILIPPO Ha detto di venir qui il signor Leonardo?

FULGENZIO No, anderò io da lui; e lo condurrò da voi, e che concludiamo.

1 *Non... praticar le figlie*: non è lecito permettere alle figlie di intrattenere amicizie con i giovani.
2 *degli amoretti*: delle affettuose relazioni, dei *flirts*.
3 *praticare*: qui, con più pesante allusività, « frequentare ».

FILIPPO Sempre più mi confesso obbligato al vostro amore, alla vostra amicizia.

FULGENZIO Vedete se ho fatto bene io a persuadervi a staccare dal fianco [1] di vostra figlia il signor Guglielmo?

FILIPPO (Oh diavolo! E l'amico è in casa.)

FULGENZIO Leonardo non l'intendeva, ed aveva ragione, e se il signor Guglielmo andava in campagna con voi, non la prendeva [2] più certamente.

FILIPPO (Povero me! Sono più che mai imbarazzato.)

FULGENZIO E badate bene che il signor Guglielmo non si trovi più in compagnia di vostra figliuola.

FILIPPO (Se Giacinta non trova ella qualche ragione, io non la trovo sicuro.)

FULGENZIO Parlate con vostra figlia, ch'io intanto andrò a ritrovare il signor Leonardo.

FILIPPO Benissimo... Bisognerà vedere...

FULGENZIO Vi è qualche difficoltà?

FILIPPO Niente, niente.

FULGENZIO A buon rivederci dunque. Or ora sono da voi. (*in atto di partire*)

Scena undicesima *Guglielmo e detti.*

GUGLIELMO Signore, le vent'una sono poco lontane. Se comandate, anderò io a sollecitare i cavalli.

FULGENZIO Cosa vedo? Guglielmo?

FILIPPO (Che tu sia maladetto!) No, no, non importa; non si partirà più così presto. Ho qualche cosa da fare... (Non so nemmeno quel che mi dica.)

FULGENZIO Si va in campagna, signor Guglielmo?

GUGLIELMO Per obbedirla.

FILIPPO (Io non ho coraggio di dirgli niente.)

FULGENZIO E con chi va in campagna, se è lecito?

GUGLIELMO Col signor Filippo.

FULGENZIO In carrozza con lui?

GUGLIELMO Per l'appunto.

FULGENZIO E colla signora Giacinta?

1 *a staccare dal fianco*: Fulgenzio parla con pesante allusività.
2 *non la prendeva*: ancora un'allusione.

GUGLIELMO Sì, signore.
FULGENZIO (Buono!)
FILIPPO O via, andate a sollecitare i cavalli. (*a Guglielmo*)
GUGLIELMO Ma se dite che vi è tempo.
FILIPPO No, no, andate, andate.
GUGLIELMO Io non vi capisco.
FILIPPO Fate che diano loro la biada, e fatemi il piacere di star lì presente, perché la mangino, e che gli stallieri non gliela levino.
GUGLIELMO La pagate voi la biada?
FILIPPO La pago io. Andate.
GUGLIELMO Non occorr'altro. Sarete servito. (*parte*)

Scena dodicesima *Fulgenzio e Filippo.*

FILIPPO (Finalmente se n'è andato.)
FULGENZIO Bravo, signor Filippo.
FILIPPO Bravo, bravo... quando si dà una parola...
FULGENZIO Sì, mi avete dato parola, e me l'avete ben mantenuta.[1]
FILIPPO E non aveva io data prima la parola a lui?
FULGENZIO E se non volevate mancare a lui, perché promettere a me?
FILIPPO Perché aveva intenzione di fare quello che mi avete detto di fare.
FULGENZIO E perché non l'avete fatto?
FILIPPO Perché... d'un male minore si poteva fare un male peggiore; perché avrebbero detto... perché avrebbero giudicato... oh cospetto di bacco! Se aveste sentito le ragioni che ha detto mia figlia, vi sareste ancora voi persuaso.
FULGENZIO Ho capito. Non si tratta così coi galantuomini pari miei. Non sono un burattino da farmi far di queste figure. Mi giustificherò col signor Leonardo. Mi pento d'esserci entrato. Me ne lavo le mani, e non c'entrerò più. (*in atto di partire*)
FILIPPO No, sentite.
FULGENZIO Non vo' sentir altro.

1 *e... mantenuta*: Fulgenzio parla con ironia e con intenzioni di rimprovero.

FILIPPO Sentite una parola.

FULGENZIO E che cosa mi potete voi dire?

FILIPPO Caro amico, sono così confuso, che non so in che mondo mi sia.

FULGENZIO Mala condotta, scusatemi, mala condotta.[1]

FILIPPO Rimediamoci, per carità.

FULGENZIO E come ci volete voi rimediare?

FILIPPO Non siamo in tempo ancora di licenziare il signor Guglielmo?

FULGENZIO Non l'avete mandato a sollecitare i cavalli?

FILIPPO Per levarmelo d'attorno, che miglior pretesto potea trovare?

FULGENZIO E quando tornerà coi cavalli?

FILIPPO Sono in un mare di confusioni.

FULGENZIO Fate così, piuttosto tralasciate[2] d'andare in campagna.

FILIPPO E come ho da fare?

FULGENZIO Fatevi venir male.

FILIPPO E che male m'ho da far venire?

FULGENZIO Il cancaro[3] che mi mangi. (*sdegnato*)

FILIPPO Non andate in collera.

Scena tredicesima *Leonardo e detti.*

LEONARDO Ho piacere di ritrovarvi qui tutti e due. Chi è di voi che si prende spasso di me? Chi è che si burla de' fatti miei? Chi mi ha fatto l'insulto?[4]

FULGENZIO Rispondetegli voi. (*a Filippo*)

FILIPPO Caro amico, rispondetegli voi. (*a Fulgenzio*)

LEONARDO Così si tratta coi galantuomini? Così si tratta coi pari miei? Che modo è questo? Che maniera impropria, incivile?

FULGENZIO Ma rispondetegli. (*a Filippo*)

FILIPPO Ma se non so cosa dire! (*a Fulgenzio*)

1 *Mala... condotta*: vi siete comportato male.
2 *tralasciate*: evitate, lasciate perdere.
3 *cancaro*: forma dialettale per « cancro ».
4 *insulto*: offesa.

Scena quattordicesima *Giacinta e detti.*

GIACINTA Che strepito è questo? Che piazzate[1] son queste?

LEONARDO Signora, le piazzate non le fo io. Le fanno quelli che si burlano dei galantuomini, che mancano di parola, che tradiscono sulla fede.

GIACINTA Chi è il reo? Chi è il mancatore? (*con caricatura*)

FULGENZIO Parlate voi. (*a Filippo*)

FILIPPO Favoritemi di principiar voi. (*a Fulgenzio*)

FULGENZIO Orsù, ci va del mio in quest'affare. Poiché il diavolo mi ci ha fatto entrare, e tacere ci va del mio, e se non sa parlare il signor Filippo, parlerò io. Sì, signora. Ha ragione il signor Leonardo di lamentarsi. Dopo avergli dato parola che il signor Guglielmo non sarebbe venuto con voi, mancargli,[2] farlo venire, condurlo in villa, è un'azion poco buona, è un trattamento incivile.

GIACINTA Che dite voi, signor padre?

FILIPPO Ha parlato con voi. Rispondete voi.

GIACINTA Favorisca in grazia, signor Fulgenzio, con qual autorità pretende il signor Leonardo di comandare in casa degli altri?

LEONARDO Con quell'autorità che un amante...

GIACINTA Perdoni, ora non parlo con lei. (*a Leonardo*) Mi risponda il signor Fulgenzio. Come ardisce il signor Leonardo pretendere da mio padre e da me, che non si tratti[3] chi pare a noi, e non si conduca in campagna chi a lui non piace?

LEONARDO Voi sapete benissimo...

GIACINTA Non dico a lei; mi risponda il signor Fulgenzio.

FILIPPO (Oh! non sarà vero degli amoretti, non parlerebbe così.)

FULGENZIO Poiché volete che dica io, dirò io. Il signor Leonardo non direbbe niente, non pretenderebbe niente se non avesse intenzione di pigliarvi per moglie.

GIACINTA Come! il signor Leonardo ha intenzione di volermi in isposa? (*a Fulgenzio*)

LEONARDO Possibile che vi giunga nuovo?

1 *piazzate*: chiassate.
2 *mancargli*: sott.: di parola.
3 *tratti*: frequenti.

GIACINTA Perdoni. Mi lasci parlar col signor Fulgenzio. (*a Leonardo*) Dite, signore, con quale fondamento potete voi asserirlo? (*a Fulgenzio*)

FULGENZIO Col fondamento che io medesimo, per commissione del signor Leonardo, ne ho avanzata testé a vostro padre la proposizione.[1]

LEONARDO Ma veggendomi ora sì maltrattato...

GIACINTA Di grazia, s'accheti. Ora non tocca e lei; parlerà quando toccherà a lei. (*a Leonardo*) Che ne dice su di ciò il signor padre?

FILIPPO E che cosa direste voi?

GIACINTA No, dite prima quel che pensate voi. Dirò poi quello che penso io.

FILIPPO Io dico che, in quanto a me, non ci avrei difficoltà.

LEONARDO Ma io dico presentemente...

GIACINTA Ma se ancora non tocca a lei. Ora tocca parlare a me. Abbia la bontà d'ascoltarmi, e poi, se vuole, risponda. Dopo che ho l'onor di conoscere il signor Leonardo, non può egli negare ch'io non abbia avuto per lui della stima; e so e conosco ch'ei ne ha sempre avuta per me. La stima a poco a poco diventa amore, e voglio credere che egli mi ami, siccome, confesso il vero, non sono io per lui indifferente. Per altro, perché un uomo acquisti dell'autorità sopra una giovane, non basta un equivoco[2] affetto, ma è necessaria un'aperta dichiarazione. Fatta questa, non l'ha da saper la fanciulla solo, l'ha da saper chi le comanda,[3] ha da esser nota al mondo, s'ha da stabilire, da concertare colle debite formalità. Allora tutte le finezze, tutte le attenzioni hanno da essere per lo sposo, ed egli acquista qualche ragione, se non di pretendere e di comandare, almeno di spiegarsi con libertà, e di ottenere per convenienza. In altra guisa può una figlia onesta trattar con indifferenza, e trattar tutti, e conversare con tutti, ed esser egual con tutti; ma non può e non deve usar distinzioni, e dar nell'occhio, e discreditarsi. Con quella onestà con cui ho trattato sempre con voi, ho trattato col signor Guglielmo e con altri. Mio padre lo ha invitato con noi, ed io ne sono stata contenta, come lo sarei stata d'ogni

1 *ne... proposizione*: ne ho fatta proposta.
2 *equivoco*: nascosto.
3 *chi le comanda*: i genitori.

altro; e vi lagnate a torto, se di lui, se di me vi dolete. Ora poi che dichiarato vi siete, ora che rendete pubblico l'amor vostro, che mi fate l'onore di domandarmi in isposa, e che mio padre lo sa e vi acconsente, vi dico che io ne sono contenta, che mi compiaccio dell'amor vostro, e vi ringrazio della vostra bontà. Per l'avvenire tutte le distinzioni saranno vostre, vi si convengono, le potrete pretendere e le otterrete. Una cosa sola vi chiedo in grazia, e da quella grazia può forse dipendere il buon concetto ch'io deggio formar di voi, e la consolazione d'avervi. Vogliatemi amante, ma non mi vogliate villana. Non fate che i primi segni del vostro amore siano sospetti vili, diffidenze ingiuriose, azioni basse e plebee. Siam sul momento di dover partire. Volete voi che si scacci villanamente, che si rendano altrui palesi i vostri sospetti, e che ci rendiamo ridicoli in faccia al mondo? Lasciate correre per questa volta. Credetemi, e non mi offendete. Conoscerò da ciò, se mi amate. Se vi preme il cuore, o la mano. La mano è pronta, se la volete. Ma il cuore meritatelo, se desiderate di conseguirlo.

FILIPPO Ah! che dite? (*a Fulgenzio*)

FULGENZIO (Io non la prenderei, se avesse centomila scudi di dote.) (*piano a Filippo*)

FILIPPO (Sciocco!) (*da sé*)

LEONARDO Non so che dire, vi amo, desidero sopra tutto il cuor vostro. Mi avete dette delle ragioni che mi convincono. Non voglio esservi ingrato. Servitevi,[1] come vi pare, ed abbiate pietà di me.

FULGENZIO (Uh il baccellone!)[2]

GIACINTA (Niente m'importa che venga meco Guglielmo. Basta che non mi contraddica Leonardo.) (*da sé*)

Scena quindicesima *Brigida e detti.*

BRIGIDA Signore, è qui la sua signora sorella col di lei cameriere.

LEONARDO Con permissione, che passino.

BRIGIDA (Si va, o non si va?) (*piano a Giacinta*)

GIACINTA (Si va, si va.) (*piano a Brigida*)

BRIGIDA (Aveva una paura terribile che non si andasse.) (*parte*)

1 *Servitevi*: fate.
2 *baccellone*: sciocco.

Scena sedicesima *Vittoria, Paolo, Brigida e detti.*

VITTORIA È permesso? (*melanconica*)

GIACINTA Sì, vita mia, venite.

VITTORIA (Eh vita mia, vita mia!) Come vi sentite, signor Leonardo? (*come sopra*)

LEONARDO Benissimo, grazie al cielo. Paolino, presto, fate che tutto sia lesto e pronto. Il baule, i cavalli, tutto quel che bisogna. Noi partirem fra poco.

VITTORIA Si parte? (*allegra*)

GIACINTA Sì, vita mia, si parte. Siete contenta?

VITTORIA Sì, gioia mia, sono contentissima.

FILIPPO Ho piacere che fra cognate si amino. (*piano a Fulgenzio*)

FULGENZIO Io credo che si amino come il lupo e la pecora. (*a Filippo*)

FILIPPO (Che uomo fantastico!)[1]

PAOLO Sia ringraziato il cielo, che lo vedo rasserenato. (*parte*)

VITTORIA Via, fratello, andiamo anche noi.

LEONARDO Siete molto impaziente.

GIACINTA Poverina! è smaniosa per[2] andare in campagna.

VITTORIA Sì, poco più, poco meno, come voi all'incirca.

FULGENZIO E volete andare in campagna senza concludere, senza stabilire il contratto?[3]

VITTORIA Che contratto?

FILIPPO Prima di partire si potrebbe fare la scritta.

VITTORIA Che scritta?

LEONARDO Io son prontissimo a farla.

VITTORIA E che cosa avete da fare?

GIACINTA Si chiamano due testimoni.

VITTORIA Che cosa far di due testimoni?

BRIGIDA Non lo sa? (*a Vittoria*)

VITTORIA Non so niente.

BRIGIDA Se non lo sa, lo saprà.

VITTORIA Signor fratello.

LEONARDO Comandi.

VITTORIA Si fa lo sposo?

1 *fantastico*: volubile, bizzarro.
2 *è smaniosa per*: smania di.
3 *contratto*: di matrimonio.

LEONARDO Per obbedirla.

VITTORIA E a me non si dice niente?

LEONARDO Se mi darete tempo, ve lo dirò.

VITTORIA È questa la vostra sposa?

GIACINTA Sì, cara, sono io che ho questa fortuna. Mi vorrete voi bene?

VITTORIA Oh quanto piacere! Quanta consolazione ne sento! Cara la mia cognata. (*si baciano*) (Non ci mancava altro che venisse in casa[1] costei!)

GIACINTA (Prego il cielo che vada presto fuori di casa!)

BRIGIDA (Quei baci credo che non arrivino al core.[2])

FILIPPO (Vedete se si vogliono bene!) (*a Fulgenzio*)

FULGENZIO (Sì, lo vedo. Voi non conoscete le donne.) (*a Filippo*)

FILIPPO (Mi fa rabbia.)

GIACINTA Eccoli, eccoli; ecco due testimoni.

LEONARDO (Ah! ecco Guglielmo, egli è la mia disperazione; non lo posso vedere.) (*da sé, osservando fra le scene*)

VITTORIA (Che caro signor fratello! Prender moglie prima di dare marito a me! Sentirà, sentirà, se gli saprò dire l'animo mio...) (*da sé*)

Scena ultima *Guglielmo, Ferdinando e detti.*

GUGLIELMO I cavalli son lesti.

FERDINANDO Animo, animo, che fa tardi. Come sta l'amico Leonardo? Vi è passata la melanconia?

LEONARDO Che cosa sapete voi di melanconia?

FERDINANDO Oh! ha detto un non so che la signora Vittoria.

VITTORIA Non è vero niente, non v'ho detto niente.

FERDINANDO Eh! una mentita[3] da una donna si può soffrire.

FILIPPO Signori, prima di partire si ha da fare una cosa. Il signor Leonardo ha avuto la bontà di domandarmi la mia figliuola, ed io gliel'ho promessa. Si faranno le nozze... Quando vorreste voi si facessero? (*a Leonardo*)

LEONARDO Io direi dopo la villeggiatura.

1 *venisse in casa*: come futura cognata.
2 *credo... core*: credo siano falsi, di circostanza.
3 *mentita*: smentita.

FILIPPO Benissimo, si faranno dopo la villeggiatura, e intanto si ha da fare la scritta.[1] Onde siete pregati ad esser voi testimoni.

GUGLIELMO (Questa è una novità ch'io non m'aspettava.)

FERDINANDO Son qui; molto volentieri. Facciamo presto quello che si ha da fare, e partiamo per la campagna. Ma a proposito, signori miei, a me qual luogo vien destinato?

FILIPPO Non saprei... Che dite voi, Giacinta?

GIACINTA Tocca a voi a disporre.

FILIPPO E il signor Guglielmo? Mi dispiace... Come si farà?

VITTORIA Permettetemi che io dica una cosa. (*a Filippo*)

FERDINANDO Trovate voi l'espediente, signora.

VITTORIA Io dico che se mio fratello è promesso colla signora Giacinta, tocca a lui a andare in carrozza colla sua sposa.

FULGENZIO Così vorrebbe la convenienza, signor Filippo.

FILIPPO Che cosa dice Giacinta?

GIACINTA Io non invito nessuno e non ricuso nessuno.

LEONARDO Cosa dice il signor Guglielmo?

GUGLIELMO Io dico che se sono d'incomodo,[2] tralascierò di venire.

VITTORIA No, no, verrete in calesso con me.

GUGLIELMO (La convenienza vuole ch'io non insista.) Se il signor Leonardo me lo permette, accetterò le grazie della signora Vittoria.

LEONARDO Sì, caro amico, ed io della vostra compiacenza vi sarò eternamente obbligato.

GIACINTA (Quando ha ceduto da sé, non m'importa. Io ho sostenuto il mio punto.) (*da sé*)

FILIPPO (Ah! che dite? Va bene ora?) (*a Fulgenzio*)

FULGENZIO (Non va troppo bene per la signora Vittoria.) (*a Filippo*)

FILIPPO (Eh! freddure.) (*a Fulgenzio*)

FERDINANDO Ed io con chi devo andare?

GIACINTA Signore, se vi degnaste di andar colla mia cameriera?

FERDINANDO In calesso?

GIACINTA In calesso.

1 *scritta*: contratto matrimoniale.
2 *d'incomodo*: di più.

FERDINANDO Sì, gioia bella, avrò il piacere di godere la vostra amabile compagnia. (*a Brigida*)

BRIGIDA Oh! sarà una gloria per me strabocchevole.[1] (Sarei andata più volentieri col cameriere.) (*da sé*)

FULGENZIO Bravi, bene, tutti d'accordo.

VITTORIA Oh via! finiamola una volta. Andiamo a questa benedetta campagna.

GIACINTA Sì, facciamo la scritta, e subitamente[2] partiamo. Finalmente siamo giunti al momento tanto desiderato d'andare in villa. Grandi smanie abbiamo sofferte per paura di non andarvi! Smanie solite della corrente stagione. Buon viaggio dunque a chi parte, e buona permanenza a chi resta.

1 *strabocchevole*: eccezionale. Ironicamente.
2 *subitamente*: immediatamente.

INDICE

Garzanti i grandi libri

Letteratura italiana

—	*Atti impuri*
Abba	*Da Quarto al Volturno*
Alfieri	*Filippo*
Alfieri	*Mirra*
Alfieri	*Saul*
Alfieri	*Tragedie*
Alfieri	*Vita*
Algarotti	*Viaggi di Russia*
Alvaro	*Gente in Aspromonte*
Anedda	*Tutte le poesie*
Aretino	*Ragionamento - Dialogo*
Ariosto	*Orlando furioso*
Bandi	*I Mille: da Genova a Capua*
Basile	*Lo cunto de li cunti* ◫
Beccaria	*Dei delitti e delle pene - Consulte criminali*
Belli	*Sonetti*
Bertolucci, A.	*La camera da letto*
Bertolucci, A.	*Le poesie*
Bertolucci, A.	*Viaggio d'inverno*
Bertolucci, B.	*In cerca del mistero*
Boccaccio	*Decameron*
Boccaccio	*Elegia di madonna Fiammetta - Corbaccio*
Boccaccio	*Trattatello in laude di Dante*
Boiardo	*Canzoniere*
Boiardo	*Orlando innamorato*
Boine	*Il peccato - Plausi e botte - Frantumi - Altri scritti*
Boito A.	*Opere*
Boito C.	*Senso - Storielle vane*
Bracciolini	*Facezie* ◫
Campana	*Canti Orfici e altre poesie*
Caproni	*Antologia personale*
Caproni	*Il mio Enea*
Caproni	*Il muro della terra*
Caproni	*Tutte le poesie*
Capuana	*Il marchese di Roccaverdina*
Carducci	*Poesie*
Carducci	*Prose*
Casanova	*Memorie scritte da lui medesimo*
Castiglione	*Il Libro del Cortegiano*
Collodi	*Le avventure di Pinocchio*
Croce	*Le astuzie di Bertoldo e le semplicità di Bertoldino*
D'Annunzio	*Alcyone*
D'Annunzio	*La figlia di Iorio*
D'Annunzio	*Notturno*
D'Annunzio	*Novelle*

D'Annunzio	*Il piacere*
D'Annunzio	*Poesie*
D'Annunzio	*Prose*
Dante	*Commedia - Inferno*
Dante	*Commedia - Purgatorio*
Dante	*Commedia - Paradiso*
Dante	*Convivio*
Dante	*De vulgari eloquentia* ◫
Dante	*Monarchia* ◫
Dante	*Le rime*
Dante	*Vita nuova*
Da Ponte	*Memorie - Libretti mozartiani: Le nozze di Figaro - Don Giovanni - Così fan tutte*
De Amicis	*Cuore*
De Amicis	*Sull'Oceano*
Deledda	*Canne al vento*
Della Casa	*Galateo*
De Marchi	*Demetrio Pianelli*
De Roberto	*L'illusione*
De Roberto	*L'imperio*
De Roberto	*La paura e altri racconti di guerra*
De Roberto	*I Viceré*
Dossi	*L'Altrieri*
Dossi	*La Desinenza in A*
Dossi	*Vita di Alberto Pisani*
—	*I Fioretti di san Francesco - Le considerazioni sulle Stimmate*
Fogazzaro	*Daniele Cortis*
Fogazzaro	*Malombra*
Fogazzaro	*Piccolo mondo antico*
Fogazzaro	*Piccolo mondo moderno*
Foscolo	*Le poesie*
Foscolo	*Ultime lettere di Jacopo Ortis*
Goldoni	*Gli innamorati - I rusteghi - La casa nova - Le smanie per la villeggiatura*
Goldoni	*La locandiera*
Goldoni	*Memorie*
Goldoni	*I pettegolezzi delle donne - La locandiera - Il campiello*
Goldoni	*Il servitore di due padroni - La famiglia dell'antiquario - La bottega del caffè*
Goldoni	*Sior Todero brontolon - Le baruffe chiozzotte - Una delle ultime sere di carnevale*
Gozzano	*Un Natale a Ceylon e altri racconti indiani*
Gozzano	*Poesie*
—	*Gozzano e i crepuscolari*
Gozzi	*Fiabe teatrali*
Guicciardini	*Ricordi*
Guicciardini	*Storia d'Italia*
Imbriani	*I romanzi*
Leonardo	*Favole e facezie*
Leopardi	*L'amore nelle prose e nei versi*
Leopardi	*Canti*
Leopardi	*Operette morali*
Leopardi	*Pensieri*

Leopardi	*La vita e le lettere*
Levi	*Ad ora incerta*
Lorenzo de' Medici	*Poesie*
Luzi	*La passione*
Luzi	*Le poesie*
Luzi	*Poesie ultime e ritrovate*
Luzi	*Teatro*
Machiavelli	*Mandragola*
Machiavelli	*Il Principe*
Machiavelli	*Il Principe e altre opere politiche*
Maggi	*Rime Milanesi*
Manzoni	*Adelchi*
Manzoni	*Il Conte di Carmagnola*
Manzoni	*Lettere sui Promessi Sposi*
Manzoni	*I promessi sposi*
Manzoni	*Storia della colonna infame*
Manzoni	*Tutte le poesie*
Marin	*Poesie*
Metastasio	*Opere*
Michelangelo	*Rime*
Neri	*Antologia personale*
Nievo	*Confessioni di un italiano*
Novelle italiane	*Il Duecento - Il Trecento*
Novelle italiane	*Il Quattrocento*
Novelle italiane	*Il Cinquecento*
Novelle italiane	*Il Seicento - Il Settecento*
Novelle italiane	*L'Ottocento*
Novelle italiane	*Il Novecento*
Oriani	*Vortice*
Parini	*Il Giorno - Le Odi*
Pascoli	*Poesie*
Pavese	*La bella estate*
Pavese	*La luna e i falò*
Pavese	*Il mestiere di vivere*
Pavese	*Poesie*
Pavese	*Prima che il gallo canti*
Petrarca	*Canzoniere*
Pirandello	*Colloquii coi personaggi e altre novelle*
Pirandello	*Così è (se vi pare) - Il giuoco delle parti - Come tu mi vuoi*
Pirandello	*Enrico IV - Diana e la Tuda*
Pirandello	*L'esclusa*
Pirandello	*Il fu Mattia Pascal*
Pirandello	*Liolà* ◫
Pirandello	*Lumie di Sicilia*
Pirandello	*Novelle per un anno: Donna Mimma - Il vecchio Dio - La giara*
Pirandello	*Novelle per un anno: In silenzio - Tutt'e tre - Dal naso al cielo*
Pirandello	*Novelle per un anno: La rallegrata - L'uomo solo - La mosca*
Pirandello	*Novelle per un anno: Scialle nero - La vita nuda*
Pirandello	*Novelle per un anno: Il viaggio - Candelora - Berecche e la guerra - Una giornata*
Pirandello	*La nuova colonia - Lazzaro - I giganti della montagna*
Pirandello	*Pensaci, Giacomino! - 'A birritta cu' i ciancianeddi -*

	Il berretto a sonagli
Pirandello	*Quaderni di Serafino Gubbio operatore*
Pirandello	*Sei personaggi in cerca d'autore - Ciascuno a suo modo - Questa sera si recita a soggetto*
Pirandello	*L'umorismo*
Pirandello	*Uno, nessuno e centomila*
Pirandello	*I vecchi e i giovani*
—	*Poesia dialettale dal Rinascimento a oggi*
Poesia italiana	*Il Duecento*
Poesia italiana	*Il Trecento*
Poesia italiana	*Il Quattrocento*
Poesia italiana	*Il Cinquecento*
Poesia italiana	*Il Seicento*
Poesia italiana	*Il Settecento*
Poesia italiana	*L'Ottocento*
Poesia italiana	*Il Novecento*
Poliziano	*Stanze - Orfeo - Rime*
Polo	*Milione*
Porta	*Poesie* ◫
Pozzi	*Poesie*
Pulci	*Morgante*
Raffaello Sanzio	*Rime e lettere*
Riccardi	*Poesie 1987-2022*
Ripa di Meana	*Voi non sapete che non ho paura*
Rosselli	*Appunti Sparsi e Persi*
Rosselli	*Le poesie*
Rosselli	*Serie ospedaliera*
Rosselli	*Sleep*
Rosselli	*Variazioni belliche*
Rovani	*Cento anni*
Savinio	*Ascolto il tuo cuore, città*
Stuparich	*Ritorneranno*
Svevo	*La coscienza di Zeno*
Svevo	*I racconti*
Svevo	*Senilità*
Svevo	*Teatro*
Svevo	*Una vita*
Tasso	*Gerusalemme liberata*
Tasso	*Teatro*
Tommaseo	*Fede e bellezza*
Tozzi	*Bestie*
Tozzi	*Con gli occhi chiusi*
Tozzi	*Il podere*
Tozzi	*Tre croci*
Vamba	*Il giornalino di Gian Burrasca*
Verga	*I Malavoglia*
Verga	*Mastro-Don Gesualdo*
Verga	*Le novelle* I
Verga	*Le novelle* II
Verga	*Teatro*
Vico	*Autobiografia - Poesie - Scienza Nuova*

Letteratura americana

Alcott	*Racconti di Natale*
Baum	*Vita e avventure di Babbo Natale*
Cooper	*L'ultimo dei Mohicani*
Crane	*Il segno rosso del coraggio*
Dickinson	*Poesie* ◫
Franklin	*Autobiografia*
Hawthorne	*La lettera scarlatta*
Hawthorne	*Racconti raccontati due volte*
James	*La bestia nella giungla e altri racconti*
James	*Il carteggio Aspern e altri racconti italiani*
James	*Il giro di vite*
James	*Ore italiane*
James	*Principessa Casamassima*
James	*Washington Square*
London	*Martin Eden*
London	*Zanna Bianca*
Melville	*Bartleby, lo scrivano - Benito Cereno*
Melville	*Billy Budd, marinaio*
Melville	*Mardi*
Melville	*Moby Dick*
Melville	*L'uomo di fiducia*
Northup	*12 anni schiavo*
Poe	*Racconti del mistero, fantastici e grotteschi*
Poe	*Il racconto di Arthur Gordon Pym*
Pound	*Canti pisani*
Roth	*Chiamalo sonno*
Twain	*Autobiografia*
Twain	*Le avventure di Huckleberry Finn*
Twain	*Le avventure di Tom Sawyer*
Twain	*Wilson lo Svitato*
Whitman	*Foglie d'erba* ◫
Whitman	*Giorni rappresentativi*

I titoli contrassegnati con numero tra parentesi sono pubblicati su licenza degli Editori:

(1) Mursia
(2) Guanda
(3) Scheiwiller
(4) Mondadori
(5) Longanesi
(6) TEA
(7) Città Nuova Editrice
(8) UTET
(9) Ponte alle Grazie
(10) Zanichelli

◫ Titoli con testo a fronte

Finito di stampare nel mese di marzo 2024
da Rotolito S.p.A.

FSC
www.fsc.org
MISTO
Carta
da fonti gestite in
maniera responsabile
FSC® C005461